Frank Kämpfer   **Sehnsucht nach unentfremdeter Produktion**   **Der Regisseur Peter Konwitschny**

Frank Kämpfer

SEHNSUCHT NACH UNENTFREMDETER PRODUKTION

Der Regisseur Peter Konwitschny

Ein Materialbuch

**Zentrum für Theaterdokumentation
und -information Berlin**

Danksagung

Diese Publikation entstand mit Unterstützung von Peter Konwitschny, dem Archiv Darstellende Kunst der Akademie der Künste zu Berlin, diversen Theaterarchiven und in wechselseitiger Ermutigung und Arbeitsteilung mit Konstanze Mach-Meyerhofer im Auftrag des Zentrums für Theaterdokumentation Berlin.
Mit freundlichem Dank an die Gesprächspartner und an alle Autoren für die Genehmigung zum Abdruck ihrer Texte.

TheaterArbeit
herausgegeben vom Zentrum für Theaterdokumentation und -information Berlin
Förderverein THEATERDOKUMENTATION e.V.

Frank Kämpfer
SEHNSUCHT NACH UNENTFREMDETER PRODUKTION.
Der Regisseur Peter Konwitschny.
Ein Materialbuch.

Lektorat/Redaktion Konstanze Mach-Meyerhofer
technische Mitarbeit Irmgard Linzer
Gestaltung und Herstellung Uta Eickworth
Titel Gunnar Riemelt
Druck Druckhaus Mitte GmbH

Titelfoto Andreas Birkigt
Peter Konwitschny mit Christine Moore (Mimi)
und Marita Posselt (Musetta)
bei einer Probe zu LA BOHÉME, Opernhaus Leipzig 1991

ISSN 0941-1543
ISBN 3-929333-11-2

Inhalt

Was mich an Peter Konwitschny fasziniert

Das Theater ist für ihn ein eigentlicher Ort. Eine der Möglichkeiten zu sein, zu produzieren. Hier werden Spiel-Räume erprobt, vor allem für eine andere, vielleicht bessere Welt. Hier verwandelt sich das Schwert Rinaldos in einen Geigenbogen, begegnen sich Wenzel und die an einen anderen verkaufte Braut, begleiten die sterbende Mimi Freunde...

Die Arbeit an solcher Utopie verweist sein Theater auf die Geschichte. Illusionierungen liegen ihm fern, es sei denn, sie lassen sich als ein Prinzip demonstrieren. Er weiß um die Macht der Verführung, und er politisiert. Das heißt, in seinen Arbeiten werden Stoffe auf ihre Widersprüche gebracht. Und Dramaturgien sehr verschiedener Epochen scheinen vor uns auf. Um befragt zu werden, re-konstruiert, vom Ballast mancher Verfälschung befreit. Text um Text, Partitur um Partitur eröffnen sich auf diese Art fremd oder neu, als unabgegolten, und für die Gegenwart, letzlich für Eigenes, relevant.

Das ist schwierig in Zeiten, in denen Kunst gesellschaftliche Dispute ersetzt und stets reglementiert werden kann; das ist ähnlich unmöglich, wo Kunst programmiert ist allein auf Marktinteressen und Zerstreuungsbedarf. Peter Konwitschny läßt sich auf beides nicht ein, und er bewegt sich deshalb immer wieder auf einem schmalen Grat. Das hat er von um einiges älteren Theaterkollegen gelernt und wird es vermutlich weiterhin praktizieren. Er stellt hehre Grenzen in Frage, mischt Schauspiel mit Oper, bezieht Historie auf Gegenwart und trennt Künstlerisches nur schwer von selbst Erfahrenem. Er braucht die Reibung mit Partnern, er fordert vom Sänger und von der Sängerin, auch Darsteller zu sein und Grenzen zu überschreiten. Er zwingt alle Künste, zugegen zu sein, und schafft so jene Multidimensionalität, die jeden Vorgang seines Theaters charakterisiert.

Was mich an Peter Konwitschny fasziniert, das ist schwer auf einen Begriff zu bringen. Vielleicht ist es die Vielzahl der Eindrücke, die Vielschichtigkeit der Mittel und Mitteilungen, die mich immer wieder erreicht, berührt, betroffen macht und hinauf- oder hinabreißen kann.

Wichtig zwischen uns ist in erster Linie das Begreifen über die Metapher. Auch und andererseits sich über ein Erschüttertsein ganz voraussetzungslos mitteilen zu können. Mit einer Geste, mit einem Satz. Manchmal ist es sehr ambivalent. Peter Konwitschny, das ist mir fremd, stammt aus einem musikantischen Elternhaus und ist selber ein Musiker geworden. Aber es kommt weit mehr bei ihm zusammen, was ihn schließlich in die Lage versetzt, aus einer Partitur Bilder von solch theatralischer Substanz zu gewinnen. Da ist ein Leben mit Büchern, mit Kunst, mit Menschen, mit einem selten gewordenen Bedarf nach der Natur. Er hat Lust am Humor, am Spiel und geistvollem Scherz. Auch an Zwecklosigkeit. Und er kennt Bitteres, Einsamkeit, die Verletzungen gegen Andere und gegen sich selbst.

Mich freut wirklich, daß Peter Konwitschny als beinahe Einziger seines Metiers die Verhältnisse zwischen den Geschlechtern als wichtig und grundlegend akzeptiert und sie bewußt thematisiert. Das macht ihn zusätzlich angreifbar und isoliert ihn im Theaterbetrieb gewiß immer neu. Ich hoffe, er hält es einfach aus. Er hat sich dafür die Fähigkeit bewahrt, noch Erfahrungen auf sich zu nehmen. Sich auf einen anderen oder auf eine andere noch einzulassen. Er macht es sich als Mensch nicht leicht, und das macht die Liebe zu ihm mitunter so schwer.

Viermal bin ich Peter Konwitschny bisher begegnet. Als Student, im Winter '83, ahnungslos und sichtlich überfordert beim gemeinsamen Hineinhören in Händels FLORIDANTE. Dann, 1986, erneut zufällig, mit der so glücklichen Textfassung zu RINALDO. Ein drittes Mal, eine Reihe von Inszenierungen journalistisch begleitend. Und nun, fast privat, in tagelangen Gesprächen bei der nicht einfachen Suche und Auswahl von Texten, Fotographien und Geschichten, die alle eingegangen sind in dieses Buch.

Frank Kämpfer
Berlin, 20. November 1992

1
Fragen an
Geschichte und Politik

Heiner Müller ZEMENT (ELERKEZETT AZ IDÖ),
Nationaltheater Budapest 1975
Foto Imre Benkö

Peter Konwitschny gilt heute im deutschsprachigen Raum als einer der wichtigsten Bühnenregisseure der mittleren Generation. Als Sohn eines der bedeutendsten deutschen Dirigenten der Nachkriegszeit war ihm der musikalische Beruf in gewisser Hinsicht bereits vorgeprägt. Andererseits bedurfte es erst der Begegnung mit dem Theater Walter Felsensteins und dem Theater Brechts, um sich selbst auf die Praxis einzulassen.

Von 1970 bis 1979, im Anschluß an sein Regie-Studium an der Musikhochschule »Hanns Eisler« in Ostberlin, ist Peter Konwitschny Assistent im Berliner Ensemble. Ruth Berghaus, seinerzeit dort Intendantin, vermittelt wichtige theaterpraktische Erfahrung. Konwitschny ist an vier ihrer Inszenierungen beteiligt, er beschäftigt sich mit Brecht und begegnet Paul Dessau, Karl Mickel und Heiner Müller.

Während dieser Zeit entstehen erste eigene Inszenierungen. Der Zufall, oder besser die eigene Intention, führen ihn zu Werken zeitgenössischer Autoren. Heiner Müllers ZEMENT, am Nationaltheater Budapest einstudiert, ist die erste selbständige Arbeit. Indem sie die Tragödie der proletarischen Revolution thematisiert, wirft sie den jungen Regisseur sofort auf die Politik. Das setzt sich fort.

Friedrich Goldmanns R. HOT erzählt vom Aufbruchsversuch junger Menschen gegen die Väterwelt – auch gegen die Welt DDR –, und Moczarskis GESPRÄCHE MIT DEM HENKER konfrontieren mit jüngster Geschichte. Derlei Engagement und Interesse wird dem jungen Regisseur honoriert und zugleich bitter vergolten. Schon die zweite seiner Inszenierungen, begonnen kurz nach der Ausbürgerung von Wolf Biermann aus der DDR, stellt Weichen – gegen den Regisseur. Einem Berghaus-Schüler ist man Ende der 70er Jahre in Ostberlin nicht günstig gesonnen. Und so bleibt dem Assistenten vom Berliner Ensemble, der nun zum Inszenieren drängt, nichts anderes als die Provinz. Die, wie das Beispiel SATYROS zeigt, durchaus Freiräume für mancherlei Experimente bietet.

Unübersehbar ist, wie alle diese frühen Versuche von überraschender Vielfalt leben, wie der Regisseur aus dem jeweiligen Material sehr spezifische Bilder und Szenen gewinnt. Sein Blick ist vom Brecht-Theater geprägt, doch die Lehrer werden nicht kopiert. Konwitschnys erste Arbeiten wirken wie Fragestellungen an das Theater – was es heute zu leisten vermag zur Aufklärung über die Mechanismen von Geschichte und Politik.

F.K.

Heiner Müller

Zement

ungarischer Titel: Elerkezett az idö
(Die Zeit ist reif)

nach dem gleichnamigen Roman
von Fjodor Gladkow
ungarische Textfassung: Tandori Dezsö

Nemzeti Színház – Theater Budapest
Premiere 31. 10. 1975

Csumalov	Sinkó László
Dása Csumalova	Bodnár Erika
Szergej Ivagin	Szacsvay Lásló
Polja Mehova	Vörös Eszter
Bagyin	Szersén Gyula
Kleist	Tyll Attila
Szavcsuk	Konrád Antal
Motya, a felesége	Dániel Vali
Gépész	Raksányi Gellért
Losak	Velenczey István
Gromada	Benedek Miklós
Avdotya	Tatár Eszter
Harmonikás	Mihályi Gyüzö f.h.
Borscsi	Izsóf Vilmos
Csibisz	Pathó István
Makar	Felföldy László
Dimitrij Ivagin	Szokolay Ottó
Kozák tiszt	Maróti Gábor
Ittas öregember	Siménfalvy Sándor
Ausstattung	Lothar Scharsich
Dramaturgie	Bereczky Erzsébet
Choreographie	Bánhidy Attila
Regie	Peter Konwitschny

Carl-Martin Navratil

Vielfalt der Mittel, Einheit der Wirkung

Aufführungsbeschreibung: Heiner Müllers »Zement«

[...] Auf der Vorbühne stehen rechts und links zwei riesige, mit weißen Stoffbahnen verhüllte Denkmäler. Ein Herr im Smoking tritt durch das Türchen im Eisernen, enthüllt das eine Denkmal: einen gipsernen Rotarmisten, dann das andre: einen gipsernen Arbeiter, sagt den ersten Szenentitel an: »Schlaf der Maschinen«, und geht wieder ab. Aus dem Sockel des Rotarmistendenkmals kriecht Tschumalow, aus dem des Arbeiterdenkmals der Maschinist.[...]
Danach hebt sich der Eiserne zur »Heimkehr des Odysseus«: Ein Hahn kräht, und Tschumalow geht einen langen Gang im Scheinwerferkegel vom Horizont bis zur Rampe, wo aus dem Orchestergraben die drei Weiber in bläulichem Lichtschein vor ihm auftauchen wie die Hexen vor Macbeth, mit riesigen mehrfachen Brüsten und langem rotem Haar. Als er die »Genossen Weiber« ankräht, schwindet die Erscheinung. Licht, und es folgt der Streit zwischen Sawtschuk und Motja.
Dann kreuzt seine Frau Dascha, fremd geworden, ihn kaum erkennend, von ihm kaum erkannt, mit ihren Genossinnen seinen Weg, sie muß zur Arbeit, er bleibt allein. Und hinter ihm, riesig und bunt die ganze Bühne ausfüllend, der Hahn aus dem Schnürboden. Da schießt Tschumalow auf ihn.[...]
Auch die Prometheusbefreiung wird nicht nur erzählt, sondern gespielt – wie alle die sogenannten »Intermedien« [...]: als Kern, gegenwärtiger und historischer Kern des Stücks. Ein Liliom tritt auf [...]: er spricht den Text; Herakles als ein Clown folgt ihm in großen Beulenschuhen und knielangen weißen weiten Hosen, einer magyarischen Bauerntracht. Tschumalow, abgehend, übergibt ihm sein Gewehr, das sich Herakles biegt zu dem berühmten Bogen, Sehne ist der Gewehrriemen, Pfeile nimmt er aus einem überdimensionalen Köcher. Eine schräg gekippte Bühnenleiter, wackelnd, stellt den Kaukasus dar; Prometheus ist an den Fels, ein paar Bretter, ge-

fesselt mit Kreppapierstreifen; der Adler, ein ausgestopfter Vogel, von Hand um die Bretter geführt, hackt nach seiner Leber, scheißt Papierstreifen unter sich auf Prometheus, und Prometheus scheißt Papierstreifen weiter unter sich. Mehrere Male schießt der unfehlbare Schütze mit dem unfehlbaren Bogen vorbei, die Pfeile bleiben im Vorhang stecken. Dann trifft er den Adler. Der fällt, und Herakles balanciert, sich die Nase zuhaltend, über die Leiter zu Prometheus, zerreißt die Papierfesseln, geht triumphierend zur Rampe und streut die Fetzen als Souvenirs unter die Menge. Prometheus wehrt sich zuerst gegen seinen Abtransport in die Freiheit. Aber als die Götter Selbstmord begehen – Karikaturzeichnungen, die über die halbhohe, mit bunten Glühlampen verzierte Gardine blicken, klappen ab wie Schießbudenfiguren –, läßt er sich, die Arme erhoben, willig feiern, und die Szene schließt mit rauschendem Kongreßbeifall, rhythmisch geklatscht, aus dem Lautsprecher.[...]

In der »Frau am Baum«-Szene gibt wieder ein überraschender Bildeinfall eine so kühne wie deutliche Auslegung des Vorgangs: Als unterm Griff des Offiziers die Weiße Dascha merkt, daß sie eine Frau ist, merkt auch der Offizier, daß sie es merkt. Und als er sie laufen läßt, »erteilt er ihr eine Lehre«: er reißt ihr Männerkleider und kurzgeschnittene Haare ab (eine Perücke), und sie steht da in einem langen Kleid und mit langem Haar unter dem Gelächter der Kosaken. Kein Mann sein, heißt kein Mensch sein. Aber eine Frau wird nicht Mensch, weil sie sich als Frau verleugnet.[...]

Auch die Erzählung von Herakles´ Kampf mit der Hydra wird nicht bloß erzählt, sondern gespielt. Spiel und Text laufen parallel, [...] der Text kommt aus dem Lautsprecher, von einer Frauenstimme gesprochen über dem andauernden Geräusch eines Herzschlags; auf der Bühne geht Herakles (Siegfried, Lanzelot ...), ganz in eine Art Harnisch aus Leder vermummt, das Schwert in der Hand, durch einen Wald von weißen, rot angeleuchteten Stoffbahnen. Diese Bäume fangen sacht an, sich zu bewegen, verfolgen ihn, haben plötzlich Arme, Hände, Finger, die ihn berühren, streicheln, prüfen, ihn greifen, an sich ziehen, festhalten. Der Kampf hat begonnen. Die Stoffbahnen-Bäume wenden sich, und man sieht auf jeder Bahn einen Totenkopf gemalt. Einen dieser Köpfe der Hydra nach dem andern schlägt Herakles mit dem Schwert, und die Bahnen fallen herab; als er den neunten und letzten, den größten, den unsterblichen Kopf abgeschlagen hat und die Bahn fällt – der Herzton ist jetzt ganz laut, die Stimme der Erzählerin schweigt: steht dahinter er selbst.[...]

Großartig das »Kaffeehaus«-Bild; entscheidend für die politische Wirkung, daß die Szene nicht in die Bühne gesperrt bleibt, daß sie, wie hier, ins Parkett gespielt wird. Tschumalow und Polja stehen frontal an der Rampe, das Kaffeehaus ist im Orchestergraben (drei Tische, an denen sich Paare gegenübersitzen: junge Männer von jungen Mädchen gespielt, reiche Damen von alten Männers usw., die Tischplatten, mit kleinen Lämpchen, in Höhe der Rampe); ein kahlköpfiger alter Geiger spielt »mit betörender Süße« Lehár, und als Tschumalow, jetzt ein bekannter Funktionär, ins Café tritt, spielt der Alte ohne abzusetzen mit der gleichen Süße weiter die Internationale – so daß die Mechowa wirklich nur kotzen kann. Die abschließende kleine stumme Szene des Überfalls der Bande hungernder Kinder auf einen Dicken im Pelz, die dem Bild den Titel gibt: »Ich bin der Hunger. Mit mir muß rechnen Wer die Welt ändern will«, bleibt dagegen blaß; es mag daran liegen, daß sie ganz unverbunden, plakativ, als angehängter Kommentar erscheint, schon im Buch.

»Fenster zur Zukunft« ist das Schlußbild der Aufführung. [...] Sergej Iwagin und Polja Mechowa, die aus der Partei Ausgeschlossenen, stehen in zwei Zellen (Eisengestelle mit einer milchigen Folie bespannt), den Rücken zum Parkett. Sie hören, jeder mit sich allein, Badjins Rede und den Jubel der Menge bei der Einweihung des wiederaufgebauten Zementwerks. Dann bricht der Lärm ab, beide wenden sich in ihren Zellen nach vorn, dem Zuschauer zu, Polja setzt den Revolver an die Stirn, Sergej spricht sie an, sie versteckt den Revolver hinterm Rücken – und beginnt ihren Dialog (oder: beginnen ihre ineinander verschränkten Monologe), Sätze, wie sie noch oft und oft fallen im Leben. Sollten sie am Ende die Folie zerreißen und sich aus ihren Zellen befreien? Müllers Texte ließen es zu; aber er fordert es nicht, er bleibt für die Auslegung offen; und diese hält sich an die Wirklichkeit.[...]

in: Theater heute 8 / 1976 (Auszug)

Szene »Äpfelchen, wo rollst du hin«. Fotos Imre Benkö

Szene »Das Bett«:
Tschumalov (László Sinkó) und
Dascha Tschumalova (Erika Bodnár)

Befreiung des Prometheus:
Zirkusdirektor (Gabor Agardi)
und Clown Herakles (Sándor Siménfalvy)

Hans-Jochen Irmer

Heiner Müllers »Zement« in Budapest

Einen wesentlichen Beitrag zu den Tagen der Theaterkunst der Deutschen Demokratischen Republik in der Ungarischen Volksrepublik leistete das Nationaltheater Budapest mit der Erstaufführung »Zement«. »Elérkezett az idö« – »Die Zeit ist gekommen« lautet der ungarische Titel. Es ist eine Verszeile von Sándor Petöfi. Dezsö Tandoris Übersetzung wird allenthalben die Qualität einer Nachdichtung zuerkannt. Sie benutzt einen in der Dramatik nicht vorkommenden lyrischen Vers, den Balint Balassi (1554 - 1594) geschaffen hat.

Der deutsche dramatische Vers ist in eine dreizehnsilbige trochäisch-daktylische Zeile umgewandelt; das Ungarische mißt die Silben nach Länge und Kürze, wobei die kurzen Silben die gewichtigen sind und der Wortakzent in der Verszeile frei beweglich ist. Des Ungarischen nicht kundig, braucht man einige Zeit, um sich in Melodie und Rhythmus hineinzuhören. Man freut sich dann aber, wenn man in den Tonfällen und in der Textgliederung die Nähe der Übersetzung zum vertrauten Original der Dichtung entdeckt. Heiner Müllers dramatische Ausdruckskraft bleibt erhalten, seine Bilder und Gebärden fordern auch in der fremden Sprache die Theaterkunst heraus.

Für die Inszenierung zeichnen Peter Konwitschny (Regie) und Lothar Scharsich (Bühnenbild und Kostüme) – beide vom Berliner Ensemble – verantwortlich. Lothar Scharsich gehört in Berlin schon zu den gefragten Bühnenbildnern; Peter Konwitschny jedoch hat in Budapest sein opus 1 vorgelegt. Das Publikum, die Presse, zuerst die Künstler und Techniker des Nationaltheaters Budapest, applaudierten einer alles in allem bravourösen künstlerischen Leistung. Konwitschny und Scharsich hatten sich mit Ruth Berhaus' Inszenierung (1973 am Berliner Ensemble) gründlich auseinandergesetzt, ohne diese als Modell anzusehen. Die Budapester Aufführung beruht nicht auf der Idee einer szenischen Grundlösung, sondern zeigt jedes Bild in seiner Eigenartigkeit. Dennoch zerfällt die Aufführung nicht in dreizehn einzelne Stücke.

Die Bilder 1 (»Schlaf der Maschinen«) bis 8 (»Die Bauern«) und 9 (»Herakles 2« oder »Die Hydra«) bis 13 (»Fenster zur Zukunft«) sind in Großformen zusammengefaßt. Der erste Teil spielt gleichsam im Frühling – »neues Leben blüht aus den Ruinen« – der zweite im Winter. Das »Herakles«-Intermedium schafft den Bildern des zweiten Teils einen weiteren Assoziationsraum. Herakles kämpft sich durch die Hydra und steht am Ende sich selber gegenüber: Wer bin ich, wo steht der Feind, bin ich der Feind? Auch die beiden »Prometheus«-Intermedien und die Bildtitel werden szenisch interpretiert. Die Befreiung des Prometheus ist ein triviales Clownspiel, die Rache des Achill wird dem Helden Herakles – Gleb von vier jungen Damen in Jugendstilkleidung verführerisch eingeflüstert. Dascha, mit Maske und Kothurn aus einer Hausruine tretend, sagt den Titel »Heimkehr des Odysseus« an. Der heimkehrende Soldat begegnet phantastischem Spuk. Drei Frauen aus der Nachbarschaft erscheinen ihm als leibhaftige Hexen, ein Hahn überlebensgroß und ungeheuerlich. Das Fabrikkomitee tagt zwischen verfallenden Mauern und wildernden Birken. Phantastisches wechselt jäh mit Realistischem, vordergründige Handlung mit psychologischer Motivdeutung. Eine junge Frau von 1975 schaut in den Spiegel, den ein Mann ihr vorhält, und wendet sich von sich selber ab. Dann kündigt der Mann »Frau am Baum« an. Die Kosaken tragen Schlächterschürzen. Das Bild taucht in giftiges Grün, wenn Dascha die Schlinge um den Hals hat. Der Offizier entkleidet sie; und aus der Uniform tritt eine junge Frau heraus, sie trägt ein langes, buntes Kleid, das blonde Haar fällt ihr über die Schultern.

Die Aufführung erhebt und erfüllt hohe Ansprüche. Sie wirkt da und dort ein wenig grüblerisch, an anderer Stelle wiederum unbedenklich. Sie schwingt manchmal ins Willkürliche aus, aber sie ist völlig frei von terroristischer Rechthaberei gegenüber dem Dichter und gegenüber dem Publikum, das nicht erschöpft, sondern erregt und angeregt das Theater verläßt. Die Gäste aus Berlin konnten sich auf ein vorzügliches, begeistert zu Werke gehendes Schauspieler-Ensemble stützen. Erika Bodnár (Dascha), László Sinkó (Gleb) spielen mit südländischem Temperament, natürlicher Kraft und mit Mut. Das persönliche Schicksal, das Leiden unter der alten, zerfallenden Lebensform und das Suchen nach einer neuen, dauerhaften Form des Zusammenlebens, wird stark nachempfunden. Wir sehen Gleb abstürzen und aufsteigen, Dascha im Fiebertraum – »Wär´ ich ein Mann« – verlöschen. Wir sehen sie gewinnen und verlieren im Spiel ihres Lebens. Es ist ein sehr junges Ensemble, das die Inszenierung trägt und in allen Rollen, den großen und den kleinen, individuell ausprägt. Konwitschny verstand es, jedem Schauspieler seinen Spielraum zu erschließen. Auf die Schauspielkunst vertrauend, verzichtete er darauf, die Schauspieler in der Regiekunst einzuschnüren. Einen ausgezeichneten Mitarbeiter fand er in Musikdirektor Zoltán Simon, der sich auch der Sprachregie annahm.

in: Theater der Zeit 3/1976

Friedrich Goldmann

R. Hot bzw. die hitze

opernfantasie in über einhundert
dramatischen komischen fantastischen
posen von Thomas Körner
nach dem Stück »Der Engländer«
von J.M.R. Lenz

Deutsche Staatsoper Berlin, Apollo-Saal
Premiere 28.2.1977
Uraufführung

Musikalische
Leitung: Friedrich Goldmann
Inszenierung: Peter Konwitschny
Ausstattung: Karl-Heinz Schäfer
Dramaturgie: Sigrid Neef
Codirigent: Wolfgang Hafermalz

Robert Hot,   Peter Menzel
Lord Hot   Peter Olesch
Lord Hamilton   Peter Bindszus
Prinzessin
von Carignan   Brigitte Eisenfeld
Major   Bernd Riedel
Soldat   Motomu Itzuki
Beichtvater   Bernd Riedel
Wundarzt   Peter Karsten
Peter   Motomu Itzuki
Williams   Peter Karsten

Robert Hot (Peter Menzel); Foto Maria Steinfeldt

Sigrid Neef

Dramaturgische Notiz

Unser Spiel in der Mitte eines Raumes ermöglicht es, daß sich das Publikum sehen kann, daß
es am Mitpublikum gleiche, andere oder gar ent-
gegengesetzte Reaktionen zu beobachten
vermag.Das kann die Konzeption vom emanzi-
pierten Publikum vielleicht unterstützen.
Das Werk zerfällt nicht in die Generation der Väter und der Kinder, es zerfällt auch nicht in Vertreter der Gesellschaft und der Macht und ihre
ohnmächtigen Opfer. In ihrem So-Sein sind alle
Figuren einander bedingend. Robert ist so ganz
der Sohn seines Vaters und diesem in vielem
gleichend, wie umgekehrt. Die Prinzessin hinwie-
derum ist auch Produkt einer Gesellschaft, die
die Frau als Lustobjekt behandelt, wenn sie auch
ihre ständische Lage noch nutzen kann, um sich
einen Freiraum als Subjekt zu erhalten. Major und
Prinzessin sind einander bedingende Faktoren
der Wechselbeziehungen zwischen den Geschlechtern in einer historischen Übergangssi-
tuation von feudaler Ständegesellschaft zur bürgerlichen Nation. Die Perücke, blond und lockig,
der übergroße Busen sind Merkmale dieser Ein-
fügung in dieses Wechselverhältnis und gleichzeitig, durch deren Formen angedeutet, Ausdruck, daß sie sich dessen bewußt ist. Diese
Bewußtheit enthält auch die Momente ihrer
Überlegenheit, die zur Voraussetzung ihrer end-
lichen Befreiung wird, wenn sie am Schluß die
Luftballonbrüste abnimmt, die Perücke ablöst.
Der übergroße Orden des Lord Hamilton, der ihm
zwischen den Beinen hängt und ihn am Gehen
hindert, verweist auf die bewußtlose Unterstel-
lung dieses Menschen unter gesellschaftliche
Normen. Auch der Sohn, Robert Hot, trägt etwas
sehr Langes, ihn ständig Hinderndes um den
Hals – an Stelle des Ordens ist es hier die Schlinge. So zeigt sich im Nichtidentischen das Identi-
sche – beide nehmen einen Zwang auf sich.
Robert befreit sich, durch die Prinzessin befähigt,
am Schluß.
(Auszug)
in: Dokumentation zur Inszenierung R. HOT
Zentrum für Theaterdokumentation
und -information

Georg-Friedrich Kühn

Der Gefangene verwirrter Gefühle

»Hitze heißt der Fluch, der auf euch sitzt«, singt brünstig-ironisch ein Kinderchor vom Tonband. So endet die Geschichte von Robert Hot, dem Engländer, der hin und her gerissen wird zwischen hitziger Liebe zu einer schönen Prinzessin, die er, Söldner in Turin, eines Nachts beim Streifengang am Fenster erblickt, und kalter, zynischer, beengender Vernunft, die sein eng-ländischer Vater Lord Hot – und nicht nur der – von ihm verlangt.

Eine »opernfantasie« kategorisieren die Autoren Friedrich Goldmann (Musik) und Thomas Körner (Textbuch) ihren Neunzig-Minuten-Fünfakter nach des Stürmers und Drängers Jakob Michael Reinhold Lenz »dramatischer Phantasie« »Der Engländer«. »Fantasie« – das ist griechisch ernst und künstlich zu nehmen: als Vorstellung, geistiges Bild. Gemeint sind Aktionen, Gesten, Posen, mittels derer der Zuschauer Zustände, Entwicklungen imaginierend analysieren soll, um zu einer moralischen Haltung zu finden, die entsprechendes Handeln nach sich zieht. In 112 solcher »Posen« ist die Handlung gestückelt – dramatische, komische, fantastische. Gespielt wird auf einer wenige Meter durchmessenden Rundbühne inmitten des Apollo-Saals der Ostberliner Staatsoper. Die Personen erscheinen so gegen das Dunkel des Raums wie Silhouetten. Ausstatter Karl-Heinz Schäfer hat sie in ein einheitliches Fahlblau staffiert und durch Accessoires wie rote Troddeln, Schleifen, Ordensbänder differenziert. Robert Hot – Peter Menzel spielt ihn – trägt eine rote

Schlinge um den Hals. Er ist der Gefangene seiner »verwirrten Gefühle«. Seit er die schöne Prinzessin sah, möchte er nur noch sterben. Einzig im Tod darf er auf die Erfüllung seiner Träume und Wünsche hoffen. In seinem Gefängnis, in das man ihn brachte, weil er in Erwartung der sicheren Todesstrafe desertierte, igelt er sich in – per Tonband eingespielte – Beatmusik ein. Aber diese »Sprache für seine Verwirrung der Gefühle«, wie es im Motto des Stücks heißt, die Hot da gefunden hat, versteht die Umwelt nicht. Tod aus Liebe ist in einer rationalen Gesellschaft unvernünftig. Der reiche Vater kauft ihn frei, um ihn »vernünftig« zu verheiraten an Lord Hamiltons, eines Zynikers von Gnaden, Tochter. Auch die Rolle des Clowns, die Robert als nächstes probiert, um er selbst werden zu dürfen, mißlingt ihm. Allmählich aber beginnt er die Spielregeln seiner Gesellschaft zu durchschauen: Täuschung, Schein, Spiel. So spielt er ihr zusammen mit der Prinzessin, die ihn am simulierten Krankenlager – inzwischen lüstern auf ihn wie eine Nutte – besucht, ein zynisches Spiel vor: Selbstmord in geistiger Umnachtung, um nach erteiltem geistlichen Segen für die ewige Seligkeit mit ihr in ein freudenreiches Diesseits hinwegzustürmen. »Wie, sind es Kinder?« – stellen die Autoren als komplementäres Motto an den Schluß. Friedrich Goldmann, Jahrgang 1941, in der DDR und inzwischen auch hierzulande bekanntgeworden mit Orchester- und Kammermusik, hat für diese seine erste Oper eine Musik für ein Kammerensemble geschrieben, die nicht nur Trviales parodistisch einzufärben vermag – etwa um die Gestalt von Hots Antipoden Hamilton zu charakterisieren –, sondern auch die hitzige Atmosphäre des Hot in der Verwirrung seiner Gefühle einerseits und seiner Träume und Sehnsüchte andererseits plastisch und gewitzt durch Eis-

lersche Dialektik vorzuführen. Regisseur Peter Konwitschny, Sohn des einstigen Gewandhausorchesterchefs und hier seine erste Musiktheaterarbeit vorweisend, gelang diese Plastizität beim Formulieren der in ihrer Abfolge ja auch rhythmisierten Posen nur unvollkommen. Das Höchstmaß an Artistik, das das Stück von seinem Charakter her als Fantasie im oben beschriebenen Sinn verlangt, wurde noch nicht erreicht – vielleicht auch gar nicht intendiert –, was freilich zu Schwierigkeiten oder gar Mißverständnissen bei der Rezeption führen kann. Ein gradliniges Entwicklungs- und Emanzipationsdrama ist dies jedenfalls nicht. Gleichwohl war diese Uraufführung der Staatsoper die zweifellos gewichtigste von jenen gut zwei Dutzend der Sechsten Musik-Biennale, jenem »internationalen Fest neuer Musik«, das der DDR-Komponistenverband im Zweijahresturnus veranstaltet und auf dem Werke erklingen sollen, die er für die jeweils wichtigsten hält. Die Palette reicht dabei von Jugendmusik bis zu großflächigen Oratorien und – eben – Musiktheater. Und Internationalität heißt hier nicht nur DDR plus sozialistische Bruderländer. Die bilden zusammen freilich das Schwergewicht, aber ein Ausguck über die Systemgrenzen ist einprogrammiert. Kulturpolitisch bemerkenswert, daß man mit dem Symphonieorchester des Schwedischen Rundfunks erstmals sogar einen kompletten Klangkörper samt Dirigent und zweier – freilich eher enttäuschender – Uraufführungen von schwedischen Komponisten in die DDR-Hauptstadt eingeladen hatte.

Ein Faden ist hier gesponnen, nicht zufällig zunächst zu einem skandinavischen Land, der einmal vielleicht auch nach Westen und Süden weitergesponnen und zu einem Netz ergänzt werden könnte.

in: Frankfurter Rundschau
24. 3.1977

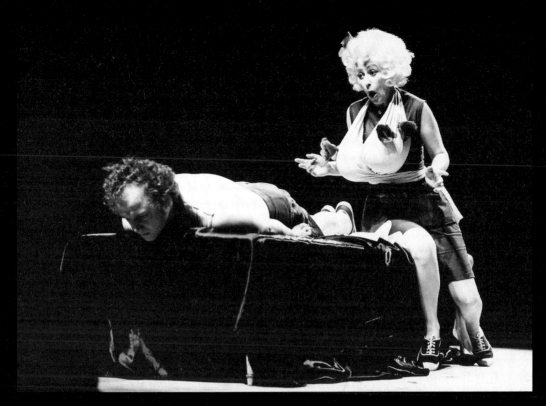

Oben: Robert Hot (Peter Menzel) und Prinzessin (Brigitte Eisenfeld)
Unten: Robert Hot (Peter Menzel), Lord Hot (Peter Olesch), Lord Hamilton (Peter Bindszus),
Peter (Motomu Itzuki) und Prinzessin (Brigitte Eisenfeld) Fotos Maria Steinfeldt

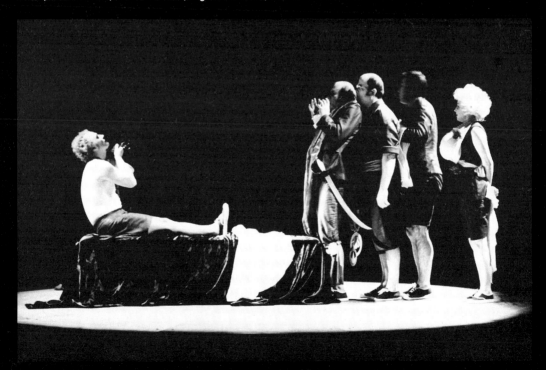

Frank Schneider

Bericht von der Musik-Biennale in Berlin 1977

[...] **Das neue Opernschaffen der DDR** war neben Repertoirestücken mit zwei neuen Werken vertreten. Am vergangenen Samstag gastierte die Dresdner Staatsoper mit der vierten Oper von Udo Zimmermann DER SCHUHU UND DIE FLIEGENDE PRINZESSIN, deren Text von Peter Hacks stammt und die Harry Kupfer in einer zauberhaften und dekorativen Inszenierung zum Erfolg führte. Die Vorzüge dieser Inszenierung zu beschreiben verlohnte. Da wir es hier indeß mit einer Musiksendung zu tun haben, muß von der einzigen Opern-Uraufführung die Rede sein, die am Sonntagnachmittag im Apollo-Saal der Deutschen Staatsoper zu hören und zu sehen war. Es handelt sich um Friedrich Goldmanns erste Oper R. HOT BZW. DIE HITZE, genauer um die Opernphantasie in über 100 komischen, dramatischen und phantastischen Posen nach dem Stück DER ENGLÄNDER von dem deutschen Dichter des Sturm und Drang Jacob Michael Reinhold Lenz in der stark verdichteten Librettofassung von Thomas Körner.

Glücklicherweise, ich wiederhole es, läuft hier eine Musiksendung, und ich muß nicht über eine Inszenierung reden, die ich für das Unglück dieser Oper halte und die man sich am besten mit geschlossenen Augen ansah. Gefeiltes Theater fand jedenfalls nicht statt oder doch nur in Rudimenten, die das geforderte Posenspiel auf eine Reihe billiger, allzu vordergründiger gestischer Effekte herunterbrachte. Sah sich schon der gutwillige Zuschauer andauernd und mit penetranten Mitteln darauf verwiesen, daß er sich ganz und gar nicht nur im Turin des Jahres 1777 befindet, so sah er sich doch ohne intensivste Spezialbildung mit der Frage so ziemlich alleingelassen, was er da in rasch wechselnder Folge an Figuren, Handlung und Problemstellung eigentlich vorgesetzt bekommt. Der hitzige und verzweifelte Kampf dieses Robert Hot gegen moralischen Erstickungstod in einer Welt der bornierten Funktionssüchtigkeit und der versteinerten Gefühle,

die Entwicklung zur Erkenntnis seiner selbst und zum lustigen Sieg über die Philister blieb über weite Strecken unverständlich und verpuffte als zuckende Harlekinade, die eher zum Weinen als zum Lachen reizte. Der attraktivste Punkt der Aufführung waren die sieben wundervollen Instrumentalisten, die als Bläserquintett plus elektronischer Orgel plus Kontrabaß den instrumentalen Apparat bilden und vom Komponisten aufs Eleganteste dirigiert wurden. Sie brachten nun Musik hervor, die vielleicht an Eigenart und Schönheit kaum zu übertreffen ist, die aber auch schwerlich an tradierter Opernmusik meßbar wird. Der bewußt gewählte, konstruktiv zu verstehende Begriff der Opernphantasie entläßt die Musik in die Freiheit, ihre Stimmigkeit nicht an einem vorgeprägten Muster theatralischen Funktionierens erweisen zu müssen, sondern den gestischen Sinn der gedanklichen oder emotionalen Pose in klanglicher Autonomie, in technisch strenger, scharfer Artikulation ausprägen zu können und sich dabei in spielerischer Kritik auf Konventionen der Opernmusik selbst zu beziehen.

Das Besondere dieser Oper liegt nicht im manieristischen Arioso der Singstimmen, nicht im reduzierten Begleitensemble an sich, sondern in dem zwar unerschöpflich wechselnden, aber grundsätzlich gehärteten, kalt blitzenden Grundklang, - einem Klang der negativen Hitzigkeit, der sich ausdeutender Affektsteigerung oder personeller Charakterisierung weitgehend entzieht.

Der Sinn der Musik heftet sich an die Einheit der Pose. Jede der 112 Posen hat auch musikalisch ihr eigenes Gesicht oder ihre eigene Grimasse. Jede Pose zeichnet sich durch Konstanz der für sie gewählten Struktur und Instrumentation aus. Aber die Verschiedenheit ist natürlich nicht absolut, sondern es ergibt sich eine Fülle von inneren Beziehungen, Entsprechungen, Wiederholungen und Varianten, die auch die Musik zu größeren Formkomplexen zusammenschließen. Zum gestischen Inhalt und zum Wortsinn einer Pose verhält sich die Musik komplementär, sie klammert sich nicht an ihn, weil sie dem Sinn der Pose gemäß selbständiges Element eines äußerst verdichteten Zustandes ist, in dem gleichermaßen Figurencharakter, interpersonelle Konstellation und gesellschaftliche Bedingtheit des Handelns der Autoren zwanghaft verklammert erscheinen, auch, weil sie das Vorwissen der Autoren zwangsläufig so arrangiert.

In diesem Rahmen der Pose funktioniert Musik derart, daß sie demonstrative Künstlichkeit in der jeweiligen Anlaufphase treffen und ihr gleichzeitig auch entfliehen will. Ersteres ermöglicht Goldmann, doch wenigstens anspielungsweise an Prinzipien großer Opernmusik anzuknüpfen. Die zweite Tendenz - sich der Unterordnung gegenüber der szenischen Rollendeutung zu entwinden, das Posierende aufbrechend zu korrigieren und kritisierend zu entkrampfen, ist in der methodischen Vielseitigkeit und Bestimmtheit des Anliegens eine wichtige opernästhetische Neuerung Goldmanns.

Solche tendenziell parallelistischen oder sogar gegenläufigen Zusammenhänge von Musik und theatralischer Aktion werden etwa deutlich, wenn bei Momenten unverstellter Affektausbrüche Musik entweder schweigt oder überraschende Begriffe von Schönheit oder Glück usw. mit Hilfe der dazu etablierten musikalischen Metaphern aus der Trivialsphäre denunziert, oder wenn sie das zur Farce sich zuspitzende Posieren im 5. Akt durch wahrhaft entfesseltes, freizügigstes Konzertieren der Bläser konterkariert. Freilich ist es schwer, für die eigenwillige Diktion dieser Opernphantasie die angemessenen Mittel der szenischen Realisierung zu finden, und es bleibt zu hoffen, daß sie bald gefunden werden, weil sie um des Stückes willen gefunden werden müssen.

(gekürzt)

in: »Musik 20. Jahrhundert«,
Radio DDR II, 3. 3. 1977

Christian Burkhardt

Hörerbrief, 22. 3. 1977

Sehr geehrter
Herr Dr. Schneider!

Am 3.3.1977 hörte ich sehr interessiert bei RADIO DDR II Ihre Sendung »Musik - 20. Jahrhundert. Neue Werke von der VI. Musik-Biennale Berlin«. Sie haben sich in dieser Sendung auch ausführlich zu der Uraufführung der Opernfantasie R. HOT von Goldmann/Körner am 29.2.1977 im Apollosaal der Deutschen Staatsoper geäußert, die ich so begeistert mitzuerleben Gelegenheit hatte, daß ich mir dieselbe gleich am Tage darauf ein zweites Mal ansah. Da sich allerdings der Eindruck, den ich als musikalisch und musikdramaturgisch völlig unvorbereiteter Zuschauer und Zuhörer hatte, nicht mit dem von Ihnen über Funk vermittelten deckt, möchte ich meine Meinung hierzu sagen, zumal sie sehr allgemein für die »gutwilligen Zuschauer« zu sprechen beanspruchen, zu denen ich mich aber auch zähle. Von Ihrer Meinung, daß man sich diese »Operninszenierung am besten mit geschlossenen Augen ansah«, war ich sehr befremdet. Dabei betonen Sie nachdrücklich, daß Sie, da es sich um eine Musiksendung handle, »glücklicherweise« nicht über die Inszenierung sprechen müßten. Um so unredlicher, daß Sie im selben Atemzug die Inszenierung in gefährlichen Andeutungen unmöglich machen. Sie sehen das »Unglück der Oper«, »gefeiltes Theater« habe »nicht stattgefunden«, das »geforderte Posenspiel« sei »auf eine Reihe billiger, allzu vordergründiger gestischer Effekte« heruntergebracht worden usw. Ich weiß nicht, welche Kriterien von Theater diesem Urteil zugrunde liegen, jedenfalls kann ich mich

diesem nicht anschließen. Mich hat diese Oper a u c h in ihrer szenischen Realisierung gefesselt, mehr sogar als manche vielgerühmte Operninszenierung. Für mich war das Gespielte auch ohne die geringste »Spezialbildung« verständlich, und ich glaube, man muß schon in einer modernen Vaterrolle ziemlich unsensibel geworden sein für die Probleme derer, denen die Zukunft wie Hot und seiner Prinzessin gehört, hat man nichts verstanden. Da ich nichts davon halte, sich hinter den Problemen von 1777 zu verstecken, finde ich das, was Sie als »penetrant« abtun als großen Vorzug dieser Inszenierung, nämlich den Verzicht auf ablenkende historische Details zugunsten einer fast archetypischen, daher auch aktuellen Problematik, mit der fertig zu werden wohl die meisten von uns mehr oder weniger zu tun haben, sei es in der Rolle Hots oder der seines Vaters und seiner Komplizen. Daß hierbei Einzelheiten vom Fachmann als »billig« empfunden werden, erscheint mir demgegenüber ausgesprochen belanglos.
Trotzdem frage ich mich, was Sie zu einem solch eindeutigen Verriß dieser Inszenierung geführt haben könnte, die etwa in dem von Ihnen in der Sendung vorgeführten 4. Akt einen so originellen Regieeinfall in dem sich aus dem Bühnenteppich entwindenden Hot hatte, wie ich ihn selten sah. Eine Antwort scheint sich anzudeuten, latent wenigstens, in der Laudatio, die Sie der musikalischen Idee und Realisierung dieser Oper zukommen lassen. Sie haben da manches gesagt, was Ihnen vielleicht beim Zuhören »mit geschlossenen Augen« aufgegangen ist, was aber der einfache Rundfunkhörer nicht so ohne weiteres versteht. Vorbehaltlos zustimmen kann ich Ihnen darin, daß die Musik kaum »an Eigenart und Schönheit zu übertreffen ist«. Aber Ihrer Schwarz-Weiß-Trennung von

Szene und Musik kann ich nicht folgen. Denn das hieße, die Musik von dem allerdings brisanten Inhalt zu trennen, und das kann sie bei aller »Autonomie« und »negativen Hitzigkeit« nun doch wohl kaum für sich beanspruchen wollen. Mir scheint, die Vorlage wird spätestens ab der Szene, wo der bei Lenz so ernst genommene Selbstmord in Form der List nur noch parodiert wird, problematisch und auch doppelbödig in ihren Konsequenzen. Daß die Musik an dieser Problematik partizipiert, wird sich wohl kaum bestreiten lassen. Die Probleme, mit denen die Regie hier zu tun bekommt, liegen m.E. also ganz und gar in einer problematischen textlichen wie musikalischen Vorlage begründet, und ich habe den Eindruck, daß Sie den schwarzen Peter, der sich daraus konsequent ergeben haben könnte, etwas vorschnell und bei allen hochfliegenden Reflexionen über die Musik andererseits etwas unreflektiert auf die Regie abladen. Sie legen apologetisch der Musik Attribute bei, mit denen Sie diese jeder möglichen Kritik entziehen, gleichzeitig kritisieren Sie nun in wenig konstruktiver Weise die Inszenierung. Aus diesem Grunde glaubte ich, diese kleine Gegenapologie schreiben zu müssen, was mir von der Sache her geboten scheint.
Ich hoffe, daß Sie, als Kritiker vielleicht manchmal auch in der Gefahr, eine Vaterrolle einnehmen zu müssen, die zu entscheiden hat, was gut oder böse ist, meine Anmerkung als Ansatz eines Dialogs auf Ihren Rundfunkmonolog auffassen, der sicher nie zustande kommt. Trotzdem irgendwo einen gemeinsamen »Himmel« gehabt zu haben, den wir behalten wollen, grüßt Sie C.B.

*Privatarchiv Konwitschny
(unveröffentlicht)*

Kazimierz Moczarski

Gespräche
mit dem Henker

Fassung:
Zygmunt Hübner

Übersetzung:
Roswitha Buschmann

Volksbühne Berlin
Premiere 17.4.1979
DDR-Erstaufführung

Regie
Peter Konwitschny

Bühne
Ezio Toffolutti/Manfred Fiedler

Kostüme
Ezio Toffolutti/Lilo Sbrzesny

Dramaturgie
Klaus Waack

I
Moczarski
Maurice Taszman

Journalistin
Gabriele Gysi

II
Stroop
Jürgen Holtz

Moczarski
Jörg-Michael Neumann a.G.

Schielke
Carl-Hermann Risse

Zuschauergespräche

Mann: Ich bin Mitte dreißig, und diese Thematik steht für mich nicht im Vordergrund. Jeder hatte sein Grunderlebnis der Vergangenheitsbewältigung, auch ich. An diesem Stück geht es mir nicht darum, daß die dunkle SS-Bestie erhellt wird. Natürlich ist das wichtig. Aber genau so wichtig ist die zweite Figur, die kleine Figur des Mitläufers. Das ist ein Problem, das viel größere und breitere Schichten angeht. Da ist einerseits der Macht-usurpator und der Antipode. Da schimmert schon Überlegenheit heraus. Aber es ist noch nicht stark genug herausgearbeitet. Aber wichtig ist, auch der Mitläufer ist keine Witzfigur, der spaßig ist, wenn er da apportiert. Es geht auch an die Nieren. Wie trägt der Kleine – und die Masse der Bürger sind die Kleinen –, wie können sie Machtmißbrauch verhindern? Das ist ein Punkt, der mich betroffen hat.

Mann: Es ist wichtig, daß das Stück aufgeführt worden ist als eine Art Vergangenheitsbewältigung, die meiner Meinung nach noch nicht genügend ist. Was wir in der Schule gelernt haben, daß wir damit nichts zu tun haben, und daß wir den Polen gegenüber ein ziemlich großes Schuldkonto haben und den Juden gegenüber. Diese Freisprechung von allem durch den Neubeginn, daß wir die Beziehung zu der alten Geschichte nicht leugnen, aber selektiv auswählen, damit machen wir uns das zu einfach.

Mädchen: Harter Drill und Disziplin, diesen Eindruck hatte ich. Immer wenn es darum ging, zu zeigen, was sind wir denn, wenn es um die Repräsentation dieser Erziehung ging. Und da sah ich Parallelen zu heute, in der Erziehung der Jugend. Und da kann man vielleicht den Kreis wieder schließen. Daß es nicht nur darum geht, mich da reinzusetzen und es anzugucken, sondern wenn man sowas aufführt, dann will er ja auch, daß die Leute was mit nach Hause nehmen. Es geht auch darum, daß bestimmte Eigenschaften oder allgemeingültige Aussagen entnommen werden können. Das trifft für mich zu, daß auch das Vergangenheitsproblem für jeden zu bewältigen ist. Und er soll auch versuchen, mit den Leuten, zu denen man geht, klarzukommen. Und das ist das Größere, was ich entnommen habe.

Ich sehe Stroop nicht nur als Mörder, sondern die sind ja unter uns. [...]

Junger Mann: Um acht gab es eine Übertragung vom Festival. Eine Fackel wurde in einem Behälter hochgetragen und das war mit einem so auffordernden »Wir müssen uns daran erinnern«. Und im Hintergrund die Bilder, wir müssen den Sozialismus mit der Waffe stärken. Das war so erschreckend für mich. Ich habe den Höß-Film gesehen und habe da eine ähnliche Beziehung gehabt. Bei diesem Mann in dem Film hatte ich richtige Sympathien mit ihm, wenn der Mann unter schlechten Umständen Halt suchen wollte. Und das hat Stroop für mich auch getan. Sein Endresultat kam da raus. Das fand ich sehr gut.

Junger Mann: Ich wollte Sie fragen, ob Sie auch eine andere Interpretation zulassen würden, die nicht die Bewältigung des Faschismus sehen will oder auch eine Gegenwartsinterpretation – Stroop nicht als Faschist, sondern als Dogmatiker, Stroop, der sich eine Ideenwelt aufbaut und aus dieser Welt urteilt. Interessant ist, daß hier Vertreter dreier Denkarten die Möglichkeit haben, unvoreingenommen sich darzustellen, daß der Stroop dominiert, aber daß man überhaupt, obwohl er negativ war, ihn zu Wort kommen ließ. Daß man das nicht aus der Diskussion ausschließt als nichtanhörungswürdige Meinung.

(aus: Foyergespräch am 1.6.79)

Lehrling: Zu dem Maschinengeräusch. Was soll das darstellen?

Konwitschny: Sie haben gedacht, das war zufällig?

Lehrling: Ja. Sie hatten uns informiert, daß etwas kaputt ist mit der Bühne.

Mädchen: Ich konnte auch nichts damit anfangen.

Lehrer: Ich glaube doch. Es hatte etwas Bedrückendes.

Konwitschny: Sie sitzen in der Todeszelle. Es sind zum Tode Verurteilte.

Lehrer: Der Gang durch den Keller, dieses Bedrückende, der Gang durch ein KZ. Das ist gut gewesen. Für jemand, der da unvermittelt reinkommt, daß der bedrückt wird durch den Kellergang. Der Raum erinnert mich an Kafka, die Gänge wie im KZ.

(aus: Foyergespräch 6.5.79)

Mann: Ich kam mir in dem Raum vor als Mitgefangener. Es hat mich stark mitgenommen.

Mädchen: Man könnte sagen, daß man verschiedene Menschengruppen wieder erkennt und Sachen in sich findet. Was mich überrascht hat, daß es für mich eine vollkommen neue Art von Vergangenheitsbewältigung war. Daß man davor total rätselhaft steht und vor einem Phänomen. Wie konnte das passieren? Man steht wie Rotkäppchen vor dem Wolf, wie die Maus vor der Schlange. Man wird damit nicht fertig. Es wurde eigentlich klar dadurch, daß versucht wurde, den Henker zu verstehen, diesen bösen Menschen, daß er aus dieser Rolle des Bösen herauskam und zum Menschen wurde, wo man versucht, seine Gedankengänge nachzuvollziehen. Er wurde erklärlich für einen selbst. Das ist ganz schön tragisch, daß man in vielen Charakterzügen nicht besser ist. Ich bin das erste Mal damit konfrontiert.

Junger Mann: Hier wird so viel von Begreifen geredet. Ich kam nicht zum Begreifen. Ich habe die Maschinen einfach gefühlt als etwas ganz Gewaltiges, was Angst macht, beherrscht zu sein. Da kann man über das Rationale weitergehen. Ich habe einfach die Maschinen erst mal erlebt.

Mädchen: Ich habe empfunden, wie der große Knall war, daß man zusammengeschrocken ist. Das fand ich gut.

Mann: Der technische Vorgang, das Knacken, hat doch gezeigt, wie sehr wir von solchen Vorgängen abhängig sind. Niemand kann was passieren, und wir ziehen die Köpfe ein, und es fängt etwas an, uns zu bedrohen.

(aus: Foyergespräch 31.5.79)

Aus Foyergesprächen in der Volksbühne Archiv der Akademie der Künste zu Berlin. Abteilung Darstellende Kunst, Rep. 016 (Peter-Konwitschny-Archiv), III. 5. c.

Moczarski (Jörg-Michael Neumann), Schielke (Carl-Hermann Risse)
und Stroop (Jürgen Holtz) v.l.n.r., Zuschauer rechts oben
Foto Adelheid Beyer

Heinz Kersten

Eingesperrt mit dem Todfeind

Kazimierz Moczarskis »Gespräche mit dem Henker« in der Ost-Berliner Volksbühne

Einen ungewöhnlichen Theaterabend gab es in der Ost-Berliner Volksbühne zu ungewohnter Zeit an ungewohntem Ort nach einer ungewöhnlichen Spielvorlage – GESPRÄCHE MIT DEM HENKER von Kazimierz Moczarski. Um 21 Uhr 30 trifft sich eine kleine Zuschauerschar – nur 65 sind feuerpolizeilich zugelassen – im Café in den unteren Wandelgängen des Hauses am Luxemburgplatz; im Raum verteilt drei Monitore – das Spiel kann beginnen. Auf dem Bildschirm interviewt eine Journalistin (Gabriele Gysi) den Autor Moczarski, hier dargestellt von Maurice Taszman. [...] Das Publikum erfährt, wie es zu den GESPRÄCHEN MIT DEM HENKER kam, die Gegenstand des Abends sein werden. Kazimierz Moczarski, Jahrgang 1907, Jurist, Ministerialbeamter im Vorkriegspolen, während der deutschen Okkupation Widerstandskämpfer, in der Heimatarmee, die sich an der Londoner Exilregierung orientierte, als Offizier in dieser Armia Krajówa zuständig für die Bekämpfung polnischer Kollaborateure, wird bald nach dem Kriege, im Sommer 1945, von Stalin selbst der Kollaboration mit den Deutschen bezichtigt, zum Tode verurteilt und dann zu lebenslänglicher Zuchthausstrafe begnadigt. Als besondere Demütigung wurde Moczarski am 2. März 1949 im Warschauer Mokotow-Gefängnis in eine Zelle verlegt, die er 225 Tage mit zwei deutschen Kriegsverbrechern teilen mußte: der eine war ein kleiner Archivar im Krakauer Amt des Sicherheitsdienstes, der später freigesprochen wurde und heute in Frankfurt am Main lebt, der andere war der SS-Gruppenführer und Generalleutnant der Polizei Jürgen Stroop, berüchtigt durch die unter seinem Befehl 1943 erfolgte Liquidierung des Warschauer Ghettos. Bei Kriegsende von den Amerikanern gefangengenommen, wurde Stroop an die Polen ausgeliefert, die ihn 1951 zum Tode verurteilten und 1952 hinrichteten. Was von ihm blieb, war das Psycho-Soziogramm seiner für einen Nazi-Henker prototypischen Persönlichkeit, aufgezeichnet aus der Erinnerung an zahllose Gespräche vom zeitweiligen Zellengefährten Moczarski. [...]

Für Besucher der Ost-Berliner Volksbühne ist die Begegnung mit der Vergangenheit ein regelrechter Gang in die Unterwelt. Die Inszenierung Peter Konwitschnys, eines jungen Gastregisseurs vom Berliner Ensemble, findet nämlich auf der Unterbühne des Hauses statt. Das Publikum blickt von zwei Seiten durch ein Maschendrahtgitter hinab auf die Innereien der Theatermaschinerie: ein kompliziertes Gewirr von Gerüstverstrebungen, Eisenstangen und Rollen, über das die drei Protagonisten oft fast akrobatisch hinwegturnen – gefangen in einem Käfig, der hier so etwas wie den unentrinnbaren Mechanismus technisierter Macht symbolisiert. Jürgen Holtz verkörpert nuancenreich den ewigen SS-Führer Stroop: mal in stammtischseliger Erinnerung an Frauen und gutes Essen, dann wieder nüchtern Einzelheiten seines Vernichtungshandwerks rekapitulierend, schwärmerisch verflossener Reichsparteitage gedenkend oder sich erneut in Germanenkult und Rassenwahn der NS-Ideologie hineinsteigernd. Carl-Hermann Risse gibt bieder, doch hinter dem Rücken des Generals aufmüpfig, die SD-Charge Schielke. Jörg-Michael Neumann in zwangsjackenähnlichem grauen Kittel und Nickelbrille ist sehr überzeugend der intellektuelle Beobachter und unschuldig leidende Mithäftling Moczarski. Gelegentlich dringen von draußen Geräusche, Musikfetzen und Rufe der Wärter in die unwirkliche Zelle, deren fast surrealer Eindruck noch durch die zwischen grellem Scheinwerferlicht, Halbdämmer und Dunkelheit wechselnde Beleuchtung verstärkt wird.

Das beklemmende, manchmal bitter-komische Spiel auf der Unterbühne endet so unvermittelt wie es begann. Das etwas ratlos wirkende Premierenpublikum mußte erst aufgefordert werden, an die Garderobe zurückzukehren, wo oben dann auf den Monitoren das Interview vom Anfang noch einmal von vorne ablief. Nur schüchtern und kurz regte sich Applaus für ein Theaterexperiment, das ein lautes Bravo verdient. Schließlich sind es Versuche solcher Art, die dafür sorgen, daß Theater lebendig bleibt.
(leicht gekürzt)

in: Der Tagesspiegel, Berlin 20.4.1979

J. W. v. Goethe

Satyros
oder
Der vergötterte Waldteufel

Theater Anklam
Premiere: 20. 9. 1980
DDR-Erstaufführung

Regie	Peter Konwitschny a.G.
Ausstattung	Ulrich Schreiber a.G.
Regieassistenz	Herbert Tichy

Satyros	Wolfgang Bonness
Einsiedler	Manfred Harder
Hermes	Gerhard Schönerstedt
Psyche	Ursula Hartung
Arsinoe	Petra Solga
Eudora	Ev-Marie Frölich
Einer	Joachim Zielesch
Anderer	Lutz Harder
Dritter	Herbert Tichy
Moderator	Gerhard Schönerstedt
Ton	Eberhard Ziele

Satyros (Wolfgang Bonness)
Foto Privatarchiv Konwitschny

Konzeptionsentwürfe

Peter Konwitschny
Zur Konzeption Satyros

Das Ganze als Komödie.
Streng. Zur alten Form hin.
Weg vom Aufgesetzten. Weg vom Gag.
Weg vom Improvisierten.
Weg vom Show-Effekt.
Als Projekt für die Hauptbühne.
Trennung Bühne-Zuschauerraum

Starres Gesellschaftsgefüge. Keine Alternativen.
Priester, Regeln, Absolutheit. Formal, Formalitä-
ten, Manipulation.
Dazu im Gegensatz der Einsiedler.
  Zieht sich in Naturganzes zurück.
  Beschneidet seine Natur.
 der Satyros. Besteht kreatürlich auf dem
  Anspruch des Einzelnen. Zerschlägt den
  Anspruch der Einzelnen.
Einsiedler und Satyros untereinander
auch im Widerspruch.
Satyros trägt die Bewegung in sich
und ins Stück.
Keine Lösung. Das Angebot: Begreifen des Wi-
derspruchs als Notwendigkeit. Jedes stellt jedes
in Frage.
Das Ende sarkastische Heiterkeit.

Die Sprache enthält die innere Bewegung der
Fabel. Die Verse als Hauptarbeit für die Schau-
spieler.
Der Chor, das Chorische entsteht verfolgbar.

Holtz als Satyros.

Regieteam
Satyros oder Der vergötterte Waldteufel

Dieses Stück, das Goethe selbst als »Dokument
der göttlichen Frechheit unserer Jugendjahre«
bezeichnete, hat es in der Tat in sich, führt es uns
doch auf bissige und humorvolle Weise vor, wie
ein Mann, genannt Einsiedler, dem die Städte
zum Halse heraushängen, versucht, auf dem
Lande der Natur wieder näherzukommen; wie
ein Waldmensch, genannt Satyros, dem das eine

Nummer zu klein scheint, ohne lange zu fackeln die kleine heile Welt des Einsiedlers ramponiert; wie ihm, dem Bock-Menschen bzw. Mensch-Bock, ein Mädchen, genannt Psyche, ersten Blikkes auf den Leim geht, während ein schüchterneres Geschöpf, mit Namen Arsinoe, die Flucht zum Vater, dem Ober-Auf-und-An-Passer der Gegend, vorzieht; wie Satyros auf eine in Zivilisation lebende Gemeinschaft von Menschen, benannt Volk, stößt und diese ermuntert, sich nicht länger durch erstarrende Sitten das Leben vermiesen zu lassen und nach seinem Vorbild rohe Kastanien zu essen; wie das Volk ihm, getroffen am empfindlichen Punkt verdrängter Sehnsüchte, von heute auf morgen als seinen neuen Gott anbetet; wie der Mann namens Einsiedler den Leuten sprich Volk die Augen öffnen will und dafür gelyncht zu werden droht; wie er im letzten Moment durch die List einer reifen Frau, genannt Eudora, dem Tod von der Schippe springt und wie am Ende alle gestrichen die Nase voll haben voneinander.

Wir haben uns entschlossen, dieses Stück im Club zu spielen, und zwar nicht auf dessen Bühne, sondern unmittelbar unter den Zuschauern. Darin findet die Hoffnung Ausdruck, unseren Gästen ein bisher unbekanntes Zuschau-Erlebnis zu vermitteln.

Archiv der Akademie der Künste zu Berlin.
Abteilung Darstellende Kunst,
Rep. 016 (Peter-Konwitschny-Archiv) III. 7. a.

Weh uns! Weh!

Rohe Kastanien! Unser die Welt!

Lehr uns! Wir hören!

Er ist ein Gott!

Sinkt nieder! Betet an!

Wir sind dein! Gott, dein! Ganz dein!

Der Lästrer hat verdient den Tod.

Steinigt ihn!

Sterben soll er!

O Edelmut! Es fließe sein Blut!

Verwegner, keinen Schritt!

Auf! Auf! Des Frevlers Blut und Tod.

Ein Tier! Ein Tier!

Friedrich Dieckmann

Gesell-
schaftsspiel
nach Goethe

Erstaunlich schon der Raum: ein holzgetäfeltes Geviert mit zwanzig ringsum stuhlbestückten Tischen; auf einer Seite ein bühnenverbergender Vorhang, in zwei diagonalen Ecken kleine Podien mit Wohn- und Gartengerät aus den vierziger Jahren – ein Spiel– und Zuschauerraum, richtungslos wie ein HO-Café und so auch, mit Wein und Bier, von einem knappen Hundert Zuschauer eingenommen. Und erstaunlich der Anfang: ein conférenciermäßig einherkommender Biedermann (Gerhard Schönerstedt) scheint eher auf ein Gesellschaftsspiel als auf einen Theaterabend einzustimmen; er studiert mit dem begeistert mitgehenden Publikum Chorverse ein, die auf Tonband aufgenommen werden, Volkszurufe wie »Weh uns! Weh!« oder »Rohe Kastanien! Unser die Welt!« oder aber: »Der Lästrer hat verdient den Tod. Steinigt ihn!« Ist das von Goethe? Es ist von Goethe, und für die präludierende Chorprobe werden praktische Erwägungen geltend gemacht: man habe für die Aufführung auf der kleinen Spielstätte keinen Theaterchor bekommen. Aber was wird mit den lautstarken Evokationen geschehen? Das Programmheft gibt keinen Fingerzeig, es ist seinerseits erstaunlich: acht schmale weiße Seiten mit kleinen Paarungsdarstellungen aus einem Lehrbuch der Zoologie, dazu jeweils die Zeile »DDR-Erstaufführung«, sonst kein Wort. Die DDR-Erstaufführung gilt einem Stück von Goethe, »Satyros oder Der vergötterte Waldteufel«, geschrieben 1773 in Frankfurt, und ist es am Ende gar eine Uraufführung, eine Goethe-Uraufführung in An-

klam? Es trete vor, wer's besser weiß!

Daß die didaktischen Copulationen des Heftchens (dazu gibt es noch einen Personenzettel mit dem Text der sechsundzwanzig Chor-Sätze) keineswegs werkfern sind, zeigt die Eingangsmonolog des Einsiedlers, der schon bei Goethe ein Kleingärtner und hier erst recht einer ist; er nimmt, von Manfred Harder mit angespannter Intensität gespielt, mit einer Batterie Röhrchen und Töpfchen den einen Eckplatz ein. »Das quillt all von Erzeugungskraft, / wie sich's hat aus dem Schlaf gerafft; / Vögel und Frösch und Tier' und Mükken / begehn sich zu allen Augenblicken, / hinten und vorn, / auf Bauch und Rücken, / daß man auf jeder Blüt und Blatt / ein Eh- und Wochenbettlein hat.« Der Gartenfreund sagt es mit einer Art beunruhigten Entzückens und mischt dabei Feindünger. Bei dem versunkenen Tun stört ihn Satyros, der Mann aus dem Walde; den spielt in kurzen Hosen, ein Klingelding vor dem Hosenlatz, urig und ausladend der Intendant persönlich, Wolfgang Bonness, und läßt sich von dem Schürzenmann wehleidig verarzten: er hat sich das Bein gebrochen. Das ist der erste Akt, drei Buchseiten stark; der zweite besteht aus einem Monolog des geschienten Waldschrats, sechsundzwanzig Knittelverse lang; furchtbare Dinge bereiten sich darin vor. Der undankbare Patient – offenbar will er ein bißchen Kulturmensch spielen – stiehlt einem Samariter ein Leintuch, die Lenden damit zu gürten; überdies wirft er – ein wohlberechneter Anachronismus des schein-antiken Stückes – das Kruzifix des Einsiedlers in den Gießbach. »Mir geht in der Welt nichts über mich: / denn Gott ist Gott, und ich bin ich.« Dann geht er, »Natur ist rings so liebebang«, hoffnungsvoll in den Wald, und er findet sein Maienopfer, es heißt Psyche und geht mit der Freundin zum Brunnen;

nun deutet ihr der Wundermann ihre Träume. Das findet in der Mitte des Spiel- und Zuschauerraums statt; zwei Frauen, die bis dahin als Zuschauer unter Zuschauern saßen, treten mit einem Mal in das Satyr-Spiel ein; sie tragen Premierenkleider, und auf die Wasserkrüge ist verzichtet – warum soll eine Frau von heute nicht Arsinoë heißen? So heißt Psyches Freundin, und sie holt ihren Vater, einen Würdenträger im Gesamtmaßstab (der Chor-Moderator spielt ihn und ist ganz heutig), daß der den Naturburschen ergründe. Hermes, so ist dieser Landesälteste benannt, erscheint, während es von Satyros gerade heißt: »Er küßt sie mächtig« (Psyche nämlich, und die Stelle ist, zwischen Café-Tischen, etwas prekär, aber sie wäre das auch auf der Bühne), und der Waldmensch kommt ihm prinzipiell: er propagiert das unmittelbare Dasein. Weg mit den Kleidern, heraus Natur, vorwärts zum Goldenen Zeitalter!

Ist das ein Grüner – von heute? Ist das ein Hippie – von gestern? Oder ist es der Rattenfänger, der die Vergesellschaftungsmüden in den Sumpf lockt – von vorvorgestern? Für Goethe verkörperte sich in dieser Figur der Sturm und Drang, in einer satyrisch zu Ende gedachten Gestalt. Indessen: was der Mann mit dem Klingelding da predigt, ist gar nicht satirisch; es hat den goldenen Vollklang der Lyrik des jungen Goethe. »Fernt euch von Wahrheit und Natur, / drin doch alleine Seligkeit / besteht und Lebens-Liebens-Freud; / seid all zur Sklaverei verdammt, / nichts Ganzes habt ihr allzusamt!« Wie wahr! möchten da alle Zuschauer ausrufen, und sie tun es tatsächlich: »Weh uns! Weh!« kommt es stimmgewaltig aus den Lautsprechern, da Satyros klagt: »Wo ist sie hin, die Lust an sich selbst?« Das Publikum spielt in Gestalt der zuvor gemachten Bandaufnahmen mit; der Regisseur läßt es an jener

Stelle, da Goethe so einfach wie kühn in die Rede des Satyros hineinschreibt: »Es drängt sich allerlei Volk zusammen« (mitten im Walde? weithin anziehend muß die Naturpredigt anno 1773 gewesen sein) – er läßt das Publikum dort akustisch in die Handlung eintreten. Manipuliert er es durch das Bänderspiel? Er stellt es hörend sich selbst gegenüber, und jeder kann sich fragen, wie weit er an dieser oder jener Stelle »wirklich« mitgegangen wäre.

Das jäh zusammenströmende Volk bezeichnet einen Umschlagpunkt der Handlung; das Unbehagen an der Kultur wird epidemisch. Voller Wortgewalt ist des Satyros antizivilisatorische Predigt. »Selig, wer fühlen kann, / was sei: Gott sein! Mann!« Wie dahin kommen? Satyros weiß es: »Der Baum wird zum Zelte, / zum Teppich das Gras, / und rohe Kastanien / ein herrlicher Fraß!« Das sehen alle ein: »Rohe Kastanien! O hätten wir's schon!« schreit das Volk, schreit per Tonband das Publikum, und die Staatsführung wird mitgerissen: »Rohe Kastanien! Unser die Welt!« ruft auch Hermes und stellt sich an die Spitze der Volksbewegung. Die Massen ergreifend, trivialisiert sich die Zivilisationskritik, und der ästhetische Gestus folgt dem: die Apotheose des Sturm und Drang kippt in die Parodie um.

An den Seiten des Saals entrollen Jugendliche grüne Transparente, Psyche und Arsinoë aber decken grüne Tücher über die Café-Tische und stellen Selterswasser darauf.

Das steht nicht in Goethes Text, aber es macht ihn uns deutlich. Peter Konwitschny, der Gastregisseur aus Berlin, stopft Bezüge von heute nicht in verschollene Verse hinein, sondern er holt sie heraus; er spannt sein Material an, mit Ernst und Spaß und vieler Kunst, aber er überspannt es keineswegs. Das kurze Stück ist der beiläufige Jugendscherz

nicht, als der es von weitem sich darstellt; der siebzigjährige Goethe stellt den Text mit Betonung in die Zeit wichtiger Teile des »Faust«. Und wirklich: in des Satyros klingender Predigt spukt der Erdgeist, spukt faustischer Wissenschaftsüberdruß; wie im Spiel wird hier eine gesellschaftliche Lösung der Widersprüche erprobt und als katastrophenhaltig verworfen.

Zwei Arten des Naturverhältnisses kommunizieren im ersten Akt miteinander, um sich im zweiten als unverträglich zu erweisen: eine voyeurhaft-regulatorische und eine leidenschaftlicher Identifikation. Diese reüssiert unversehens; zuletzt bleibt jene Sieger. Eine zunehmend krisenhafte Bewegung steht dazwischen. Im vierten Akt – wir bewegen uns immer noch im Wald, das heißt im Café, das heißt in der Menschheit – wird die Zurück-zur-Natur-Bewegung ideologisch untermauert; Satyros deutet allem Volke das Weltwerden: »Wie im Unding das Urding erquoll, / Lichtsmacht durch die Nacht scholl, / ... / sich täte Kraft in Kraft verzehren, / sich täte Kraft in Kraft vermehren, / und auf und ab sich rollend ging / das all und ein und ewig Ding, / immer verändert, immer beständig!«

Es ist so wahr und klingt so schön, und die ganze Bewegung ist inzwischen so trefflich organisiert (es werden Fahnen geschwenkt, es wird mit Aktendeckeln geklappt, der Regisseur bewegt sich so wenig in der Antike wie der Autor), daß die Ausrufung des Waldgesandten zum Gottgesandten, nein: zum Gotte selbst, schier naturgegeben erscheint.

Und wirklich: »Er ist ein Gott!« ruft verzückt das Volk, ruft per Lautsprecher das Publikum. Aber außer einem Gott und einer Lehre brauchen die ergriffenen Massen auch noch einen Feind, um recht bei sich zu sein; wo man sich in gemeinsamer Anbetung fühlt, fühlt man sich mehr noch in gemeinsamer Ausstoßung.

Das Opfer stellt sich pünktlich ein, es ist jener stillvergnügte Kleingärtner, der betrachtungsverzückte Regulator des Naturgeschehens, dem der ungestüme Praktiker so drastisch den Rang abgelaufen hat. Der läßt den Stoß, den Satyros seiner geordneten Wirtschaft versetzt hat, nicht auf sich sitzen; er nennt ihn gradheraus einen Teufel.

Das kommt den begeisterten Massen gerade recht: »Der Lästrer hat verdient den Tod. Steinigt ihn!« Das ist kein Spaß mehr, und das Stück meint es auch nicht so, es schlägt abermals um, ins anders Massenpsychologische, und die Inszenierung, ohne den spielerischen Rahmen aufzugeben, mit dem sie der imaginären Konstruktion des Textes entspricht, folgt dem aufs genaueste; der Volksfeind wird, an einen Stock geschnallt, der ein Mittelding zwischen Garotte und elektrischem Stuhl vorstellt, triumphierend durch den Saal getragen.

Vergebens redet der verschnürte Todeskandidat um sein Leben, »sie reißen den Einsiedler zum Altare« – ein böses Ende? Kein böses, sondern ein grotekes Ende; Goethe, der für das kurze Stück aus Quellen dreier Jahrhunderte schöpfte, entnahm die Lösung einer neueren deutschen Barockoper, in der ein anderer Satyr (so die schätzenswerte Berliner Ausgabe) »durch eine ehrbare Matrone in seiner sinnlichen Gier entlarvt wird.« Die Matrone ist hier Frau Hermes, Eudora mit Namen; die schreit, als die Exekution beginnen soll, aus dem Innern des Tempels um Hilfe; listig und sich selbst nicht schonend, hat sie den Satyros dorthin zum Rendezvous bestellt und läßt ihn nun vor allem Volk in flagranti ertappen.

Der von den Wasserholerinnen entdeckte Waldschrat wird von der tapferen Ehefrau auf seine natürliche Größe zurückgeführt, und die mörderisch zugespitzte Massenpsychose verpufft ohne

Gegenopfer; der entgötterte Waldteufel trollt sich unbehelligt von dannen.

Das ist kein realistischer Schluß; die jähe Enttäuschung massenhafter Hingabe müßte gegen ihren Gegenstand zurückschlagen. Das Stück wendet sich hier in die Farce zurück; nicht so die Inszenierung, die für die Schlußszene erstmals die Bühne öffnet; sie stellt den Tempel vor und gibt, mit der arg zwischen Stühlen verbogenen Hermes-Frau im fahlen grünen Licht, den Rahmen für ein eindrucksvolles Schlußtableau. Was sich im Text eher heiter ausnimmt (»Eudora, sich gegen des Satyros Umarmungen verteidigend«), gewinnt hier die Dimension des knapp verhinderten Lustmords; das scharf plazierte Bild ist nicht entlastende Auflösung, sondern etwas wie

eine festgestellte Momentaufnahme, ein Anhalten der Vorgänge mitten im Lauf. Drei Schauspielerinnen sind an dem Abend beteiligt: Petra Solga und Ursula Hartung spielen mit markantem Kontrast – jugendlichunbefangen die eine, nervösvibrierend die andere – das auslösende Freundinnenpaar, Ev-Marie Frölich ist die wackere Hermes-Gattin. Ein schönes Dabeisein geht durch alle Mitwirkenden und verbindet sich mit einer gediegenen Professionalität. Ulrich Schreiber aus Berlin zeichnet für die Ausstattung (von Bühnenbild kann wirklich nicht die Rede sein, obschon das Ganze in ein solches ausgeht, in interessanter Polarität zu dem »bildlosen« Spiel der übrigen Inszenierung), und der Regisseur, wie gesagt, ist Peter Konwitschny, auch er gastweise tätig – vergötterter Waldteufel

an entlegner Theaterstätte? Er hat das Kunststück fertiggebracht, einen in den Gesamtausgaben vergrabenen Span von der Hobelbank des Klassikers nicht nur ins Gegenwärtige zu setzen, aus der Gravitation des Textes selbst, sondern auch unters Volk zu bringen, ins Publikum mitten hinein. Was man in Anklams baumumrauschtem, felderumstandenem Theater sah, war, so sehr hier Neues gewagt war, nicht experimentelle Extravaganz, sondern Volkstheater, in umfassendem Sinn.
Oktober 1980

in: Friedrich Dieckmann
»Hilfsmittel wider die
alternde Zeit«.
Gustav Kiepenheuer Verlag
Leipzig & Weimar 1990
Erstveröffentlicht in:
Theater der Zeit 1/1981

Den Nachwuchs fördern

Gespräch mit Hans-Jochen Irmer

KÄMPFER: Herr Professor Irmer, Sie kennen Peter Konwitschny noch als Student, Sie waren sein Lehrer, sind dann später auch sein Mentor und Partner gewesen, Sie haben ihn sozusagen für das Theater mitentdeckt. Welche Erinnerungen gibt es an jene frühe Zeit, an die 60er/70er Jahre?

IRMER: Ich kenne Peter Konwitschny seit 24 Jahren, seit 1968. Damals war ich noch Assistent bei Ernst Schumacher am Theaterwissenschaftlichen Institut der Humboldt-Universität und nebenher an der Musikhochschule Lehrbeauftragter. Hier in diesem Hause lernte ich ihn kennen. Ich war sehr neugierig auf ihn, denn sein Vater, Gewandhauskapellmeister während meiner Studienzeit in Leipzig, gehörte doch zu den von mir verehrten Dirigenten. Unvergeßlich die Bruckner-Aufführungen damals. Also war ich neugierig und als Anfänger im Lehrberuf wohl auch ein wenig ängstlich, als ich hörte: hier studiert der Sohn von Franz Konwitschny. Konwitschny junior würde wohl ein besonders anspruchsvoller Student sein, dem ich zu wenig bieten könnte.

Im Rückblick auf diese 24 Jahre, die ich hier inzwischen ein- und ausgehe, muß ich nun sagen: er war wohl der beste Absolvent unserer Abteilung und gewiß einer der besten unserer Hochschule. Er war besessen von einem unerhörten Studieneifer, wollte gar nicht aufhören zu studieren, an Regie gleich noch Dirigieren und Komposition anschließen. Es war schwierig für ihn, zu einem Ende zu kommen und mit der Arbeit am Theater anzufangen.

Als Student war er doppelt privilegiert. Erstens durch seine außergewöhnliche Begabung, die ihm nicht nur Bewunderung, sondern insgeheim auch Mißgunst einbrachte. Zweitens durch seine Herkunft; immerfort kümmerten sich Leute von Rang und Namen um das Wohlergehen des Konwitschny-Sohnes. Er befand sich in einer isolierten Stellung, die er genoß und gleichzeitig leidvoll ertrug. Hinzu gesellte sich Angst vor der umständlichen Wirklichkeit der Theaterbetriebe, vor der Einfunktionierung in einen Apparat. Die Angst ist geblieben, anders wäre er längst Direktor eines großen Opernhauses. Mit einem Wort, am liebsten hätte er ad infinitum studiert. Wenn ich mich nicht irre, hatte ich einen Anteil an seiner Entscheidung, in die Theaterpraxis einzusteigen.

KÄMPFER: Konwitschnys Einstieg in die Praxis verlief für einen jungen Regisseur recht ungewöhnlich. Nach seiner Diplominszenierung DER MANN IM MOND 1969 in Brandenburg folgte die erste eigene Arbeit erst im Jahre 1975.

IRMER: Seine Diplominszenierung habe ich nicht gesehen. Es muß für ihn eine furchtbare Enttäuschung gewesen sein, dort am Theater in Brandenburg. Es muß eine schmerzliche Differenz gegeben haben zwischen dem, was er hatte erreichen wollen, und dem, was tatsächlich möglich gewesen war. Ich wurde 1970, noch von Helene Weigel, als Dramaturg ans Berliner Ensemble engagiert. 1971 starb die Weigel, ihre Nachfolgerin wurde Ruth Berghaus. Ich glaube, ich fragte Frau Berghaus, ob sie Peter Konwitschny als Regieassistenten einstellen würde, und ich interessierte ihn für das Berliner Ensemble. Dort fand er etwas, das für ihn völlig neu und überraschend war.

Das Regiestudium war am realistischen Musiktheater Felsensteinscher Prägung orientiert gewesen. Am Berliner Ensemble öffnete sich eine andere Theaterwelt, die Peter Konwitschny faszinierte. Bisher hatte es obligatorische Gesellschaftswissenschaften gegeben, nunmehr begann eine intensive Beschäftigung mit Marx und mit Brecht.

Peter Konwitschny begegnete Leuten, die ihm auf seinem weiteren Weg wichtig werden sollten: Ruth Berghaus, Heiner Müller, Karl Mickel, Friedrich Dieckmann. Er erhielt Gelegenheiten, auf zahlreichen Gastspielreisen ein paar Blicke in die Welt zu werfen. Unterwegs standen wir oft zusammen auf der Bühne, im Finale der DREIGROSCHENOPER, im Fastnachtsumzug des GALILEI oder in der Schlacht des CORIOLAN.

Peter Konwitschny spielte auch einmal eine Hauptrolle: den »Evangelisten« in Ruth Berghaus' MUTTER-Inszenierung. Es war die Rolle von Ekkehard Schall, der mit dieser dem Brechtschen Modell widersprechenden Interpretation des Stücks nicht zurechtgekommen war. Peter Konwitschny konnte die ganze Musik »aus dem Stand« vortragen und sprang kurzfristig ein.

KÄMPFER: Die 70er Jahre waren am Berliner Ensemble vermutlich eine sehr aufregende Zeit?

IRMER: Ruth Berghaus brachte nicht nur körperliche, sondern auch geistige Bewegung in das Haus. Sie bemühte sich, das Theater im Brechtschen Sinne zu erneuern, und zwar durch zeitgemäße Neuinterpretation der alten Stücke und durch neue Stücke. Sie vergegenwärtigte die FRAU CARRAR und DIE MUTTER, entdeckte das DICKICHT DER STÄDTE wieder, bereitete DANTONS TOD vor. Sie machte die Uraufführungen OMPHALE von Peter Hacks und ZEMENT von Heiner Müller. Hacks und Müller waren seinerzeit geschmähte Dichter, die nur mit Mut und hartnäckigem Einsatz zur Geltung gebracht werden konnten. Die Berghaus zog B. K. Tragelehn und Einar Schleef hinzu, die Erwin Strittmatters KATZGRABEN, Frank Wedekinds FRÜHLINGSERWACHEN und August Strindbergs FRÄULEIN JULIE inszenierten.

Diese Bewegung kam nach dem »Ausscheiden« der Berghaus und der Übernahme des Hauses durch Manfred Wekwerth zum Stillstand. Und das war dann im weitesten Sinne auch der Grund für Peter Konwitschny, dort aufzuhören und es freischaffend zu versuchen.

KÄMPFER: Konwitschny inszenierte am Berliner Ensemble selbst also nie?

IRMER: Zehn Jahre später auf der Probebühne JACKE WIE HOSE von Manfred Karge. Leider erhielt er nicht rechtzeitig eine eigene Regie-Arbeit, obwohl er von den Schauspielern geschätzt wurde. Er erbrachte sein opus 1 am Ungarischen Nationaltheater in Budapest. Da war Ruth Berghaus eingeladen, ZEMENT zu inszenieren. Sie wollte sich wohl nicht so weit und so lange von ihrem Theater entfernen. Darum machte sie es wie Brecht und schickte einen Schüler. Peter Konwitschny begnügte sich nicht mit einer modellhaften Übertragung der Berliner Inszenierung. Er wartete mit einer eigenständigen szenischen Interpretation auf, die aus fruchtbarer Auseinandersetzung mit der Uraufführung hervorging. Seiner künstlerischen Individualität widerstrebte es, einfach etwas nachzumachen oder auszuführen. Dies zeigte sich bei R. HOT an der Deutschen Staatsoper Berlin. Komponist und Librettist hatten die Inszenierung schon so weit vorgedacht, daß dem Regisseur kaum noch Spielraum blieb.

Peter Konwitschny hatte ein schon fertiges Konzept praktisch umzusetzen. Die Inszenierung war unverständlich. Aber ich wußte, daß Peter Konwitschny ein schwieriges Werk verständlich zu machen vermochte; das hatte er ja in Budapest bewiesen. Zu meinem Bedauern setzte man alles auf seine Rechnung, was zu Lasten der eifrig vorweginszenierenden Autoren hätte abgerechnet werden müssen. Das Regietalent wurde nicht erkennbar; und das eigentlich unerfreuliche Ergebnis war, daß Peter Konwitschny von Seiten der Berliner Intendanten keine Angebote bekam.

KÄMPFER: Das war nicht politisch gesteuert? Nach 1976, nach der Ausbürgerung von Wolf Biermann waren doch alle extrem sensibilisiert.

IRMER: Ein Politikum war das wahrscheinlich nicht. Das würde ich auch heute nicht annehmen. Ein junger Regisseur mit den Stempeln »Berliner Ensemble« und »Ruth Berghaus« hatte es in der Oper natürlich schwerer als jemand mit dem Ausweis »Schüler von Felsenstein«. – Wenn man später einmal nach Greifswald, Altenburg, Halle geschaut hätte, wäre das Urteil zu korrigieren gewesen. Freilich, die Komische Oper lud Peter Konwitschny zur VERKAUFTEN BRAUT ein. Er scheiterte, wie die meisten Gastregisseure, an den »Prinzipien« dieses eigenartigen und arteigenen Hauses. DIE VERKAUFTE BRAUT ist derzeit in Graz und demnächst in Dresden zu bewundern. Und Peter Konwitschny ist allerorten gefragt, aber immer noch nicht wieder an einem Theater in Berlin.

KÄMPFER: Nach einer Schauspielinszenierung ging er aus Berlin dann fort und begann etwas, was heute so eine Art zweite Schiene seiner Arbeit geworden ist – die Arbeit mit Studenten, mit jungen Leuten. Welchen Anteil haben Sie daran gehabt?

IRMER: Als ich 1981 die Leitung der Abteilung Regie übernahm, versuchte ich, dem Studium eine breitere und zugleich festere Grundlage zu schaffen, vor allem, die Lehrveranstaltungen auf die lebendige Theaterpraxis zu richten. Ich war froh, Peter Konwitschny als Lehrbeauftragten zu gewinnen. Er hatte bereits an der Schauspielschule in Rostock Erfahrungen gesammelt. Seitdem unterrichtet er hier, generationsgemäß in der Mitte zwischen mir und den nachrückenden jungen Leuten, jedes Jahr, leider nicht so oft, wie die Studenten und ich es gern hätten. Wichtig ist, daß immerhin diese Rückkopplung stattgefunden hat, zum ersten Male ein Student, der hier ausgebildet wurde, zurückgekommen ist als Lehrer. Peter Konwitschny hatte von Anfang an ein großes pädagogisches Geschick, und die Studenten waren von ihm begeistert. Es ist also ein ganz gesunder Luftzug mit ihm hier hereingekommen, der hoffentlich noch lang anhält.

KÄMPFER: Was bedeutet denn »pädagogisches Geschick« ganz konkret?

IRMER: Im schulmäßigen Sinne ist er überhaupt kein Pädagoge. Das begründet natürlich seinen Erfolg. Er steht den Studenten sehr nahe, ohne sie als Kumpel zu behandeln oder sich von ihnen als Kumpel vereinnahmen zu lassen. Er ist neugierig, wie sie fühlen, was sie denken. Er nimmt, was sie vorbringen, erst einmal auf. Entdeckt Fähigkeiten in jedem. So begegnet er ja auch den Sängern und Schauspielern. Er zeigt jedem, wie er seine spezifischen künstlerischen Möglichkeiten erweitern kann. Ich habe von ihm nie ein negatives, abschließendes Urteil über einen Studenten gehört. Hat einer seine Aufgabe nicht befriedigend erfüllt, so muß seine Begabung in einer anderen Richtung ausfindig gemacht werden: urteilt Peter Konwitschny. Er ist den jungen Leuten zugeneigt, wenn sie sich Mühe geben. Eine Schwäche vielleicht – in den Augen der Studenten eine Stärke –, daß er so überaus großzügig ist. Er läßt fast alles gelten, verbietet nichts. Er äußert allenfalls seine Bedenken, seine Einwände. Seine Studenten haben das Glück, daß sie sich entfalten können. Daß da jemand da ist, der ihnen Freiräume eröffnet. Jemand, der will, daß sie zu sich selber finden. Der ihnen zeigt, wie man Musik hören kann, wie man diese und jene Szene anlegen kann. Jemand, der ihnen Angebote macht und Möglichkeiten aufzeigt, die sie nutzen können. Das ist sein pädagogisches Geschick.

(Originalbeitrag)

Nach einem Gespräch mit Hans-Jochen Irmer, langjähriger Leiter des Studienganges Regie an der Hochschule für Musik »Hanns Eisler«, am 24.8.1992

2
Arbeit
mit
Studenten

Sophokles/Hölderlin ANTIGONE
Studioinszenierung der Staatlichen Schauspielschule Rostock 1980
Foto Maria Steinfeldt

ie Arbeit mit Studenten ist für Peter Konwitschny eine wichtige Schiene seines Berufs. Mit Studenten der Fächer Bühnenbild und Regie oder der Theaterwissenschaft in Rostock und Berlin, später auch in Dresden, Leipzig und Graz werden Szenen geübt, Lesarten diskutiert, Figuren analysiert.

Das hat mehrerlei Funktion. Zum einen liebt der Regisseur die Arbeit mit jungen Leuten, vermag sich gut in sie einzufühlen und schätzt ihre unverformte Kreativität. Zum anderen kann er für sich selbst aktuelle Projekte vorbereiten bzw. noch einmal nachbereiten und überprüfen. Konwitschny weiß um die Verantwortung für den Nachwuchs, – sie resultiert bei ihm aus der Unzufriedenheit mit der eigenen Ausbildung und aus der Bedeutung, die später wertvolle Lehrer haben.

Wichtige spätere Partner resultieren aus Hochschulprojekten – die Dramaturgen Bettina Bartz und Werner Hintze, oder die Bühnenbildner Kathrin Mentzel, Bert Neumann und Katrin Scholz, die bei ihm ein Praktikum absolvieren. Auch erste Überlegungen zu Händels FLORIDANTE oder Lortzings WAFFENSCHMIED entstehen in einem Hochschul-Seminar. Und immer wieder sitzen Studierende und Absolventen in Inszenierungen, als Beobachter, Assistenten oder in fachspezifischen Praktika.

Das erste Projekt bringt der Zufall, es besiegelt Konwitschnys Weggang aus Berlin. Die Schauspielschule Rostock sucht einen Regisseur für ein ANTIGONE-Projekt. In gemeinschaftlicher Produk-tion entstehen Szenen, die einen ungeahnten Aufführungserfolg bringen, die sogar die Akademie der Künste nach Berlin einlädt. Und die vor allem auch der Regisseur als für sich besonders wertvoll versteht.

Kurz dokumentiert werden zuvor zwei weitere Studentenprojekte, – Brechts DIE GEWEHRE DER FRAU CARRAR gleichfalls in Rostock und Tretjakows ICH WILL EIN KIND HABEN in Berlin. In einem für alle Beteiligten ungewöhnlichen Probenprozeß praktiziert man gemeinsam eine faszinierende Art Theater: ganz auf das Wesentliche reduziert, auf Körper, Geste, Stimme, Kollektiv und Konflikt.

F. K.

Sergej Tretjakow

Ich will
ein Kind haben

Inszenierung
der Studentenbühne
des Bereiches Theaterwissenschaft
der Humboldt-Universität Berlin

Premiere 1. 7. 1982
DDR-Erstaufführung

Regie
Kollektiv unter der Leitung
von Peter Konwitschny

Ausstattung
Kollektiv nach einer Idee
von Grischa Meyer

Foto Harald Grohrock

Bettina Bartz

Notizen zum
Probenprozeß

1. Reiz und Schwierigkeit der Arbeit war das »Kollektiv«.

Es handelte sich nicht nur um ein ästhetisches, sondern auch um ein organisatorisches Experiment: das Ensemble mußte und wollte »ohne Zwang« auskommen.

Die Studentenbühne wurde von den Lehrkräften des Bereiches gefördert, von der Universität unterstützt (deren finanzielle Beihilfe ermöglichte zum Beispiel Kurse über Pantomime), doch die Realisierung der Idee erforderte in erster Linie Durchstehvermögen, praktische Solidarität, Toleranz und Vertrauen untereinander.

Disziplinschwierigkeiten gab es in der Gruppe von Anfang bis Ende. Auch Aussteiger, die sich dem kollektiven Ziel nicht anschließen wollten. – Wer blieb, war von der Wichtigkeit des Experiments überzeugt. Trotzdem war die Bereitschaft, sich einzusetzen, unterschiedlich und ebenso die Beiträge der einzelnen Gruppenmitglieder.

»Ohne Zwang« heißt, daß das Ensemble ohne Hierarchie auskommen mußte. Trotz dieses Postulates gab es anfangs keine Vorstellungen über die praktische Durchführung einer Arbeit ohne Leiter, und alle späteren Entscheidungen sind organisch aus dem Prozeß der Beschäftigung mit dem Projekt gewachsen (etwa die Aufteilung der Hauptrolle auf 6 Spielerinnen).

Da niemand Chef sein wollte, ist eigentlich auch die Kollektivität eine Erfindung der Not gewesen.

2. Seit dem Probenlager wurde es zur Gewohnheit, jede Probe mit Etüdenspiel zu eröffnen.

Das verbesserte die Probenatmosphäre, wurde aber auch nicht mehr als Selbstzweck behandelt wie im Probenlager, wo die Etüden zu riesigen Aktionen wuchsen und viel Zeit in Anspruch nahmen.

In dieser Phase wurden noch Notate nach beinahe jeder Probe geschrieben.

Der jeweilige Regisseur der Szene oder ein anderer Freiwilliger hielt szenische Lösungen fest, aber auch konzeptionelle Gedanken. Seine Niederschrift hängte er zur nächsten Probe aus und gab so seinen Mitspielern immer aktuelles Arbeitsmaterial in die Hand.

3. Aufgrund der kollektiven Beteiligung an Konzeption und Regie sind die Szenen in ihrer Spielweise nicht einheitlich.

Die Montage der Attraktionen fand auf einer anderen Ebene statt als bei den Vorbildern Meyerhold und Eisenstein. Gearbeitet wurde mit Improvisation und Parodie.

Das Arsenal historischer Theaterstile wurde skrupellos ausgebeutet. Heiner Müller verglich die Inszenierung mit einem Comic-strip. In den Szenen nach der Pause nimmt der Anteil an Improvisation ab und der an einfühlender Dialogführung zu.

Viele Zuschauer beschrieben übereinstimmend diese unterschiedliche Gewichtung: im ersten Teil hätten sie sich mehr amüsiert, im zweiten Teil erst das Stück verstanden. Es ist das Verdienst Peter Konwitschnys, einen szenischen Rhythmus hergestellt zu haben, der die Inszenierung zusammenhält und auch solche Momente, wo schauspielerische Fähigkeiten nicht ausreichten, erträglich machte. Es gelang ihm, das fruchtbare Chaos der Ideen, die Originalität des Wild-wuchses unzerstört und trotzdem für ein Publikum konsumierbar zu erhalten.

4. Attraktiv war die Veranstaltung durch ihren unprofessionellen Charakter, das Engagement, mit dem gespielt wurde, und die Unbekümmertheit im Umgang mit Theaterkonventionen.

Wie es sich für Amateure gehört, waren Requisiten und Kostüme im Eigenbau hergestellt. Der fehlende Requisiteur wurde durch die Verabredung ersetzt, daß immer der für ein Requisit verantwortlich war, der es als erster auf die Bühne brachte. Montiert wurde aus verschiedensten Spielweisen (bis hin zum Puppenspiel). Auch die Hauptrolle ist eine Montage: 6 Darstellerinnen zeigten 6 verschiedene Nuancen der Figur der Milda. Als Zeichen dafür, daß die Gesamtheit der 6 eine Einheit bildet, wurde die Jacke der Milda, die auf dem Rücken ein großes M trug, von den Darstellerinnen weitergereicht.

in: Dokumentation zur Inzenierung
Ich will ein Kind haben
Zentrum für Theaterdokumentation und -information

Ernst Schumacher

Klassisches jugendfrisch

[...] Einem auf seine Weise nicht weniger schwierigen Unternehmen stellten sich die Studenten der Studiobühne der Humboldt-Universität Berlin, der vor allem Studierende der Theaterwissenschaft und der Kulturwissenschaft angehören. Mit Energie, dramaturgischem Sachverstand und ausgeprägtem Stilwillen brachten sie zum Ausgang des Studienjahres das Stück Ich will ein Kind haben von Sergej Tretjakow zur DDR-Erstaufführung.

Tretjakow entwarf dieses Stück 1926 und überarbeitete es nach Einwänden und Vorschlägen, darunter auch von Wsewolod Meyerhold, in den folgenden Jahren, ohne daß es zu einer Aufführung gekommen wäre. Auch die Bemühungen des jungen Brecht, das Stück in Deutschland aufführen zu lassen, scheiterten. Dank der Vorarbeiten in der Übersetzung und in der historischen Einordnung durch Fritz Mierau, dank historischer Vorlesungen über die erste Phase der Sowjetdramatik im Unterricht, dank intensiver Diskussionen untereinander und mit dem Regisseur Peter Konwitschny fanden die Studenten jetzt einen akzeptablen Zugang zu diesem Stück.

Die auf Eugenik fixierte Jungkommunistin Milda will dem neuen sozialistischen Staat auch in der Kindererzeugung das Beste geben und sucht sich daher einen klassenbewußten Arbeiter als Vater. Das geht in der von der NÖP-Periode geprägten Umwelt nicht ohne heftige Reibungen und kann für die damalige Gesellschaft als soziales Problem überhaupt nur in utopisch wirkenden Vorstellungen zu einer tragbaren Lösung gebracht werden. Die Studenten hatten gerade an der Entdeckung historischer Widersprüche ihren Spaß und übersetzten ihn in der Art und Weise des Spielens. Sie wählten eine ausgeprägt gestische, körpersprachlich betonte Spielweise, übernahmen sie auch in den sprachlichen Ausdruck, strebten für Satirisches nach grotesken Haltungen, wie sie überhaupt die darstellerische »Chiffre«, bis hin zum Symbol, anstrebten, fanden überhöhte, bedeutsame Arrangements. Theaterungewohnten Zuschauern erschwerten sie damit zunächst den Zugang, noch mehr aber dadurch, daß sie die Jungkommunistin Milda von mehreren Studentinnen abwechselnd spielen ließen. Aber es gelang ihnen auf diese Weise schließlich doch, kräftig-sinnlich auffällig zu machen, daß Biologisches als Soziales und Privates als Gesellschaftliches zu nehmen und zu begreifen sind. Die verfremdete Spielweise fand besonders beim jugendlichen Publikum Anklang. Alles in allem eine bemerkenswerte DDR-Erstaufführung! (gekürzt)

in: Berliner Zeitung 13.7.1982

Bertolt Brecht

Die Gewehre
der Frau Carrar

Hochschule für Schauspielkunst »Ernst Busch« Berlin
Außenstelle Rostock

Premiere 6. 5. 1982

Inszenierung	Peter Konwitschny a.G.
Sprecherzieherische Mitarbeit	Dr. Eva Qualmann
Musikalische Mitarbeit	Charly Eitner a.G.
Regieassistenz	Engelbert Weiß
Teresa Carrar	Constanze Schmidt
José	Manfred Möck
Pedro Jaquéras	Michael Jokisch
Der Verwundete	Engelbert Weiß
Manuela	Barbara Schernthaner
Der Padre	Lutz Hollburg
Die alte Frau Perez	Barbara Schernthaner

Es spielen die Studenten des 3. Studienjahres

Foto Hildegard Levermann-Westerholz

Ernst Schumacher

Die »Carrar«
zur rechten Zeit

Die Rostocker Schauspielschüler, die mit ihrer Studioinszenierung von Brechts DIE GEWEHRE
DER FRAU CARRAR im »bat« ga-
stierten, hatten ein interessier-
tes Publikum: Von Intendanten
über Schauspieler bis zu Kommi-
litonen aus Berlin.
Vor einigen Jahren im gleichen
Theater gezeigt die ANTIGONE des
Sophokles durch die Vorgänger
der jetzigen Studenten – Regisseur damals wie heute Peter
Konwitschny, der offensichtlich
eine pädagogische Begabung
mit dem Vermögen, Altbekann-
tes neu zu sehen oder neu entdecken zu helfen, paart.

Auf die Individualität
der Spieler gesetzt

Es war vorauszusehen, daß er
und die Studenten es schwerer
haben würden, die CARRAR auf
zeitgemäße Weise darzustellen,
als die ANTIGONE. Das »Modell«,
geprägt durch die Darstellung
der Weigel und nachgefolgte
Variationen machen es nicht
leicht, über bloße Nachahmung
hinauszukommen.
Gefunden wurde vom Regis-
seur, erarbeitet wurde schließlich von den jungen Darstellern
ein Stil, durchaus realistisch-
nachahmend, wie es dem Charakter des Stücks entspricht, der
aber doch auch Überhöhungen
des Ausdrucks einschloß. Der
Spielrahmen: aufeinander gela-
gerte Podeste, eines aufklapp-
bar, um die Gewehre zu verstek-
ken. Die Kostüme, keineswegs
folkloristisch. Masken so gut
wie keine: Gesetzt wurde auf
die Individualität der jungen
Spieler. Die nicht beteiligten
Spieler plazieren sich am Rande;
von dort spricht Engelbert Weiß
auch die Stimme des Radioge-
nerals ein: höhnisch, schneidend, arrogant. In der Art der

Darstellung war das Bestreben deutlich, statt bloßen Verhaltens auch zu Haltungen zu kommen, Reflexionen aufzulösen in Bewegungen, etwa die Selbstverständigung der Carrar, dargestellt von Constanze Schmidt, zu »übersetzen« in kreisende Gänge um das Haus, in dem sich José (Manfred Möck) und Pedro (Michael Jokisch) über die einzuschlagende Taktik verständigen. Choreographisch geführt und ausgeführt die Einmischungen der Kinder, ritualisiert Gang- und Sprechweise der Betfrauen. Das ganze Geschehen ständig unter dem Einfluß der Musik, die Charly Eitner mit elektronisch verstärkter Gitarre ausführt, mit Anklängen an Kampfweisen, an Melodien, darauf gerichtet, die äußeren Spannungen auf prägnante Punkte zu bringen, oftmals endlose gleichförmige Sequenzen, eher störend denn aufstörend, insgesamt zu übersteuert, aber in der Absicht klar als eigenständiges Element erkennbar.

Natürlich fällt es Constanze Schmidt nicht leicht, die starre, erstarrte Zugeknöpftheit, das sich Verschließen der Carrar als Ausdruck bitterer Lebenserfahrung erscheinen zu lassen. Aber sie trifft durchgängig den Gestus der »Verweigerung wider Willen«, entlädt sich treffend in den Ausbrüchen gegenüber José und findet ruhig zum Umschlag ihrer Haltung, ihres Verhaltens, als der tote Sohn (Andreas Kallauch) vor ihr aufgebahrt wird. Sie bezeigt eine Empfindsamkeit, die nach

innen gewandt, wie es der Rolle gemäß. Michael Jokisch hat seine stärkste Szene, wenn er seiner Schwester sagt: »Es wäre besser für dich, wenn du dich aufhängtest, Teresa«, nachdem er ihr vergeblich klarzumachen versuchte, daß gegen die Gewalt der Generäle nur die Gewehre helfen.

Er verbleibt jedoch noch mehr einer naturalen Spielweise verhaftet, als es die Regie beabsichtigt. Dem Padre gab Lutz Hollburg einen unlarmoyanten, verlegen-betroffenen Ausdruck. Barbara Schernthaner gab die Manuela und die alte Frau Perez noch mehr »aufsagend« denn »gesamtgestalterisch«.Die Inszenierung ist der Beitrag der jungen Schauspielschüler zum 65. Jahrestag der Oktoberrevolution; sie ist gleichzeitig ein aktives Bekenntnis für die notwendige Verteidigungsbereitschaft zur Stärkung des Friedens.

Zuvor ein Sketch von Karl Valentin

Vorher hatten Constanze Schmidt und Michael Jokisch im Rahmen einer Karl-Valentin-Ehrung des Bereiches Theaterwissenschaft den nachgelassenen Dialog von Valentin »Vater und Sohn über den Krieg« als eigenständiges Etüdenstudium gezeigt. Wenn auch unsicher im Umgang mit dem bayerischen Dialekt, von der Dialektik des Valentinschen Denkens schwer trennbar, vermochten sie doch die tiefere Wahrheit »herauszuspielen«, die Valentin aus der Abfragerei des Vaters durch den

Sohn, wer denn nun an den Kriegen schuld sei, hervorgehen läßt: »Der internationale Kapitalismus«.

Im Gerümpel, in den Lumpen, in den Militärklamotten, die vom Krieg übriggeblieben sind, herumwühlend, zeigt der Vater (Jokisch), wie er sein anpasserisches Verhalten, das ihn zum Rüstungsarbeiter und Mitschuldigen am Krieg werden ließ, jetzt dahingehend anzuwenden weiß, daß er sich in diesem »Nachlaß« eingerichtet und das Beste aus dem Scherbenhaufen zu machen gewillt ist. Daß er nicht gänzlich in Rechtfertigung für sein Verhalten versackt, sondern beim Aufstöbern dessen, was noch brauchbar, auch aufgestöbert wird, verdankt er der schlauen Befragung durch den gewitzten Sohn, der ihm scheinbar nach dem Mund redet, in Wahrheit jedoch der Negativität auf der Spur ist, ihre Wurzel bloßlegt.

Talente zur Entfaltung gebracht

Die Schmidt macht das als charmanter Lausbub, manchmal ein bißchen übertrieben, aber doch auch verführerisch, eben die Wahrheit heraus–, herbeilockend. Die Regie von Peter Konwitschny brachte auch in diesem Sketch die Talente der jungen Spieler zu sinnvoller Entfaltung und half ihnen gleichzeitig, einen Komiker in seinem bittersten Ernst zu verstehen.

in: Berliner Zeitung 16. 6.1982

Sophokles

Antigone
von Sophokles

Übersetzt
von Friedrich Hölderlin

Staatliche Schauspielschule Rostock
Barocksaal
Premiere 25. 4. 1980

Inszenierung
Peter Konwitschny a.G.

Wissenschaftliche Beratung
Prof. Dr. Wolfgang Hering

Sprecherziehrische Mitarbeit
Dr. Eva Qualmann

Kreon	Henry Klinder
Eurydice	Andrea Meissner
Hämon	Hans Hohlbein
Antigone	Sabine Jungk
Ismene	Regina Bode
Tiresias	Matthias Finke

Chor der
thebanischen Alten Ensemble

Es spielen die Studenten
des 3. Studienjahres

Peter Konwitschny

Praktische und konzeptionelle Aspekte
der Studioinszenierung »Antigone«

Fast jeder hat irgendwann einmal eine statuarische Aufführung antiker Stücke gesehen. In der Schule werden diese Werke zumeist noch als hohes Bildungsgut auf klassischem Sockel vermittelt. Selbst zu literarischen Werken der deutschen Klassik, von uns 'nur' etwa 200 Jahre entfernt, haben wir zu oft ein entfremdetes Verhältnis. Von Brecht stammt der Hinweis auf die Einschüchterung durch Klassizität. Die Dichter werden als groß, klug, unfehlbar aufgebaut, so daß wir in unserer Kleinheit keinen echten Kontakt zu ihnen bekommen können, d.h. daß wir ihre Stücke, Gedichte und Prosa nicht mehr unvorbelastet als Diskussionsmaterial auffassen können bzw. aufzufassen wagen. Wir nehmen eine Haltung leerer Ehrfurcht ein: dies ist eine unbeabsichtigte Übernahme einer bürgerlichen Tradition, die Ehrfurcht statt Durchschaubarkeit setzte, selbstverständlich aus handfesten ideologischen, politischen und ökonomischen Ursachen. All das, was uns Überliefertes an gesellschaftlicher und menschlicher Wahrheit zu vermitteln hätte, wird manipuliert, vertuscht, unkenntlich gemacht oder als unerreichbar hingestellt, ein Phänomen, das sich durch die gesamte bürgerliche Kultur zieht, insbesondere durch die spätbürgerliche. Es galt also für mich als Regisseur, den Schauspielstudenten dabei zu helfen, sich mit dem Stück ins Verhältnis setzen zu können durch den Abbau distanzierender Ehrfurcht, ferner das Vermögen zu schulen, eigenste Gegenwartserfahrung in der Stückproblematik aufzufinden, was bei 'Antigone' angesichts der darin enthaltenen Menschheitsproblematik äußerst ergiebig ist. Sollte dies gelingen, mußten die Schauspieler ihre Gegenwartserfahrung ins Spiel bringen, mußte sich dies wiederum den Zuschauern mitteilen, denn beide – Schauspieler wie Zuschauer – leben in gemeinsamer Gegenwart. Diese zentrale Aufgabe war schwierig, aber im Prozeß der Arbeit nach und nach lösbar. Die Studenten haben (und auch ich immer mehr) das

Gegenwärtige im Stück erkannt. Das Stück ist dabei entgegengekommen: es ist nämlich alt genug, um nicht wie ein Historiendrama gespielt werden zu müssen. Die konkrete Problematik ist in eine mythische Grundkonstellation transponiert und damit in ihrer Gültigkeit verallgemeinert. Man muß diese allgemeine Gültigkeit für sich entschlüsseln und sie dann in der Formensprache zum Ausdruck bringen, die für uns heute assoziierbar ist. 'Antigone' zu spielen, bedeutet auch, der Notwendigkeit enthoben zu sein, konkrete historische und gesellschaftliche Details zu reproduzieren. [...]

Das Stück als Denk- und Spielmodell zu begreifen, bedeutete für die Regiekonzeption vor allem ein Offenhalten in Fragen der Wertauffassungen, der Bewertung überhaupt. Die Inszenierung wollte eine Lösungshybris gegenüber dem Diskussionsstoff vermeiden. (So wurden z.B. der erste und der letzte Chor von den Spielern kollektiv aus den Textbüchern gelesen: der Text wurde 'entdeckt' als etwas Schwieriges, Kostbares, als würdig, sich seiner mühsam lernend zu versichern. Es wurde bewußt vermieden, den Anschein zu erwecken, als stünden wir ein für alle Mal über der Problematik.) Die Parteilichkeit konnte sich nicht darin zeigen, einer der beiden Seiten die Berechtigung bzw. die Unrechtmäßigkeit ihres Handelns zuzuerkennen, sondern darin, alle in diesem Konflikt gebundenen Kräfte nach Ursprung, Bedingtheit, Notwendigkeit im Objektiven und Subjektiven zu untersuchen und darzustellen. An diesem Punkt sind wir nicht zufällig auf Hegels These gestoßen, nach der der tragische Widerspruch sich dadurch ausweist, daß beide Seiten für sich genommen Berechtigung haben. Demzufolge konnte es im Unterschied zu herkömmlichen Lesarten keinen Helden geben, weder in positiver noch in negativer Wertung. [...]

Die Nichtetablierung eines Helden, die Beibehaltung der Stückdramaturgie des ausgewogenen Kräftespiels waren Voraussetzungen dafür, die dialektische Denkmethode so weit wie möglich zur Anwendung zu bringen. Diese Art des Theaterspiels setzt auf den mündigen Zuschauer, auf den, der geübt und willens ist, die Komplexität eines solchen Gegenstandes zu erfassen und zu

ertragen. Er muß fähig sein, die Geschichte mit sich selbst ins Verhältnis zu setzen, zu assoziieren, zu verallgemeinern, sich und unsere Epoche als Teil des großen historischen Prozesses zu begreifen. Das Theaterspiel war Material, das Walten gesellschaftlicher Kräfte zu diskutieren, zu interpretieren und zu bewerten. Insofern gehörten die Diskussionen, die im Anschluß an die Vorstellungen mit dem Publikum geführt wurden, zum festen Bestandteil der Inszenierung. [...]

Es bedurfte einer Methode, das Spiel als das einer Gruppe aufzubauen. Dazu haben wir auf der Probe vor allem bewegungskommunikative Übungen gemacht. Sie sollten dazu dienen, eine Atmosphäre gegenseitiger Gewöhnung und des Vertrauens zu schaffen. Diese Art von Übungen sind geeignet, die Schwelle der Hemmungen abzubauen und Kreativität zu fördern. So entwickelte sich die Inszenierung in der Tat auf den Proben, alle lieferten ihren Beitrag, alle erfanden mit, und das war sehr deutlich in den Vorstellungen ablesbar. Verblüffend an den Aufführungen waren der Einsatz, die geistige und körperliche Präsenz der neun Studenten. Neben den bewegungskommunikativen Übungen wurden solche gemacht, bei denen sich jeder in eigener Weise nach bestimmter Musik bewegte, mit dem Ziel der Befreiung, des Nach-außen-Bringens körperlicher Impulse.

Aus einer dieser Übungen hat sich auf den Proben der Beginn der Aufführung entwickelt. Alle laufen zunächst sehr langsam und ziellos unregelmäßig durch den Raum. Man hat Blickkontakt zu den anderen und bewegt sich sehr gelöst, heiter-leicht. Dann erhöht sich allmählich das Lauftempo, man muß sich darauf konzentrieren, mit niemandem zusammenzustoßen. Alle laufen immer schneller, bis schließlich gerannt wird. Eine große Hektik, eckige Bewegungen stellen sich ein. Es mußte gar nicht viel an der Übung verändert werden, sie konnte als Zeichen für die Ausgangssituation des Stückes gelten. Sie versinnbildlichte die Probleme, die mit der Entwicklung der Zivilisation auftreten und noch heute existieren: Zeit und Raum werden knapper, Entfremdung und Streß gefährden den Menschen. Das immer gehetztere Laufen – in der letzten Phase nur noch in rechten Winkeln – und endlich

ANTIGONE Studioinszenierung der Staatlichen Schauspielschule Rostock 1980
Fotos Maria Steinfeldt

das Hinstürzen der einzelnen Spieler war, wie uns in den Gesprächen mit Zuschauern bestätigt wurde, ein heutiges, assoziierbares Bild für die Situation am Beginn des Stückes, die gekennzeichnet ist durch Bedrohung der Gemeinschaft, durch Krieg, der ein Leichenfeld hinterläßt. [...]

Die Spielfläche war der glatte Fußboden im Rund von neun Metern im Durchmesser. Die Zuschauer saßen rings um die Spielfläche, sie begrenzten sie. So wurde das Spiel von allen Seiten einsehbar, und diese Anordnung erzwang, daß sich die Zuschauer selbst sahen während des gesamten Spiels. Dieser Punkt betrifft die Sozietät des Theaters schlechthin: Was soll, kann Theater heute? Wie kann es wirksam werden, d.h. Menschen ansprechen und aktivieren? Die strenge Trennung von Bühne und Zuschauerraum ist mit Sicherheit eine Erschwernis für die Kommunikation von Theater-'Machern' und Zuschauern geworden.

Dem Zuschauer wird in diesem Fall anheimgestellt, sich im Dunkeln in eine Anonymität zurückzuziehen, in eine Betrachterhaltung, die ihn gegebenenfalls distanziert sein läßt zu den Aktivitäten seiner Mitmenschen, die für ihn auf der Bühne produzieren. Allzu distanziert, um ihn aus einer beschaulichen Passivität herauszureißen, die er übrigens in den meisten Fällen gar nicht wünscht. Wenn sich die Zuschauer gegenseitig sehen können (und auch die Schauspieler die Zuschauer), dann spielen ihre Reaktionen mit, sie können sich nicht entziehen, sie gehören dazu. Dieses Bewußtsein ist meines Erachtens entscheidend für eine neue Daseinsweise des Theaters in der Gesellschaft. Oder anders gesagt: Es kommt nicht allein auf die Geschichte an, die gezeigt wird, sondern auch auf das Verhältnis (u.a. das räumliche) zwischen Produzenten und Konsumenten. [...]

Wenn auch die meisten Vorstellungen in verschiedenen Räumen stattfinden, so war doch die Inszenierung für den Rostocker Barocksaal in seiner seltenen Schönheit und Kostbarkeit konzipiert. Im krassen Gegensatz dazu spielten die Studenten, auch um der Arbeit das Zeichen eines Versuchs der Annäherung an einen großen Gegenstand zu geben, in ihren ganz normalen, praktischen Probenkostümen (Jeans, Pullover, T-Shirt, Strumpfhose etc.), die an sich nicht 'schön' waren, mehr wohl aber 'schön' im Hinblick auf die angestrebte ästhetische Funktionsweise, die eine Art der Verfremdung bewirken sollte, d.h. ein Näherrücken durch Distanzierung. Denn die Wirkung des kostbaren barocken Saales brach sich permanent an der der Probenkostüme und der nackten Holzpodeste, auf denen die Zuschauer in der zweiten und dritten Reihe saßen. (Im übrigen war das Gruppenspiel in dieser Weise – Hervortreten der einzelnen Figuren aus dem Chor und wieder in ihn zurück – nur möglich bei neutraler Probenkleidung.) [...]

Raum, Kostüm und Sprache verfremdeten sich immerfort wechselseitig mit dem Ziel, die Zuschauer ständig daran zu hindern, sich entweder einzufühlen in die alte vergangene Geschichte oder unser Spiel lediglich als platte Aktualisierung aufzufassen. Der Sinn dieser Mittel besteht auch in der Erzeugung von Geschichtsbewußtsein: das Alte wirkt in unsere Zeit hinein, wir finden uns in den Mythen wieder; sie sind für uns Material, über die Notwendigkeiten der Zukunft zu diskutieren. [...]

Es ging um die Konzentration auf den wesentlichen Träger des Theaterspiels überhaupt: auf den Menschen, den menschlichen Körper, die Stimme und die Bewegung. Die Studenten waren gezwungen, sich mit allen ihnen zur Verfügung stehenden Mitteln schauspielerisch auszudrücken. Sie hatten keine Hilfsmittel, nur sich selbst. So bekamen Sprache und Bewegung große Wichtigkeit. Wir entwickelten nicht nur erzählende Arrangements, d.h. räumliche Gruppierungen der Spielenden, die über ihre persönlichen und gesellschaftlichen Beziehungen Aussagen zuließen, sondern wir bauten lebende Bilder aus Körpern. Auch hier stießen wir auf Hegel, der vom Schauspieler als einer beseelten Skulptur spricht, sie eher bildhauerisch als malerisch empfindet. [...]

(Auszug)

in: Wissenschaftliche Zeitschrift der Wilhelm-Pieck-Universität Rostock
Gesellschaftswissenschaftliche Reihe,
Heft 1/2, 1982

Hans-Jochen Irmer

Stichworte

zu Peter Konwitschnys
»Antigonae«-Inszenierung

1) Hölderlins Übersetzung gilt als unspielbar. Konwitschny liefert den Gegenbeweis.

2) Die »Inszenierung« als »Essay« über das Drama schlechthin, das Verhältnis zwischen dramatischem Werk und Theaterspiel, das Thema, den Stoff.

3) Das dramatische Werk: in sich abgeschlossen. Das Theaterspiel: offen. Konwitschny demonstriert die (Brechtsche) Methode des Theaterspiels: ein Werk in seiner historischen Existenz zu geben und zugleich dem Publikum zu öffnen.

4) Verwerfliches Gegenbeispiel: Heinz-Uwe Haus' Inszenierung der »Hilfeflehenden«. Die Inszenierung als »Service«. Haus serviert das Drama wie eine Speise. Zur Zubereitung hat er den KAUKASISCHEN KREIDEKREIS, cyprischen Folklorismus und BE-Sprechmanieren verwendet.

5) Vorzug der Hölderlinschen Übersetzung gegenüber der Brechtschen Adaption: der weite Spielraum, die vielfältigen Auslegungsmöglichkeiten.

6) Die Aufführung als vorläufiges Arbeitsergebnis: So weit sind wir gekommen. Die Proben als Kollektivarbeit an einem Text, der die ganze Menschheitsgeschichts enthält.

7) Die Aufführung macht das Publikum nicht satt, sondern hungrig. Das Publikum lernt zuhören, zusehen, nachlesen. Ich komme nach Hause und nehme sofort das Buch zur Hand.

8) Anfangs die Situation der Schauspielstudenten, der Jugendlichen überhaupt. Lärm in den Fabriken und auf den Straßen, totale Determination des Lebenslaufs, man hört sich nicht und trifft sich nicht, rennt, hastet aneinander vorbei; einer nach dem anderen »fällt aus«, nämlich tot um. Die Diskothek als Surrogat des Lebens, Scheinort scheinbarer Begegnungen; Pink Floyd's utopischer Ausflug in die Welt, ein Hauch von Zärtlichkeit.

9) Dann der Gewinn des Lebens in der Kunst, i.e. in künstlerischer Arbeit. Die Jugendlichen »schaffen sich« im doppelten Wortsinn: sie bauen sich auf und bringen sich zur Strecke. Keine

bemerkenswerte schauspielerische Begabung; niemand hat eine Stimme. Aber bewunderungswürdige physische und psychische Präsenz aller und jedes einzelnen im Kollektiv.

10) Zwei Stunden Sichfinden in Arbeit; für zwei Stunden Aufhebung der Entfremdung und Selbstentfremdung, Erzeugung des subjektiven Lebens.

11) Bange Frage, was nun aus den jungen Leuten wird, der eine vielleicht in Senftenberg, ein anderer in Eisleben.

12) Konwitschny hat Ohren für Musik und, was hier wichtig ist, für Sprache. Das musikalische Gehör hat er wohl ererbt. Das sprachliche Gehör hat er gewiß erworben, im Umgang mit Dichtern (Heiner Müller!) und Schauspielern (Jürgen Holtz!). Er vereint aber sorgsamste Sprachregie mit phantasievoller Arrangierkunst. Seine Arrangements sind nicht malerisch empfunden, eher bildhauerisch.

Der Schauspieler als »beseelte Skulptur« (Hegel), die Schauspieler als Skulpturen-Gruppe. Ambiente Bühnenbilder und Kostüme gibt es gar nicht. Das die Fabel erzählende Arrangement ist eine Gliederung des Raums und der Bewegungsabläufe im Raum. Der Fabel wird dabei durch Übersetzungen, Verfremdungen das Äußerste zugemutet; der Regisseur hat (bei Ruth Berghaus) gelernt, immer an die Grenzen des Zumutbaren zu gehen. Er gleicht aber diese Raum- und Bewegungsregie mit der Sprachregie aus und entgeht damit der Gefahr artifiziellen Leerlaufs.

13) Die Solisten treten aus dem Chor heraus, die Choristen werden zu Solisten. Die individuellen Charaktere kommen aus dem Kollektiv.

14) Die Tragödie als dialektisches Kunstwerk oder Kunstwerk der Dialektik im Sinne Hegels. Kreon hat auch Recht, auf seiner Seite. Antigonae behält länger Recht. Ich bin geneigt, Kreon ein relatives, historisch gebundenes Recht zuzubilligen, Antigonae hingegen das absolute, über alles Historische hinaus reichende.

15) Antigonae negiert die bisherige Geschichte, sei es die matriarchalische, sei es die patriarchalische, die Geschichte der Herrschaft ist.

25. 8. 1980

Privatarchiv Konwitschny
unveröffentlicht

Ernst Schumacher

Anlaß kollektiver Selbsterfahrung

»Antigone«-Aufführung der Schauspielschule Rostock

Bühne und Zuschauerraum des »bat« wurden für diese Inszenierung der ANTIGONE des Sophokles in der Übersetzung von Friedrich Hölderlin durch das dritte Studienjahr der Staatlichen Schauspielschule Rostock so gut es geht in eine Arenabühne verwandelt. In den Kreis treten neun junge Leute, davon drei Mädchen. Zuerst bewegen sie sich in gelöster, tänzerischer Form, dann passen sie sich an die einsetzende Musik an, die immer heftiger, hämmernder wird und sie zwingt, sich »einzugliedern«, bis alle schließlich wie erschlagen im Kreis liegen. Es ist klar, daß hier mittels Musik und Pantomime ein darstellerisches Gleichnis für den Umbruch der Vor- in die Neuzeit gesucht wird, zu dem der Antigone-Mythos gehört.

In Bewegung bleibt lediglich Ismene (Regina Bode), die von Antigone (Sabine Jungk) an ihre Schwesternpflicht auch gegenüber dem erschlagenen Bruder Polynikes erinnert wird, der nach dem Willen Kreons »Süß Mahl den Vögeln« sein soll. Beide Mädchen gliedern sich alsbald in den Chor der Thebaner ein, der sich aus den Spielern bildet, die nun aus Textbüchern die Geschichte des thebanischen Krieges wie eine »unerhörte Begebenheit« für sich und uns entdecken.

Dann hören sie, wie Studenten einem Professor, Kreon (Henry Klinder) zu, als dieser seine Staatsraison vor ihnen ausbreitet, klopfen schüchtern Einverständnis. Aber da lösen sich aus dem Kreis die drei (an Stelle eines) Boten, zitternd, zagend, sich aneinanderklammernd, um das Unerhörte zu berichten, daß Kreons Gesetz mißachtet worden sei. Im Kreise sitzend, zitieren sie dann alle zusammen wie fleißige Schüler das Sophokleische Menschheitsprogramm: »Ungeheuer ist viel. Doch nichts/Ungeheuerer, als der Mensch«, bis der Zweifler aussondern und zum Gegenchor formieren.

Es ist klar: ANTIGONE wird hier zum Anlaß einer kollektiven Selbsterfahrung. Die Protagonisten des Spiels sind zwar benannt und können sich auch »zeigen«, aber sie kehren immer wieder in die Gemeinschaft der Lernenden zurück. Gemeinsam wird nach sinnfälligen Umsetzungen des »dunklen Sinns« in auffällige Haltungen, in ins Auge springende Zeichen des gestischen und sprachlichen Ausdrucks (kaum des mimischen) gesucht.

Am anschaulichsten in jener Todesklage der Antigone, in der sie vom Kollektiv, nun Menge, die dem Selbstopfer ebenso feige wie hilflos gegenübersteht, zur Widerstandskämpferin mit erhobener Faust hochstilisiert wird. Eindrucksvoll aber auch in der Schlußszene, wenn der entblendete Kreon mit der toten Antigone auf der Schulter zurückkommt, aber auch Hämon hinter sich herschleift, weil dessen Hand fest mit der Antigones verbunden ist.

Das gemeinsame Eindringen in die Geschichte, einmal im Sinne der Sophokleischen Fabel, zum anderen die Geschichte der Menschwerdung der Menschen, wird zum Abschluß nochmal bewußt hervorgehoben, vor-geführt: Die Spieler formieren sich wie zu Beginn noch einmal im Kreis und extrapolieren aus dem Text die tiefsinnige Moral: »Um vieles ist das Denken mehr, denn/Glückseligkeit«. Die jungen Darsteller schaffen es freilich nicht, hohe Anschaulichkeit, Sinnfälligkeit des darstellerischen Ausdrucks durchgängig mit einer Transparentmachung des »Orientalischen« (Hölderlin) der Übersetzung, des sprachlichen Ausdrucks zu verbinden.

Auch bleibt die individuelle Profilgebung der Figuren schwächer als die kollektive Gestaltgebung. Aber deutlich wird, daß die Spieler die Anregung durch die Regie von Peter Konwitschny als Gast, ihrer Gestaltung die von Hölderlin empfundene »exzentrische Begeisterung« der alten Tragödie zugrunde zu legen, zu ihrer Grundhaltung machten. Daß das Ganze sich sozusagen als Arbeitserfahrung darstellt, macht die notwendig auftretenden Mängel entschuldbar, läßt aber gleichzeitig auch die Tragödie selbst auf eine neue, frische Weise sehen.

in: Berliner Zeitung 25.6.1980

Gegen
Inszenierungstradition

3

Anfang der 80er Jahre wird Peter Konwitschny mit verschiedenen Inszenierungen in der DDR-Theaterszene als interessanter Nachwuchs-Regisseur bekannt. Dazu zählen seine Greifswalder GRÄFIN MARIZA 1981, sein Altenburger FREISCHÜTZ 1983, die Händel-Oper FLORIDANTE 1984 in Bad Lauchstädt und Glucks ORPHEUS 1986 in Halle. Sie verschaffen seiner Arbeit Öffentlichkeit, mit kontroverser Kritik kommt er ins Gespräch. Die Inszenierungen rütteln auf, bieten ungewohnte szenische Lösungen, weichen ab von der Norm. Kritiker fragen ihn teils verwundert, teils empört nach seiner Haltung zur Tradition, die Ostberliner Zeitschrift »Theater der Zeit« stellt ihm öffentlich Fragen zu seinem Umgang mit dem Repertoire. Doch Konwitschny studiert nur genau die Partituren, bringt aus der Analyse heraus Konflikte auf den entscheidenden Punkt. Er illustriert keine Libretti, seine Inszenierungen entspringen dem dramatischen Gefüge der Musik.

Der folgende Komplex verläßt wieder die Chronologie. Er umfaßt Arbeiten, die sehr extrem mit Gewohntem brechen, auf die das Publikum auch extrem reagiert. Zu GRÄFIN MARIZA entwickelt sich eine Kontroverse. Wir zeigen diese exemplarisch zwischen dem Redakteur von »Theater der Zeit«, Wolfgang Lange, und Hans-Jochen Irmer, ehemals Dramaturg am Berliner Ensemble und nun Lehrer an der Musikhochschule »Hanns Eisler«. Ihr Disput geht um ästhetische Fragen und verweist darüber hinaus auf Fronten in den kulturpolitischen Strukturen der DDR.

Für Konwitschny ist damit schon viel erreicht, in der Theaterlandschaft kann man ihn nicht ohne weiteres mehr ignorieren. Seinen FREISCHÜTZ begleiten wissenschaftliche Thesen, der Berliner Musiktheaterwissenschaftler Gerd Rienäcker befördert die Erarbeitung einer neuen, sehr konsequenten Lesart des Stücks. Reichlich zwiespältig dann reagiert das Publikum 1986 auf den WAFFENSCHMIED in Leipzig, die Nachinszenierung in Kassel im Herbst '89 wird ähnlich reflektiert.

Dazwischen sind kleinere Projekte plaziert – Hanells SPIELDOSE und Hauptmanns SCHLUCK UND JAU 1982 in Greifswald, eine Arbeit mit jungen Sängern beim Cantiere internazionale d'arte 1985 in Montepulciano (Italien) und ein Offenbach-Abend 1986 in der Spielstätte »Das Ei« im Berliner Friedrichstadtpalast, sowie die zwei letzten Baseler Arbeiten TRITTE von Beckett und DER TÜRKE IN ITALIEN von Rossini.

Vorangestellt ist ein Text, der auch 1986 entstand, jedoch frühere Arbeiten resümiert: Wolfgang Langes Nachfrage ERBEN – ABER WIE? und Peter Konwitschnys Replik. Ein wichtiges Dokument avancierten Theaters in der DDR.

F.K.

Wolfgang Lange

Erben – aber wie?

Fragen an Peter Konwitschny

1. Man darf vielleicht dies als gesichert annehmen: Haltungen eines Regisseurs zu den Werken des Erbes wandeln und verändern sich notwendig kraft mancherlei Einflüsse, die sowohl aus der Kunst selbst zufließen als auch aus dem kommen, was scheinbar außerhalb von ihr stattfindet (Modifizierung des Geschichtsbewußtseins, innen- und außenpolitische Gewichtungen, soziale Strukturveränderungen, kulturpolitische Akzente u.a.m.).
Würden Sie dies bestätigen und den Versuch machen, die Stationen Ihres eigenen Verhältnisses zum musiktheatralischen Erbe zu benennen und zu charakterisieren?

2. Musik ist konkretes ästhetisches Material und befähigt, Träger von Ideen zu sein, die einerseits an bestimmte historische Perioden gebunden sind, andererseits über diese determinierte Zeit hinausweisen und die historische Gebundenheit von Musik hinter sich lassen.
Mir scheint, daß sich an solchen Punkten stets die grenzenlose Willfährigkeit des musikalischen Materials zeigt. Es ist nicht nur nutzbar, sondern ausnutzbar, es kommt in den Ruch der Beliebigkeit, es kann für weitaus anderes als das gemeinte stehen. Ich sehe da teilweise eine Gefahr, was den Umgang mit Werken des Erbes in unserer Gegenwart betrifft – Einbuße und Verlust an historisch-ästhetischem Bewußtsein, vielleicht. Ihnen stelle ich diese Frage, weil Sie ja eine innigere Beziehung zur Musik als manch anderer Regisseur haben.

3. Ist es nicht so, daß unsere unscharf hörenden Ohren die Transporteure der Erbe-Problematik sind? Eine Hypothese: Hätten wir es gelernt, die verschiedenen Bedeutungsebenen im Musikalischen wahrzunehmen – eine entsprechend klare musikalische Interpretation einmal vorausgesetzt –, dann könnte doch selbst eine szenisch pedantisch historisierende Aufführung unser Gefallen, unsere Sympathie für Wegweisendes des alten Werkes nicht verhindern. Oder?

4. Taugt der Begriff Lesart für ein Werk noch etwas angesichts der Tatsache, daß Werke in manch interpretatorischer Sicht mehr oder weniger aufregend umgegraben, aufgebrochen, mitunter auch gar denaturiert erscheinen?

5. Gibt es genügend Gerechtigkeit für die kühnen, neues versuchenden Regisseure, die die Schelte bekommen, die eigentlich viel mehr die tristen Kreationen konservativer Inszenatoren verdient hätten? Wie notwendig ist für den Regisseur diese öffentliche Gerechtigkeit?

6. Was heißt Gerechtigkeit für das Werk, wenn das unmißdeutbar Subjektive szenischer Gestaltung die objektiven Gesetzmäßigkeiten des Werks (Form, Dramaturgie, Handlung) zu überlagern scheint?

7. Ist das Vertrauen in die Fähigkeit des Zuschauers, szenische Vorgänge in der Allgewalt ihrer symbol- und zeichenhaften Sprache in jenem von Ihnen als Regisseur gemeinten Sinne assoziieren zu können, nahezu unbegrenzt?

8. Ich stelle es mir kompliziert vor, ein grundsätzliches Herangehenskonzept für Werke des Erbes zu haben, das sich allerdings nicht leicht als Kontinuum zu erkennen geben kann, weil man als freischaffender Regisseur doch nicht – oder in geringem Maße – Einfluß auf bestimmte Werk-Linien, Repertoire-Richtungen nehmen kann. Halten Sie das für ein Manko Ihrer Arbeit für Musiktheater?

9. Das Bild der Szene kann die sie eigentlich hervorbringende Musik gleichsam enthistorisieren, wir sprechen dann gern und manchmal eilfertig von dialektischer Reibung oder vom dialektischen Kontrapunkt. Aber die Gegenwärtigkeit der Szene (Gegenwärtigkeit im mehrfachen Sinne) kann doch auch ein Hören der existenten musikalischen Form verhindern, was ein Verlust wäre. Wie sehen Sie diese Problematik als Regisseur?

Peter Konwitschny

Antwort

Sehr geehrter Herr Lange!

Ich bat Sie, Ihre Fragen schriftlich an mich zu richten. Sie noch einmal überdenkend, bemerke ich immer deutlicher einen Ton interessierter Besorgtheit, die theoretischen und praktischen Prämissen meiner Inszenierungsarbeit betreffend. Ich fürchte nur, ich kann Ihnen Ihre Besorgnis um mich und meine Position innerhalb des DDR-Musiktheaters nicht nehmen, auch wenn ich die Provokation in Ihren Fragen – ich verstehe das im positiven Sinne – annehme und an dieser Stelle einige fundamentale Aspekte meiner Arbeitsweise benenne. Sind doch, wie es scheint, unsere Standpunkte zu unterschiedlich, als daß wir hoffen dürften, eine Übereinstimmung zu finden. Aber ein Beitrag zur Förderung des gegenseitigen Verständnisses ist besser als einer des Austilgens.

Auch habe ich nicht vor, den mir gebotenen Umfang auszuschöpfen, ist doch meine Sache weniger das Theoretisieren über die Ästhetik des Musiktheaters als vielmehr das Inszenieren von Opern auf dem Theater. Wer von mir und meinen Auffassungen wirklich etwas wissen will, muß sich meine Aufführungen anschauen und kann sich dann, wie auch immer geartet, dazu verhalten.

Nehmen wir das Reizwort »Erbe«. Ich muß da nachdrücklich – was mich betrifft – auf Subjektivität insistieren. Was man so mit »Objektivität«, »Werktreue« o.ä. bezeichnet, sind meiner Erfahrung nach absolut ungesicherte Kategorien. Nachzuspüren, was der Autor »gemeint« haben könnte, bringt bestenfalls einige Annäherungswerte. Viel wichtiger scheint mir zu ermitteln, welche Bereiche unserer heutigen Empfindungs- und Gedankenwelt im musikalischen und textlichen Material vorhanden sind, und diese theatralisch zu verdeutlichen. Ich muß das Werk als Ganzes durch mich hindurchgehen lassen. So wie die sogenannte objektive Realität durch mich als ein Teil von ihr hindurchgeht, wie auch durch Sie, ob wir wollen oder nicht. Auch durch das Publikum. Wie sollte ich an ihm vorbeiinszenieren, wenn ich fest im Jetzt und Hier stehe? Im Subjekt stoßen Welt und Werk aufeinander, nirgends sonst. Das weiß jeder, der je schöpferisch war. So treffen wir den Nerv der Zeit. Wohl kaum als Rekonstrukteure des Vergangenen.

Ein Stück wie früher machen zu wollen – Sie werden sich gegen diese Formulierung wehren, sie trifft aber des Pudels Kern – geht schon deshalb nicht, weil sich musikalische Wendungen gestisch-bedeutungsmäßig ändern. Das Material ist nicht tot, das heißt ein für allemal dingfest zu machen, denn die Zeiten ändern sich, der Kontext. So wie es mit dem gesprochenen Wort auch ist. Die Engländer sagen zu uns: habt ihr's gut, ihr könnt den Shakespeare immer wieder neu übersetzen! Nehmen wir beispielsweise die Chöre im ersten Bild von Glucks ORPHEUS. Es genügt nicht festzustellen, daß sie in c-Moll stehen. Im Werk sind unendlich viel mehr Informationen punktueller, struktureller, inhaltlicher, formaler, rationaler, emotionaler, verbaler, nonverbaler Art enthalten.

Sie alle sind objektiv. Es geht immer darum, den Kontext zu finden. Und weil der in keinem Falle in seiner Gänze wiederherstellbar ist, schon wegen der 200 Jahre, muß es richtig heißen: den Kontext schaffen. Und dies leistet allemal ein Subjekt. Mit seiner Phantasie, in seinen Grenzen, mit seiner Menschlichkeit. Selbst bei der Inszenierung eines Gegenwartsstückes kann es nicht um eine »objektiv richtige« Interpretation gehen, obwohl uns mehr objektive Parameter greifbar sind.

Und sofern wir uns immerhin darauf einigen können, daß Theater mehr mit Kunst zu tun hat als mit industrieller Unterhaltung, ist die künstlerische Subjektivität ohnehin keine Not, sondern eine Tugend. Überdies macht uns die dualistische Auffassung von Objekt und Subjekt im abendländischen Kulturverständnis – und das ist ja ganz offensichtlich immer noch verbindlich – ein X für ein U vor. Sie suggeriert, daß Subjektivität und Objektivität getrennt voneinander überhaupt existent und denkbar wären und sich sogar ausschlössen bzw. ausschließen könnten.

Aber zurück zu ORPHEUS: der Chor steht außer in c-Moll im Viervierteltakt, in einem bestimmten Zeitmaß, in bestimmter Instrumentation, er eröffnet den szenischen Vorgang, er wird unwesentlich verändert wiederholt, aber vor allem: es gibt zwischen ihm und Orpheus keine Kommunikation, konkreter: das musikalische Material des

Chores verändert sich nicht durch Orpheus' Verhalten. Es gibt keine Reaktion, genauer: die Reaktion besteht in der Fortsetzung der Aktion. Inhaltlich heißt das schlicht und einfach, der Chor geht nicht auf Orpheus' Bitte ein. Im völligen Gegensatz zum zweiten Bild, wo sich im musikalischen Dialog das Material ändert. Das allerdings, lieber Herr Lange, ist meine »subjektive« Lesart, ich bin mir darüber im klaren.

Ich schlage vor: weniger Angst vor der Subjektivität der anderen als vor dem Mangel an eigener. Freilich, für geschlossene Systeme ist Subjektivität schwer zu verkraften. Wohin damit? Aber seien Sie gewiß: Carmen geht heute noch um. Wozu suggerieren, dies sei ein Problem einer vermeintlich vergangenen, bürgerlichen, unreifen Phase der Menschheit? Aha, ich verstehe richtig: Geschichtspessimismus? So sicher Pessimismus der entfremdete und diffamierende Begriff für Verzweiflung ist, so durchschaubar ist inzwischen die Funktionalität des Vorwurfs. Nein, die alten Stücke bedürfen keiner Aktualisierung, sie sind gültig. Zugegeben, das ist erschreckend, besonders offenbar für Optimisten.

Erberezeption geht auch heute noch, wie auf der Opernbühne zu besichtigen, nur in wenigen Fällen über eine Jahrhunderte/Jahrzehnte/jahrelang festgeschriebene, besonders von bürgerlichen Traditionen (ich werde es immer wieder sagen) bestimmte Reproduktion ein und desselben substantiell hinaus. Und dann das Entsetzen bei den Fachleuten, wenn dieses Einselbe kein weiteres mal reproduziert wurde. Schade eigentlich! Ein Neuansatz kann meiner Erfahrung nach nur aus einer unbefangenen, »naiven« Annäherung an das Werk, also unbelastet von auf uns gekommenen »Objektivitäten«, entstehen. Und aus der vollen Anerkennung der wichtigen Rolle subjektiver Befindlichkeit all derer Individualitäten, die es zur Aufführung bringen. Zur Aufführung bringen heißt, es für diesen Moment mit neuem Leben zu erfüllen, denn ein Theaterkunstwerk existiert – oft gesagt – eben nur, solange es sich mit geliehenem Leben immer wieder neu materialisiert.

Es geht mir in erster Linie darum, ein Werk für das Publikum von heute aufzuschließen. Es muß spüren, daß seine Probleme verhandelt werden. Es muß entdecken, daß die Oper modern, spannend und aufregend sein kann. Ich habe das bei meinen Inszenierungen auf beglückende Weise erfahren. Es berührt mich daher vergleichsweise nur geringfügig, wenn ich mit meinen Ansichten bei der professionellen Kritik auf wenig Gegenliebe stoße.

Ich stoße auf Ihren Begriff der »öffentlichen Gerechtigkeit«, die Sie – so interpretiere ich Sie – »Neues versuchenden Regisseuren« zugestehen wollen. (Auf »kühn« verzichten wir vorläufig vielleicht.) Ganz ohne Zweifel wäre die im Interesse einer gegenseitigen produktiven Kommunikation im Sinne des Gegenstandes von hohem Wert. Nicht zu vergessen auch für das Publikum. Voraussetzung dafür wäre allerdings seitens der Kritik, daß sie nicht ausschließlich von vorgefaßten, vielfach tradierten und eingeübten Denk- und Empfindungsklischees ausginge, sondern sich bereitfände, den Intentionen des Regieteams auf den Grund zu gehen, und das heißt vor allem, sich zunächst einmal auf das Bezugssystem derer einzustellen, die die Kunst machen. Nein, nein, nicht umgekehrt, vielen Dank. Ein solcher Rezensent – es gibt ja durchaus einige bei uns, und hin und wieder werden sie auch veröffentlicht – müßte fähig sein, eine Irritation menschlich zu verkraften und fachlich einzukalkulieren, daß das nicht gleich Einzuordnende nicht in jedem Falle als Schwachsinn zu verwerfen ist.

Ich möchte jetzt noch etwas sagen zu der für Sie offenbar problematischen Frage der Verwendung von symbol- und zeichenhafter Sprache auf dem Theater. Hauptsächlich über Ruth Berghaus' Theaterarbeit – und nicht zu vergessen sind da ihre Schauspielinszenierungen am Berliner Ensemble, wo ich nach meinem Opernregiestudium eine Reihe von Jahren engagiert war – ist mir die Ästhetik Bertolt Brechts vermittelt worden. Was Theater soll, wie es mit den Mitteln umzugehen hat, daß Zuschaun auch eine Kunst ist. Und wenn von Brecht die Rede ist, dann ist natürlich sofort von vielem mehr die Rede, vom asiatischen Theater, vom frühen sowjetischen ... Ich will sagen, daß für mich diese Ursprünge verbindlich geworden sind. Ich bin übrigens ganz sicher, daß Brecht für die Oper noch bedeutungsvoller ist und noch sein wird als für das Schauspiel, weil das Musiktheater als Genre noch komplexer und artifizieller ist. Nur mittels der Ästhetik Brechts war und ist es uns möglich, viele Werke, ja ganze Gruppen von Werken des Erbes anzueignen bzw. erneut und neu anzueignen. Jedenfalls stellt in meinem Verständnis jegliche Art von theatralischer Umsetzung weder die Wirklichkeit selbst dar, noch hat sie sie vorzutäuschen, sondern allenfalls die vielfach gebrochene Vermittlung von Wirklichkeit auf einer Kunstebene, die mit Mitteln verfremdender Zeichensprache arbeitet.

Um die Assoziationsfähigkeit des Zuschauers müssen wir uns gar nicht so viel Sorgen machen, wie Sie meinen. Die Bereitschaft zu eigenem Denken und Fühlen in offengelassenen Freiräumen ist größer, als allgemein angenommen wird. Es besteht da geradezu ein Nachholebedürfnis. Der Zuschauer muß auch nicht unbedingt rauskriegen, was ich in jedem Detail »gemeint« habe. Gestehen wir ihm endlich das Partnerrecht zu, auf höchst individuelle Weise seine Welt zu rezipieren. Wenn ich ihn mit meiner Arbeit dazu angeregt habe, ist einiges von dem Anspruch, den er an mich hat, eingelöst. Die assoziative Methode, mit Mitteln des Theaters umzugehen, scheint mir im Falle der Oper ganz besonders nahezuliegen, ist doch die Musik als Kunstgattung selbst assoziativer Natur.

Diskontinuität der gesamten Struktur der Aufführung ist mir aus gleichem Grunde – der echten, tiefgreifenden Aktivierung des Zuschauers/-hörers – unveräußerliches Schaffensprinzip. In einer geschlossenen, jedes Detail auf kausale und scheinbar rationale Weise verknüpfenden Struktur ist es dem Zuschauer nämlich nicht möglich, »dazwischenzukommen«. Er ist ausschließlich zum passiven Nachvollziehen verurteilt. Dem primär an der klassischen Physik, an der klassischen Logik, an der klassischen Ästhetik, am klassischen Denkmodell Geschulten erscheint das Montage- und Diskontinuitätsprinzip folgerichtig als Willkür und Zusammenhangslosigkeit. Mir leuchtet vielmehr und immer mehr ein, daß man angesichts der zunehmenden Befragbarkeit geschlossener Systeme in unserer Welt gar nichts anderes mehr tun kann als das, wozu wichtige Leute im 20. Jahrhundert längst übergegangen sind.

Nachbemerkung: Gerade weil ich auf Ihre Fragen nicht in der Weise eines Frage- und Antwortspiels eingegangen bin, möchte ich, daß Sie sie unverändert abdrucken. Es vermittelt sich über die Art und Weise unserer Kommunikation viel Unausgesprochenes und Unaussprechbares zum Thema Theater und dessen Situation/Zustand. Sein Sie vielmals gegrüßt!

in: Theater der Zeit 10/1986

Emmerich Kálmán

Gräfin Mariza

Operette in 3 Akten
von Julius Brammer und Alfred Grünwald

Theater Greifswald
Premiere 31.1.1981

Musikalische Leitung	Franz Kliem
Inszenierung	Peter Konwitschny a.G.
Bühne/Kostüme	Pieter Hein a.G./ Katrine Cremer a.G.
Dramaturgie	Jörg-Michael Koerbl a.G.
Choreographie	Frank Männel
Gräfin Mariza	Helga Lucke
Fürst Moritz	Dietmar Kuntsche
Baron Koloman	Rali Ralev
Graf Tassilo	Werner Staudinger
Lisa	Doris Hädrich
Karl Liebenberg	Joachim Puls
Fürstin Bozena	Dorothea Rehm
Penizek,	Ursula Schoene-Makus
Ilka von Dambössy	Uta Petroff
Manja	Magdalena Oprescu
OprescuTschekko	Hans Berger

Chor, Extrachor, Kinderchor
und Orchester des Theaters Greifswald
Ballett und Tanzstudio

Peter Konwitschny/Jörg-Michael Koerbl

Thesen zu »Mariza«

1. Die Inszenierung zielt nicht auf eine Bloßstellung der Operette. Diese ist besser als ihr Ruf.
2. In Auseinandersetzung mit wichtigen Autoren der Operettenästhetik – u.a. Karl Kraus und Volker Klotz – erhalten wir unbedingt die traumhafte Struktur der Operette als solche.
Eine Welt, die auf dem Kopf steht. Aber darüber, daß sie auf dem Kopf steht, lassen sich wiederum Erkenntnisse über die Welt (Wirklichkeit) erzielen.
Dieses Moment der traumhaften Struktur wird deutlich bedient durch das Bühnenbild, die Kostüme, den requisitenartigen Umgang mit Dekorationsteilen etc.
3. Die Operette naturalistisch aufzufassen, entsprach ihr selbst nie und hat zu ihrem Niedergang geführt. Mit dieser, ein ganzes Genre vernichtenden, Tradition wollen wir brechen. Im Sinne Brechts, daß bei genügendem historischen Wissen auch Kunstwerke genossen werden können, die a-sozial sind.
Wir erkennen im Naturalismus die Austreibung des Autors aus dem Text und bieten als Alternative die Wiederbelebung des Fabelhaften, des Traums und des Märchens.
4. Wir nehmen Stück, Liebesgeschichte und Figuren ernst (und spielen es ungestrichen). Nur so kann in der Banalität (der Alltäglichkeit) sich die Absurdität hervorkehren.
Es wird nicht auf den Witz, die Pointe abgezielt (Ziel = Endpunkt). Das Gesellschaftsdrama in Form der Operette ist in seiner Eigenart das genaue Abbild des gesellschaftlichen Zustandes seiner Entstehungszeit, d.h. ein historisches und kunsthistorisches Dokument, dessen Wert für uns aber nicht so sehr der historizistische Aspekt ist, sondern der strukturelle – es ist nicht die Bildwelt von 1924 auf die Bühne zu bringen.
5. Leitsatz der Operette – und hier zeigen sich utopisches und ironisches Moment – ist der Satz: Unsere Zukunft war auch schon mal besser. Die Welt der Figuren ist, in anderen Welten zu leben, nie in der Gegenwart. In der Sehnsucht verklärt sich die Welt.

6. Wir nehmen das Stück ernst heißt zweierlei: erstens nehmen wir es ernst als Exemplar der Gattung, d.h. als etwas, das sich selbst nicht ernst nimmt und so zu anderen dramaturgischen Strukturen kommt als z. B. die Oper; der ironische Vorbehalt gilt grundsätzlich und im Detail (nicht der hämische). Zweitens nehmen wir das Stück ernst als eine späte Operette (1924), d.h. als etwas, das sich bereits bedingt ernst nimmt. Dieser Widerspruch ist in Bild, Figurenführung und szenischer Entwicklung produktiv zu machen, wobei sich bereits in unseren Vorarbeiten erwiesen hat, daß MARIZA keine Tanz- oder Schlageroperette ist, wenn auch getanzt wird und nahezu alle Musiknummern »Schlager« geworden sind, ebenso wenig wie RIGOLETTO eine Schlageroper ist, nur weil die Melodien auf der Straße gepfiffen wurden vor der Uraufführung. Hier ist Popularität keine Signifikanz für ästhetischen Ausverkauf.

7. Durch den Vergleich mit der Raimund-Fassung haben wir die Qualitäten der Originalfassung bestätigt gefunden.

8. Es geht uns darum, die Dramatik, Vitalität und Volkstümlichkeit der Musik zu erhalten. Der Vergleich von Aufnahmen aus der DDR, Ungarn, Polen und der BRD hat gezeigt, daß hier Reserven liegen und für das Greifswalder Orchester die schöne Aufgabe steht, Kálmáns Musik von dem Verdacht der Sentimentalität zu reinigen. Kálmán wollte, ähnlich wie seine Studienkollegen Kodály und Bartók, eine rustikale, frische und volkstümliche Musik und hat sie geschrieben. Die Erarbeitung der Musik ist also eine wichtige Komponente der Inszenierung.

Zusammenfassend:
Wir wollen keine Bloßstellung der Operette, sondern eine Inszenierung, die brachliegende Qualitäten dieser und der Operette überhaupt auf die Bühne bringt. Die wichtigsten Elemente unserer Konzeption sind: eine realistische Liebesgeschichte mit einer Moral, transportiert durch eine Ästhetik des Traummärchens, der Fabel; die Wiederbelebung der Kálmán-Musik durch die Erfüllung ihres Anspruchs auf lebendige Volkstümlichkeit.

August 1980

Privatarchiv Konwitschny, unveröffentlicht

Klaus-Peter Gerhardt

Produktives Vergnügen

[...] Die klassische und zumal die sogenannte spätbürgerliche Operette haben so ihre Eigengesetzlichkeiten. Die elektronischen Medien Rundfunk und Fernsehen greifen immer wieder auf allseits beliebte Zugnummern zurück. Was wunder, wenn sich Bedürfnisse erhalten und auch neu bilden, die von den Paradeliedern aufs Ganze schließen. Und wenn dann die Lehárs, Kálmáns, Millöckers und Zellers auf den Bühnen erscheinen, müssen sich die Akteure und ihr Publikum zu allerlei Unsinn bekennen, gesuchte Zufälle als zumindest momentane Erleuchtungen nehmen und Gefühle verkraften, die weitab von unserer Wirklichkeit liegen.

Im Publikumsbewußtsein eines landläufigen Stadttheaters rücken dann DIE CSARDASFÜRSTIN und DER VOGELHÄNDLER in die Nähe der MUTTER COURAGE und des ALOIS FINGERLEIN. DIE GRÄFIN VOM NASCHMARKT und DER GUTE MENSCH VON SEZUAN beanspruchen die gleiche Aufmerksamkeit. So stabil kann doch eigentlich kein Publikumsmagen sein, um diese ästhetischen und politischen Wechselbäder unbeschadet zu verdauen.

Wie mit Operette auch umgegangen werden kann, ohne Konzessionen an den Altvätergeschmack zu machen und abseitige Sentiments beschwingt zu verklären, das zeigt jetzt das Theater Greifswald. Dort ist seit Januar eine Inszenierung der GRÄFIN MARIZA zu sehen, die es in sich hat. Das Theater scheute weder Aufwand noch Mühen und verpflichtete vier Gäste: Peter Konwitschny (Regie), Pieter Hein (Bühnenbild), Katrine Cremer (Kostüme) und den jungen Dramatiker Jörg-Michael Koerbl (Dramaturgie). Ergebnis: ein Ensemble, das sich mit hohem Einsatz, mit Spielwitz, gestischer Raffinesse und deutlich erkennbarem Vergnügen der Aufgabe verschreibt, Operette ernst zu nehmen und sie auch dem heutigen Publikum zu einem nicht nur erträglichen, sondern sogar lohnenden und produktiven Theatervergnügen werden zu lassen.

Schon bei der Ouvertüre (musikalische Leitung Franz Kliem) spürt man, daß die Partitur Kálmáns nicht vordergründig schmissig oder auf Gefühlsseligkeit und Krawall ausgerichtet musiziert wird. Einzelne Themen und Melodien empfehlen sich dem Hörer, sie kommen im Lauf der Handlung wieder, werden variiert und in bestimmte Szenenzusammenhänge gestellt, die das Geschehen auf der Bühne dann sehr deutlich aufnimmt und gegeneinander abwägt. Hier wurde mit Partiturkenntnis inszeniert. Hier wird eine Geschichte erzählt mit akzentuiert musikalischen u n d szenischen Mitteln.

Die Bühne vermeidet jedwede Pußta-Seligkeit. Sie ist mit mattroten Stoffbahnen ausgehängt, die zahlreiche Auftrittsmöglichkeiten geben und gleichsam einen allgemeinen Horizont liefern, der im Laufe der Handlung zunehmend durchlässig wird und mehr und mehr das Mauerwerk der Hinterbühne freigibt. Die wenigen Dekorations- und Versatzstücke, die gebraucht werden, kommen aus dem Schnürboden. Deutlich wird sichtbar, daß es sich um Theatergeschehnisse handelt. Die Illusion, hier ginge etwas Zauberhaft-Undurchschaubares vor, ist ausgeschlossen. Die Darsteller bauen die Bühnenveränderungen selbst. Einfühlung wird nicht zugelassen, umso genauer soll hingeschaut, sollen Veränderungen in den Beziehungen erkannt und verarbeitet werden. Die Protagonisten kommen uns ausgesprochen unoperettig. Von Schmalz, Gefühlsüberschwang und ungarischer Seele – was immer das auch sein soll – keine Spur. Zwei Menschen finden sich sympathisch, sie versuchen, sich einander zu nähern, treffen zunehmend auf Hindernisse, Mißverständnisse und konventionelle Zwänge. Ein strahlendes Happy-End findet nicht statt. Aber wie das erzählt wird! Im Lied der Lisa, »Ich möchte träumen«, doppelt sich die Sängerin durch eine Tänzerin, die all ihre Bewegungen mitmacht, die unaufdringlich den Kommentar zur Handlung liefert. Oder die Szenen der Fürstin Bozena mit ihrem (weiblichen!) Kammerdiener: Ständiger Rollentausch läßt Verwechslungen zu, ohne daß sie albern werden. Die beiden Darstellerinnen Dorothea Rehm und Ursula Schoene-Makus schmeißen sich in einen Revue-Trubel, der ihnen größte Präzision abverlangt.

Und wie die Inszenierung mit den Massenszenen umgeht, ist schon sehenswert. In den Finalen steigern sich Darsteller, Chor und Ballett in ein chaotisches Durcheinander. Die Gefährdungen der Hauptakteure werden nicht nur behauptet, sondern zwanghaft vorgeführt. Das Ballett (Choreographie Frank Männel) hat Funktion, trägt eigenständig zur Handlung bei. Operette nicht als belangloser »Ohrenschmaus« oder gequälte Zeitkritik – sondern als vergnügliches Spektakel mit durchaus auch makabrer Dimension. Der Mut und der Einsatz des Theaters sind nicht hoch genug zu loben. Solch ein Herangehen müßte Folgen haben und sollte auch anderenorts probiert werden.

(leicht gekürzt)

in: Neue Zeit, Berlin 14.3.1981

Wolfgang Lange

Vier lange Stunden

Notizen zu »Gräfin Mariza« in Greifswald und »Im weißen Röß'l« in Erfurt

1. In Erfurt beginnt die Aufführung so: Der Kapellmeister, in einem golddurchwirkten Anzug, begibt sich über die Bühne, erfaßt von einem Lichtkegel, an seinen Arbeitsplatz. Die Bühnenzone ist entblößt, nüchtern. Eine Aushängung in saftigem Blau schiebt sich von unten her über die faden Brandmauern; ein Hintergrundprospekt, darauf ein berglandschaftliches Idyll, wird hineingehängt; ein schmales, schmuckes »Röß'l«-Wirtshaus mit Balkon und Pendeltür rollt auf die Bühne (Bühnenbild Hans Hohnbaum).

In Greifswald beginnt die Aufführung so: Der Vorhang öffnet sich aufreizend langsam. So, als wolle dies gleichermaßen die Neugier auf eine Überraschung »anheizen« und das Entzücken der Macher an ihr feiern. Die Überraschung ist dann derart, daß die unbarmherzigen Brandmauern zu sehen sind und von oben ein Nest mit Storch, das dann immer anwesend ist, heruntergelassen wird. Im leeren Raum nur ein Telefon, das der Diener putzt (Bühnenbild Pieter Hein a.G.). Schon vor der Aufführung hatte man Gelegenheit, in einem Programmheft-Dialog zwischen Regisseur und Bühnenbildner zu lesen: »Brecht hat geschrieben, das Theater des wissenschaftlichen Zeitalters wurde eröffnet, als auf die nackte Bühne der Wagen der Mutter Courage rollte, nicht?« – »... Es gab bisher für die GRÄFIN MARIZA zweifellos so eine Bühne – wie unsere nun – noch nie, wage ich zu behaupten.« (Vielleicht ist nur vergessen worden hinzuzufügen, daß es solche Bühne in Greifswald noch nie gab.)

2. In Erfurt soll auf diese Weise angezeigt werden, daß sich hier mit den Mitteln des Theaters eine Scheinwelt einrichtet. In Greifwald erklärt man diese Bühne zur Traumbühne. In Erfurt inszenierte Jürgen Kern, Regisseur am Berliner Ensemble, in Greifswald Peter Konwitschny, ausgebildet als Musiktheater-Regisseur, in letzter Zeit aber vorwiegend auf dem Gebiet des Schauspiels tätig; einst engagiert am Berliner Ensemble, jetzt freischaffend. Ich bin zu beiden Aufführungen begierig gefahren. Ich hoffte, der naive, nicht durch Erfahrung getrübte Blick dieser Regisseure auf die Sache (wie ihn ja oft diejenigen haben, die sich ihr erstmals nähern) würde Produktives zutage fördern, was dem Umgang mit Stücken dieses Genres generell dienlich sein, ihm neue Impulse geben könnte. Vielleicht sehen andere dies so, sind womöglich beseligt vondannen gezogen, Morgenröte schauend. Meine Hoffnungen haben sich nicht erfüllt. Diese Ausführungen sind nicht mehr und nicht weniger als ein Standpunkt, der sich aus persönlicher Anschauung erklärt, was die sogenannte spätbürgerliche Operette und das musikalische Singspiel kleinbürgerlicher Provenienz anlangt.

3. Bei allen Unterschieden struktureller Art, sowohl GRÄFIN MARIZA als auch IM WEISSEN RÖSS'L sind bestechend genaue, getreue, charakteristische Dokumente einer mit künstlerischen Mitteln erfaßten gesellschaftlichen Existenzweise und Grundhaltung. Die Demogogie dieser Stücke besteht unter anderem darin, daß Lebenshaltungen, die nicht die des Publikums sind, mit künstlerischen Ausdrucksmitteln gefeiert werden, die den Erwartungshaltungen jenes großen Publikums entsprechen. An diesen Realitäten darf man nicht vorbeischauen. Gewiß, das macht die Aufgabe für Regisseure in einer sozialistischen Gesellschaftsordnung nicht leichter, zumal wir ja auch nicht voreilig mit den überkommenen

Bedürfnissen unseres Publikums brechen wollen, solange nicht ein Stücke-Äquivalent besteht, das die spätbürgerliche Operette entbehrlich macht. Aber ich halte es für undialektisch zu negieren, was in diesen Stücken enthalten ist: reale gesellschaftliche Erscheinungsbilder, über dramaturgische Konstruktionen hinaus stimmige Welten sozialen-gesellschaftlichen Klimas. Mir leuchtet nicht ein, sie als Schein- und Traumwelten zu deklarieren.

4. Und die Stücke widersetzen sich solch einem Unterfangen auch heftig. In Erfurt verpufft das anfangs so markant ausgestellte theatralische Zeichen, daß hier eine Scheinwelt aufgebaut wird, sehr schnell. Man ist sehr schnell mittendrin im Stück, und es wird hier kaum anders als sonstwo begrüßt – nämlich als ein handfestes Theaterstück mit überwiegend origineller Musik, als ein Theaterstück, in dem das Zufällige und Konstruierte der Vorgänge die Wirkung des Stückes ungemein befördert und keinesfalls den gesellschaftlichen Background eskamotiert. Und da kann die Brecht-Gardine noch so heftig rauschen, die Licht-Zäsur in den jeweiligen Balletteinlagen (die Choreographie Sigrid Trittmacher-Kochs hatte viel originellen Witz) noch so prägnant und das Finale mittels Lichtregie noch so abgesetzt sein – das Publikum, will mir scheinen, sieht hier keine Scheinwelt. Es sieht hier mögliche Wirklichkeit.

»Wir möchten diese Figuren ernst nehmen und sie dialektisch, nicht linear, behandeln.« So Jürgen Kern und Jörg Mihan, der künstlerische Mitarbeiter vom Berliner Ensemble, im Programmheft. Ich halte, was das zweite angeht, allerdings die Linearität der Figuren für ein Genre-Symptom und erkenne auch hier auf der Bühne mehr Linearität als Dialektik. Ich sehe da den Kellner Franz (Rudolf Stubbe) unentwegt angestrengt bemüht, die Originalität der Figur zu sichern, indem er die

GRÄFIN MARIZA
Fotos Signe Schumacher

Füße nach innen dreht und über den großen Onkel läuft und aus besonderem Anlaß zur Freude einen clownesken jeté unternimmt. Aber ich sehe nicht, daß die resolute, propere Wirtin (Gisela Galander), die soeben vor ihrer perfekt organisierten Herberge die Stubenmädchen wie ein preußischer Unteroffizier inspiziert hat, am schlampigen Anzug des Kellners Franz mit den zu kurzen Hosenbeinen Anstoß nimmt. Vielleicht ist im Ringen um Figuren-Dialektik das Komödiantische etwas zu kurz gekommen. Komödiantik, die, mit Charme durchsetzt, einen Reiz des Stückes ausmacht. Je größer das Unangestrengte ist, die spielerische Gelöstheit, die komödiantische Leichtigkeit, umso größer die Chance, dem Zuschauer diese Geschichte als in jeglicher Weise fern vorzuführen. Komisch war die Inszenierung nur in wenigen Punkten. Immer dann, wenn Camillo Grünheid (Giesecke) die Szene betrat, wenn das Ballett in Aktion war, wenn eine hübsche bühnenbildnerische Idee Zerstreuung brachte (der Stall mit den musikalisch agierenden Almkühen). Aber, hingegen: Was alles an komischer Situation ist im Kaiser-Bild verschenkt worden!

5. In Greifswald braucht es vier quälend lange Stunden, ehe das Ergebnis feststeht. Nach der zweiten Pause ist der frohgemute Gesang neben mir verstummt. Drei alte Damen sind gegangen, vielleicht, daß sie eine Bahn erreichen mußten. Ich ergreife hier die Gelegenheit, ihnen mitzuteilen, daß das Stück so ausgegangen ist wie in anderen MARIZA-Inszenierungen auch. Glücklich nämlich für die junge Gräfin (Helga Lucke) und Graf Tassilo (Werner Staudinger). Sie, verehrte Damen, haben nicht mehr sehen können, wie Gräfin Mariza und ihr alter Diener Tschekko (Hans Berger) Wortwechsel betreiben und dabei Liegestütze machen und Fürstin Bozena (Dorothea Rehm), die Tante Tassilos, und

ihr Kammerdiener Penizek (Ursula Schoene-Makus) einen Auftritt haben, in der die Absurdität der Ästhetik einen gewaltigen Fußtritt versetzt. Sie wissen, das kann wehtun. Dies noch zu ihrer Information.

Das Greifswalder Programmheft mit seinen vielen verwirrend hochgestochenen und verstiegenen Sätzen zu zitieren, lohnte sich. Hier ist nicht genügend Platz.

»... unsere Absicht ist ja, zu zeigen, daß hier durchaus ganz ernsthafte Sachen im Spiel sind.« Diese ernsthaften Sachen ... das ist vor allem die Liebe zwischen Gräfin Mariza und Tassilo, die sich da entwickelt. Ihre Verwirklichung dünkt dem Regieteam im Traume möglich, wahrscheinlich, weil ihnen die gesellschaftliche Konstellation, beide betreffend, wirklichkeitsfremd scheint: die Gräfin, die den sozial weit unter ihr befindlichen Verwalter lieben lernt. Ich fände diese traumhafte Ebene wirklich berechtigt, wäre Tassilo tatsächlich der einfache Verwalter. Aber die kalkulierte Verlogenheit des Stückes ist doch, daß es dem Publikum suggerieren möchte, die Liebe überwindet soziale und gesellschaftliche Schranken.

Und als die Liebe sich schließlich bewährt hat, darf der gute Tassilo durch glückhafte Fügung dergestalt, daß ihm die fürstliche Tante die verspielten Güter zurückgekauft hat, wieder seinen wahren gräflichen Stand zeigen. Diese kalkulierte Verlogenheit stellt für mich die wirkliche gesellschaftliche Realität des Stückes dar. Und deshalb habe ich meine Bedenken, gewissermaßen eine menschliche Perspektive der beiden, traumhaft angelegt, zu fixieren. Man sollte nach meiner Ansicht mit gelassener Unbarmherzigkeit diese Tendenz des Stückes zur Verklärung und Idyllisierung – und in dieser ideologisch begründeten Geisteshaltung korrespondieren Kálmán und Lehár aufs innigste mit Courths-Mahler und Marlitt – zeigen.

Diesen Tassilo umgeben die Autoren mit einer Aura der sympathischen Bemitleidung und Sentimentalität, die schwer zu ertragen ist.

Und auch die Greifswalder Inszenierung entbehrt des kräftig bohrenden Untertons, der diese Verlogenheit deutlich werden läßt. Der fehlt mir hier – ob Tassilo da von den niedlichen, weiß gekleideten Kindern als der bei ihren Eltern so beliebte Herr Verwalter geschildert wird, ob er mit inbrünstigem Überschwang der Wiener Zeiten gedenkt (»Grüß mir die süßen, die reizenden Frauen«), ob er da auf drehender Scheibe seinen Sympathietaumel mit der Gräfin Mariza absolviert oder ob er da in wildem Grimm das ihm zugedachte Geld unter die Zigeunermusiker bringt. Diese traumhafte Anlage – obgleich sie sicherlich kaum als solche von den Zuschauern verstanden werden kann – hilft mit an der Verklärung der Liebesbeziehung Mariza – Tassilo, zumal auch die Figuren-Entwicklung der Mariza diese Verklärung stützt: sie schreitet fort von kalter Mondänität (ihr Auftritt vollzieht sich als großes Theater) zum Sichselbsterkennen durch die Liebe und zu den Ursprüngen ihres Ichs (das Besinnen auf die wahren heimatlichen Wurzeln, angezeigt in einem ungarisch-folkloristischen Kostüm).

6. Übrigens sehr auffallend, daß die orchestralen Leistungen in Erfurt wie in Greifswald nicht ermutigend waren. In Erfurt wurde unter Fredo Jungs Leitung ohne rechten Schwung, sondern recht schwerfällig und massig im Klang musiziert. Und unter Franz Kliems nicht gerade ausgefeilter Direktion wurde zwar recht häufig ein naßforsches Tempo angeschlagen, was ich im Interesse des langen Abends im Nachhinein noch sehr begrüße, zugleich aber oft auch sehr undelikat, klanglich verwurstend und derb im Blech gespielt.

in: Theater der Zeit 4/1981

Hans-Jochen Irmer

Brief

**an den Chefredakteur von
»Theater der Zeit«**

Sehr geehrter Herr John,
– bitte, gestatten Sie mir ein paar Bemerkungen zu dem Artikel »Vier lange Stunden« von Wolfgang Lange, einem langjährigen geschätzten Kollegen. Ich gehöre zu denjenigen, die, wenn nicht »beseligt«, so doch vergnügt, angeregt und in der Arbeit ermutigt »vondannen gezogen« sind, weil ich in der GRÄFIN MARIZA-Aufführung des Greifswalder Theaters etwas Wegweisendes gesehen habe, und ich bin nun enttäuscht, im Organ des Verbandes der Theaterschaffenden der DDR einen Artikel unter dem Niveau der Theaterkritik zu lesen, der diese Aufführung als abwegig charakterisiert. Ich bin gewiß nicht unbescheiden, in der einzigen Fachzeitschrift, die uns zur Verfügung steht, eine Fachkritik zu erwarten an Stelle in übermütiger Ich-Manier abgefaßter »Notizen« für alte Damen, denen sich andernorts geeignete Publikationsmedien öffnen. Ein Theaterkritiker ist nicht ohne jede Bedingung in der Freiheit und in der Pflicht, seinem persönlichen »Standpunkt« Geltung zu verschaffen. Das kritische Ich darf nicht auf der untersten Stufe des Zufälligen und Beliebigen verbleiben, sondern muß sich als ein notwendiges und wesentliches erweisen und, auch gegen sich selbst, objektiv werden.
»Spätbürgerlich« ist das Genre Operette in seiner Gesamtheit, denn es ist siebzig Jahre nach der bürgerlichen Revolution, in der kapitalistischen Gründerzeit, entstanden. Es gibt keine frühbürgerlich-vorrevolutionäre Operette; die Operette des 18. Jahrhunderts ist ein völlig anderes Genre, mit dem die Stücktypen im Zeitraum von 1860 bis 1930, die zusammengefaßt als Operette bezeichnet werden, nichts zu tun haben. Es gibt, obgleich die Feudalaristokratie in der Operette vorkommt (zentral), keine feudalaristokratische Operette. Es gibt, obgleich das Proletariat in der Operette vorkommt (peripher), keine proletarische Operette, und nichts deutet darauf hin, daß siebzig Jahre nach der proletarischen Revolution eine proletarische Operette entstehen wird. Ist das Genre also insgesamt

»spätbürgerlich«, so wird es damit noch nicht hinreichend bestimmt. Die Operette ist von Anfang an bis Ende – von ORPHEUS, wo sie anhebt, bis MAHAGONNY, wo sie sich aufhebt – ein, vielleicht überhaupt das mittelständisch-kleinbürgerliche Genre, das Genre der Übergangsklasse und ihres verbreiteten Bewußtseins. Zwischen den Pariser Weltausstellungsoperetten und der GRÄFIN MARIZA besteht keine wesentliche Differenz: Kunst ist Unterhaltung, Unterhaltung ist Ablenkung und Entlastung. Die Operette führt die Welt schöner vor. Sämtliche Operetten schließen sich in ihrem gemeinsamen Inhalt – die schöne Welt, in der alle Konflikte sich als Scheinkonflikte herausstellen – ein. Mit MAHAGONNY steht das Genre Operette im Begriff aufzuhören, indem es seinen Inhalt und seine Funktion zur Diskussion stellt, und zwar von den sozialökonomischen Voraussetzungen her; die »Jagd nach dem Glück« und die unterhaltende Ablenkung, ablenkende Abendunterhaltung werden transparent. Was aber Brecht und Weill dramaturgisch bewerkstelligen, genau das streben Konwitschny, Hein, Koerbl inszenatorisch an. Das Vorhaben ist dem Kritiker unserer Fachzeitschrift nicht der Rede wert, weil es von vorherein von dem »Standpunkt« des Kritikers abweicht.
Leider verrät Wolfgang Lange uns nicht, welchen »Standpunkt« er nun eigentlich einnimmt. [...]
Im 3. Abschnitt der »Notizen« werden GRÄFIN MARIZA und WEISSES RÖSS'L als »bestechend genaue, getreue, charakteristische Dokumente einer mit künstlerischen Mitteln erfaßten gesellschaftlichen Existenzweise und Grundhaltung« gekennzeichnet. Wolfgang Lange erblickt in diesen Stücken »reale gesellschaftliche Erscheinungsbilder, über dramaturgische Konstruktion hinaus stimmige Welten sozialen-gesellschaftlichen Klimas«. Zugleich warnt er vor der »Demagogie dieser Stücke«: sie »besteht unter anderem darin, daß Lebenshaltungen, die nicht die des Publikums sind, mit künstlerischen Ausdrucksmitteln gefeiert werden, die den Erwartungshaltungen jenes großen Publikums entsprechen«. Dieses Kauderwelsch läßt sich schwer deuten. Vermutlich will der Kritiker sagen, daß das Theaterpublikum in Greifswald und in Erfurt Stücke zu sehen und zu hören wünscht, die es gar nicht betreffen, weil es an deren »künstlerischen Ausdruckmitteln« Gefallen fin-

det; und vor einer Infektionsgefahr bewahrt werden muß. Wie nämlich das Problem der Persönlichkeitsspaltung, das in RIGOLETTO dramatisch behandelt wird, aus unserer Welt ist, so auch der kleinbürgerliche Traum vom Glück, dem GRÄFIN MARIZA Gestalt verleiht: meint Wolfgang Lange. Immerhin hält er das Publikum für verführbar, und er argwöhnt, daß es in seinem Gefallen am WEIßEN RÖß'L und an der GRÄFIN MARIZA (und am GRAFEN VON LUXEMBURG, am WIENER BLUT, an der LUSTIGEN WITWE) in die auf der Bühne »gefeierten« Lebenshaltungen zurückfallen könnte.

Anstatt gegen die Aufführung demagogischer Stücke grundsätzlich zu votieren, setzt er sich in Ermangelung eines sozialistischen »Stücke-Äquivalents« für sie ein: »zumal wir ja auch nicht voreilig mit den überkommenen Bedürfnissen unseres Publikums brechen wollen«. Der Kritiker verschwendet keinen Gedanken an die Frage, wie denn die überkommenen Bedürfnisse sich immer wieder reproduzieren und von welcher Beschaffenheit das DDR-»Äquivalent« zum WEIßEN RÖß'L, zur GRÄFIN MARIZA sein müßte. Im 5. Abschnitt wird mit Bezug auf die GRÄFIN MARIZA das Verhältnis von Dokumentierung gesellschaftlicher Wirklichkeit und demagogischer Irreführung des Publikums etwas anderes beurteilt, als dies im 3. Abschnitt allgemein geschieht: »Diese kalkulierte Verlogenheit stellt für mich die wirkliche gesellschaftliche Realität des Stückes dar.« »Mit gelassener Unbarmherzigkeit« sollte man folglich GRÄFIN MARIZA als ein Dokument der Demagogie zeigen, was das Greifswalder Theater zum Leidwesen des Kritikers versäumt. Seine im voraus fixierten »Hoffnungen haben sich nicht erfüllt«, sein durch Erfahrung getrübter Blick hat ihn »vier lange Stunden« nichts sehen lassen.

Operette zu spielen, gibt es drei Weisen. Die erste: Operette wird unreflektiert gespielt – »pur«, »geradeaus« oder wie sonst man dieses Spielen landauf, landab nennt. »Theater der Zeit« verteilt dafür ja nach dem Grade des Gelingens und dem Geschmack des jeweils dienstverrichtenden Kritikers gute oder weniger gute Noten. Eine beifällige Langkritik für den BETTELSTUDENTEN der Komischen Oper, nach der »Haltung« des Theaters wird da gar nicht gefragt. Eine ablehnende Kurzkritik für die FLEDERMAUS des Metropol-Theaters; die gleiche »Geradeaus«-Spielweise, aber da wird die »Haltung« vermißt. Die zweite:

die von Wolfgang Lange hier und jetzt geforderte »unbarmherzige«, die dem Publikum mitliefert, was flüsternde Geigen, schweigende Lippen alles geheimhalten. Sie erfreut sich in unserer Republik keiner Beliebtheit, weil sie darauf abzweckt, das Vergnügen des Publikums umzufunktionieren. Vor ungefähr zwanzig Jahren hat Maurice Bejart in Brüssel die LUSTIGE WITWE derart »unbarmherzig« inszeniert, indem er sie gleichsam als Gesamtzitat vorstellte und ihr die fehlenden Geschichtsdokumente auf der Bühne zufügte. Die »kalkulierte Verlogenheit« trat so deutlich zutage, daß die Lehár-Erben einen Urheberrechtsprozeß anstrengten. Als 1975 Ruth Berghaus den Versuch wagte, die FLEDERMAUS mit »Haltung« zu inszenieren, befand Wolfgang Lange: »Mich hat diese Inszenierung von Ruth Berghaus gleichgültig gelassen«. In Anlehnung an das FREISCHÜTZ-Verdikt von Joachim Herz bekundete er: »Und man muß sich, das war augenscheinlich, davor hüten, daß unversehens durch die Hintertür all jene szenischen ´Apercus´ auf die Bühne gelangen, die wir so gern schlechten Operettenaufführungen vorwerfen«. Der Kritiker hoffte auf heiteres Musiktheater und »konnte nur lachen«. Er fragte sich und die alten Damen damals: »ob es wirklich notwendig sei, in einem aufgeklärten Zeitalter dem Publikum zu zeigen, wie wenig intakt die kapitalistische Bürgerwelt war (und ist). Hier schien mir Kunst Gefahr zu laufen, sich selbst zu entmündigen – wenn sie Erkenntnissen über historisch-gesellschaftliche Tatbestände hinterherzuckelt und nicht leistet, diese Tatbestände in anderer Betrachtungsweise, in anderer Belichtung künstlerisch-ästhetisch funktionieren zu lassen.« TdZ 11/1975, S. 20. Wie oft auch der Stand- und Gesichtspunkt wechselt, von der Kontinuität des Unverständnisses läßt der Kritiker sich um keinen Preis der Welt abbringen.

Die dritte Weise, Operette zu spielen, wird im Theater Greifswald probiert. Konwitschny, Hein, Koerbl spielen die GRÄFIN MARIZA und mit ihr das ganze Genre als »Konstruktion eines Traumes«. Es ist ein Traum vom Glück, es ist ein Kleinbürgertraum; der Glückstraum ist die Realität des Kleinbürgers, der sich selbst am schwersten erträgt, stets ein anderer sein will, und als solcher ist der Glückstraum echt. Der Zuschauer träumt, wie er ausschauen möchte – im Operettentheater wie im Fußballstadion oder auf dem Maskenball. Der Traum wird darum nicht schlechthin verworfen, sondern ins Bewußtsein gehoben. Die Inszenatoren setzen deutlich einen Anfang, Aufgang und ein Ende. Das Happy-End rollt auf einem Krankenfahrstuhl herein, einem Vehikel, das der Diener Tschekko früher schon einmal quer über die Bühne geschoben hat: als Graf Tassilo sich seiner Schwester Lisa offenbarte. Er hat dann lange auffällig und rätselhaft herumgestanden, ist bald hierhin, bald dorthin geschoben worden. Zuletzt erfährt man, wozu er von Anfang an gebraucht wird. Er ist das Transportmittel des Deus ex machina, der als Clownsduo in mehrfacher Verkehrung das Happy-End serviert. Das Happy-End ist hier als solches zu erkennen, wenn Gräfin und Graf hinter dem gleichsam apostrophierten roten Plüschvorhang verschwinden. Illusion wird durchschaubar gemacht. Die Operette ist aus Illusion entstanden, kleinbürgerlicher Selbsttäuschung. Wäre sie nichts als »kalkulierte Verlogenheit«, so müßten die Autoren bereits so »aufgeklärt« gewesen sein, wie ihr heutiger Kritiker zu sein vorgibt. Sie ist aber, als Traum vom Glück, die Entäußerung unglücklichen kleinbürgerlichen Seins und Bewußtseins. Die Inszenatoren identifizieren sich nicht mit ihr, hüten sich allerdings auch, falsche Distanz zu schaffen. Sie machen dem Publikum einsichtig, wie die Operette konstruiert ist und funktioniert: ohne Haltungsknick. Gar viele, die »den überkommenen Bedürfnissen unseres Publikums« Rechnung tragen, hängen sich ein ironisches Mäntelchen um: weil sie zugleich das Bedürfnis haben, sich bei den Kollegen zu entschuldigen. Mit Augenzwinkern »nicht so gemeint« wird der GRAF VON LUXEMBURG oder der WAFFENSCHMIED inszeniert. GRÄFIN MARIZA wird in Altenburg, Greifswald, Leipzig, Magdeburg gespielt. Es hätte nahe gelegen, die Aufführungen miteinander zu vergleichen. Der Kritiker ist indessen »begierig« auf die Inszenierungen zweier Regisseure, die vom Berliner Ensemble abstammen. Um sie aus dieser Perspektive zu beurteilen, müßte er freilich einiges über das Brecht-Theater wissen. Da dies nicht der Fall ist, benutzt er die künstlerische Herkunft Jürgen Kerns und Peter Konwitschnys lediglich als einen journalistischen Aufhänger. Dabei suggeriert er den Lesern einen Zusammenhang, der überhaupt nicht existiert; den alten Damen wird

glauben gemacht, dieselbe Inszenierungskonzeption sei an zwei verschiedenen Theatern zwei verschiedenen Stücken übergezogen worden. Ich komme auf den letzten Punkt. Die DDR ist ein an künstlerischen Talenten reiches Land. Reichtum ermöglicht Sparsamkeit und gebietet Sparsamkeit. Wir dürfen es uns nicht erlauben, Talente leichtfertig zu verpulvern. Deshalb sollte ein Redakteur und Kritiker unserer Fachzeitschrift sich befähigen, sie kritisch zu fördern, und zwar überall, wo sie zu erkennen sind. Wolfgang Lange besitzt Ohren für »tenoral üppigen Wohllaut« und »wohlklingenden, edlen Bariton«, keine Augen hingegen für charakteristische Leistungen, die sich nicht in Floskeln festhalten lassen. Er bemerkt nicht, daß das Greifswalder Theater seine bisherigen Grenzen erweitert und neue Möglichkeiten musikalischen Theaterspiels freisetzt, nicht die ungewöhnliche szenische Phantasie eines Regisseurs und eines Bühnenbildners, die an hauptstädtischen Operettenaufführungen zu rühmen seit langem – seit Benno Bessons SCHÖNER HELENA – keine Gelegenheit sich bietet. Die eigentlichen Produzenten auf der Bühne finden allenfalls statistische Erwähnung: Welche Geringschätzung der Theaterkunst in einer Zeitschrift, die sich »Theater der Zeit« nennt (ein Generalintendant der nördlichen Provinzen hat sie einmal »Theater des Leids« genannt)! Die Inszenierungskonzeption bleibt nämlich nicht im Programmheft und in der Regie stecken, sondern wird akkurat verwirklicht. GRÄFIN MARIZA wäre schneller, billiger, bequemer zu haben. Das Ensemble des Theaters Greifswald (das notabene auch Laienkünstler in seine Arbeit einbezieht) hat aus »der Sache« etwas gemacht, es hat diese anspruchsvolle künstlerische Interpretation der Operette zu seiner Sache gemacht und sich mit spürbarer Leidenschaft engagiert. So statuiert die Aufführung ein Exempel, daß und wie unter ungünstigen Bedingungen (Personalmangel, Materialmangel, Zeitmangel etc. p. p.), die allenthalben bekannt sind und meist nur beklagt werden, immer noch Theaterkunst zuwege gebracht werden kann.
Mit freundlichem Gruß
Hans-Jochen Irmer
(leicht gekürzt)

Privatarchiv Irmer, unveröffentlicht

Robert Hanell

Die Spieldose

Oper in zwei Akten
nach dem
gleichnamigen Schauspiel
von Georg Kaiser

Theater Greifswald
Pemiere 22. 1.1982

Musikalische Leitung
Wilfried Koball

Inszenierung
Peter Konwitschny

Ausstattung
Jochen Heite

Pierre Chaudraz
Bruno Auch

Paul Chaudraz
Werner Staudinger

Noelle, Pauls Braut
Helga Lucke

Parmelin, Bürgermeister
Dietmar Kuntsche

drei Soldaten

Joachim Puttkammer

Sich der Erde würdig erweisen

1943 schrieb Georg Kaiser (geb. 1878) aus der Erinnerung des ersten, im Erleben des zweiten Weltkrieges DIE SPIELDOSE, die von der Zerstörung familiären Glückes in einer französischen Familie spricht. Paul Chaudraz wurde als Soldat verschüttet und gilt als tot. Seine Braut Noelle überträgt ihre Liebe vom Sohn auf den Vater, bekommt auch von ihm ein Kind und ist glücklich. Da taucht Paul wieder auf.

Durch die Verschüttung hat er sein Gedächtnis verloren und arbeitet als Knecht bei seinem Vater und der ehemaligen Braut. Das Ehepaar lebt nun in der ständigen Angst, Paul könnte sich doch wieder an etwas erinnern. Und es geschieht: Die Musik einer Spieldose gibt dem jungen Mann das Gedächtnis zurück.

In seiner Eifersucht stößt er den Vater von den Klippen. Aber das Glück mit Noelle kann er nicht zurückgewinnen. Paul will nicht mehr leben, rettet aber mit dem Einsatz seines Lebens zehn Geiseln das Leben.

Er fordert die Menschen auf, sich »der Erde würdig« zu erweisen.

Georg Kaiser schrieb dieses Drama in überhöht-expressiver Sprache. Robert Hanell (geb. 1926) vertonte 1957 sehr zurückhaltend das Drama, ließ der Sprache die volle Wirkung, unterstrich lediglich Teile, setzte Akzente, oft nur Tupfer, Einstimmungen, wollte in manchen Szenen melodramatische Wirkung.

Damit erreichte er große Dichte, Eindringlichkeit und Steigerung des Wortes. Hanell, im letzten Krieg Soldat und danach Kriegsgefangener, weiß den Hörer der Oper so einzustimmen, daß er erschüttert ist, aber auch ermutigt, alles zu tun, damit nicht wieder menschliches Glück zerstört wird.

Peter Konwitschny inszenierte die Oper in Greifswald. Schritte, Gesten, Mimik wurden der Musik entsprechend sehr subtil erarbeitet, ließen auch die Solisten ganz neu erscheinen, machten sie interessant.

Die Handlung spielt sich auf einer drehbaren Scheibe ab; wenn die Spieldose zum Klingen gebracht wird, dreht sich auch diese Spielfläche. So entsteht eine seltsam verfremdete Art, die Widerspruch provoziert; denn das Geschehen auf der Bühne berührt uns doch sehr unmittelbar.

Jochen Heite verantwortete das Bühnenbild, das auf diese Scheibe montiert wird, sich nur dadurch in den Szenen verändert, daß die Drehbühne bewegt wird. Wilfried Koball leitete das Orchester zurückhaltend, präzis und differenziert.

Helga Lucke, deren Liebe zu zeitgenössischer Musik bekannt ist, gestaltete sehr eindringlich die Noelle mit einer gelungenen Mischung von Sprödigkeit und Zärtlichkeit.

Werner Staudinger entdeckte neue Darstellungsmöglichkeiten für sein Spiel. Er erreichte geradezu erschütternde Eindringlichkeit durch seine verhaltene Darstellung.

Bruno Auch als sein Vater hatte es etwas schwer, sein Alter auf der Bühne glaubhaft zu machen. Dietmar Kuntsche fand in der etwas sterotyp angelegten Rolle des Bürgermeisters zu unverwechselbarer Darstellung.

Diese vier Solisten fanden unter Konwitschnys Leitung zu einer Gestaltung, die in ihrer Eindringlichkeit ermutigt, sich »der Erde würdig« zu erweisen.

in: Der Demokrat, Schwerin
22. 2. 1982

Gerhart Hauptmann

Schluck und Jau

Theater Greifswald
Premiere 29. 10. 1982

Regie
Peter Konwitschny
Ausstattung
Matthias Kupfernagel
Dramaturgie
Andreas Nattermann
Musik Paul Krawinkel

Jau	Johannes Rhein
Schluck	Gerd Gallrein
Jon Rand	Alfred Nicolaus
Karl	Joachim Puls
Malmstein	Reiner Harder
Sidselill	Marianne Thielmann
Frau Adeluz	Dorothea Rehm
Hadit	Jörg Fichtner
Der Narr	Jörg Krüger

Jagdgesellschaft
Herrenchor des
Theaters Greifswald

Gisela Frase

Aus der Hasenjagd wird Menschenjagd

Auf, auf zum fröhlichen Jagen! Da wird im Theater Greifswald zur herbstlichen Jagd geblasen. Mit richtigen Jagdhornbläsern. Der Einlaßdienst trägt Jägerhüte mit Gamsbart, Theaterprogramme werden in Form eines originellen Jagdscheins kostenlos verteilt. Im Foyer singt ein Jägerchor, und im Zuschauerraum wie im Treppenaufgang sind weiße Tücher mit »Blutspuren« verendeten Wilds gespannt. Fotos markieren durch Blattschuß ins Herz getroffene Tiere. Betroffen sind die Zuschauer dann am Ende der Jagd, die sich scherzhaft anließ und im Schimpf endet. Aus der Hasenjagd wurde Menschenjagd auf zwei arme Schlucker – Schluck und Jau. Aller Illusionen beraubt werden sie zuletzt wieder in die Gosse zurückgestoßen. Das Licht verlischt, nichts ist geblieben vom Glanz, der sie umgab. Eine dünne Kinderstimme singt das Lied von den zwei Hasen zwischen Berg und Tal: »... als sie sich dann aufgerappelt hatten und sich besannen, daß sie noch am lieben Leben waren, liefen sie vondannen ...«
Peter Konwitschny – ein Zauberer der Bühne – versteht es als Gastregisseur durch die dichte Atmosphäre dieser Inszenierung betroffen zu machen. In Matthias Kupfernagel fand er einen stimmigen Szenenbildner mit sehr variablem Bühnenraum. So ist denn SCHLUCK UND JAU – einst als närrische Posse abgetan – weit mehr und ein Beitrag zum 120. Geburtstag des Dichters. [...]
Kulminationspunkt, wo der Mummenschanz auf die Spitze getrieben wird, ist das Bacchanal, eine wüste Orgie, die zuletzt alle ermüdet aufwachen läßt. Aus ist's mit dem Zeitvertreib, zwei arme Schlucker Fürsten spielen zu lassen, man geht wieder zur Tagesordnung, zur höfischen Jagd über.
In dieser Inszenierung gibt es viele hübsche und kluge Einfälle, die mehr sind als nur szenische Zutat. Sie zu beachten lohnt. Das Greifswalder Schauspielensemble – unterstützt durch den Jägerchor, für den Paul Krawinkel eine zünftige Jagdmusik schrieb – bot eine in sich geschlossene Leistung. Erfreulich, Intendant Alfred Nicolaus auch mal wieder als Schauspieler auf der Bühne zu sehen. Sein Fürst verband Jovialität mit Härte, Überdruß mit Spaß am unterhaltsamen Spiel, ist aber jederzeit der Herr. Joachim Puls als Schmarotzer an des Fürsten Hof, nur dem Tag lebend, war der mephisto-ähnliche Drahtzieher und Inszenator des üblen Rollentausches.
Zuviel Süßigkeit verdirbt den Magen, da muß gröbere Kost her – nicht zuletzt um die bleichgesichtige, sich tödlich langweilende Fürstengeliebte Sidselill (von Marianne Thielmann infantil verkörpert) lachen zu machen. Dorothea Rehm gibt ihre Gesellschafterin Adeluz gekonnt als schillernden Vamp. Und da sind schließlich die als Objekte der Lust Mißbrauchten, von Johannes Rhein und Gerd Gallrein mit darstellerischer Präsenz in Sprache, Mimik und Gestik brillant verkörpert. Jau – einfältig, gutgläubig und sehr direkt (Johannes Rhein hier wohl in seiner bisher besten Rolle) und Schluck (Gallrein) – als »künstlerisch« veranlagter Mensch bestrebt, nach bestem Vermögen die Komödie mitzuspielen, den Herren immer zu Diensten zu sein.
Er begreift besser seine soziale Lage. Der lang anhaltende Premierenbeifall galt in erster Linie dem Regisseur und seinen beiden Protagonisten.

in: Norddeutsche Neueste Nachrichten, 5.11.1982

Gerhart Hauptmann SCHLUCK UND JAU Theater Greifswald 1982
Foto Signe Schumacher

Carl-Maria von Weber

Der Freischütz

Romantische Oper in drei Aufzügen
Text von Friedrich Kind

Landestheater Altenburg
Premiere 12. 6. 1983

Musikalische Leitung	Reinhard Kießling
Inszenierung	Peter Konwitschny a.G.
Ausstattung	Gabriele Koerbl a.G.
Dramaturgie	Thomas Meier
Regieassistenz	Martin Balzer, Bettina Bartz

Ottokar	Volker-Johannes Richter
Kuno	Rafael Biena
Agathe	Gabriele Schumann
Ännchen	Dagmar Schellenberger
Kaspar	Folker Herterich
Max	Bernhard Brunko
Ein Eremit	Gisbert Zimmer
Kilian	Gerhard Scholler
Brautjungfern	Renate Buschmann Brigitte Helm Vera Siegert-Weinberg Margot Voigt-Buren
Samiel	Bernd-Michael Baier
Samiel,in einer Szene Bratsche spielend	Helmut Loewe

Opernchor
Extrachor
Kleindarsteller
Kinder
Landeskapelle

Gerd Rienäcker

Bemerkungen
zur »Freischütz«-Inszenierung

[...] Für Konwitschnys FREISCHÜTZ-Sicht spielt die Bilderwelt von E. T. A. Hoffmann eine zentrale Rolle. Sehr zu Recht, denn Hoffmann gehört nicht nur zu Webers intimsten Freunden, sondern hat in seinen Vorstellungen erheblich Gemeinsames mit Weberschen Anschauungen: Man lese Webers Fragment »Tonkünstlerleben«, um mit der Nase darauf zu stoßen.

Das Phantastische aber bei Weber und Hoffmann ist doppelgesichtig: Durchs Vergrößerungsglas betrachtete, dadurch verfremdete Alltäglichkeit, die die allenthalben waltende Entfremdung individuell-gemeinschaftlicher Beziehungen und Aktionen deutlichst zutage treten läßt, zugleich ersehnte Gegenwelt, der Versuch des Ausbruchs ins »ferne Reich der Romantik«, des Traumes, idealisierten Mittelalters usw. Nun trägt gerade der Ausbruch, das vage »Andere« die erschreckenden Züge dessen, wovon es fliehen möchte. Dergestalt laufen, durchs Vergrößerungsglas gesehen, befremdlich, des Vertrauten enthoben, Alltag und Gegenwelt auf erschreckende Weise ineinander.

Peter Konwitschny hat gerade dies deutlich zu machen gesucht – zum Entsetzen mancher FREISCHÜTZ-Besucher, die eine heile altväterische, ihrer Meinung nach romantische Welt zu sehen wünschten.

Zu Recht beruft sich Konwitschny auf Webers eigene Äußerung, dem Schüler Chr. Lobe überbracht und von ihm uns überliefert. Im Zentrum stände der Satz »Mich umgarnen finstere Mächte«, und es dürfte, so Weber, doch auffallen, daß dunkle Töne im Werk überwiegen, alles auf die Nacht zugeht, ja, der größte Teil der szenischen Handlung abends und nachts sich abspielt. Dergleichen ist bei FREISCHÜTZ-Deutungen häufig übersehen worden. Konwitschny hat gerade auf diese Seite großen Wert gelegt.

Und so kommen überraschende, für traditionelle Kenner befremdliche Bilder zustande, die indessen bei genauerem Hinsehen zentrale Konfigurationen vorzeigen:

Da bewegen sich Menschmassen, wie an der Strippe gezogen. Deutlicher kann man die Unmündigkeit des gegängelten Volkes gar nicht zeigen. Was es tut, tut es nach althergebrachtem Brauch, ohne eigentlich zu wissen, worin der sich legitimiert.

Noch der Spottchor ist »ausgerichtet«, und nur als am Draht gezogene Gemeinschaft kann die Bauernschaft bedrohlich gegen Max rebellieren. Was in solcher Gemeinschaft an individueller Potenz vorhanden, zeigt Peter Konwitschny am »Jungfernkranz«: Dort nämlich ist eine der Jungfern, die älteste – sie nimmt Agathe mütterlich in die Arme, gerade weil die Totenkrone sie erschrecken macht. So haben Mutter-Kind-Beziehungen in all der Bevormundung nicht ersticken können. Die Menschen sind unterjocht, eingezwängt in unbegriffenes, aber ehernes Regulat – eben in die feudalständische Pyramide, die Konwitschny im letzten Bild sichtbar macht –, aber keine Marionetten, denen zwischenmenschliche Beziehungen abhanden gekommen wären. Solcherart führt Konwitschny Pervertierungen, auch Verkrüppelung auf gesellschaftliche Verhältnisse zurück, aber er lastet sie den Individuen nicht an: historische Gerechtigkeit.

Er zeigt, daß es den Menschen schlecht geht, aber er zeigt, daß sie ihr Möglichstes machen – daß die Jungfer Agathe mütterlich in die Arme nimmt.

Konwitschny hat viel von Brecht (dem späten, reifen!) begriffen, und es ist gerade Brechts Anschauung des sozialen Gestus, der ermöglicht, soziale Gebrechen nicht in individuelle Mißlichkeit zu verkleinern, d.h. gesellschaftlich Fragwürdiges nicht ins menschlich Kretinhafte zu pervertieren. So stellt Konwitschny den Fürsten Ottokar nicht als Scheusal, sondern als ahnungslosen, in seine Rolle gezwängten Jüngling vor, dem Bosheit eben nicht aus den Augen blickt, eher Hilflosigkeit angesichts des Fluches, den er aussprechen muß. Und dieses Müssen wird zum Entscheidenden.

Befremdlich, aber nachdenkenswert, dann aber Entscheidendes mitteilend, bietet sich die Wolfsschlucht dar. Sie findet im bürgerlichen Wohnzimmer zu nächtlicher Stunde statt. Während im Dunkeln Bühnenarbeiter zu räumen beginnen (sie haben geisterhaftes Aussehen infolge der Dämmerung), setzt überraschend die Einleitung ein. Läßt sie musikalisch den Blick an der schauerlichen Einrichtung schweifen (darum das Ta-

stende der Akkordfolge), so zeigt Konwitschny dieses schauerliche Gleiten durch die grause Verwaltung.

Vertraute Gegenstände bekommen gespenstisches Aussehen: schief hängt die allvertraute Wanduhr an der Decke, zweckentfremdet, Gestühl steht verstreut, Alchimistengerät wird hereingeschoben: die Wolfsschlucht als Alchimistenküche, darin Schreckliches geschieht. Ein Fernsehbild zeigt ein winziges Kasparlein, das sich windet, indessen Samiel, Geschäftsmann mit Rollenbuch als Kontoauszug, behäbig in voller Größe auf einen Sessel sich fläzt.

Deutlicher kann der Abstand zwischen Kaufmann und Opfer, deutlicher Kaspars Ohnmacht gar nicht gezeigt werden.

Noch als winziges Menschlein tanzt Kaspar auf dem Fernsehschirm, wenn er bang seinen Ersatz (Max) erwartet.

Max aber widerfährt, was vielen Figuren E.T.A. Hoffmanns widerfuhr: In die Ferne schweifend, d.h. gewaltsam ins »Andere«, kehrt er in Agathes Zimmer, um darin die Wolfsschlucht vorzufinden. Erst jetzt, da Kaspar alles perfekt glaubt, bekommt er Menschengröße: schnell, fast unbemerkt, tritt er hinter den Alchimistenherd, um sein grausiges, ihm selbst undurchschaubares Handwerk zu beginnen, währenddessen das Zimmer allmählich aus den Fugen gerät, die leere Bühne sichtbar wird, allenthalben Dämpfe emporquellen; am hinteren Gitter sieht man ein Totengeripe wie angenagelt. So wird aus der Alchimistenküche große Welt, aber auch leergefegte, nur mit Gift erfüllte Welt.

Dergleichen scheint äußerlich wenig mit Webers Inszenierungsvorschriften zusammenzulaufen, es verweist eher auf Hoffmanns nächtliche Spukszenen, in denen gerade das wohlsituierte bürgerliche Zimmer seine eigentliche, gespenstische Wahrheit offeriert.

Indessen trifft Konwitschnys Lesart den Kern des Wolfsschlucht-Geschehens; es ist der zentrale Vorgang, den ich als »Einkehr als Durchbruch« bezeichne: wer zum »Anderen«, d.h. zur unbekannten, aber ersehnten Alternative strebt – mit all der je verfügbaren Anstrengung, mit all den Ängsten, die den Durchbruch begleiten –, findet statt dessen gerade das vor, was er verlassen möchte, nur in befremdlicher Gestalt, d.h. eigentlich des schönen Scheins, den Vertrautheit webt,

DER FREISCHÜTZ Samiel als schwarzer Geiger und Agathe als Braut, Ännchen auf dem Podest

DER FREISCHÜTZ Die Wolfsschlucht im bürgerlichen Wohnzimmer. Kaspar gießt die Freikugeln.
Fotos Peter Hopf , Archiv der Akademie der Künste zu Berlin. Abteilung Darstellende Kunst,
Rep.016 (Peter-Konwitschny-Archiv) III 15.e.

endgültig beraubt. Agathes Wohnstube ist, bei rechtem Lichte besehen, gespenstisch, teuflisch, Agathe Insassin eines Spukschlosses, nur daß die Spukgeister höchst irdische Menschen sind, die die anderen schinden.

Die Wolfsschlucht findet zu Hause statt – in der deutschen Misere, die im einzelnen Bürgerraum sich bündelt, statt zu weichen, im einzelnen Menschen. Samiels Reich ist allgegenwärtig, man muß sich nicht zu ihm bemühen, es kommt schon von selbst, ob gerufen oder nicht.

Zu reden wäre über das zweite Finale: Schießt Max auf die Taube, so schwirrt statt ihrer eine grell leuchtende Glühbirne über die Bühne. Sie markiert: Ab jetzt waltet die Utopie. Alles, was jetzt geschieht, will einrenken, was sich nicht einrenken läßt. Also Scheinlösung. Nun ja, es bricht dem Weber auch die Stimme, seine ehrlich empfundene, ehrlich angestrengte Lösung ist ja keine. Daher die seltsame Rohheit des Schlusses, der quasi sacrale Dank-Chor, der bloße, aber ins Lärmende gezogene Rückgriff auf Agathes getäuschte (!!) Freude. Grelles Licht der ungedeckten Glühlampe macht das Ganze gespenstisch.

Mag solche Bildwerdung strittig sein – mir wäre sie nicht eingefallen! –, immerhin zeigt sie den Riß, der zwischen dem Vorigen und dem Finale klafft, immerhin macht sie das unbeabsichtigt Unwahrhaftige des »Finale-Tonfalls« manifest.

Bedenkenswert Kaspar, der Verschlagene, mit allen Wassern Gewaschene, den niemand geschont hat, der altgediente Kriegsknecht, der zugleich Angstverzerrte, dem Samiel auf Schritt und Tritt begegnet (selbst das Schankmädchen entpuppt sich als Samiel, im hämischen Knicks ist all das enthalten, was Kaspar erschauern macht!).

»Er war von jeh ein Bösewicht« – die das sagen, haben sich selbst gerichtet, denn er ist ja nur Würfler, Spieler, weil es für ihn kein Zuhause gibt.

Gefährlich klug, wird er nimmer durchschauen, was man mit ihm treibt, soweit er das althergebrachte Gefüge durchschaut – daher sein verschlagenes Antlitz! – sowenig ist er Samiel gegenüber gewappnet, da wird er zur jämmerlich tanzenden Puppe, die vor dem Kontorbesitzer sich windet.

Samiel indessen ist Spielmeister, allenthalben spielt er auf, wenn die Menschen ihn abgeschüttelt zu haben glauben. Zu Ännchens vorgeblicher Schauerballaden-Parodie (ist es nur eine Parodie, sie klingt doch, als ob Entsetzen Ännchen schüttelt!) spielt er die Bratsche.

Den grausigen Jägerchor-Text, Abgrund des Stumpfsinns (eben deshalb beläßt Weber es nicht dabei!), trägt er als Schauspieler vor geschlossenem Vorhang vor; in seinem Munde entlarvt sich das Tralala als Stumpfsinn höchster Ordnung!

Ein Eingriff Weber gegenüber? Gewiß, aber er rückt vieles ins grelle Licht, was sonst als Allzuvertrautes genommen wird und niemanden mehr stolpern macht.

Eine Inszenierung für Eingeweihte? Dies auch, aber es waren gerade unvoreingenommene Jugendliche, die von der erzählten Fabel höchst betroffen waren, weil sie begriffen, daß sie heute unabgegolten ist und bleibt.

Wie ist es denn heute mit der Durchschaubarkeit dessen, was jeder von uns tut? Richten sich nicht auch heute oft die Resultate gegen die Produzenten, wissen wir denn immer, was wir mit Äußerungen und Taten wirklich bewegen? Sind solche Symptome entfremdeter Arbeit schon gänzlich Vergangenheit. Ist die Situation, daß ein Versagen unzählige andere Versagen nach sich zieht, nicht gerade Jugendlichen, selbst Schülern, allzu begreiflich?

Kurzum, Webers FREISCHÜTZ enthält ein gutes Stück Gegenwart, gerade weil die Oper ihre Zeit so unnachsichtig reflektiert.

Ein in der Diskussion gegen Konwitschnys Inszenierung gerichtetes Argument, der FREISCHÜTZ sei eine Volksoper, richtet sich von selbst. FREISCHÜTZ ist, wenn überhaupt Volksoper, eine Oper über das geknechtete, abergläubische Volk, und die Oper attackiert den Aberglauben, indem sie sein Verhängnisvolles deutlichst zeigt. [...]

Meiningen, 28. 7. 1983
(gekürzt)

Privatarchiv Konwitschny
unveröffentlicht

Unterwegs zu Opernhits

Klaus Thiel

»Freischütz« in Altenburg

Um es vorwegzunehmen: Peter Konwitschnys FREISCHÜTZ in Altenburg ist für mich die aufregendste und aufschlußreichste Arbeit eines unserer jüngeren Regisseure.

Und daß dies ausgerechnet dem FREISCHÜTZ widerfuhr, halte ich für besonders buchenswert, denn ich möchte behaupten, daß die Herausforderung des Berghaus-FREISCHÜTZ, obwohl dieser nach wie vor gleichermaßen gescholten wie bewundert wird, bisher vom Musiktheater unseres Landes nicht wirklich angenommen wurde.

Nicht überraschen kann, daß Konwitschny die zeitliche Fixierung (»kurz nach dem Dreißigjährigen Kriege«) wörtlich nimmt, diese Konsequenz zogen bereits mehrere jüngere Inszenierungen.

Aber er legt die unsägliche Verrohung, die unglaubliche Verschärfung der Klassengegensätze in dieser Stunde Null auf eine derart frappierende Weise bloß, daß man schon in der »harmlosen« Einleitungsszene des ersten Aktes nicht aus dem Staunen herauskommt.

Der Streit zwischen Max und den Bauern um Kilian läuft beinahe auf einen Totschlag hinaus. Brillant die Einführung Kaspars, der durch Wissen überlegen erscheint und dadurch dem Erbförster suspekt sein muß.

Eine Schlüsselfigur wird Samiel, der aller primitiven Dämone entkleidet ist und »für das Unentdeckte hinter den Dingen« steht. Er erscheint weitaus häufiger auf der Szene als gewohnt, natürlich führt er sich in Maxens Arie, die als Angsttraum gezeigt wird, ein, aber er ist auch sonst zur Stelle, wenn er musikalisch offen oder verdeckt zitiert wird. Als eine Art Spielmeister wirkt er sogar, er beaufsichtigt die (offenen) Verwandlungen und übernimmt sogar den obligaten Bratschenpart in Ännchens Romanze.

Agathe ist ein reifes Mädchen, die wirklich geheiratet werden muß, ehe es zu spät ist und sie sich ganz der Gespensterfurcht ergibt, während Ännchen die aufgeklärte Verwandte aus der Stadt ist, für die nichts Irrationales existiert (man denke sich die amüsante Partnerbeziehung zu Samiel, die sich daraus ableiten läßt!).

Das Bühnenbild von Gabriele Koerbl bedient die Konzeption vorzüglich, mit sparsamen Mitteln liefert sie die ersten beiden Akte, um sich eine parodistische Opulenz für das Schlußbild aufzusparen. Die Bilder des ersten und zweiten Aktes folgen nahtlos aufeinander, bereits während Kaspars Arie bauen die Geister, die er beschwört, Agathens Zimmer auf, später formt sich aus Möbeln dieses Zimmers die Wolfsschlucht, das ergibt nicht nur einige verblüffende musikalische Anschlüsse, sondern verleiht dem Geschehen einen unerhörten balladesken Drive.

Die Wolfsschlucht, die zum ersten Höhepunkt des Abends wird, überrascht dadurch, daß sie ihre Wirkungen nur aus dem Material der vorangegangenen Bilder bezieht. Das wilde Heer sind die Bauern, die Max am Anfang verspottet haben. Am Schluß der Szene tickt im völlig leeren Bühnenraum eine Zeitbombe.

Auch das heikle Finale der Oper erscheint mir als bewältigt – nicht der blanke Zufall lenkt die Teufelskugel von Agathe auf Kaspar um, durch Arrangement und markanten Lichtwechsel entsteht eine Ausnahmesituation, der Eremit, der zuvor in der ersten Parkettreihe Platz genommen hatte, kommt als Vertreter des Publikums auf die Szene, der allgemeine Wunsch nach einer glücklichen Wendung wird evident. Natürlich wäre dies alles in seiner handwerklich bestechenden Qualität nicht denkbar ohne einige besonders günstige Voraussetzungen: Bernhard Brunko, begabt mit einer in allen Lagen angenehmen und bemerkenswert individuell timbrierten Tenorstimme, ist einfach ein Bilderbuch-Max, ein Kerl wie ein Baum, der nicht die Nerven hat, den barbarischen Probeschuß-Forderungen standzuhalten.

Der junge Folker Herterich hat es leichter, gängigen Kaspar-Klischees zu entgehen als ein gestandener Sänger. Wie Brunko ist auch er in den Dialogen vorzüglich präzise. Samiel wird in dieser Lesart erst ermöglicht durch den ausgezeichneten Schauspieler Bernd-Michael Baier, doch ist ihm der Konzertmeister Helmut Loewe als bratschendes Double verblüffend ebenbürtig als Darsteller.

Gabriele Schumann, ausgezeichnet als Typ, mag stimmlich die Agathe bereits hinter sich gelassen haben, dies erklärt einige Intonationsprobleme, während Steffi Ullmann ohne alle Soubretten-Manieren und mit angenehm voluminöser Stimme den Anforderungen der Konzeption genau entsprach.

Daneben gute und ausreichende Leistungen, auch im Bereich der Chöre keine gravierenden Mangelerscheinungen. Ohne alle Karikatur und besonders gewichtig die Szene der Brautjungfern.

Der musikalische Eindruck (Leitung: Reinhard Kießling) war für mich zwiespältig – einer erkennbar soliden und persönlich akzentuierten Einstudierung (Vorhalte!) stand eine nicht in jedem Augenblick hinreichend souveräne dirigentische Leistung gegenüber, die im Verlaufe des Abends zu Unklarheiten führte, ohne jedoch die Attraktivität der Aufführung ernstlich zu gefährden.

in: Theater der Zeit 10/1983

Georg-Friedrich Kühn

Peter Konwitschnys »Freischütz«-Inszenierung in Altenburg

[...] Er, (Peter Konwitschny, d.R.), inszeniert diesen FREISCHÜTZ als das schwarze Prunkstück jener von Heine sogenannten bis ins Heute herüberwirkenden deutschen Misere. Im Schattenriß mit Scheibenschießen auf der Wirtshaustenne beginnt er da; nur in Gestalt von grünen Wimpelgirlanden flattert der Wald herein. Aufregend die konsequente Führung des Samiel als dem nicht nur heimlichen Spielmeister, kühl kalkulierenden Mephisto der Gegenaufklärung und Profiteur geweckter und wach gehaltener Ängste.

Als nüchterner Buchmacher kommt er bei Kaspar abkassieren in der Wolfsschluchtszene: Grand mit sieben. Samiel stellt die die alten Ängste weckende Frage nach dem Probeschuß. Er vertauscht Agathes Hochzeitskranz gegen den für eine Tote. Dem Ännchen ist er gern zu Diensten bei deren traum-irrdeutender Romanze von der alten Base: als begleitenden Solo-Bratscher sieht man ihn da. Mit süffisanter Ironie als Goethescher Theaterdirektor tritt er vor dem Schlußbild vor den Vorhang und rezitiert genüßlich den altvorderen Text deutschen Brauchtums des Chors der Jäger, den diese dann indirekt, wie souffliert, aus den Proszeniums-Logen erklingen lassen; die fürstliche Jagdgesellschaft sieht man dazu nur selig schnarchen.

Bemerkenswert auch die Zeichnung Agathes als das Opfer: ängstlich, verkrampft, meist mit dem Rücken zum Publikum. In ihrem kellerartigen Verlies, Souterrain, mit Kerzen und schwarzgebeizten Möbeln, erwartet sie ihren Max wie zu einer Séance. Die schlanken Burschen, die ihr Ännchen aus dem Modejournal vorblättert, vermögen sie nicht zu erheitern. Die Möbel wirbeln durcheinander, fliegen Stück um Stück weg in der Wolfsschluchtszene. Alptraumhaft erlebt Agathe Max' Vernichtung durch die Dorfleute. Noch am Hochzeitsmorgen erwartet sie ihn, wie gelähmt im Rasenstück vor einer graublauen Mauer steht sie da. Ihre Erstarrung löst sich erst in der Schlußszene, wenn der aus dem Publikum heraufkommende, als aufgeklärter Philosoph mit Bart und Glatze gezeichnete Eremit empfiehlt, mit der gesamten Schießerei als der Bedingung des Glücks zweier Menschen – genauer dessen Verhinderung – endlich Schluß zu machen. Ihren triftigsten Punkt erreicht Peter Konwitschnys Inszenierung da. Auch wenn unverkennbar die Pionierarbeit von Ruth Berghaus' FREISCHÜTZ aus dem Jahre 1970 nachwirkt, eine eigenständige Weiterentwicklung ist da durchaus gelungen. Und das auch musikalisch in einer Qualität – jedenfalls mit den jungen Kräften, die ich erlebte –, wie man sie an solchem Ort nicht unbedingt erwartet.
(gekürzt)

*in: Frankfurter Rundschau
12.12.1983*

CANTIERE INTERNAZIONALE D'ARTE
COMUNE DI MONTEPULCIANO

Gioacchino Rossini

L'occasione fa il ladro

Musikaische Burleske
in einem Akt von Luigi Prividali

Berenice	Monika Krause
Ernestina	Liat Himmelheber
Conte Alberto	Andrea Poddighe
Don Eusebio	Karl Fred Elsner
Don Parmenione	John Pflieger
Martino	Peter Nikolaus Kante
Servo del Conte Alberto	Carmen-Maja Antoni

Ferruccio Busoni

Arlecchino

Szenisches Capriccio in vier Tempi
von Ferruccio Busoni

Ser Matteo del Sarto	Reinhard Dorn
Abate Cospicuo	John Pflieger
Dottor Bombasto	Eelco von Jordis
Arlecchino	Carmen Maja Antoni
Leandro	Karl Fred Elsner
Annunziata	Elisabeth Terschluse
Colombina	Liat Himmelheber

TEATRO POLIZIANO 28. 7. 1985

Musikalische Leitung:	Antony Beaumont
Regie	Peter Konwitschny
Ausstattung	Klaus Noack

Georg Friedrich Kühn

»Eine italienische Reise«

[...] Anfangs gibt es da zwar noch ein Entkommen, schneidend freilich, mit geringen Widerständen nur, explodierend durch eine Papierwand – und es gibt ein Neu-sich-Finden, somnambul. Am Ende ist nur Dumpfheit, zu Beton erstarrte bitter-böse Ironie. »Die Welt ist offen, die Liebe ist frei«, ruft höhnisch der mephistophelisch emanzipierte ehemals stumme Diener den Harlekins zu. Er hält der Welt den Spiegel vor. Er bringt die Puppen zum Tanzen. Zu einem Opern-Doppel von seltener Eindringlichkeit und Dichte hat man beim Werkstatt-Festival im toskanischen Montepulciano zwei Einakter zusammengespannt, die auch entstehungsmäßig zusammengehören, auf der Bühne aber so gut wie nie zu finden sind: Rossinis Cosi-Umkehrung GELEGENHEIT MACHT DIEBE und Busonis ARLECCHINO. 1914/16 ist das Stück entstanden. Busoni hatte Rossinis Verwechslungs-Komödie gesehen. Er nimmt sie als Modell. Er macht die Commedia zum Mundstück seiner Sottisen über Gott und die Welt, die Künstler, die Kirche, die sonstigen Autoritäten, den Krieg. Arlecchino ist von der Tradition her die Figur, die die Wahrheiten verkünden darf, mit der Hölle im Bunde.
Beaumont: »Das Grundthema findet man auch im Dr. Faust: nämlich das Überleben der Menschheit durch Überlegenheit, durch das Genie. In diesem Stück ist Arlecchino das Genie, der Mensch, der den anderen völlig überlegen ist. Der sieht, wie die anderen die Welt zur Hölle gemacht haben. Er nimmt auch daran teil. Er beutet diese

Menschen aus. Aber er ist der einzige, der diese Welt überleben könnte.

Er ist also eine idealisierte Figur, ein idealisierter Zukunftsmensch von Busonis Art, der auch einige Züge gemein hat mit dem Übermenschen Nietzsches.«

Antony Beaumont, Busoni-Forscher. Er war auch der musikalische Leiter der Aufführung in Montepulciano. Aus seinem Kölner Opernstudio hat er die Sänger und Musiker mitgebracht. Auf der Bühne wurden sie geführt von Peter Konwitschny. Er lebt in der DDR, hat gearbeitet am Berliner Ensemble und mit Ruth Berghaus. Aus Ostberlin

brachte er auch seinen Hauptdarsteller – Carmen Maja Antoni, eine Sprechrolle – und den Bühnenbildner mit, Klaus Noack. Konwitschny inszeniert sehr deutlich und mit heutigem Blick. Noch geschärft ist die Sicht Busonis auf Rossini, angereichert durch die Erfahrung Brecht/Weill, auf die der ARLECCHINO vorausweist. Weill war Schüler Busonis. Worum es ihm geht, erläutert Konwitschny so:

Konwitschny: »Diesen Aspekt der Commedia im Wesen zu fassen... was da eigentlich – dieser soziale Gestus –, was da gemeint ist: eine Sicht von unten auf die Welt. Ich denke, daß

Busonis Musik absolut analytisch ist und – im Hegelschen Sinne – dialektisch. Daß sie insofern also auch die Oper selbst angreift. Auch das ist ein Vorgriff auf MAHAGONNY; wo Adorno sagte, Weill hätte den Müll der bürgerlichen Musik geschrieben. Das kann man absolut auch für Busoni sagen.
Ich halte dieses Stück für ein ganz wichtiges Dokument dieser Zeit, und da sich leider nicht viel geändert hat, auch unserer Zeit.«
(gekürzt)

in: RIAS Berlin, KulturReport
15. 8.1985

Faksimile,
Archiv der Akademie der Künste zu Berlin. Abteilung Darstellende Kunst,
Rep. 016 (Peter-Konwitschny-Archiv) III. 18. c.

Jacques Offenbach

Die elektro-magnetische Gesangsstunde

Toccato
        Henno Garduhn
Hans Schlauheimer
        Hans-Otto Rogge

Ritter Eisenfraß

oder Der letzte Paladin

Eisenfraß
        Hans-Otto Rogge
Feuerstein
        Peter Bindszus
Schlagetot
        Carmen-Maja Antoni
Schwofolblüto
        Eleonore Elstermann
Schädelbrecht
        Henno Garduhn

Berlin - Friedrichstadt-palast, Das Ei
Premiere 25. 12. 1986

Regie
        Peter Konwitschny
Musikalische Einrichtung
und Leitung
        Henry Krtschil
Bühnenbild
        Pieter Hein
Kostüme
        Ursula Wolf
Dramaturgische Mitarbeit
        Bettina Bartz

Georg-Friedrich Kühn

Kritik

Musik: RITTER EISENFRASS:
Trinklied
Ja es ist besser so – stoßt an,
stoßt an! Wir existieren ko –
stoßt an, stoßt an! Wir wollen
ein Verein – stoßt an, stoßt an!
Von treuen Nachbarn sein –
stoßt an. TäteräTingtingting...

KÜHN: 1857. Ein Stück frühen absurden Theaters: »Croquefer – RITTER EISENFRAß ODER DER LETZTE PALADIN«, eine Reflexion über den Krieg und wie er sich verselbständigt, eingekleidet als Ritter-Posse, Klamotte, Opern-Parodie. Ausgegraben hat man diese Opéra bouffe in einem Akt von Jacques Offenbach im »Ei«, der Kleinen Bühne im Keller des ostberliner Friedrichstadtpalasts. Eine Entdeckung, hochaktuell. So unterhaltsam wie intelligent in Szene gesetzt ist das von Peter Konwitschny. Konwitschny ist Schüler von Ruth Berghaus, der wichtigste unter den jüngeren Regisseuren des Musiktheaters der DDR. Seine interessantesten Arbeiten: ein Händel-FLORIDANTE in Halle, ein Rossini-Busoni-Doppel-Abend mit ARLECCHINO in Montepulciano, ein meisterlicher WAFFENSCHMIED zuletzt in Leipzig.
In Berlin konnte Konwitschny arbeiten mit ersten Kräften der Republik. Erforderlich sind in dem Fünf-Personen-Stück allein drei Tenöre. Die Szene ist grotesk gemacht. Die Kapelle spielt mit Papp-Helmen auf dem Kopf und kleinen Feuerlöschern als Flügel auf dem Rücken. Die Handlung ist kaum nacherzählbar, collagiert aus Versatzstücken. Wir befinden uns am Ende eines Krieges.
Ritter Eisenfraß, der letzte Kreuzritter, und sein »Diener voller Eigensinn« Knappe Feuerstein erwarten Schlagetot, ihren letzten Feind. Gezeigt werden sie getarnt in einer Bergkulisse mit U-Boot-Ausguck. Schlagetot

ist bei Offenbach schon eine stumme Rolle mit Schrumpf-Vokabular, vor-brechtisch fixiert auf Schildern. Konwitschny zeigt ihn als skelettartiges Gerippe, einäugig – ein Wanderer –, humpelnd gestützt auf einen Schwertstumpf als Krücke.

KONWITSCHNY: Zu dem Zeitpunkt, da Offenbach das Stück schrieb '57, hatte er noch nicht die Konzession, mehr als vier sprechende oder singende Darsteller zu haben. Und hat eben diesen einen zur stummen Rolle gemacht, was natürlich eine enorme Idee ist, weil eben dieser Krieger dann ein Vokabular von sechs Worten hat, und das sind Schilder, die er dann immer zieht.
Es kommt mir vor, als ob die ihre Krieger schon genauso gut kannten wie wir unsere.

KÜHN: Der Beschränktheit an Fähigkeit zur Kommunikation entspricht der unstillbare Drang, der gegnerischen Seite etwas vorzumachen über die eigene Stärke. Dennoch beschließt man in realistischer Einschätzung der Lage die friedliche Koexistenz. Prinzessin Schwefelblüte wird verkuppelt an den Feind, während man den Kampf gegeneinander verdeckt weiterführt.

KONWITSCHNY: Das ist frappierend – das ist also original, nicht etwa eine aktuelle Zeitstrophe: also dieser Gedanke, daß man die friedliche Koexistenz machen müßte, das gibt's schon länger.
Und vor allen Dingen: man erklärt sich die gute Absicht, während man schon den Krieg in Gang bringt. Also die vergiften sich ja hier, während sie den Toast auf die friedliche Existenz ausbringen.

Musik:
...stoßt an – Es tut mir leid, daß
ich nicht schon früher auf den
Gedanken gekommen bin, mit
dieser Heirat den Krieg zu been-
den.

KÜHN: In Wirklichkeit sind die letzten Reserven mobilisiert: Köche und Kinder. Und die so unverhofft schnell ihres Gatten wieder ledig gewordene Prinzessin Schwefelblüte kann nicht einmal die neue Freiheit genießen mit ihrem heimlichen Geliebten Schädelbrecht. Die Kriegs-Maschinerie ist angelaufen – der totale Krieg wird hier gezeigt als Zerstörung des Theaters –, sie fordert von den beiden ihren Tribut.

KONWITSCHNY: Also auch wieder was ziemlich Modernes: daß also die Maschinerie nicht mehr beherrschbar ist. Und dieser Fall tritt hier ein in einem Stück, das 130 Jahre alt ist.
Also von außen kommen zwei Musiker herein und die kündigen die Heere an. Die beiden sind ja übrig geblieben als Führer. Und nun müssen sie weiter Krieg machen.

KÜHN: Der Schluß: Eisenfraß, Feuerstein und Schlagetot auf dem Häuschen. Das Gift war nur eine kräftige Portion Rizinus. Ein Eilbrief trifft ein mit Nachricht für das Publikum.

KONWITSCHNY: Daß also die – nachdem dieser totale Krieg statt hatte – diese drei Vergifteten auf den Klos sitzen und ihren Mist rauspressen, das finde ich schon eine sehr schöne Schlußsituation.
Und der Eilbrief – ja das ist glaube ich in einem ganz modernen Sinn ein Sprung auf eine Meta-Ebene.
Also das Stück wird nicht logisch beendet sondern absurd. Ein Eilbrief. Kein Mensch weiß, wer ihn abgesandt hat. Er kommt ins Spiel und er hat auch gar keine Information, was die Fabel betrifft, sondern daß die beiden Autoren bereits in die Nervenanstalt gebracht wurden. Und dafür möge das Publikum doch jetzt applaudieren. Also, es wird in ein abstrakteres kybernetisches System gesprungen: nämlich in das über das Theater-Spielen, aus der Fabel heraus. Und nur so ist die Geschichte zuende zu bringen. Offenbar ein trauriger Aspekt. Weil diese Kriege offenbar unendlich sind und man kann nur, wenn man absurd ein Ende setzt, Schluß machen.

Musik: Schlußsong:
Hochverehrtes Publikum, hast Du Spaß auch am Absurden, dieses Stück war wohl zu dumm. Nun die Herren Autoren wurden grad gebracht ins Irrenhaus.

KÜHN: Eingeleitet wird der Abend mit einem anderen Offenbach-Sketch aus späteren Jahren: DIE ELEKTROMAGNETISCHE GESANGS-STUNDE. Einem beliebigen Bürger wird da eingeredet, mittels einer Maschine könne er binnen einer Stunde zum Tenor manipuliert werden.

KONWITSCHNY: Dieses ist sozusagen die Herstellung der Voraussetzungen für das andere Stück.
Und interessant ist da ja wiederum dran, daß zu Offenbachs Zeit die Maschinen kräftig vorrückten. Also siehe die Weltausstellung usw. Und daß hier eben eine Manipulation über die Maschine in Gang gebracht wurde. Und das ist schon wieder was ziemlich Aktuelles.

Musik:
So ist's recht. Lalalalalalalala...

in: Musikjournal, Deutschlandfunk 5.1.1987

Jacques Offenbach RITTER EISENFRASS
Friedrichstadtpalast »Das Ei« 1986. Foto Wolfgang Falk

Aenne Neumann

Meisterhaft verknüpftes Sammelsurium

Mißt man Peter Konwitschnys Inszenierung der beiden Offenbach-Einakter daran, was landesweit gemeinhin dem Oeuvre dieses Komponisten wiederfährt (der »leichten Muse« zugeordnet, wird allzuoft übersehen, daß Kategorien wie Ernst und Heiter bei Offenbach kein Gegenstand der Auseinandersetzung sind – stattdessen stellte er deren Existenz immer wieder in Frage und widerlegte sie mit dem eigenen Werk), so erweist sich dieser Abend als produktiv für den weiteren Umgang mit den einzigartigen Stücken dieses Komponisten.

Besonders im zweiten Einakter, Ritter Eisenfraß, ging es ihm offensichtlich darum zu zeigen, wie eng Reales und Absurdes beieinander liegen und inwieweit Parodie und Satire dazu dienen können, Fragwürdigkeiten der eigentlichen Realität zu entlarven. Durch die wirkungsvolle musikalische Einrichtung und Leitung Henry Krtschils erfährt dieses Vorhaben eindrucksvolle Unterstützung. Das mit Helm und Feuerlöscher als Feuerwehrkapelle hergerichtete Orchester kann seine »Erbärmlichkeit« nicht mehr verbergen, dennoch verschafft es sich mit Nachdruck, hier vornehmlich Schlagwerk, Gehör. Dazu entlädt sich nachgerade zwischen den Agierenden ein irreales

Spiel. Bei genauerer Betrachtung entbehrt die Handlung jeder Logik, man verhält sich »normgerecht«, ein Klischee jagt das andere: es geht um die schönen, alten Zeiten, um den totalen Krieg, um edle Gefühle und Leidenschaften, die Treue zum Oheim, um den Opernball in Paris, um Kampf und Versöhnung, um Gift, wieder um Krieg und schließlich um Abführmittel, als welches sich das Gift erweist. Indem Offenbach dieses Sammelsurium meisterhaft verknüpft, wird einerseits dessen Dürftigkeit, andererseits aber auch die Unberechenbarkeit dieser bereits verselbständigten Mechanismen offenbar. Dabei führte der Komponist die Oper als Mittel der gesellschaftlichen Repräsentation ad absurdum, und gleichzeitig erweist sich Opernparodie als Parodie der Gesellschaft.

Die Inszenierung gestaltet die hier genannten Bezüge punktuell, vor allem im Liebesduett à la Meyerbeer zwischen Schwefelblüte und Schädelbrecht, das die Sinnentleertheit der »großen Gebärde« der Grande Opéra vorführt. Und schließlich reiht man sich auf dem Pariser Opernball in den Cancan der Damen vom Ballett ein. Im besinnungslosen Rausch jagt man in die Katastrophe, die selbst irreal bleibt. Im Gegensatz zur Perfektion des Balletts entstand hier, speziell durch die Kostümierung der Protagonisten des Werkes, ein spannungsreiches Bild. Ansonsten hätte man sich gewünscht, Bühnenbild (Pieter Hein) und Kostüme (Ursula Wolf) würden mehr über die Dimensionen der Figuren und

deren Umfeld mitteilen. Stattdessen waren sie wenig phantasievoll und hinterließen eher den Eindruck von Biederkeit.

Carmen-Maja Antoni als Schlagetot überzeugte durch ihre subtile Gestik, durch die sie insbesondere den Dialogen darstellerisch Substanz verlieh. Dagegen verfielen die übrigen Darsteller (Eleonore Elstermann, Peter Bindszus, Henno Garduhn und Hans-Otto Rogge) trotz bemerkenswerter sängerischer Leistungen allzuoft in ungenaue Haltungen und Gebärden, die dem Charakter des Werkes, geprägt durch Mehrschichtigkeit, Überhöhung und Groteske, zu wenig entsprachen.

Eröffnet wurde der Abend laut Programmheft (Text: Bettina Bartz) mit der »Verwandlung eines Durchschnittsbürgers in einen strahlenden Tenor und das alles in kaum zwanzig Minuten«. Die Elektromagnetische Gesangsstunde des mit Kassettenrecorder und elektrischen Apparaturen ausgerüsteten Gesangslehrers Toccato (Henno Garduhn) gestaltet sich zur Groteske über Vermarktung, Manipulation und Vereinnahmung. In diesem Kontext minderten die Umwandlung der Figur des Hans Schlauheimer (Hans-Otto Rogge) in einen berlinernden Bauarbeiter und die damit verbundenen Aktualisierungen den Gehalt der Satire, die dieser Art der Bearbeitung kaum bedurft hätte.

Das Premierenpublikum spendete begeistert Applaus.

in: Theater der Zeit 3/1987

Albert Lortzing

Der Waffenschmied

Komische Oper in drei Akten

Leipziger Theater, Opernhaus
Premiere 26.10.1986

Musikalische Leitung	Johannes Winkler
Inszenierung	Peter Konwitschny
Bühnenbild	Axel Pfefferkorn
Kostüme	Jutta Harnisch
Dramaturgie	Werner Hintze/Lothar Wittke
Hans Stadinger	Rainer Lüdeke
Marie	Adelheid Vogel
von Liebenau	Achim Wichert
Georg	Christian Vogel
Ritter Adelhof	Werner Hasselmann
Irmentraut	Ruth Asmus
Brenner, Gastwirt	Hans-Peter Schwarzbach
Schmiedegeselle	Rolf Rose
Fräulein von Katzenstein	Marie-Luise Butzek
Ratsbote	Maria Dittrich-Rode
Gestalten in Maries Traum	André Höhl
	Tino Simon

Schmiedegesellen, Bürger und Bürgerinnen, Adelige,
Bürgerliche, Arbeiter, Brautjungfern, Geharnischte

Chor des Opernhauses, Opernchorstudio
Komparserie des Opernhauses, Gewandhausorchester

Irmentraut, von Liebenau und Marie v.l.n.r.
Foto Helga Wallmüller

Matthias Frede

Der vernutzte Lortzing

**Peter Konwitschnys ver-rückte
Waffenschmied-Inszenierung am
Opernhaus Leipzig**

[...] Sich in der exponierten Rolle eines Enfant terribles unseres Musiktheaters offensichtlich gefallend und dabei von einer Minderheit begleitet, zielt Konwitschny noch jedesmal, stets neu und mehr oder minder gewaltsam auf die Strapazierfähigkeit »alter« Werke hinsichtlich ihrer Gegenwartsbezüge. Er pflegt sie nicht zu spielen, sondern mit ihnen, vernutzt sie absichtsvoll, statt sie behutsam zu benutzen, schafft kunterbunte Spiel-Räume und seltsame Bilderrätsel, von der vorgefundenen Handlungszeit und musikalischen Struktur rigoros abhebend, sich überhebend.
Ein Talent, das merkwürdige Blüten treibt, sich ständig bewußt dem Widerspruch aussetzt und ihn mit einer geradezu renitenten Beharrlichkeit selbst behauptet. [...]
Der heute freilich etwas aus der Welt geratene Gegenstand (oder Stein des Anstoßes) ist also bereits eine teils beschauliche, teils bittere Posse auf das erbärmliche biedermeierliche Krähwinkel und doch zugleich seine pseudoromantische, ja kitschige Idyllisierung. Wie sollte man sonst die so häufig in unverbindlichen Wunschkonzerten wertfrei zitierte Geschichte verstehen?
Wie den hochedlen Ritter von Liebenau begreifen, der sich incognito als Schmied verdingt, auf »Glanz und Reichtum« freiwillig verzichten möchte, um die bildhübsche Stadinger-Tochter Marie zu gewinnen, die ihm der adelsfeindliche Meister-Vater verweigert, bis ihn nach mancherlei Verwirrung ein höherer Rat(s)schluß endlich weichgeklopft hat?

DER WAFFENSCHMIED, Opernhaus Leipzig
Finale
Foto Helga Wallmüller

Da wäre eine vom Sentimentalischen entrümpelte, komödiantische Satire sicherlich noch an- und mit der volkstümlichen, keineswegs ausschließlich heiteren Musik gegangen.

Unter Verwendung von Hubpodien und Versenkungen, vier einfachen Türen, einem herabhängenden Waffen-Sammelsurium und bunten Tüchern, herumschwebenden Requisiten, clownesken Masken und demonstrativen Schriftzeichen, mittels Farbspraydosen unablässig aufgespritzt (Bühnenbild: Axel Pfefferkorn/Kostüme: Jutta Harnisch), verstieg sich Konwitschny aber ohne Rücksicht auf tondichterische Verluste regelrecht zu einer kabarettistisch verfremdeten Karikatur der Oper schlechthin. Es gibt schön erdachte Momente wie Mariens verlebendigten Traum, mehrere urkomische Ensembles und bissige Harlekinaden des Chors (Andreas Pieske).

Doch dann schlägt die sonderbare Inszenierung immer wieder über die stilistischen Stränge, treibt mit Entsetzen ihren gewollten Scherz, wird zur absurden Spielwiese für akrobatische regieliche Ein- und Ausfälle – bis hin zum deplazierten Auftritt einer forschen Dame vom Rat der Stadt bzw. zur albernen wilhelminischen Regenbogenpresse-Hochzeit des liebenden Paares. Vor ihrem Hintergrund muß sich Stadingers melancholische Nabelschau vom »lockigen Jüngling« wie ein schlechter Witz ausnehmen.

Kann man dem alten, durchaus auch kritischen Lortzing auf diese fremde Weise wirklich »die Zähne wieder einsetzen« (Gerd Rienäcker im Programmheft)? Mit seinem ursprünglichen WAFFENSCHMIED geht sie kaum mehr konform, und Johannes Winkler am Leipziger Pult hat (zweite Premiere) sehr vernehmbar seine Mühe, die Bühnenturbulenzen musikalisch zu sortieren, der schlichten Partitur überhaupt zu ihrem Recht zu verhelfen.

Die Solisten haben schon rein körperlich Enormes zu leisten – der gesanglichen Sensibilität tut's oft gar nicht gut. [...]

Insgesamt: Daß hier erneut an einem ererbten Werk vorbeiinszeniert, daß Subjektivität mit Subjektivismus verwechselt wurde, sollte zu denken geben. Die Toleranz gegenüber solchem Übermut hat ihre Grenzen, sonst ist die vielfach totgesagte Oper nächst dem realistischen Musiktheater eines Tages tatsächlich zu beerdigen. (gekürzt)

in: Der Morgen, Berlin 12.11.1986

Aenne Neumann

Lortzing verteidigt

[...] Es handelt sich dabei um eine Inszenierung, in der versucht wird, sich dem Werk ohne Voreingenommenheit zu nähern und sich weder in verharmlosender Belanglosigkeit noch in aufgesetzter Sentimentalität zu verlieren. Statt dessen erhält der Zuschauer die Möglichkeit, ironisch distanziert und betroffen zugleich einem Spektakel beizuwohnen, das die Vereinsamung und Selbstentfremdung der Agierenden nicht verleugnen kann und will. Stadinger, Georg, Marie, Liebenau und all die anderen, sie sind einem Mechanismus unterworfen, der sie funktionieren läßt und ihr Tun von vornherein einkalkuliert hat. So kommunizieren sie nur scheinbar miteinander, jeder auf der verzweifelten Suche nach seinem Glück, und artikulieren sich durch Schlagworte wie »Ehr«, »fein sittiglich«, »Held«, die sie als Schriftgraffitis auf ihre jeweilige Tür sprühen, Türen, die verbindungslos im vertieften Spielraum der Bühne aufgestellt sind. Auch Georg, Graf Liebenaus Knappe, der glaubt, durch seine List und Schlauheit alles überblicken zu können, ist letztlich nur ein armseliger Handlanger. In diesem Kontext wird die Figur des Stadinger nicht augenzwinkernd als herzlicher Grobian aufgefaßt, denn offenkundig verhandelt man hier um mehr. Und so ist die Welt aus den Fugen, als der Waffenschmied einsam und zerstört das Lied von der »köstlichen Zeit« anstimmt. Darüber kann auch das perfekt organisierte Zeremoniell am Schluß nicht hinwegtäuschen, mit dem sich die dort feiernde Gesellschaft, an der Spitze Marie und Liebenau, in ihrer berechnenden Brutalität selbst entlarvt. Stadinger wird gewaltsam vereinnahmt und gefügig gemacht, selbst oder gerade wenn nach außen hin die Idylle gewahrt werden soll. Die Inszenierung distanziert sich vom klischeehaften Umgang mit »amüsanter Spieloper«, weil hier genauer gefragt, genauer untersucht wird, warum sich Lortzing, im damaligen Opernbetrieb selbst der Getretene und Hintergangene, der Gattung auf diese Weise bediente. Ausgehend davon, den Komponisten in seiner historisch determinierten Position zu begreifen, wird gefordert, ihm die bis auf den heutigen Tag ausgebrochenen Zähne wieder einzusetzen – »nicht um ihn als Revolutionär auszugeben, sondern um darzutun, wie der Kleinbürger Lortzing auf seine Weise mit der Realität zurechtkommt, sich einpassend und um sich schlagend« (vgl. Programmheftbeilage »Lortzing – ein Chronist deutscher Misere?« von Gerd Rienäcker). Dieser Forderung stellte sich das Regieteam um Peter Konwitschny mit einem produktiven Angebot, sicher eines, das Lortzing erfolgreich gegen seine Liebhaber verteidigen wird.[...] (gekürzt)

in: Musik und Gesellschaft 2/1987

Albert Lortzing

Der Waffenschmied

Komische Oper in drei Akten

Staatstheater Kassel, Opernhaus
Premiere 9.12.1989

Musikalische Leitung	Andreas Kowalewitz
Regie	Peter Konwitschny
Bühnenbild	Axel Pfefferkorn
Kostüme	Jutta Harnisch
Dramaturgische Mitarbeit	Ulrich Burkhardt

Hans Stadinger	Hans-Georg Moser
Marie	Marianne Larsen
von Liebenau	Andreas Näck
Georg	Edgar Schäfer
Ritter Adelhof	Dieter Hönig
Irmentraut	Gertraud Wagner
Brenner, Gastwirt	René Claasen
Schmiedgeselle	Alexander Bilsland
Fräulein von Katzenstein	Jutta Gerling-Haist
Ein Ratsbote	Ingelore Steckel
Gestalten in Maries Traum	Daniel Lett/ Konrad Berkiewicz

Adelige, Bürgerliche und Arbeiter
Schmiedgesellen, Brautjungfern,
Gerharnischte

Opernchor des Staatstheaters Kassel
Extrachor des Staatstheaters Kassel
und Kinderchor »Cantamus«
Orchester des Staatstheaters Kassel

Fast eine Rehabilitierung

Ulrich Burkhardt im Gespräch mit Peter Konwitschny

BURKHARDT: Entdeckungen bei Lortzing muten an wie »Auf den Spuren unbekannter Tiere im Stadtpark«.

KONWITSCHNY: Mit diesem Vorurteil beginnt es. Man muß sich aber nur weit genug auf die Reise machen. Ich habe Lortzing für mich entdeckt beim Versuch, ihn zu verstehen aus der geschichtlichen Situation, in die hinein er geboren wurde. Seine Lebenszeit ist fast identisch mit der auf dem Wiener Kongreß (1815) beginnenden Epoche der Restauration, einer übrigens äußerst finsteren in der deutschen Geschichte, die überging in die etwas hoffnungsvolleren Jahre nach 1830 und dem Schlußpunkt mit der Revolution von 1848, die mit diesen Hoffnungen dann recht brachial aufräumte. Die Lebensgeschichte als wichtiger Schritt, dem Phänomen Lortzing näherzukommen. Wir wissen die Details, seine vielen Berufe, die sich alle um das Theater drehten, sein Leiden an dieser Zeit und daraus resultierend seine Affinität zum Sarkasmus. In Leipzig war er ja Mitglied der Gesellschaft »Tunnel über der Pleiße«, einer Gesellschaft von Gleichgesinnten, die sich über das Schmerzhafte der Zeit »hinweglachten«. Beim Publikum, der breiten Menge war er immer beliebt, wußte sich aber bei seinen Vorgesetzten unbeliebt zu machen. Er hatte immer mit der Polizei zu tun – bis zum Schluß, als ihm sogar das Wohnrecht in seiner Heimat Berlin verweigert wurde!

BURKHARDT: Und all dies – so scheint es, betrachtet man die Aufführungtradition – ist in seinen Werken nicht zu finden?

KONWITSCHNY: Und das machte mich mißtrauisch und neugierig. Das Verständnis dieses Komponisten – so das Resumee – ist ein zu korrigierendes.

BURKHARDT:Mit anderen Worten DER WAFFENSCHMIED ist ein sehr plastisches Beispiel dafür, wie eine vorgefaßte Meinung mit dem Stück selbst verwechselt wurde.

KONWITSCHNY: Gewiß. Die nächste Stufe war die intensive Beschäftigung mit Libretto und

Musik. Die Story des Stückes kommt ja recht verstümmelt auf uns zu, weil – wie sonst nur bei Operetten üblich – die Hälfte des Textes gestrichen wird. Aber wenn man das ganz und genau liest, entdeckt man bei allem Spaß einen sehr ernsthaften Hintergrund. Eine chronikartige Auflistung dessen, was diese Epoche charakterisiert; einen Bürger, der die Verbindung mit dem Adel ablehnt; am Ende der Geschichte findet diese Verbindung dann doch statt. Das Ergebnis der 48-er Revolution wird in diesem zwei Jahre zuvor geschriebenen Stück fatal vorweggenommen. All das ergibt sich schlüssig, wenn man Dokumente, Vita und Stück als ganzes betrachtet.

BURKHARDT: Auch in der Musik?

KONWITSCHNY: Ja. In den einzelnen Nummern beschreibt sie mehr als die Situationen der kleinen Geschichte, auch das Typische der Zeit wird hörbar. Da sind im musikalischen Gestus Dimensionen angerissen, die über den Figurencharakter im Sinne der Spielhandlung hinausweisen.

BURKHARDT: Die deutsche Spieloper, entstanden in jener Zeit in der Nachfolge von Beethoven und Weber, wird ja schließlich nach 1848 verdrängt von der Operette.

KONWITSCHNY: Wir hören damit auf, Meinungen über das Stück, eine Aufführungstradition, zu inszenieren anstelle des Stücks. Diese Tradition entstand ja nach 1848 aus einem ganz anderen Geist heraus als das Stück selbst. Aus unserem neuen Blickwinkel heraus kann man erkennen, daß die Leichtigkeit der Lortzingschen Musik eben keine biedere, pur harmonisierende ist, sondern eine angriffslustige.

BURKHARDT: Am Schluß dämmert unsere deutsche Vergangenheit als Perspektive der handelnden Personen herauf.

KONWITSCHNY: Diese Dimension ist ungewöhnlich und meines Wissens noch nie inszeniert worden. Mit dem Marsch Nr. 14, nach Stadingers Lied, kommt musikalisch ein neuer, brachialer Gestus ins Spiel. Gespenstisch! Zu inszenieren war die Struktur des Stückes, eine Chronik jener Zeit. Der Marsch ist nicht nur das Ende der Spielhandlung, sondern auch der historische Ausblick. Wir werden Zeugen der Heirat von Marie und Graf. Der Eindruck von der historischen Dimension dieser Verbindung wird deutlich: Aus der kleinen Manufaktur wird eine Fabrik.

Natürlich zeichenhaft. Die abgesenkten Podien fahren nach oben, es entsteht ein Tableau, das weit hineingreift in die Zukunft, die Vergangenheit von uns heute Lebenden ist und Gegenwart.

BURKHARDT: Dem Marsch folgt aber noch die Reminiszenz von »Gern geb...«...

KONWITSCHNY: Bitte –ä–: »Gern gäb ich Glanz und Reichtum hin für dich und deine Liebe«. Eine wichtige Zeile, denn sie steht in unmittelbarem Zusammenhang mit der Schizophrenie als gesellschaftlichem Phänomen. Bis heute.

Viele Leute wissen gar nicht, daß da ein Konjunktiv steht: Ich würde so gern, aber ich kann es leider nicht tun. Ein interessanter Anlaß, über die Metaphysik des Konjunktivs nachzudenken.

BURKHARDT: Der Hit, Stadingers berühmtes Lied, ist das ein Beispiel dafür?

KONWITSCHNY: Ja. Das ist nicht behaglich, sondern bitter und wehmütig. Ein krasses Beispiel dafür, wie unterschiedlich man Musik lesen, hören und interpretieren kann. Stadinger muß in diesem Lied begreifen, daß es mit dieser seiner Zeit zu Ende ist, daß er die Mesalliance seiner Tochter mit dem Grafen nicht verhindern kann. Nicht, daß er den Geschichtsprozeß als Ganzes begriffe, viel berührender ist, daß er merkt, die Tochter gerät ihm aus der Hand, er wird betrogen. Insofern steht das Lied ganz präzise vor dem Marsch, wo diese Verbindung dann stattfindet.

Das Lied hat eine ausgesprochen differenzierte, liebevolle Instrumentation, ist keineswegs nur einfache Liedform, der jähe Dur-Moll-Wechsel kurz vor dem Refrain ist zu beachten – zusammengefaßt ist hier ganz wesentliches für Figur und Stück komponiert. Es geht um Abschied. Da ist jemand, der eine Ahnung hat von dem, was geschichtlich kommen und was dadurch verloren gehen wird. Das gibt der Figur des Stadinger Größe.

BURKHARDT: Das ist ja auch ein seltsamer Waffenschmied – einer, der lieber Tierarzt ist.

KONWITSCHNY: Bezeichnenderweise ist dieser Stadinger eben laut Libretto lieber Tierarzt, als daß er Waffen schmiedet oder dies beabsichtigt. Es gibt keine Szene wo er aktiv als Handwerksmeister tätig ist.

Und in seinem Lied zählt er ja auf, wie es früher – besser war. Ist das bloße Nostalgie? Da wäre ich vorsichtig. Wir wissen ja heute, 150 Jahre später, was aus der Verbindung von Adel und Bürgertum hervorgegangen ist.

Dazu das Handwerk. Ich nehme den Titel ganz ernst – Waffenschmied. Das Ganze spielt in einem Raum, wo Waffen produziert werden, egal ob Lanzen, Gewehre, Kanonen – das hängt ganz von der Zeit ab.

Auf jeden Fall sind das Geräte zum Töten, ökonomisch und in großem Stile. Eine an sich grauenhafte Produktionsstätte. Für mich war verwunderlich, daß man diesen Aspekt so oft fortläßt in einer Bühnenlösung. Bei uns grenzt oben ein Plafond die Spielfläche ab, und der hängt voller Waffen. Die Bühne darunter ist auf 10 x 6 Metern um 50 Zentimeter abgesenkt.

BURKHARDT: Also keine naturalistische Kulisse im Sinne eines geschlossenen Innenraums – ein Zeichen?

KONWITSCHNY: Ja. Wenn man da hineintritt, ist man im Hause Stadingers. Die Zeichenhaftigkeit bedeutet auch, daß einer unter die Oberfläche gerät, der mit Waffen zu tun hat. Dazu der groteske Aspekt, weil die Figuren zum großen Teil abgeschnitten scheinen, die Füße nicht zu sehen sind. Wichtig ist weiter in diesem abgesenkten Raum, daß da vier Türen stehen, Türen, neben denen keine Wände sind.

BURKHARDT: Wieder ein Zeichen?

KONWITSCHNY: Eine Tür bietet die Möglichkeit sich abzugrenzen. Außerdem werden auf diese Türen mit Spraydosen Texte aus dem Stück markiert, Hausnummern aus dem Text quasi.

Der Zusammenhang zum Gesungenen ist wichtig. Wenn also die Schmiedgesellen in aberwitzigerweise von Held und Ehr, Manneskraft und Wehr singen, sind das wesentliche Begriffe des Sittlichen, des Kunstverständnisses dieser Zeit – das möchte ich auf solche Weise verfremdend festhalten.

BURKHARDT: Also das Gesamtbild: der Plafond voller Waffen, der abgesenkte Raum, Türen mit wesentlichen Textstellen beschrieben...

KONWITSCHNY: All das soll den Betrachter daran hindern, sich beim Öffnen des Vorhangs zurückzulehnen und ins allzu Bekannte zurückfallen zu lassen. Anstelle dessen die Möglichkeit, sich die Geschichte mit unverstelltem Blick anzusehen, eigene Phantasie und Erfahrung einzubringen.

BURKHARDT: Auch Marie und Graf Liebenau sind keineswegs das harmlose verliebte Paar.

KONWITSCHNY: Bezeichnend für die Liebenden ist die Zwiespältigkeit, in die sie geraten und die sie auch deutlich empfinden. Da sind wir bei einem der wichtigsten Phänomene des letzten Jahrhunderts. Arbeitsteilung, Entfremdung, Schizophrenie als psychosoziale Probleme in der Gesellschaft.

Der Graf begibt sich incognito in die Waffenwerkstatt. Aber oft vergißt er, als wer er mit Marie zusammen ist und mit ihr spricht. Das ergibt große Komik. Aber es steckt eben auch mehr dahinter. Ebenso Marie. Als wer bringt sie sich in diese Verbindung ein? Als Bürgerstochter Marie, die davon träumt, mit einem Adligen zu leben oder als die bescheidene Marie, die mit dem Schmiedegesellen Konrad glücklich werden will.

in: Programmhaft DER WAFFENSCHMIED, Staatstheater Kassel 1989

Jürgen Lodemann

Scharf brutal heftig hart

Lortzings »Waffenschmied« in Kassel

WAFFENSCHMIED – Muß das noch sein? DDR-Regisseur Peter Konwitschny demonstrierte, es muß nicht nur sein, es ist überfällig. Er entlarvt 150 Jahre Schlendrian beim Lortzing-Inszenieren, und das ausgerechnet an einem Stück, das abgetan schien wie kaum ein anderes als »sentimental« und »peinlich deutsch«. Lortzings Text wie seine Musik sind in Kassel, im Dezember 1989, endlich einmal ernst genommen worden, Wort für Wort, Note für Note. »Wo's um Waffen geht, wird viel gelogen«, antwortete der Regisseur in einem Interview – in einer Stadt, die, gelinde gesagt, ihren industriellen Ruf gerade als Waffenschmiede etabliert hat (»Leopard«). Und man weiß, daß, kurz nach Konwitschnys Antwort, eine der ärgsten Lügen in 40 Jahren DDR an den Tag kam, das Waffenlager bei Rostock. Der Regisseur läßt im letzten Akt eine Tür öffnen zu den Maschinen und Apparaturen des »Staatstheaters«, eine grau kostümierte Frau kommt heraus und verliest im Polizeiton eine Anordnung: Der Waffenschmied Stadinger solle mit seinen Aktionen gegen die da oben, gegen die Fürsten und Ritter, endlich aufhören und solle »Ruhe« geben (dies Wort auf der Anweisung ist bis die letzte Reihe zu hören). »Der Rat der Stadt fürchtet einen Aufstand.« Wer in Lortzings Libretto nachliest, wird finden, daß Konwitschny nichts hinzugemogelt hat. An dieser Stelle ist bei seiner Leip-

ziger Inszenierung in den letzten drei Jahren jedesmal gelacht und geklatscht worden. Dort hat man offenbar diesen WAFFENSCHMIED (kurz vor 1848 uraufgeführt) sofort verstanden. In Kassel gab's wütenden Protest. Wohl nicht so sehr, weil man sich beim Eingemachten ertappt fand, beim Waffenschmieden, sondern weil eine überaus liebgewordene Rührseligkeit verdorben wurde.
Von Szene zu Szene macht Konwitschny dies Stück, das doch jeder zu kennen meinte, durchsichtig, eröffnet endlich auch bei Lortzing die Opernbühne als geistigen Raum, als Gesellschafts-Spiel, zeigt zum ersten Mal, wie hart diese scheinbar nur komische Spieloper nicht nur politisch ernst macht, sondern auch, wie knapp das alles an Schizophrenie vorbeischrammt: zum einen der Schmied, der, statt Waffen zu produzieren, viel lieber als Arzt Leben erhalten würde (erst diese Regie bemerkt, wie oft in diesem Text der Konjunktiv regiert); zum anderen seine Tochter, die von der Entscheidung für den einen oder anderen Mann (die in Wahrheit ein und dieselbe Person sind) überfordert ist. Hier, scheinbar, der »brave« und »biedere« Handwerker, dort der Großgrundbesitzer (»'s mag freilich nicht so übel sein, zu sagen, Feld und Wald sind mein«).
Daß diese Inszenierung dem Text wie der Musik nichts auflädt, was beide nicht schon immer in sich hatten, demonstriert jeder Moment dieses Abends, auch und gerade die komischen. Das findet vom Klamauk endlich hinüber in Dimensionen des Unheimlichen, so daß eine alte Frage, nämlich, ob es zwischen den Zeitgenossen Lortzing und Wagner eigentlich gar keine Gemeinsamkeiten gibt, sich endlich bejahen läßt (Wagner hat

Lortzing sehr geschätzt). Im Finale, zu einem riesigen Marsch von Lohengrin-Format (meist gestrichen oder gekürzt) verwandelt sich Stadingers Werkstatt. Er hat, betrogen, klein beigeben müssen, seine Manufaktur wird Fabrik. Da wird in einem doppelten Bühnenboden sichtbar, was die Unterjochung freiheitlichen Bürgersinns an Folgen haben wird – Kinder in Matrosenanzügen drapieren und verhüllen kaiserlich-militaristische Großbürgerei, die Krupps.
Die Musik zu dieser Oper habe ich, scheint mir, erst jetzt wirklich gehört. In Kassel klingt sie scharf, gleich zu Beginn geradezu brutal, im Rhythmus heftig und in den Sforzati hart. Jedem, der künftig Lortzing inszenieren will, sei eine Pilgerreise nach Kassel empfohlen, wo neben dem Regisseur und seinen DDR-Kollegen Pfefferkorn und Harnisch (Bühne und Kostüme) vor allem ein selten ernst-komisches Ensemble überzeugte, nicht weniger aber der junge, erstaunlich respektlose Dirigent Andreas Kowalewitz – respektlos vor jedem alten Gemütlichkeitston, der es ja um ein Haar fertiggebracht hatte, diese Oper zu ruinieren, mit grotesken Strichen und Langsamkeiten. Unter Konwitschny und Kowalewitz erst wird begreiflich, warum kurz nach WAFFENSCHMIED derselbe Autor im Jahr 1848 – auf das laufende Revolutionsjahr 1848 – die einzige Arbeiter- und Freiheitsoper der Deutschen hat schreiben können. In REGINA singt im Finale das Volk: »Nun kommt der Freiheit großer Tag« und: »Das Volk läßt sich nicht spotten« – die Oper blieb bis heute unbeachtet.

in: Die Tageszeitung (taz), Berlin 8.1.1990

Gioacchino Rossini

Der Türke
in Italien

Dramma buffo per musica in zwei Akten
von Felice Romani

Theater Basel
Premiere 15. 11. 1992

Musikalische	
Leitung	Markus Stenz
Regie	Peter Konwitschny
Bühnenbild	
und Kostüme	Klaus Noack
Dramaturgie	Albrecht Puhlmann
Selim	Pavlo Hunka
Donna Fiorilla	Sonia Theodoridou
Don Geronio	Marcos Fink
Don Narciso	Gregory Mercer
Prosdocimo	Mark Holland
Zaida	Dorothea Unger
Albazar	Werner Güra
Die neue Fiorilla	Silvia Adler

Herrenchor des Theater Basel
Radio-Sinfonieorchester Basel
Rezitative am Hammerklavier:
Torsten Buldmann/Bo Veistrup
Fagott im Foyer: Matthias Bühlmann

Peter Konwitschny/Albrecht Puhlmann

Fortschritt –
der Schritt fort wovon

PUHLMANN: In einem Brief schreibt Rossini: »Das heutige Leben besteht hauptsächlich aus Umwälzungen, die sich auf Dampfmaschinen, Raub und Barrikaden erstrecken.« Dieses Unbehagen formuliert Rossini an anderer Stelle dann genauer: »Wenn ich gewisse häßliche Worte wie Fortschritt, Verfall, Zukunft, Vergangenheit, Gegenwart, Konvention usw. lese, verspüre ich eine Übelkeit im Magen, die ich mit aller Mühe zu unterdrücken suche.« Daraus hat man abgeleitet, daß Rossini ein Komponist der Restauration gewesen sei, sich also gegen jede Veränderung gesperrt habe. Für uns hat sich dieser Blickwinkel heute verändert. Derjenige verdient unser Interesse, der dem Fortschritt mit Distanz gegenübersteht.

Der »restaurative« Komponist Rossini gewinnt an Aktualität, gerade in seiner Feindseligkeit gegenüber Modernisierung – wenn man das Wort Aktualität in diesem Zusammenhang überhaupt gebrauchen will. Diese Sorge und Angst, was passiert mit dem einzelnen Menschen, wenn er in ein Räderwerk gerät, vielleicht sollten wir darüber zuerst sprechen. Ist es für Sie auch so, daß sich darin Aktualität ausspricht? Wäre das ein Ansatzpunkt?

KONWITSCHNY: Ja, das ist überhaupt der eigentliche Punkt und macht die Einmaligkeit dieser Musik aus. Was ist Rossinis Musik? Dieses maschinelle Moment, daß ein Ensemble oder eine Arie erst mal mit einer Melodie anfängt, mit einer Linie, die dann irgendwann erbarmungslos ergriffen wird von einer Gleichschaltung und einer Rhythmisierung, in der man das Dampflokomotivenhafte geradezu hört – das ist zu inszenieren.

PUHLMANN: Die scheinbar »kindischen« Crescendi, der ostinate, maschinenmäßige Rhythmus, die endlos repetierten kurzen Streicherfiguren – sie sprechen ja von dem, was man später Entfremdung innerhalb der bürgerlichen Gesellschaft nennen wird oder Verdinglichung der Gefühle, die auch in dieser Oper fast wie Waren gehandelt werden.

KONWITSCHNY: Dieses Maschinenhafte ist unbedingt zu inszenieren. Es erzählt sehr viel über die Figuren und den Kontext, in dem sie stecken. Damit wird eine Gefahr für das menschliche Sein benannt, der Mensch ist keine Maschine. Und ich will das Wort wirklich benutzen, es ist wirklich aktuell, ist immer aktueller geworden. Wir sind heute dem Fortschritt noch mehr ausgeliefert. Was damals die Maschine war, ist heute die Digitalisierung, also die fortgeschrittene Entfremdung von sich und seinem Körper.

PUHLMANN: Gleichzeitig ist es natürlich eine Musik, so ist einmal festgestellt worden – und man stellt es auf den Proben natürlich immer wieder selbst fest –, die außerordentlich erotisch ist im durchaus körperlichen Sinne, man kann sich ihrer nicht erwehren. Man ist ja, und das ist der Widerspruch dabei, durchaus auch fasziniert von einer Lokomotive und von dem Zug, der darin steckt. Und die Musik hat eine unglaubliche Dynamik, in die man gerät. Man wird hineingezogen in das, wogegen man sich selbst wenden würde und wogegen sich die einzelnen Figuren auf der Szene wenden. Mann kann gar nichts gegen den Sog der Musik tun. Diese Ambivalenz empfinde ich sehr stark: einerseits den Verlust, wie Sie sagen, des Selbst und des Selbstgefühls im ganz körperlichen Sinne und andererseits die große Anziehungskraft, die das hat, also Attraktivität.

KONWITSCHNY: Darin steckt auch ein kollektives Moment, gerade in den Ensembles. Die individuelle Linie wird aufgehoben und aufgesogen. Und dieser Sog und diese Lust auch ist dann ein gemeinsames Erlebnis zu viert oder zu fünft. Und das ist, wenn man so will, eine Reduzierung der abendländischen Individualisierung, auch des Individualisierungswahns. Und darin steckt vielleicht diese Kraft, die uns jenseits der Rationalität etwas gibt, ein Seinsgefühl. [...]

PUHLMANN: Da haben wir eine interessante Zeit gerade in der Zeitgenossenschaft etwa von Weber, Rossini, aber eben vor allen Dingen von Rossini und Beethoven, und die dann auch Ihre Arbeit in Basel betrifft. Die drei Stücke, die Sie in Basel gemacht haben, FIDELIO, BLAUBARTS BURG/ ERWARTUNG und jetzt DER TÜRKE IN ITALIEN – an ihnen wurde ja etwas Ähnliches herauspräpariert. Das hat natürlich mit Ihnen zu tun, mit uns. Es scheint immer noch degoutant, Rossini neben Beethoven zu stellen. Es wird aber für mich ganz deutlich, jetzt, wo wir am TÜRKEN arbeiten, wie nahe sich beide sind. In ihren Ausdrucksmitteln sind sie natürlich ganz unterschiedlich, in ihren kompositorischen Möglichkeiten. In dem aber, was man als Leiden an der Zeit bezeichnet und was bei ihnen zu einer künstlerischen Produktivität führte, sind sie sich ganz nahe, eben Zeitgenossen. [...]

Und so ist ein Moment bei Rossini und Beethoven bei ganz unterschiedlicher kompositorischer Faktur doch erstaunlicherweise gleich. Das sind diese Inseln der Sehnsucht als Möglichkeiten der Trauer in dem ganzen Getriebe. So gibt es im 1. Akt FIDELIO jenes Quartett (»Mir ist so wunderbar«), das so ganz ähnlich im TÜRKEN auftaucht. Bei Beethovens Quartett haben wir damals gesagt, er erinnere sich trauervoll an etwas Verlorenes – an Mozart zum Beispiel. Und ich muß an Rossini denken, der sagte, seine einzige wirklich gute Oper sei Mozarts DON GIOVANNI gewesen. Das war nicht Anmaßung oder Koketterie, sondern eine Hommage an die Identität Mozarts und seiner Gestalten. Das ist natürlich ein ganz anderes Komponieren gewesen für Mozart, und Rossini hatte die Größe, das zu sehen bzw. die Möglichkeiten als Komponist, das zu komponieren. Es gibt auch im Verfahren also Ähnlichkeiten zwischen Rossini und Beethoven.

KONWITSCHNY: Ein heutiger Komponist, auch wenn er die Alten studiert, kann dasselbe nicht aussagen, weil es jenseits eines Stückes an sich und einer Fabel liegt. Allein, daß Rossinis Stück hundertsiebzig Jahre alt ist, zeigt uns ja, daß es vor hundertsiebzig Jahren auch schon so war. Wenn heute einer schreibt, guck mal, das war vor hundertsiebzig Jahren, das hätte ja nie die Authentizität. Genauso, wie es erstaunlich ist, die zweitausend Jahre alten Stücke Griechenlands zu lesen ...

Ich finde wichtig, darauf hinzuweisen, daß der TÜRKE zum Beispiel eben nicht überholt ist, daß kein dummer Heiterkeitsbegriff in ihm steckt, der ja erst später dazukam, sondern daß er und alle Stücke Dokumente von Geschichte sind, aufgrund derer wir etwas über unsere Herkunft erfahren. Und noch mal zum Quartett in FIDELIO: Es ist für mich so etwas wie jene Stellen im TÜRKEN im Finale I oder im Quintett im 2. Akt, das ist ja ganz ähnlich, diese A-capella-Inseln, ein ganz,

ganz tief im Innern entspringender Impuls, eine schreiende Sehnsucht.

Unsere Arbeit in Basel hat einen Hauptnenner: die Bedrohung des ganzheitlichen Existierens aufzuzeigen. Das ist ein allgemeiner Aspekt von Musiktheater: Der singende Mensch selbst ist schon der Einspruch gegen den Verlust von Leben, gegen Entfremdung. Indem musiziert und gesungen wird, weist Oper darauf hin, daß Musik im Leben verschwindet. Der singende Mensch ist in einer technisierten Welt anachronistisch, insofern subversiv. Darin spricht sich das Leben-haben-Wollen aus. Wir sahen damals im FIDELIO und jetzt wieder im TÜRKEN, daß das Leben verlorengeht. [...]

PUHLMANN: Es war eine Bestätigung unserer Arbeit, als sich herausstellte, daß Rossini den Schluß gar nicht selbst komponiert hat, sondern ihn einem uns unbekannten Komponisten überließ. Und das wollen wir betonen, eben weil es zeigt, daß Rossini der versöhnliche Schluß wirklich nicht interessiert hat. Er hielt ihn für verlogen. Da hatte er einer Konvention einerseits gehorchen müssen und sich andererseits verweigert. Er hat nicht für den Schluß gekämpft, sondern ab dem Moment, wo sie ihn nicht mehr interessierte, die Oper sich selbst überlassen.

KONWITSCHNY: Der eigentliche Schluß ist ja die Arie der Fiorilla. Eine unglaubliche Komposition, eine Arie, die zehn Minuten dauert und die ein Dokument der Zurechtweisung und auch des Kleinbeigebens ist. Die Arie ist mit Männerchor. Dort ist das Eigentliche der Oper thematisiert: Eine Frau und eine brüllende Männergesellschaft, die sich anmaßt, sie abzuurteilen. Interessanterweise ist diese Arie ja in der ersten Gesamtaufnahme auf Schallplatte gestrichen ...

PUHLMANN: Weil das Bild der unabhängigen Frau, die in den fünfziger Jahren zu einer positiven Figur geworden war, nicht zerstört werden sollte, und das hängt natürlich mit der Besetzung der Fiorilla mit Maria Callas zusammen – eine Demütigung, und sei es in der Rolle einer Buffopartie, kam nicht in Frage.

KONWITSCHNY: Ein nicht komponierter Schluß und diese Arie als letzte Äußerung, als Kommentar Rossinis zum Thema, zeigt, woran er wirklich interessiert war und womit er auch gegen die Konventionen einer komischen Oper verstoßen hat: nämlich damit, daß die Arie viel zu lang ist für das Unterhaltungstheater. Und das hat Rossini ja immer gemacht, hat sich hinweggesetzt über diese Konventionen mit seinen überlangen Duetten und Ensemblesätzen, er hat sich nicht geschert um dramaturgische Sinnfälligkeit eines kleinkarierten Realismus. Er suchte das Extrem, um durch Brechen der Form zu einer Aussage zu gelangen. Nun kommt aber eben vor dem Finale und nach der Arie noch das Terzettino, und das ist ja unüberhörbar nur noch Folie von Musik, und darin besteht die Qualität an dieser Stelle. Was zählt, ist jetzt der kleine Maßstab in den Beziehungen *und* in der Musik, Terzettino steht über diesem Musikstück, Terzettchen. Und keine Versöhnung! [...]

PUHLMANN: Eine weitere zentrale Szene ist der Maskenball im zweiten Akt. Genauer das Quintett innerhalb des Maskenballs, in dem jeder und alle sich zum Türken verkleidet haben. Hier erfolgt vielleicht unser gravierendster Eingriff. Einer, Don Geronio, auf der Suche nach seiner Frau Fiorilla, selbst verkleidet als Türke, demaskiert nach und nach alle Figuren der Oper, die plötzlich beginnen, deutsch zu singen. Sie fallen von der für unsere Ohren schönen, eigentlichen Opernsprache Italienisch in die prosaische deutsche Sprache, in die Sprache der Dichter und Denker, aber vor allem in die Sprache der Entlarver. Diese Demaskierung ist ein Schritt zur Auflösung der Oper, Infragestellung der Oper, ein Schritt auf dem Weg einer Erkenntnis, für die Fiorilla steht.

KONWITSCHNY: Ein Maskenball ist ja auch Ausdruck für die zugespitzte Krise der Identität aller Figuren. Die ist sehr fraglich geworden.

PUHLMANN: Sie ist fraglich geworden, aber gleichzeitig ist natürlich auch das Ablegen der Masken ebenso gefährlich geworden.

KONWITSCHNY: Dieser Griff nach den Masken hat den tieferen Sinn, den Preis zu zeigen, der zu zahlen ist, wenn man die Heinzelmännchen sehen möchte. Es ist eine pervertierte menschliche Sehnsucht, Geheimnisse aufzudecken. Jetzt wollen wir mal sehen, was das Geheimnis des Lebens ist und wie es zusammenhängt. So ist ja die Entdeckung der Atomstruktur für uns alle sehr gefährlich und für viele schon tödlich geworden, ohne daß auch nur ein einziger Mensch dadurch hätte glücklicher leben können. Ich denke, daß der Schock, den unsere Opernfiguren in diesem Moment bekommen, etwas von dem

Schock hat, den die Relativitätstheorie auslöste. Das Theaterspiel, die Rolle, die geltenden Spielregeln hören auf.

PUHLMANN: Und gleichzeitig ist es ja auch wieder diese schreckliche Neugier des Menschen, hinter alles sehen zu wollen, alles vermessen zu wollen. Das ist seine Vermessenheit. Über den Opernvorgang hinaus heißt das ja, daß man sich selbst zerstört, wenn man immer weiter sucht und nie eine Grenze anerkennen kann. Das ist ja auch in Basel eine ganz aktuelle Situation in der Diskussion um die Gentechnologie. Das geht über Maschinen noch weit hinaus.

KONWITSCHNY: Man sieht bei Rossini, woher das kommt, dieser Wahn, immer weiter analytisch aufzuspalten. Und wohin das führt. Das tut kein Mensch, der ganzheitlich existiert. Der wäre befriedet.

PUHLMANN: Und Theater war ja einmal Abbild dieses ganzheitlichen Lebens, weil die Intaktheit der Figur auf dem Theater für uns immer etwas Tröstliches hatte. Mozartsche Figuren sind ja deswegen für uns beglückend, weil sie mit sich selbst identisch sind. Ihr Versuch ist immer, zu erreichen, daß Rache zwischen Menschen nicht mehr sei, daß der Zweifel nicht mehr sei. Und da

gibt es Gelingendes. Das war einmal für uns Oper bzw. Theater. Und wenn man die Maske abreißt, so wie wir das mit Rossini im Bunde machen, und dahinter ist keine Theaterfigur mehr, ist das Ausdruck unserer Situation. Vielleicht ist unsere Zeit des Vermessens und Vergessens gar nicht mehr gewillt, überhaupt ein Theater zu haben. Es paßt nicht mehr zum Menschenbild unserer Zeit.

KONWITSCHNY: Das sieht man jetzt hier in Basel.

PUHLMANN: Das sieht man hier in Basel, und Sie haben das ja mal insofern aktualisiert, als Sie auf einer Probe sagten: Man will kein Theater mehr, also weg mit den Leuten, Maske runter. Das ist der aktuelle Stand. Die neue, von uns nicht gewollte Aktualität dieser Szene des Quintetts liegt darin. Das Theater wird es nicht mehr geben, weil die Gesellschaft es nicht mehr will. So wäre also die emphatische Aufforderung, *trotzdem* Theater zu machen. [...]

(gekürzt)

in: Programmheft Der Türke in Italien, *Theater Basel 1992*

Sigfried Schibli

Zerreißprobe für eine Oper

»Muß man sich das noch länger gefallen lassen?« maunzte ein sichtlich verstimmter Premierenbesucher in der Pause der Rossini-Oper Il Turco in Italia am Sonntag abend im Theater Basel. Man mußte nicht. Entweder man verließ das Theater in der Pause (was nur wenige taten) - oder man harrte aus und wurde im zweiten Akt Zeuge einer vollkommenen Opern-Wende um 180 Grad. Denn es geht ein Riß durch Peter Konwitschnys Inszenierung der frühen Rossini-Buffa, er teilt das Stück messerscharf in zwei Teile: einen burlesk übertriebenen, kitschig-bunten und von Einfällen

überfrachteten ersten und einen statuarisch-oratorischen, ernsten bis tragischen, ruhig ausgeleuchteten und karg bebilderten zweiten Akt (Bühne und Kostüme: Klaus Noack). Selten erschien Oper so widerspruchsvoll, gerieten überbordender, bisweilen auch blödelnd überzogener Spielwitz und beklemmende Tragik so benachbart. Konwitschny, hauptverantwortlich für den großartigen Basler Fidelio, an den diese »Turco«-Version in manchem anknüpft, hat uns verkniffen lachen lassen und das Lachen fast in Tränen erstickt. Sind wir statt ins Opernhaus ins volkstümliche Lachtheater gestolpert? Da gibt es erst, noch während der Ouvertüre, eine Kabarettszene mit einem sonnenhungrigen Urlauber-Dichter (klappernde Reiseschreibmaschine inklusive) und einer sich lautstark auf basel-

deutsch zur Wehr setzenden Zuschauerin, gibt es kunterbunt-klischeehaftes Zigeunervolk, blaugrün illuminierte Neapel-Bilder wie in der Pizzeria um die Ecke, Statuen aus dem Theaterfundus und allerhand Action - die liebeshungrige Neapolitanerin Fiorilla und der stattliche Türke Selim lieben sich in einem Boot, in dem pünktlich das schützende Gebüsch emporsprießt, Fiorillas Liebhaber Narciso klettert abenteuerlich den Schiffsmast hinunter (da gab's - bei ansonsten perfekter Bühnentechnik - eine technische Panne, die eine kurze Unterbrechung erzwang), Fiorillas Ehemann Geronio - eine Art Heinz-Erhardt-Parodie - betritt das Spielfeld als notorischer Regenmantel-Exhibitionist und quält sich bevorzugt in den langen weißen Unterhosen des ewigen Pantoffelhelden über die Bühne.

Täterin und Opfer

Immer wieder versucht der Dichter von seinem Liegestuhl zwischen Orchester und Publikum aus, ins Geschehen einzugreifen, aber er hat die größten Schwierigkeiten mit seinem Ideenhaushalt und zerknüllt ein Manuskriptblatt nach dem andern. Narciso, der Spion in eigenem Liebes-Auftrag, taucht in allen erdenklichen Verkleidungen auf – bald als Rokoko-Rosenkavalier, bald als grimmiger Lederpunker. Und das Ehestreit-Duett im ersten Akt zwischen Geronio und seiner treulosen Fiorilla, gewissermaßen der tragische Wendepunkt der Oper, findet selbstverständlich zum Geschirrspülen statt.

Dieser Fiorilla ist nicht leicht beizukommen. Erst triumphiert sie über Selim Damelec: »Er ist im Netz!«, dann werfen schwarzfeierliche Männer, offenbar Funktionäre irgendeines Machtapparats, Schmetterlingsnetze nach *ihr* aus. Fiorilla ist der blühende, menschlichste Widerspruch. Erst verkündet sie stolz, es gebe keine größere Torheit, als nur einen Mann zu lieben, dann tadelt sie Geronio: »Ich will keinen Liebhaber, der seine Liebe auf zwei Frauen verteilt.« Wobei »erst« immer den ersten Akt und »dann« den zweiten meint. Ist das nicht das moderne Beziehungsproblem um Liebe und Besitzdenken, um Dynamik des Verliebtseins und Statik der Ehe-Festigkeit? Nein, es ist originaler Rossini (bzw. Textautor Felice Romani). Der Riß geht mitten durch die Figur der Fiorilla, ist aber in ihr angelegt, und Regisseur Konwitschny hat das mit herausfordernden, provozierenden Theaterbildern weitergeführt bis zu der beklemmenden, nicht das leiseste Buh gestattenden Schlußszene, wo Fiorilla gedemütigt und vertrieben und durch eine neue Fiorilla an der Seite Geronios ersetzt wird und ihre Würde durch die Rückkehr zu ihren Ursprüngen rettet: Sie zieht, ein Lied von Theodorakis auf den Lippen und sich mit elegischen Akkordeontönen begleitend, von der Bühne ins Ungewisse. Übrigens ist die gewohnte Opernsprache Italienisch von der verwirrenden Maskenszene an ersetzt durch markiges Kasernenhof-Deutsch, nur der nichts verstehende Geronio schleudert verzweifelt sein »Voglio mia moglie« in den Raum – ungehört.

Getragen wird dieses angestrengte, auch unnachahmliche Regiekonzept von einem hervorragenden Team wissender Sängerinnen und Sänger. Sonia Theodoridou ist die höchst authentisch-glaubhafte Fiorilla; nach anfänglich leicht bedeckter Tongebung singt sich diese mutige Sängerin zunehmend frei und erreicht (herrlich etwa in »Siete Turchi«) mühelos und intonationssicher die höchsten Spitzentöne, die virtuosesten Koloraturen ihres zugleich sinnlich schneidenden und lyrisch zarten Soprans. Marcos Fink als gehörnter Ehemann Geronio ist zuvörderst ein glänzender Schauspieler, bewältigt seinen Part aber auch sängerisch überaus sicher. Pavlo Hunka, in Basel zuletzt als Leporello zu erleben, singt einen kaum übertreibenden und also eher seriösen als buffonesken Selim. Gregory Mercer schlüpft als Narciso in die unterschiedlichsten Rollen und erfüllt seine Arie »Se il mio rival« im zweiten Akt mit stimmlicher Hochspannung an der Grenze zum tenoralen Überdruck. Dorothea Unger gibt eine temperamentvoll-streitlustige Zaida, Werner Güra den im Liebesschmerz vergehenden Albazar und Silvia Adler die neue Fiorilla. Als Spielemacher, dem das Spiel entgleitet (oder nach Konwitschny als Gott, der von den Menschen abgesetzt wird), fungiert höchst komödiantisch und stimmlich souverän Mark Holland, den wir als Faust in der gleichnamigen Luca-Lombardi-Oper noch in bester Erinnerung haben. [...]

Wie sagte doch Ivan Nagel während der Theaterdiskussion am letzten Donnerstag? Theater, das nicht innovativ ist, gibt seine Legitimation selber auf, weil wir das, was uns heute befremdlich und chiffrenhaft erscheint, morgen schon in seiner Zeichenhaftigkeit verstehen. Das Moderne an dieser Rossini-Produktion kann und muß nicht zum immergleichen Rossini-Stil erstarren. Aber es wirkt herausfordernd in der Kühnheit des Zugriffs und anziehend für den Blick, der sich Neugier erhalten hat.

in: Basler Zeitung, 17.11.1992

Frank Kämpfer

Rossinis brisante Botschaften

Peter Konwitschny inszeniert den »Türken« in Basel

Auch in Frank Baumbauers letzter Spielzeit steht das Theater Basel ein für aufregende, avancierte Bühnenproduktion. Mit dem TÜRKEN IN ITALIEN leistet das Haus im 92er Rossini-Jahr einen Beitrag, der bezüglich des Komponisten mit dem Klischee vergnüglicher »opera comique« deutlich bricht und dagegen Strukturen seines Komponierens, seines Denkens und seiner Person in ihrer Ambivalenz und ihrer Unabgegoltenheit theatralisch überzeugend präsentiert.

Regisseur Peter Konwitschny begreift den 1792 geborenen Komponisten als Zeitgenossen Beethovens und Webers, als einen in seiner Zeit anachronistischen Künstler, dessen Werk einen Zeitenwechsel thematisiert. In seinen oft rasenden Läufen und Rhythmen artikuliert sich jene soghafte Maschinerie, die jeden und jede in ihren Bann reißt – sich gleichzeitig als Meer, ausgehöhlt und gespenstisch wiederverwendbar erweist. Zuweilen sind für wenige Takte Sequenzen erschütternder Klage und Sehnsucht in diese Abläufe geschnitten – tiefgründige Ariosi, A-cappella-Quintette –, inselhafte Reste noch unentfremdeter Menschlichkeit, eigentlicher Existenz. Rossinis TÜRKE IN ITALIEN, 1814 reichlich erfolglos in der Mailänder Scala uraufgeführt, bietet solch minutiöse Dramaturgie schneller Wechsel und unvorhersehbarer Brüche geradezu als Hauptelement seiner Struktur. Und der Regisseur, der seine Lesarten aus Partituren entwickelt, hat hier ein offenes Material für seine Konzeption.

In mehrschichtigem Ebenengeflecht stehen sechs Figuren zur Diskussion: vier Männer und zwei Frauen, die sich in Liebeskonstellationen zerreiben und am Ende verletzt, enttarnt und weitgehend unerfüllt sind. Auf dem Laufsteg zwischen Publikum und Orchester sitzt ihr vermeintlicher Schöpfer, ein Dramenautor, der sie in immer neue Konstellationen treibt. Bis zum ersten Finale brauchen die Figuren, um sich zur Rebellion gegen diesen Dichter zu entschließen, und hier gelingt dem Regisseur eine schöne, sinnlich vitale Bühnenrauferei, die sich effektvoll zahlreicher Theatermaschinen bedient. Die Komik allerdings erwächst dabei nicht aus dem derben Klamauk, sondern vielmehr aus der ausgestellten Doppeldeutigkeit – und was Hektik, Drive und Maschinenhaftigkeit hier noch überdecken, wird später als Entleertheit und Vereinzelung offenbar.

Die Akte zwei und drei, attacca gespielt, führen in eine Welt aus fahlem Licht und kaltem Beton. Die hier in einer großen Maskeradeszenerie ihrer Verhüllungen verlustig gehen, sind weder türkische Fürsten, noch Zigeuner, noch exotische Damen und Herren, sondern armselige Durchschnittsverbraucher mit ihren Ängsten, Verdrängungen und ihrem Liebesbedarf. Hier stecken viele Geschichten – die vom Hagestolz und der jungen Frau, die vom ratlosen Dichter, die vom vermeintlichen Türken auf Abenteuerfahrt. Noch der schweigsame Diener liebt seine unglückliche Liebe, und allesamt sind sie Suchende, unterwegs nach einem lebbaren Leben und der verlorenen Identität. Ein Thema klingt hier an, das für den Regisseur ein sehr grundlegendes ist, und zu Recht sind eine Reihe eigener Inszenierungen früherer Jahre in bildlicher Anspielung im TÜRKEN präsent: Händels RINALDO aus Halle, Offenbachs HOFFMANN aus Dresden, vor allem aber die beiden ersten Baseler Arbeiten FIDELIO

und BLAUBART/ERWARTUNG. Solche Sinnbezüge sind durch die Regie vorab nicht konzipiert. Sie ergeben sich aus sensiblem Wechselspiel mit Ausstatter Klaus Noack, Beleuchter Hermann Münzer und dem jungen Markus Stenz am Baseler Pult. Und sie ergeben sich aus der sängerisch-darstellerischen Arbeit hervorragender internationaler Solisten, die vor allem in den Duettszenen im 2. Akt hochsensible, dünnhäutige, aber auch immer wieder ins Komische ausbrechende Figuren präsentieren. [...]

Partiturgetreu folgen Regie und Ensemble Rossinis ästhetischen Brüchen. Peter Konwitschny inszeniert parallel zum dramatischen Figurengeschehen ein großes lustvolles Spiel mit Gegebenheiten und Mechanismen des Theaters und geht bis zu dessen Zerstörung: da vertreiben Figuren ihren Autor, da verwandeln sich Opernakteure in Konzertsänger und fahren in den Orkus. Rossinis politisch-theatralisches Potential erweist sich als unabgegolten und voller Brisanz – bis hin zum dritten Finale, wo die weibliche Hauptfigur Dona Fiorilla/Sonia Theodoridou aus ihrer Rolle aussteigt und, ein Lied von Theodorakis singend, das Theater der Männer verläßt.

Genau an dieser Schnittstelle zwischen Bühne und Saal, im Orchester, sitzt ein kleines Publikum, wenn den Rossini-Abenden noch ein kleines Beckett-Spiel folgt. Konwitschny hat zeitgleich zum TÜRKEN auch noch Becketts TRITTE realisiert – als Teil III eines ganzen Beckett-Zyklus, zu dem der scheidende Intendant eine Reihe von Gast-Regisseuren seiner Amtszeit zu einem Abschlußprojekt einlud, und der sich im Frühjahr dann als großes Sonderprojekt präsentiert. [...]

in: Süddeutsche Zeitung, München 18.12.1992

DER TÜRKE IN ITALIEN, Finale 2. Akt
Fotos Peter Schnetz

TRITTE Michaela Steiger

Samuel Beckett

Tritte

Theater Basel
Premiere 17.11.1992

Endspiele 3 –
Ein Beckett-Projekt

Regie und Bühne
Peter Konwitschny

Mitarbeit Kostüme
Monika Vogt

Mitarbeit
Dramaturgie
Albrecht Puhlmann

Regieassistenz
Anette Schlopsnies

Karin Kaiser   - F

Michaela Steiger   - M

Es alles

Fünf Fragen zum Beckett-Projekt

KÄMPFER: Peter Konwitschny, im Umfeld der Rossini-Premiere gibt es von Ihnen hier in Basel auch noch ein kleines Schauspiel, Becketts TRITTE. Das ist Ihr Beitrag zu einem großen Beckett-Projekt, mit dem sich der Intendant Frank Baumbauer aus Basel verabschiedet und zu dem er eine Reihe wichtiger Regisseure seiner Zeit zu Beiträgen gebeten hat. Bereits die ersten zwei Teile spielen im Theater an ungewöhnlichen Orten. Sie schließen da an, – bei Ihnen hat das Publikum im Orchestergraben Platz zu nehmen. Mit welcher Absicht ist die Perspektive, die sich daraus ergibt, gewählt?

KONWITSCHNY: Ich habe hier drei Opern gemacht, und das sollte sich eben auch niederschlagen. Deshalb war der Ort, der Orchestergraben, sehr schnell gefunden und damit auch die zweite Schicht für die Figuren, also Sänger und Dirigent. Die ist im Verhältnis von M und F, also Tochter und Mutter, sozusagen übergestülpt und verstärkt somit die Ungleichgewichtigkeit zwischen ihnen.

KÄMPFER: Das Stück ist sehr kurz, die fragmentarischen Äußerungen füllen knapp drei Seiten, Figuren gibt es nur zwei. Was ist der Stoff, was erzählt das Material?

KONWITSCHNY: Es sind eigentlich drei. Es gibt die zwei Frauen – Mutter und Tochter – aber auch den hier abwesenden Vater, der in dem von Beckett vorgegebenen Glockenklang, dem Symbol für den Heiligen Geist, vorhanden ist. Der nämlich diktiert das Prinzip, das den beiden hier in den Knochen steckt. Es findet ein Kampf statt, unter anderem auch um das Kind.

KÄMPFER: Mit diesem Material, das allenfalls die Reste eines Dramas zeigt, gehen Sie nun allerdings ganz anders um, als das die gängige Beckett-Praxis zeigt. Sie brechen auch hier aus einer Interpretationstradition aus.

KONWITSCHNY: Ich verstehe Beckett, und das ist ja eigentlich schon mein zweiter Beckett-Versuch nach einem leider nicht zu Ende geführten 1973 im Berliner Ensemble, ich verstehe Beckett als einen Künstler, der doch eine ganz konkrete Botschaft an uns. Zum Beispiel eben in TRITTE. Bereits der Titel assoziiert doch etwas, eine Gestik, Treten, also Gewalt. Es ist nur nicht mehr so konkret ausgeformt als Text, in welchen Zusammenhängen das spielt. Aber die sind ohnehin ja auswechselbar geworden. Die eigentliche Mitteilung, die steckt nicht in diesen Worten, sondern zum Beispiel in den Pausen dazwischen, in dem, was nicht gesagt ist und was nicht mehr aussprechbar ist.

KÄMPFER: Das bei Ihnen Opernhafte der TRITTE ist beim Autor nicht angelegt. Das ist Ihre Interpretation. Im Text begegnen sich zwei Automaten im grauen Gewand.

KONWITSCHNY: So haben wir begonnen. Später gab es eine Variante, da hatten beide Frauen sehr teure Pelzmäntel an. Aber beides war eben einfach nicht das Material unserer örtlichen Situation. Deshalb haben wir uns aus dem Fundus einen Dirigentenfrack und ein Opernkostüm holen lassen. Es war das riesige rote Reifrockkostüm aus Verdis TRAVIATA, mit dem diese wunderbare Schauspielerin, die Michaela Steiger, jetzt so unwahrscheinlich viel anfängt. Ganz wortlos und nur mit ihrem Körper. Mit ihrem Körper, mit ihrem Atem, mit ihrer Stimme. Darin ist ihr ganzes Potential konzentriert; »es alles«, – im wahrsten Sinne des Stücks.
(Originalbeitrag)

*Aus einem Gespräch am
15. 11. 1992 im Theater Basel.*

4

Erfahrung Händel

Georg Friedrich Händel TAMERLAN
Landestheater Halle 1990
Foto Gerd Kiermeyer

I n der zweiten Hälfte der 80er Jahre beschäftigt sich Peter Konwitschny mit Opern von Georg Friedrich Händel.

Das Landestheater in Halle, konzeptionell im Umbau begriffen, lädt den Regisseur ein, 1984 im Goethe-Theater Bad Lauchstädt die Oper FLORIDANTE zu inszenieren.

Die Arbeit gelingt, und Publikum und Fachleute sind zunächst irritiert. Von der Kunsthaftigkeit und Distanziertheit der Szene, von der gleichzeitigen Brisanz des Geschehens, von den ästhetischen Brüchen, der Kargheit der Mittel und der Beredtheit der Musik.

Für das Haus ist FLORIDANTE ein Erfolg. Intendant Ulf Keyn weiß in Konwitschny einen Verbündeten, um sich gegen die Funktionäre der lokalen Kulturpolitik und die Anhänger einer traditionellen Händel-Praxis zu behaupten. Der Regisseur wird fest angestellt, zum ersten Mal bietet sich für ihn Kontinuität.

Ein gänzlich neuer Blickwinkel wird entwickelt, Händel wird als politischer Komponist entdeckt. Eine zusätzliche Dimension eröffnet sich durch Bezüge zur unmittelbaren Gegenwart. RINALDO diskutiert so 1987, während die Abrüstungsgespräche beginnen, die Absurdität von Vernichtung und Krieg – TAMERLAN zeigt 1990 Menschen – Sieger und Verlierer – orientierungslos nach einer Schlacht. Vor allem diese Arbeiten bringen Konwitschny einen wichtigen Durchbruch. Er wird im Ausland bekannt, das Ensemble gewinnt international an Renommee.

Konwitschny führt an Händels Werken vor, wie sich verschiedene Theaterelemente – Text, Szene, Bild und Musik – komplex bedienen können und zugleich erweitern.

Leistbar ist das allein im Kollektiv, mit jenen engagierten jungen Leuten, die der Regisseur um sich vereint: vom experimentbereiten Sängerteam bis hin zu Textern, Ausstattern, Dramaturgen und Assistenten. Ihnen gelingt – fern modischer Tendenz – im kleinen Hallenser Haus Theater von europäischer Dimension.

In der Theaterszene gilt der Regisseur unter der Hand als eine Art Geheimtip. Bei seinen Hallenser Premieren treffen sich Anhänger, Interessierte, Verfechter avancierten Theaters aus Ost und West.

Selbst Kontrahenten und konservative Händel-Protagonisten loben, der kritische Streit entbrennt erst am Extrem – um die ORPHEUS-Inszenierung von 1986. Im Umfeld Händels zeigt Konwitschny Glucks Reformoper in befremdlicher Gestalt. Wieder verletzt er Tabus, statt eines lieblichen Repertoirestücks mit leicht verdaulichen Schlagern legt er Staatsakt, Tod und Todesverdrängung bloß und trifft so einen gesellschaftlich sehr heiklen Punkt.

1990 in Nürnberg bei der Nachinszenierung teilt sich die Kritik gleichfalls in Fürsprecher und Gegner. Doch zu Zeiten der DDR ist ein ästhetischer Disput in Wahrheit politisch, die Kunst übernimmt den fehlenden öffentlichen Diskurs.

F.K.

Ulf Keyn
ehemaliger Intendant Landestheater Halle

Spielräume schaffen für das Ungewohnte

Ich sitze in meinem Dienstzimmer, kommt ein Anruf, Bad Lauchstädt, während einer Probe, hier tobt der Krieg. Generalmusikdirektor, Konwitschny, Trekel und alle ringsum. Chef, Sie müssen sofort kommen.

Folgendes war passiert: Peter Konwitschny hatte rausgekriegt, daß Jürgen Trekel Cello spielen kann, so als Hausmusik, und hatte sich einfallen lassen für die eine Szene in FLORIDANTE, daß Trekel als König Cello spielt und dann in die Versenkung fährt. So weit, so gut. Erste Orchesterprobe, Christian Kluttig, der alles fein säuberlich ausdirigiert, gibt Trekel den Einsatz. Der reagiert aber nicht, es wird abgebrochen und ohne ein Wort wiederholt. Der Kluttig behandelt den Trekel also wie einen professionellen Musiker, anstatt zu bedenken, daß das ja nur ein besonderer Akzent ist, den sich Peter ausgedacht hat. Daß der König nämlich, wenn er die unmenschlichsten Sachen sagt, gleichzeitig Musik produziert. Trekel ist also beleidigt, nimmt sein Cello und geht von der Bühne. Damit hat er aber die Vereinbarung mit Peter gebrochen, denn er hatte ihm versprochen, die Szene zu machen. Kluttig ist nun verstimmt, daß sein Wort als GMD nichts gilt, daß ein Sänger von der Bühne abgegangen ist. Da steht nun Autorität auf dem Spiel, das ganze Verhältnis, und ringsum sind das Ensemble, die Musiker und die Techniker, die in die Pause geschickt werden müssen. Wie schafft man es, daß die Fronten sich nicht weiter verhärten, daß die Leute wieder aufeinander zugehen, die Produktion weiterläuft? – Das war eine ziemlich anstrengende Stunde, erst mit dem einen zu reden, dann mit dem anderen, mit dem dritten. Dann zwei zusammenzubringen, und dann den dritten dazu. Bald ist doch Premiere, wie machen wir denn das nun?

Gestoßen bin ich auf Peter durch einen Vorschlag, den der damalige Operndirektor Andreas Baumann gemacht hat. Damals ging am Landestheater Halle ein komplizierter Umbauprozeß vonstatten, und der konnte nach unserer Mei-

nung nur zustandegebracht werden durch die Einbeziehung vieler junger künstlerischer Kräfte. Und so kamen wir darauf, einen Gast zu engagieren, der in jedem Falle etwas macht. Die Umbausituation, das war einer der glücklichen Umstände. Peter lief gerade etwas irritiert durch die Gegend, aber die Gespräche waren sehr gut. Peter in seinem Mißtrauen hat mich außerordentlich intensiv berochen, und ich ihn auch. Und es wurde eine Arbeit vereinbart. Der Peter ist in einen Prozeß im Theater hineingekommen, wo Innovation dringend gebraucht wurde, und zwar in einem zentralen Bereich, nämlich in bezug auf Georg Friedrich Händel.

Nur durch die Reibungen, die es im Ensemble gab, sind solche Inszenierungen wie FLORIDANTE und RINALDO zustandegekommen. Ich glaube, das hat Peter auch immer wieder motiviert, noch einmal zu durchdenken, was er wollte, und es noch extremer oder konsequenter zu vertreten und zu fordern. Und nicht zuzulassen, es zu machen, wie es immer schon gemacht worden ist, weil die alte Händel-Garde hier natürlich Steh-Arien wollte und ein Bühnenbild, das sich seit zehn Jahren ähnelte, um sich vor einem erlauchten Publikum zu präsentieren. Und von Peter kam nun der Vorschlag, diesen Händel ernst zu nehmen.

Das Ganze spielte sich vor dem Hintergrund auch äußerer Kämpfe ab. Die Händel-Gesellschaft – und da meine ich alle die, die sich vom Lehrstuhl bis zum SED-Kreissekretariat für Händel zuständig fühlten –, die hatten in einem Papier einen sogenannten »einheitlichen« Händel-Stil für das Haus kreiert. Und bei der jährlichen Händel-Premiere war es daher üblich, sie vier Wochen vor den Händel-Festspielen herauszubringen, damit sie durch die Funktionäre begutachtet werden kann. Durch den Trick, FLORIDANTE in Bad Lauchstädt herauszubringen, wo man infolge der fehlenden Heizmöglichkeit erst sehr spät mit der Arbeit beginnen konnte, durch diesen Trick haben wir diese Kontrolle umgangen. Die angeblichen Händel-Koryphäen wurden also erst in der Premiere damit konfrontiert, konnten vorher keine Argumente sammeln und waren somit der Stimmung der Zuschauer als auch der Produktion selbst direkt ausgesetzt.

96 Fahrten mit der Maschinerie, Peter hat das bis aufs Äußerste ausgenutzt. Und das war wieder

so ein Glücksumstand, daß so ein altes knarrendes Theater – hier hatte Goethe persönlich inszeniert – viel Nähe hatte zu den Theaterbühnen der Händelzeit. Was ihn offensichtlich beflügelt hat. Der Kern war die Verbindung der Erkenntnisse über die Werkstruktur mit dem Wissen um die architektonische Struktur der Bühne. Das war eigentlich der Schlüssel dafür, daß eine solche bedeutende Leistung entstand.

Neben der Tatsache des neuen Zugangs zu Händel lief noch eine zweite Geschichte. Ich machte Peter den Vorschlag: »Tritt doch in einen festen Vertrag mit uns ein. Wandeln wir deinen Gastvertrag in einen festen um, der dir soviel Freiheit wie möglich und soviel Bindung wie nötig gibt.« Ich wollte ihm in der damaligen Phase seiner Entwicklung ein festes Ensemble zur Verfügung stellen, das er kannte, im Guten wie im Schlechten. Dazu die finanzielle Sicherheit und die Möglichkeit einer sicheren Partnerschaft. Er konnte sich darauf verlassen, daß ich ihn weder belüge noch betrüge. Ich habe zu ihm gesagt, »mach mir in zwei Jahren drei Inszenierungen, ohne Vorschrift, welches Stück«.

Peter wußte, daß meine Tür immer aufstand. Er wußte, er konnte Tag und Nacht anrufen und zu mir kommen. Er hat es nicht ausgenutzt, aber wenn er in Schwierigkeiten war, dann stürmte er zuweilen ins Zimmer und verlangte, daß ich es kläre in seinem Sinne.

Also zum Beispiel hatten wir eine Drehbühne, die machte, wenn sie bewegt wurde, das Geräusch eines mittleren Panzers. Ein offener Umbau mit unterlegter Musik, das ließ sich nicht machen, das mußte ich verbieten. Aber Peter brauchte das, sonst hätte er seinen Orpheus z. B. nicht machen können. Also haben wir ein Rekonstruktionsprogramm durchgesetzt und eine Drehscheibe eingebaut, die sich stufenlos fahren ließ. – Das klingt heute so einfach, aber damals kam nach langem Kampf zunächst nur so eine Fuhre mit nassem Holz, das nicht zu verwenden war. Also erst einmal telefonieren mit dem Ammendorfer Waggonwerk, ob wir das Holz in deren Trockenöfen schieben können. – Um es abzukürzen, die Bühne war dann irgendwann mit dem getrockneten Holz, das vom Ratsvorsitzenden persönlich bewilligt werden mußte, endlich gebaut und funktionierte fast ohne Geräusch. Und da kam Peter Konwitschny und sagte, er braucht in dieser neugedeckten Bühne einen Fahrstuhl. Ich frage ihn, Peter, ein Fahrstuhl, wie groß muß er denn sein, und habe meinen Bühnenmeister kommen lassen, den Peter Reuter, heute technischer Direktor, und habe ihn gefragt, wie wir denn das nun am besten bewerkstelligen können. Ich will nicht beschreiben, wie die das geschafft haben, zur Stahlbaufirma in Dresden, einen grünen Stempel bekommen, die Motoren finden, sich ein System ausdenken ... innerhalb von 14 Tagen hatten wir dann zwei Versenkungsmöglichkeiten. Das ging aber nur auf Grund einer bestimmten Bereitschaft, das war damals das ganze Klima am Haus.

Ich hatte in Berlin dann mehreren Leuten signalisiert, daß ich das nicht mehr durchhalten würde so. Weil das im Bezirk verabredete Konzept für dieses Theater, wieder internationale Reputation zu gewinnen, von keiner offiziellen Seite wirklich unterstützt wurde.

Die Zusagen, die eine Weiterentwicklung des Theaters möglich gemacht hätten, wurden nie realisiert. Der Orchesterraum wurde nie besichtigt, obwohl wir Gutachten über seine gesundheitsschädigenden Eigenschaften haben anfertigen lassen. Ich rede noch gar nicht vom Ballett, von den Werkstätten, der Arbeitssituation der Schneiderinnen... Eine Reihe von Zusagen, die eine Bedingung waren, nicht ständig über die Kräfte zu leben, über die Kräfte der Leute letztendlich – keiner dieser Punkte ist auf Dauer erfüllt worden. Der 1. Bezirkssekretär der Partei wünschte ein Kongreßzentrum in Halle, die Bauruine steht heute noch, dahin gingen dann die Millionen. – Da habe ich dann irgendwann gedacht, du rettest dein Theater nur, indem du zurücktrittst, und ein neuer Intendant kommt nur, wenn er die nötigen finanziellen Zusagen in der Tasche hat...

Ich habe es von den Intendanten nach 45 dort immerhin am längsten ausgehalten, neun Jahre. Ich hatte dort Narrenfreiheit, man ließ mich gewähren. Und unter diesem Schild war auch all das möglich, was Peter forderte und für richtig befand: Die Ungewöhnlichkeit seiner Methoden, sein gelegentlich hysterisches Verhalten, die Abwehr der Angriffe von Seiten des Ensembles gegen ihn. Von denjenigen, die nicht besetzt wurden, aber auch von denen, die besetzt wurden und es anders gewöhnt waren und sich von

ihren Gewohnheiten nicht trennen wollten. Was mich heute beunruhigt ist, daß der Peter von Ort zu Ort zieht und sein Talent verschleudert. Ich erinnere mich an ein Gespräch mit ihm und Manfred Beilharz in Kassel: »Ich weiß«, sagte Peter, »ich kann diese und jene Angebote annehmen, aber mir ist es lieber, ich kenne auch das gesellschaftliche Umfeld, ich weiß, wie die Zuschauer sind, wer ins Theater geht, wie hoch die Arbeitslosigkeit ist und worin die Kunstszene besteht. Dann kann ich mich mit einem Projekt besser installieren«. Solch eine Haltung begünstigt natürlich, über Projekte zu reden. Denn ich weiß, wie er versucht, einerseits zu schocken, andererseits junge Leute ins Theater zu holen. Das frappiert mich. Ob es Erfolg hat, weiß ich nicht. Er hat auf keinen Fall ein Bildungstheaterkonzept, das Langeweile verbreitet, sondern ein Konzept des Aufbrechens, der Nutzung des Theaters als einen künstlerisch-ästhetischen Raum. Ich habe verstanden, daß er ein paar Leute um sich braucht, die sich um ihn kümmern, die ihm die Freiräume schaffen für eine von äußeren Umständen ungestörte Produktion, als Gesprächspartner zur Verfügung stehn. Ich halte ihn für ein ganz innovatives Talent, zu dem, damit es produktiv wird, ein bestimmtes Umfeld gehört, ein bestimmter Personenkreis, eine bestimmte Korrespondenz und Kommunikation. Das ist kein einsamer Regisseur, der aus Gründen des Geldverdienens Projekte annimmt. Das wird er nicht machen. Aber ich habe Sorge um ihn, daß ihm die Bedingungen, die er benötigt, kaum, und wenn, dann nicht von Dauer, mehr zur Verfügung stehn.
(Originalbeitrag)
Aus einem Gespräch mit Frank Kämpfer
am 15. 2. 1992 in Berlin

Georg Friedrich Händel

Floridante

Dramma per musica in drei Akten
von Paolo Antonio Rolli
nach einem Libretto von Francesco Silvani

Deutsch-italienische Texteinrichtung
von Werner Hintze und Peter Konwitschny
auf der Grundlage der deutschen Fassung von Karin Zauft
Landestheater Halle/Goethe-Theater Bad Lauchstädt
Premiere 13. 5. 1984, DDR-Erstaufführung

Musikalische Leitung	Christian Kluttig
Inszenierung	Peter Konwitschny a.G.
Bühne und Kostüme	Kathrin Mentzel a.G.
Dramaturgie	Dr. Karin Zauft
Regieassistenz	Klaus Arauner
	Werner Hintze
	Regina Karpinski
Floridante	Annette Markert
Oronte	Jürgen Trekel/
	Tomas Möwes
Rossane	Juliane Claus/
	Petra-Ines Strate
Elmira	Elisabeth Wilke/
	Mária Petrasovská
Timante	Renate Leißner/
	Karin Börngen/
	Marita Posselt
Coralbo	Jürgen Krassmann/
	Andreas David

Gerd Rienäcker

Im Namen des Menschen

Unablässig macht Händel aus Siegern Besiegte, Besiegten wiederum verleiht er Hellsicht und menschliche Würde; daß sie, der Macht und des Glückes beraubt, zu sich kommen, offenbaren Abschieds- und Wahnsinns-Szenen aufs erschütterndste. Im lieto fine der opera seria sind Konflikte schwerlich getilgt, sonst bedürfte es nicht jenes Salto mortale ins Reich wünschbarer Harmonie, ins Postulat vernunftgesättigter Alternative, ins festliche Beisammensein oder steinerne Zeremoniell. Wer genauer zuhört, findet Ungelöstes, jederzeit abrufbar, durchsetzt vom Ruf nach besseren Menschen, sinnvollerem Leben. Der Schritt zum Oratorium potenziert Idealität, mitnichten enthebt er sie des Widerparts: Protagonisten des Lichtes, göttlicher Weisheit, angetreten im Namen »des« Menschen oder ganzer Völker, stehen übermächtiger Tyrannei gegenüber; im tödlichen Ringen bewährt, konstituiert sich das Eigene, gleichgültig, ob Menschen siegen oder fallen. Zukunft, nicht Gegenwart, spricht das Urteil, ihr gilt die emphatische Moral; daß eine Gemeinschaft sie ausspricht, macht sie allgemein: Allen, so hören wir, gehören die Sehnsucht, Hoffnung, Zuversicht, allen der Konflikt zwischen Idealität und Wirklichkeit, allen der Kampf, ihn zu überwinden – er wird nie abreißen. Völker heben zu reden an...
Der alle Menschen verändern möchte, stößt an eherne Mauern bürgerlicher Verhältnisse sich wund; sie endgültig zu durchbrechen, ist uns aufgegeben.

In: Berliner Zeitung 23.2.1985

Christian Kaden

Über das lieto fine

... Zumal ich noch ein wenig über das *lieto fine* sinniert habe. Neulich wurde ich sogar durch eine Erzählung von Stevenson ganz unmittelbar auf das Problem gestoßen. Es handelt sich dabei um die »Geschichte einer Lüge«, eine bitterböse Geschichte von Illusionierung und Desillusionierung. Ganz ausweglos, auch ganz zynisch. Zum Schluß aber bringt der Autor mit Hilfe eines Deus ex machina (wörtlich!) – und vermutlich dem Leser zuliebe – alles ins rechte Lot. Ein richtiges *happy end*, auch nicht ohne Ironie. Nur: Was da geschieht, ist erstaunlich vernünftig. Es ist, auch wenn es dem Netzwerk von Lügen und Intrigen ins Gesicht schlägt, das eigentlich Naheliegende. Kurzum: nicht das *lieto fine* erscheint als Traum, sondern das Vorhergehende, Verworren-korrupte, obwohl rein dramaturgisch (und aller menschlichen Empirie zufolge) gerade das gute Ende Traum und Illusion ist und bleibt.

Daraus entsteht nun das Problem, ob nicht (zumindest in der jüngeren Geschichte) eine fatale Verkehrung und Umpolung unserer Vitalfunktionen eingesetzt habe: das Wirkliche erscheint als das Unlebendige, Tötende, das unwirkliche Leben dagegen als das wirklich Lebendige. Ich feiere diese Verdrehung ganz und gar nicht. Aber es könnte eben sein, daß so etwas wie »Die Welt als Wille und Vorstellung« gar nichts (oder nur im zweiten Gliede) mit vorsätzlich philosophischem Idealismus zu tun hat, sondern mit Lebenstech-

niken, paradoxerweise: lebenserhaltenden Techniken. Ob dergleichen schließlich für die ganze Tradition des *lieto fine* wesentlich ist, möchte ich zumindest anfragen. Man sollte das, von Fall zu Fall, prüfen; aber undenkbar ist es überhaupt nicht.

Mir ist schon immer die gleichsam therapeutische Struktur der glücklichen Schlüsse verdächtig gewesen. Wozu hier nämlich angeregt wird, ist nichts anderes (vgl. die psychiatrische Schule der Amerikaner Watslawick/Beavin/Jackson), als mit einem radikalen jump die Systembedingungen zu wechseln, geradezu durch Beziehungslosigkeit zum Vorhergehenden, durch einen Abbruch aller Brücken aus den Paradoxien des zu Therapierenden herauszufinden.

Was ich sagen wollte war also:

Das *lieto fine* könnte (!) sehr viel lebensklüger, lebensnäher konzipiert sein, als wir es gelernt haben. Und auch wenn es das nicht ist: Das »Springen im Leben«, das hier wohl doch festlich begangen wird, ist eine kolossal wichtige, schwere, aber entscheidende Sache. Und vielleicht scheint manchmal gerade in den *fines* das Vernünftige durch, in trauriger Verklärung. Denn schlimm ist es, wenn das Vernünftige zum Illusorischen wird. Genau das erleben wir, im Großen wie im Kleinen, Tag für Tag.

Aus einem Brief des Musikwissenschaftlers an Peter Konwitschny,
März 1984
in: Programmheft Floridante,
Landestheater Halle 1984

FLORIDANTE
1. Akt: Coralbo (Jürgen Krassmann) Floridante (Annette Markert), Elmira (Elisabeth Wilke) v. l. n. r.
Fotos Maria Steinfeldt

FLORIDANTE
3.Akt: Finale
Oronte (Tomas Möwes), Timante (Renate Leißner), Floridante (Annette Markert), Elmira (Elisabeth Wilke), Coralbo
(Jürgen Krassmann), Rossane (Juliane Claus) v. l. n. r.

Georg-Friedrich Kühn

Blumen statt Schwerter

»Floridante« – eine Wiederentdeckung bei den 33. Händel-Festspielen

Das »lieto fine«, das glückliche Ende, die heiter-besinnliche Auflösung haßerfüllter Intrigen: Opernkonvention – wir erleben sie hier gebrochen in einem Marionettenspiel.
Die Sänger kommen an die Rampe. Den Bösen ist verziehen. Die Wege der Paare in die glücklichere Zukunft sind gebahnt. Zwei Paare hat es gegeben. Zum eigentlichen guten Schluß ist es schon davor gekommen.
Oronte, der diktatorische Usurpator des Landes, ist entmachtet und entlarvt. Elmira, die er als seine Tochter ausgegeben hat, aber der übriggelassene Sproß des von ihm ausgerotteten rechtmäßigen Herrschergeschlechts ist, die er selber zur Legitimierung seiner Macht heimführen wollte, die aber Floridante, seinem jugendlichen Feldherrn, angehören möchte – Elmira ist wieder eingesetzt in ihre herrscherlichen Rechte.
Aber sie will nicht den Thron. Sie will hinaus mit ihrem Geliebten, Floridante, weg aus dem stickigen Machtgetriebe.
Die Bühnentüre öffnet sich. Man sieht ins Freie.
Natur-Grün. Es ist das Originale des Parks um das kleine Goethe-Theater von Bad Lauchstädt vor den Toren Halles, wo man heuer diesen FLORIDANTE inszenierte.

Im Jahr 1721 ist diese Oper entstanden. Händel hat sie für die dritte Spielzeit seiner ersten Londoner »Royal Academy of Music« komponiert. Am 9. Dezember des Jahres war die Uraufführung.
Der Erfolg war niederschmetternd. Viermal noch zu Händels Lebzeiten versuchte man sich an diesem FLORIDANTE. 1733 zum letzten Mal, später nicht mehr.
Die Inszenierung des Landestheaters Halle jetzt, als Hauptbeitrag zu den 33. Händel-Festspielen, darf man als Wiederentdeckung feiern. Ein Erfolg musikalisch durch die konzentrierte Leitung des jungen Dirigenten Christian Kluttig; insbesondere aber inszenatorisch durch die frische Arbeit Peter Konwitschnys und seiner Ausstatterin Kathrin Mentzel. Konwitschny kommt aus der Schule von Ruth Berghaus, durch unkonventionelle Arbeiten ist er schon mehrfach aufgefallen. Floridante, dem Titelhelden dieser dreistündigen Oper, gibt er ein sehr zeitnahes Gepräge. Ein sehr heldischer Held ist dieser Floridante nicht.
Er trägt, wie sein Name andeutet, lieber Blumen statt Schwerter. In den Krieg für König Oronte ist er nur Elmiras wegen gezogen. Als Jagdtrophäe gleichsam ist sie ihm ausgesetzt. Kämpferische Züge gibt schon Händel diesem Floridante musikalisch nur, wenn er kämpfen muß um Elmira, als Oronte sie ihm trotz des Versprechens verweigert und skrupellos selbst Anspruch auf sie erhebt. Floridantes erste Arie nach der Rückkehr gilt Elmira, schmelzende Töne der Liebe. Und der Diener, den er ihr als Vertrauten mitgebracht hat, entpuppt sich als der ihrer »Schwester« Rossane zugedachte, aber für verschollen

geglaubte Prinz. Gezeigt wird dieser Timante als pfadfindernd schlauer Indianer, der sein Silberband der Sklaverei nur allzugern verwandelt in das Liebesband zu Rossane.
Das besondere Vertrauensverhältnis der Verliebten, den Zwang, ihre Gefühle nach außen hin wie Verschworene verbergen zu müssen, verdeutlicht Regisseur Peter Konwitschny durch ein ständiges Wechseln zwischen einem offizialen Deutsch und einem herzenssprachlichen Italienisch. Konwitschny, der mit dieser Arbeit weiter an Profil gewinnt (eine VERKAUFTE BRAUT ist von ihm kommende Spielzeit an der Ostberliner Komischen Oper zu erwarten), nutzt die beschränkten bühnentechnischen Möglichkeiten des Lauchstädter Theaterchens höchst geschickt: kein Schnürboden, nur einige Hubpodien, zwei wechselnde Dekorationen. Oronte, ein Ledermantel-Dunkelmann, hat seine Auftritte meist durch den Bühnenschacht. Nur als Werber um die Hand Elmiras kommt er schwarzsamten durch die Kulisse. Aus dem Bühnenkeller hoch fährt da die rechtmäßige Thron-Prätendentin instrumentalisiert als Cello, das er zwischen die Schenkel klemmen will.
Musikalisch ist diese Oper reich insbesondere an Arien der Sehnsucht, auch des Todes. Eine der schönsten die des Floridante, als er schon alles verloren glaubt, in den von Oronte befohlenen Tod sich fügt und von Elmira Abschied nimmt. Floridante ist eine Hosenrolle. Mit Annette Markert hat man dafür in Halle eine besonders begabte Sängerin.[...]
(gekürzt)
In: Frankfurter Rundschau 19.7.1984

Christoph Willibald Gluck

Orpheus und Eurydike

(Wiener Fassung von 1762)
Azione teatrale in drei Akten
von Raniero di Calzabigi

Neue deutsche Textfassung
von Werner Hintze

Landestheater Halle
Premiere 22. 3. 1986

Musikalische Leitung	Harald Knauff
Inszenierung	Peter Konwitschny
Bühnenbild	Helmut Brade
Kostüme	Sabine von Oettingen
Choreographie	Helmut Neumann
Dramaturgie	Peter Scheibe
Orpheus	Annette Markert/ Mária Petrasovská
Eurydike	Evelin Garbrecht/ Petra Ines Strate
Amor	Juliane Claus

Chor und Ballettensemble
des Landestheaters Halle
Händelfestspielorchester

Helmut Brade

Bühnenbild

Die Trauerfeier

Wenn der Vorhang aufgeht, ist eine offizielle Begräbniszeremonie zu sehen. Um den aufgebahrten Sarg stellen sich Trauergäste auf. Podeste geben den Eindruck einer Tribüne. Davor steht eine verhüllte Harfe. Vorhänge, Fahnen, Treppen und Kostüme sind weitgehend schwarz und geben eine feierliche Stimmung. Hell ist nur der Marmorsarg und das kostbare weiße Sargtuch. Diese Szene hat die Muffigkeit von Beerdigungen und steht im Gegensatz zum Empfinden tiefer Verletztheit des eigentlich Betroffenen. Orpheus kann sich diesen Formen, die die Endgültigkeit des Todes bejahen, nicht anpassen.
Wenn die Trauergesellschaft verschwunden ist, beginnt die wirkliche Trauer, wird der Schmerz frei, der Orpheus zum Zweifel an einer Ordnung treibt, die solche »Fehler« hat. Deshalb demoliert er Zeichen dieser Ordnung, reißt Fahnen ab und tritt auf die Kränze. Im musikalischen Dialog mit dem zweiten Orchester, das im Hintergrund der Bühne schemenhaft sichtbar wird, deutet sich die Möglichkeit einer Transzendenz, einer Erweiterung an. Ein konspirativer Partner, ein Echo, ist da.
Amor tritt im Moment des ordnungsgefährdenden Verhaltens auf und bietet das ungeheuerliche Privileg an. Die Klausel, die damit verbunden ist, ist von vornherein eine Sicherheit, die das Mißlingen der eröffneten Möglichkeit einschließt. Die Forderung, daß sich die Liebenden auf dem Rückweg aus der Unterwelt nicht anschauen dürfen, ist unmenschlich. Das wird verschärft durch das Verbot, darüber zu sprechen. Orpheus erkennt das und nimmt trotzdem an.

Die Unterwelt

Die Bühne macht eine halbe Drehung, Podeste und Sarg sinken in den Boden. Es wird sichtbar, was hinter der Trauertribüne schon da war.
Die Welt der Furien ist ein Grenzbereich zwischen Leben und Tod. Hier leben Menschen, die nicht zurechtkommen und ausgestoßen werden, oder schon tot sind im Leben. Es gibt Kranke und Verkrüppelte, Trinker und Drogensüchtige, die alt gewordene Filmdiva, die Mutter ohne Kind, die

Armen im Müll und die stumpfen Fernsehgucker. Dieser Bereich hat eine eigene, absonderliche Poesie, die die Phantasie des Einzelnen zuläßt. Der berühmte Dichter Orpheus gehört da nicht hin. Er ist etabliert und angepaßt und wird von dieser Welt abgelehnt. Sein Auftritt stört und aktiviert Aggressionen. Die zuerst nicht genau definierbare Bühne belebt sich. Gestalten wachen auf und kriechen unter ihren Planen hervor und schreien ihr »Nein«. Die Bühne ist so dunkel, daß man nicht alles enträtseln kann und für Phantasie Raum bleibt. Beleuchtung an den einzelnen Orten durch Stehlampen, Taschenlampen, Leuchtstoffröhren, Nachttisch- und Arbeitslampen schafft Landschaft.

Wenn diese Leute Orpheus´ Verzweiflung erkennen und merken, daß er im Grunde zu ihnen gehört, einer von ihnen sein könnte, ändert sich ihre Haltung. Sie zeigen ihm den Weg und ziehen sich unter die Planen zurück. Der schwarze Rundhorizont hebt sich an, die Arbeitswelt der Hinterbühne und der Umgänge wird sichtbar, ein Bildriß. Orpheus geht auf einen großen Scheinwerfer zu, der die Zuschauer blendet. Sein Schatten projiziert sich auf die langsam herunterkommende Kurtine, auf die ein großes Herz gestickt ist. Das Herz auf dem Vorhang im Herz des Schattens. Die Figur, kleiner werdend, wird größer als Schatten. Dieses Bild leitet die Pause ein.

Das Elysium

Schon im Gegenlicht am Ende des Vorspiels wird der Vorhang durchsichtig und läßt immer mehr von der Bühne erkennen.

Sie ist ganz weiß. In der Mitte steht ein transparenter Raum. Der Himmel ist von Drähten zerschnitten, an denen die Dekorationsteile aufgehängt sind, auch Leuchtstoffröhren und ein weißes Eisenbett an roten Seilen. Den Bühnenboden bedecken weiße seidene, locker gelegte Tücher. Figuren ohne Individualität und Geschlecht bewegen sich unverständlich und traumhaft. Sie sind eingewickelt, und man sieht, wie auch Orpheus zu einem solchen elysischen Geschöpf gemacht wird. Gerade noch findet er zu sich, erinnert sich seiner Aufgabe, staunt und entsetzt sich über die unverständliche Welt. Wenn schließlich Raum, Bett und Licht in die Höhe fahren, bleibt im nun fahlen Schein eine der Figuren zurück. Eurydike?

Der Rückweg

Es geht ohne Umbau und Unterbrechung weiter. Die Bühne ist nun ganz leer. Zwischen den verschobenen Tüchern steht nur noch ein Stab, Grenzstein, Wegweiser. Durch sein langsames Wandern wird die kaum wahrnehmbare Drehbewegung der Bühne sichtbar. Ein schneller Lichtwechsel schafft ein sehr landschaftliches Bild. Vor dem glitzernden Seidenhorizont liegen die Tücher wie Gebirge in einem sphärisch bleichen, blauweißen Licht. Vor dem riesigen Himmel in einer endlosen Weite sind die zwei Darsteller mit ihrer unlösbaren Aufgabe allein gelassen. Diese Szene ist innerhalb der Oper der längste zusammenhängende Ablauf, es sind Phasen eines Kampfes: Erwachen der Toten, Rückgewinnung von Leben, Versuche von Annäherung, Widersinn und Streit, Verzweiflung, Sehnsucht nach Tod, Vereinzelung, Sich–Finden, Sich-Ansehen, das Verbot-Übertreten, Glück, Entspannung, Tod. Die Bühne bleibt stehen. Das menschliche Moment ist die Übertretung des Verbotes, für Orpheus auch eine Erlösung. Er begräbt Eurydike in der Ödnis. Er bedeckt sie mit den umherliegenden Decken und Tüchern. Er weiß nun nicht mehr, warum er weiterleben soll. Er schließt den Vorhang bis auf einen Spalt, die grausige Landschaft des Rückweges gewinnt Ferne, Orpheus als Silhouette bleibt schwach beleuchtet.

Da tritt Amor auf und verhindert den Selbstmord. Es folgt das Öffnen des Vorhangs und eine schnelle Verwandlung durch eine große Gruppe von Bühnenarbeitern.

Das Finale

Die restlichen Tücher werden weggeräumt. Die Bühne wird von den grauenvollen Erinnerungen gesäubert. Es wird ausgekehrt.

Tribünen werden errichtet, Fahnen heruntergelassen und ein weißer Schleier im Hintergrund. Orpheus bekommt einen großen Mantel und wird auf einen Thron gesetzt. Neben ihn auch die wiederbelebte Eurydike. Sie werden zurechtgemacht und dann mit einem Tuch bedeckt. Rosa Licht kommt, Ballett. Das Paar wird in die Höhe gefahren. Sie sind Denkmal geworden auf marmornem Sockel.

(Auszug)

in: Sinn und Form Heft 1/2, 1987

Matthias Frede

Fabel gefunden – Komponist gesucht

Peter Konwitschnys seltsame hallesche Gluck-Vernutzung

»Orpheus und Eurydike«

Beim absichtsvollen Heranholen des Erbes und oft gewaltsamen Ausprobieren seiner Strapazierfähigkeit auf der Musikbühne ist unsere Opernregie mancherorts zum streitsüchtigen Enfant terrible geworden. Die einen, in der Mehrheit, bleiben weitgehend neutral und auf dem Teppich, sei er auch schon ziemlich abgetreten.

Die anderen, in der Minderheit, begeben sich wissentlich aufs trügerische Glatteis. Dort vollführen sie konzeptionelle Verrenkungen und geistige Bocksprünge (vornehmlich für Insider), spielen nicht das »alte« Stück, sondern mit ihm, vernutzen es statt es zu benutzen. Sie nennen die narzißhafte Selbstdarstellung eine »neue Lesart« und – brechen häufig ein am Ort des Geschehens.

Aber sie sorgen immerhin für Bewegung, wo der Stillstand droht; geraten überdies ins (meist durchaus gewollte) Gerede.

Zum Beispiel Peter Konwitschny und seine seltsame hallesche Neuinszenierung von Glucks ORPHEUS UND EURYDIKE. Dies in der Wiener Erstfassung (1762), demnach als Calzabigis italienische »Azione teatrale« (deutsche Übertragung: Werner Hintze), ohne die späteren Zusätze und mit der Altstimme für den apollinischen Sänger. Im schmalbrüstigen Programmheft des Landestheaters wird aus Elias Canettis »Masse und Macht« (1980) zitiert. Das hat Methode. Denn weder die Anti-

ke noch die Barockoper kommen tatsächlich vor.

DAS BILD: Zuerst ein Staatsbegräbnis als zeremonielle Kondolenzstaffage. Bemützte Ordner geleiten die unbewegten Trauergäste in heutiger schwarzer Kleidung auf zwei Stehtribünen. Dazwischen Eurydikes weißer Sarg unter einem Baldachin mit Kränzen davor. Schmale schwarze Fahnen werden aufgezogen, während Orpheus' Klage um die tote Geliebte endlich den Gott Amor herbeiruft – einen gestriegelten, dunkel bebrillten »Chefideologen« im langen Mantel und in Lackschuhen. Er setzt den tief betroffenen Künstler an das vordem verhängte Instrument, das keine Lyra, sondern eine goldene Harfe ist, und bestärkt dessen Entschluß, in den Hades zu gehen, um die Furien mit seinem berühmten Gesang zu erweichen.

– Das zwielichtige Schattenreich bevölkern animalisch-beutegeile »Aussteiger« inmitten von neuzeitlichen Zivilisationsprodukten wie Fernsehapparate, Kühlschränke und unterschiedliche Lampen. – Das Gefilde der Seligen dennoch erreichend, gelangt Orpheus dort in eine klinisch-sterile Intensivstation und unter mumienhaft vermummte Gestalten, die ihm Eurydike schließlich überlassen. – Auf der langsam drehenden Scheibe und ihrem Weg in die Oberwelt ringen die Liebenden im Kreis mit sich sowie mit unendlichen Tüchern und Bändern. Blaulicht, als Orpheus das Gebot der Götter verletzt und Eurydike anschaut.

Sie stirbt erneut. Der verzweifelte Sänger zieht den Vorhang zu, bis auf einen Spalt, wo Amor seinen Selbstmord verhindert.

– Zu guter Letzt ein postumer Staatsakt zwecks feierlich–steifer Enthüllung eines Denkmals für das standhafte Paar. Geladene Gesellschaftsspitzen, wieder die beiden Stehtribünen und die Fahnen, nun ganz in aseptischem Weiß. Geschäftige Einweisungsroutine, gefüllte Gläser, die üblichen

Auszeichnungen und tänzerische Huldigung des mächtigen Funktionärs Amor, der die gewohnheitsmäßige Zeremonie dann mit einer knappen Handbewegung beendet.

DIE FABEL: Ein begnadeter und deshalb brauchbarer Künstler wird in seinem großen menschlichen Leid zum manipulierten Instrument der herrschenden »Götter«, die ihm trotz der Gesetzesübertretung verzeihen und sogar Ehre widerfahren lassen, um ihre eigene Macht zu festigen und sich selbst ins rechte Licht zu rücken. So etwa vielleicht.

DIE FOLGEN: Wie bereits kürzlich in der Potsdamer Gluck-Inszenierung Peter Brähmigs erfolgt auch in Halle eine hurtige Aufkündigung jener »Lüge des Barocktheaters«, die von der zeitgenössisch-absolutistischen Vermeidung tragischer Ausgänge gekennzeichnet ist, und zwar durch Denunzierung des »frohen Endes« mittels Vision oder Ironie.

Dagegen wäre aus heutiger Sicht an sich nichts einzuwenden. Aber Konwitschnys ebenso konsequente wie impertinente Regie-Überhebung, in der Premiere vom (arrangierten?) Beifall der Anhänger begleitet, erzählt von Anfang an ein völlig anderes Stück Orpheus-»Autobiografie«.

Bis auf das ungemein dicht und artifiziell gestaltete Liebesduett der Titelhelden artet es immer mehr zur selbstgefälligen, bösen Satire aus und entfernt sich infolgedessen im renitenten Gegenwartsbezug unablässig vom musikalischen Impetus des Werks sowie von seiner ethisch-moralischen Grundfrage nach absoluter Gattentreue. Für die provozierend neu erdachte Geschichte müßte erst noch ein geeigneter Komponist gefunden werden. [...]

(leicht gekürzt)

in: Liberal-Demokratische Zeitung, Halle 3. 4. 1986

Mit Orpheus wird gemacht

Auszüge aus Leserzuschriften in »Theater der Zeit« 10/1986

Robert Bonan,
Vorsitzender der Kommission Kultur und Bildung VEB Waggonbau Ammendorf

[...] Als einen durch die neue Inszenierung sich angeregt fühlenden Besucher hat mich die in der regionalen Presse geführte Diskussion eher verwirrt, als daß sie irgendwie hätte zu überzeugen vermocht. Mir scheint, Konwitschny und Brade wird etwas ähnliches vorgeworfen wie seinerzeit den sogenannten »Intransigenten«, den als radikal und umstürzlerisch verdächtigten Impressionisten. Auch sie hatten im Grunde kaum mehr als klassische Vorgaben mit Ausdrucksmitteln verbunden, die ihnen zeitgemäß erschienen. Was ist es, das in beiden Fällen die Kritiker so sehr aufregte? Ist das, was in vielen Kunstgattungen schon seit langem praktiziert wird, für die Oper tabu? Stimmt es denn wirklich, daß die Musik sich nur in ihrem entstehungszeitlichen Bezug und in Übereinstimmung mit den Vorstellungen des Komponisten in Szene setzen läßt, nicht auch durchdrungen von Problemen und Fragen, die eine auf Gegenwärtiges bezogene Neuinszenierung einzubringen vermag? [...]
Mich hat die hallesche Aufführung tief bewegt, und viele andere auch. Sie war für mich eines der größten Theatererlebnisse der Spielzeit. Und es war vor allem die Übertragung der Handlung in unsere Gegenwart, in eine Gegenwart hier im Lande, die mir den hohen Erlebniswert vermittelte. Ein nicht geringer Teil der Besucher stattgefundener Aufführungen fand in den mit realistischen Symbolen angefüllten Szenen, im sinnfälligen Bühnenbild, Parallelen zu aktuellen Vorgängen und Erlebnissen. Es wurde für diese Besuchergruppe hierdurch das allgemeinere Anliegen der Aussage erfahrbarer. Die Ähnlichkeiten des Sohnes der Muse Kalliope mit Musensöhnen unserer Tage, mit Personen und Denkschemata, oft gedankenlos angewandten und eben deshalb erstarrt wirkenden Normen, in die sie sich fügen müssen, waren eindringlich, bewirkten hierdurch Emotionen, die für mich nicht

im Widerspruch, vielmehr im Einklang mit der gehörten Musik standen. [...]

Gesine Carlitschek, Theaterwissenschaftlerin

[...] Beide suchen die Nähe. Orpheus nur weiß um die Eile, der verdammten Pflicht zu entrinnen. Fast brutal reißt er sich aus zärtlicher Annäherung los, treibt an, fleht verzweifelt, verbindet sich die Augen, vergräbt sich, um nicht zu hören. Für Eurydike, aus dem Elysium entführt, ist einzig Orpheus Nabelschnur zur Welt, nur durch ihn, mit ihm wird sie wieder leben können. Er aber erscheint kalt, fremd. Mit allen ihr zu Gebote stehenden weiblichen Mitteln versucht sie, ihren Orpheus wiederzugewinnen. Sie liebt ihn doch. Als er sich die Augen verbunden hat, führt sie ihn ein Stück des Weges. Sie führt einen »Blinden«. Sie muß ihn »sehend« machen. Vergeblich. Wozu hat er sie aus der Ruhe und dem Frieden der Gefilde der Seligen gerissen? Je weiter der elysische Kokon aufbricht, abfetzt, Eurydike lebendiger wird, wird sie hilfloser dem eisigen Hauch gegenüber, der Zukunft verheißen soll. Die Sehnsucht spaltet sich und läßt das Reich der Toten in seiner unangefochtenen unwirklichen Harmonie als eine erstrebenswerte Alternative zu einem Leben ohne den natürlichen Bezug erscheinen.
Entkräftet, zerrissen, zerfressen von Pein kriecht Orpheus schließlich auf Eurydike zu, die sich ihm in einem letzten schmerzlichen Versuch entgegenreckt. Sie sehen sich an und erkennen einander. Die Zerreißprobe menschlicher Bindungen wurde bestanden, aber das Diktat der Entfremdung gebrochen. Der Preis ist Eurydikes Tod. [...]

Dr. Klaus Heller, Sprachwissenschaftler

[...] Konwitschny geht es gar nicht darum, das Vorgegebene genauer auszuleuchten, und die penetrante »Gegenwartsbezogenheit« in Spielführung und Ausstattung ist wohl nicht gemeint als methodischer Kniff, einem dann sicherlich unterschätzten Publikum das Tua res agitur großmütig zu servieren. Nein, Konwitschny möchte Eigenes bieten. Die Oper Glucks ist ihm nur Vorwand, willkommener Anlaß, selbstgefertigte Ideen, die nicht zum Stück passen, ins Bild zu setzen. Nun ist die Geschichte des Orpheus und seiner Eurydike von Vergil und Ovid bis hin zu Kokoschka, Cocteau und Anouilh viele Male neu erzählt und umgemodelt worden, und warum sollte das nicht auch Konwitschny versuchen? Er kümmert sich schon ohnedies weder um die Antike noch um die Barockoper. Wozu also überhaupt erst Gluck? Dessen Musik – innig, anrührend und aufwühlend – ist, so stellt man verwundert fest, nicht von dieser (Bühnen-)Welt ... Was bleibt, ist eitle Selbstbespiegelung. [...]

Aenne Neumann, Musikwissenschaftlerin

[...] Hervorragendes Beispiel dafür, wie konventionelle Sichtweisen produktiv in Frage gestellt werden, um die Potenzen der Gattung Musiktheater für unsere Zeit neu zu bestimmen und auszuschöpfen, bot mir die Darstellung des Elysiums. Eine zusätzliche Bedeutungsebene eröffnet sich vor dem eigentlichen Bild dadurch, daß sich Orpheus, unangenehm geblendet, auf das Elysium zubewegt, während sich der Vorhang zur Pause schließt und der immer größer werdende Schatten der Figur direkt auf die Zuschauer zugeht. Betroffenheit löste dann das Elysium-Bild aus, nach und nach wird Orpheus für das ihm Bevorstehende »präpariert«. Gesichtslose Gestalten durchschreiten mit mechanischen Bewegungen den sterilen, neonbeleuchteten Raum, der einerseits anonyme Ruhe, andererseits Bedrohlichkeit ausstrahlt.

Das sich anschließende aussichtslose Ringen Orpheus' und Eurydikes um Vertrauen und Zuwendung erscheint als grausames Spektakel. Selten sah ich eine so minutiöse und sensible Figurenführung, die Annette Markert (Orpheus) und Evelin Garbrecht (Eurydike) mit überzeugender Ausdruckskraft, mit Verhaltenheit und Intensität meisterten. [...]

Dr. Sc. Karin Richter / Prof. Dr. sc. Günter Richter, Germanisten

[...] Der gedankliche Ausgangspunkt der hallischen Fassung liegt u.E. in der wirkungsästhetischen Frage begründet, unter welchen Voraussetzugen ein derartiger Stoff beim zeitgenössischen Publikum Interesse zu erwecken vermag und wie von ihm Impulse ausgehen können, die auch für den heutigen Zuschauer produktiv sind. Aus dieser Sicht konnte der Entschluß wachsen, nicht einfach werkgetreu »nachzuspielen«. Peter Konwitschny ignoriert in seinem konsequent verwirklichten Modell alle Erwartungen, die mit einer in der griechischen Mythenwelt angesiedelten dramatischen Handlung verbunden sind. Indem er die Einbettung des Spiels in den ursprünglichen historischen Rahmen aufgibt und Aktualität nicht nur indirekt aufscheinen läßt, sondern unvermittelt auf der Bühne herstellt, zerstört er die üblichen Klischees und festgefügten Rezeptionsmuster. Im Vordergrund steht nicht das genaue Erfassen von Sachverhalten der Gluckschen Version der Orpheus-Sage, sondern die Analyse von aktuellen Umständen, unter denen sich existentielle menschliche Grundfragen stellen. Die uneinheitliche Reaktion des Publikums, die von totaler Ablehung bis zu enthusiastischer Annahme reicht, ist insofern eine fast zwangsläufige Folge dieses Konzepts. [...]

Prof. Dr. sc. Dorothea Siegmund-Schultze, Anglistin

[...] Der Bezug zu Canettis »Masse und Macht« scheint mir nicht zwingend (das Programmheft enthält Auszüge daraus sowie einige Bild-Wiedergaben, die sicherlich eindrucksvoll Einsamkeit und Verlorenheit zeigen, wegen der schlechten Reproduktion aber nicht zur Wirkung kommen) als Anregung zur Konzeption der Inszenierung, sondern ist wohl eher »gesucht« im echten Sinne des Wortes.

Im antiken Orpheus-Mythos wird deutlich, daß die Rückkehr zur Erde eigentlich unmöglich sein müßte, denn den Liebenden wird die Auflage erteilt, einander während des Rückweges nicht anzusehen, was dem Ausdruck menschlicher Zuneigung ja zuwiderläuft, dennoch stellt Gluck im Zeitalter des Glaubens an den Menschen den Sieg der menschlichen Liebe über alle Widrigkeiten im Bilde der Rückkehr dar. In der jetzigen Inszenierung ist das nicht mehr möglich, und es wird ein Kompromiß gefunden: Die Liebenden sind zum (singenden) Monument erstarrt, dem zwei Brautpaare zu Füßen stehen. Die Szene wird als Huldigung an Amor gespielt, doch in einem der beiden Brautpaare – einer älteren Frau und ihrem senilen Liebhaber – wird auch dies zurückgenommen: die Liebe wird karikiert und ad absurdum geführt. Das ist ganz gegen Gluck und gegen den Geist seiner Oper, und damit wird in dieser Inszenierung ein weiteres Mal vorgeführt, wie wir das »Erbe« wohl eigentlich nicht »befragen« sollten – hier wird es nicht entfaltet, sondern beschädigt.

Orpheus-Erfahrungen

Daniela Reinhold

Ein Gespräch mit Peter Konwitschny und dem Dramaturgen Werner Hintze

REINHOLD: Wenn man sich mit Gluck beschäftigt, dann hat dies, wie mir scheint, nur einen Sinn, wenn man zugleich über Reformoper nachdenkt, darüber, was diese für Gewinne und Verluste gegenüber der opera seria mit sich gebracht hat. Da wäre zunächst interessant, wo du Unterschiede, verschiedene Gewichtungen, verschiedene gesellschaftliche Aspekte, die für uns wichtig geworden sind und sich in der musikalisch-dramaturgischen Struktur niederschlagen, bei Händel und Gluck siehst?

KONWITSCHNY: Die Verluste, die es bei Gluck gegenüber Händel tatsächlich gibt, muß man in der inszenatorischen Arbeit mitbedenken. Doch das Problem ist nicht allein aus der Musik zu erfassen. Man muß ihre Unterschiede innerhalb des ganzheitlichen Geschichtsablaufs sehen. Für uns war entscheidend, daß Gluck schon einer anderen Epoche zuzurechnen ist als Händel. Obwohl Händel in England bürgerlichen Opernbetrieb machte, muß man ihn wohl mit seinen Opern in bezug auf die Werkstrukturen der vorhergehenden Zeit einordnen. Seine Opern entstanden noch im Sinne feudaler Produktions- und Rezeptionsweisen. Doch ergab das künstlerisch Produktives. Die feudale Selbstsicherheit läßt viel Freiraum zum Ausprobieren. Sie ermöglicht eine quasi überschwappende Lust am Spielerischen, eine gewisse Zweckfreiheit von Kunstmitteln, gibt Bereiche frei, in denen Menschen, Sänger, zeigen, was ihnen Spaß macht, ihr ganzes Können lustvoll präsentieren. Das geht später nicht mehr. Ich stelle mir vor, daß kurz vor einem so einschneidenden Ereignis wie der Französischen Revolution von 1789 ein Sog entsteht, der alles in sich aufnimmt, alles seinen Zwecken unterordnet. Gluck steht im ORPHEUS-Kompositionsjahr 1762 schon recht unmittelbar davor. Hier müssen auch in der Oper die neuen bürgerlichen Wertvorstellungen massiv durchgesetzt werden. Dabei wird alles auf den Zweck, eine Handlung zu erzählen, eine Moral zu vermitteln, umgebaut,

werden Inhaltsvarianten, die die seria überreichlich hat, weggeschnitten, bleibt im Werk kaum Platz zur Diskussion. Doch damit ist natürlich nicht gesagt, daß Gluck etwa schlechter als Händel ist. Er ist nur anders. Aber ich muß vielleicht sagen: Er ist mir ein bißchen fremder, weil mir die bürgerliche Denk- und Empfindungsweise fremder, unangenehmer ist als meine eigene, die sich wahrscheinlich durch das spielerische Element eher mit Händel verbindet.

HINTZE: Das tut der Tatsache keinen Abbruch, daß Glucks Art und Weise, eine Oper zu komponieren, außerordentlich präzise die Vorgänge der gesellschaftlichen Entwicklung im ausgehenden 18. Jahrhundert widerspiegelt. Hier wird es interessant, nun zu versuchen, genau das, was in der Struktur thematisiert ist, auch in der Inszenierung zu thematisieren.

KONWITSCHNY: Es gehört zu meinem Beruf und zu meiner Berufsauffassung, eine Struktur von Musik in Szene zu setzen. Wichtig wird für mich, ob ein Kontrapunkt vorhanden ist oder nicht, ob nur Baßverstärkungen vorkommen. Gluck spielt sich tatsächlich für viele Orchestergruppen schwieriger, weil sie passiver, nicht eigenständig gefordert werden. Also: Strukturen umsetzen in Szene – man kann sagen, daß die Brutalität im Sinne von Zeitnahheit, die wir bei ORPHEUS besonders im ersten und letzten Bild gefunden haben, zu diesem In-Szene-Setzen von Kompositionsstrukturen gehört. Hier gibt es eben nichts Spielerisches, dafür in gewisser Weise Brutal-Direktes in der Art und Weise, wie Gluck seine Geschichte linear erzählt.

REINHOLD: Die stärkere konzeptionelle Orientiertheit des ORPHEUS steht wirklich im Gegensatz zur RINALDO-Inszenierung, die fast revuehafte Züge hat im Sinne des Zusammensetzens verschiedener Spielelemente, auch durch das ständige Springen zwischen Komödie und Tragödie, die in Brüchen die eigentlich recht bitter-böse Geschichte transportiert. Auf der Ebene gesellschaftlicher Hindergründe, auf der Ebene der künstlerischen Stilistik ergeben sich zwischen Gluck und Händel Gegensätze. Doch sieht man sich an, was verhandelt wird, scheinen sich diese Gegensätze aufzuheben, geht es beiden um Ähnliches, um den verzweifelten Selbstbehauptungsversuch von Individuen innerhalb gesellschaftlich gesetzter Normsysteme. In allen Fäl-

ORPHEUS UND EURYDIKE Landestheater Halle 1986
» Im Elysium«. Foto Andre Geßner

Eurydike (Petra-Ines Strate), Orpheus (Maria Petrasovska)
Foto: Barbara Hergert

len endet dieser Versuch tragisch, ob in Floridante oder Rinaldo oder Orpheus. Hier sehe ich nur einen Unterschied, daß das Happy-End bei Gluck noch aufgesetzter ist als bei Händel.

KONWITSCHNY: Das Happy-End ist bei Gluck auch härter. Nach dem Schnitt mit dem zweiten Amor-Auftritt und dem kurzen, alles klärenden Rezitativ kommt ein zehnminütiges Ballett und anschließend eine Hymne mit Vorsänger und einfallendem Chor. Das ist von der Form her eine ziemlich primitive Musik, nicht vergleichbar mit »Ach, ich habe sie verloren« oder Orpheus' F-Dur-Arie im ersten Akt. Der letzte Chor ist auch nicht mit den ersten zu vergleichen. Dagegen ist ein Händelsches lieto fine oder ein Schlußchor mild.

HINTZE: Bei Floridante wird am deutlichsten, mit welcher Heiterkeit und Freundlichkeit die Sinfonia das lieto fine einführt. Amor dagegen tritt, ohne sich orchestral anzukündigen, mit einem Tritonus auf. Orpheus moduliert bei seiner tödlichen Entschlossenheit zum Selbstmord nach fis-Moll, und Amor nimmt diesen Schlußakkord einfach als Nichtschluß, als Einleitungsakkord zu seinem Einsatz. Ein Tritonus ist ja schon recht lange ein sehr drastisches Zeichen für einen Teufel. Während in Floridante deutlich gezeigt wird, daß wir nach einem Zwischenspiel spielerisch in eine andere Variante, die eigentlich vernünftigere, springen, ohne daß diese Realität wäre, wird das fine im Orpheus herangezwungen.

REINHOLD: Aber das lieto fine wird auch nicht kaschiert. Darin liegt vielleicht die Wahrhaftigkeit, von der im Zusammenhang mit der Reformoper die Rede ist.

KONWITSCHNY: Gerade aber mit der Behauptung von Wahrhaftigkeit versuchen bürgerliche Inszenierungsmodelle, das lieto fine strukturell zu liquidieren. Bei Händel wird das Werk vergessen, wenn man das fine nicht streichen kann. Oder man versucht, die Schlüsse so hinzubiegen, daß das Stück organisch zu Ende geht. Man will nicht zeigen, daß mit dem lieto fine am Ende wie ein pädagogischer Aspekt in heiterer Weise die bessere Welt angehängt wird. Dieses Strukturprinzip wird nivelliert. Und auch bei Gluck wird versucht, das angeklebte lieto fine einzufunktionieren, es organisch aus dem Vorhergehenden zu entwickeln. Durch die Autoren wird aber am Ende harsch in den Mythos eingegriffen. Und

von diesem Eingriff ist in einer Inszenierung, die in dem beschriebenen Sinne bürgerlich verfährt, nicht mehr die Rede – es wird so getan, als ob die Geschichte schon immer so gewesen wäre. Als organisch wird dann angenommen, daß der Gott ein liebevoller ist und die Klausel – Eurydike nicht ansehen und mit ihr sprechen zu dürfen – keine Klausel ist, sondern... ja, was? Es gibt eigentlich für diese Lesart keine sinnvolle Begründung. Und wenn die Götter liebevoll sind, dann ist organisch, daß sie wiederkommen und alles geraderücken.

REINHOLD: Das Einfunktionieren der Klausel heißt doch, daß es den Göttern, oder der Macht, zusteht, Prüfungen zu vergeben, und wenn die nicht bestanden werden, dann sind sie so freundlich, die Prüfung trotzdem anzuerkennen.

KONWITSCHNY: Damit wird verunklart, daß es mit der Prüfung um eine Unterwerfung geht. Denn das Gebot ist nicht durchführbar, und es zu befolgen, heißt, sich für einen Gnadenakt jeder idiotischen Forderung zu unterwerfen. Orpheus kann das nicht, steigt aus, total, tödlich. Und das geht nicht. Also muß ein zweiter »Gnadenakt« her, um ihn wieder einzupassen. Gluck komponiert diesen Vorgang deutlich. Doch ihn bei der theatralischen Realisierung dann zu verunklaren, ist im Sinne bürgerlicher Machtbehauptung wichtig.

REINHOLD: Mir ist an der Inszenierung aufgefallen, daß es einen Bruch in der Stilistik zwischen den einzelnen Bildern gibt, mit dem die eigentliche Akttrennung im Sinne des eben Gesagten aufgehoben wird. Während die originalgetreue Akttrennung so ist: Trauerfeier im ersten Akt, die Durchgangsstationen Hölle und Elysium im zweiten sowie die Prüfung und der Gnadenakt im dritten, vereint als logische Folge, verbindest du die Trauerfeier (Bild 1), die Hölle (Bild 2) und die Feierstunde am Schluß (Bild 5) durch Szenen der Einordnung von Menschen in äußere Lebensrituale, läßt die Menschen in Bild 3 (»Elysium«) und 4 (»Weg aus dem Totenreich«) aber direkt aufeinanderprallen in einer stilisierten Form, die zeigt, wie sie durch diese Lebensrituale zerstört wurden. Hier wird der Bruch zwischen viertem und fünftem Bild überdeutlich – er zeigt den Gewalteingriff, der die Folgen der Machtforderung ebenso machtvoll wieder zurechtrücken will. Es würde mich interessieren, inwieweit sich die verschiedene Erzählweise zwischen der aktukell-konkreten Bildsprache in Eins, Zwei, Fünf und der Allgemeinheit von Drei, Vier auf Musik, auf Text, auf Struktren beziehen kann.

HINTZE: Die Heraushebung beider Szenen ist in der Musik mit angelegt. Das Elysium hat die reinste, widerspuchsloseste Musik, und die folgende Szene ist im Zwischenbereich beider Welten angesiedelt, auch musikalisch, gekennzeichnet vornehmlich durch Rezitative und das große Duett zwischen Orpheus und Eurydike, was anderswo in dem Ausmaß und der Bedeutung nicht vorkommt.

KONWITSCHNY: Die Bilder Drei und Vier sind wirklich der eigentliche menschliche Bereich. Aber am besten beantwortet die Frage vielleicht die Geschichte unseres Hergehens. Totenreich – das provoziert doch zunächst einmal eine Antwort darauf, wie wir uns die Toten vorstellen. Man hat ein Menschenbild und man hat auch ein Totenbild, oder man hat es eben nicht. Die Vorstellungen, die es im allgemeinen gibt, sind einfach albern, kindisch, Wunschbilder, Verdrängungen. Als mir das klar wurde, bekam ich Angst, überhaupt einen realen Raum, ein Bühnenbild und Figuren dafür zu finden. Dann haben wir überlegt, was es eigentlich erkenntnistheoretisch bedeutet, tot zu sein. Leblos heißt doch, zumindest im Rahmen des Vorstellbaren, daß keine Kräfte mehr gegeneinander wirken, Widerspruchslosigkeit. Daraus erwächst Fremdheit. Oder man kann sagen, fremd ist, wenn man nebeneinander vorbeigeht, sich nicht mehr reibt. Daraus entstand die Idee von weiß, auch das Eingewickelt-Sein als Form von Abgrenzung und Entindividualisierung, und die Beziehungslosigkeit von Bewegungsabläufen. Diese theoretische Erwägung hat uns also Mut gemacht, zu Bildern für das Totenreich zu kommen. Da entdeckten wir auch, daß zweimal derselbe Chor gesungen wird mit unterschiedlichem Text. Beim ersten Mal laden sie Orpheus ein zu kommen, wobei Orpheus vorher gefragt hatte: »Wo ist Eurydike?« Sie antworten: »Sie ist hier« und singen dann ihren Chor: »Komm zu uns, ins Reich der Schatten«. Es folgt ein Ballett, das Orpheus unterbricht, indem er sagt: Ich habe euch jetzt schon vor einer ganzen Zeit gebeten, mir Eurydike zu geben, nun geht doch mal auf meine Bitte ein. Worauf nicht etwa eingegangen wird, sondern noch einmal, trotz völlig veränderter Situation, derselbe Chor gesungen wird – mit einem anderen Text. Er richtet sich jetzt an Eurydike und sagt: Kehr zurück, geh von uns weg, alles Gute ... Da ist ein scheinbar unsinniges Wort-Ton-Verhältnis und das war uns ein wichtiger Hinweis für sämtliche Beziehungen in diesem Reich. Denn es ist fast Horror oder Alptraum, ist musikalisch nicht auszumachen, ob Orpheus irgend etwas bei diesen Leuten erreicht. Da entsteht Hilflosigkeit, wenn man keine vernünftige Rückkopplung bekommt.

HINTZE: Diese elysische, widerspruchslose Musik ist auch statisch. Wenn zweimal derselbe Chor gesungen wird, ergibt sich Zeitauflösung. Orpheus weiß, wenn er ihn zum zweiten Mal hört, nicht mehr, an welchem Punkt der Situation er sich befindet, ob er noch vor oder schon nach der Frage ist. Und die Ballettmusik ist ebenso statisch, wiederholt sich so oft, daß es für die Chorsänger absolut unmöglich ist, zu wissen, wann sie welche Bewegung machen müssen – man kann sich diese Musik nicht merken. Sie bewegt sich nicht fort... Es ist Raumlosigkeit, musikalisch ausgedrückt durch Zeitlosigkeit, durch stetige statische Wiederholungen.

KONWITSCHNY: Die Bilder Drei und Eins (Elysium und Trauerfeier) haben eine Gemeinsamkeit, die in der Musik darin besteht, daß in Eins ein Chor gesungen wird, woraufhin Orpheus die Leute bittet, zu gehen, aber keineswegs gegangen wird, sondern zunächst ein Ballett abgezogen und dann bis auf den Schluß unverändert der Chor noch einmal gesungen wird. Diese Gemeinsamkeit ist nicht zufällig – es wird einfach nicht aufeinander reagiert. Letztlich ist es auch ein ähnlicher Vorgang, wenn Amor zum zweiten Mal kommt. Orpheus will sich gerade aus der Welt entfernen, und Gott Amor – ach so freundlich – hindert ihn immerhin daran. Ich kann aber sehr gut verstehen, daß Orpheus Schluß machen will nach diesem Rückweg. Amors Eingreifen erklärt sich nur in größerem Maßstab. Schließlich gab es bestimmte kulturelle Axiome, nach denen unter anderem für das christliche Denken der Selbstmord eine Todsünde war. Und man kann auch zur Durchsetzung einer Revolution keine sentimentalen, melancholischen Wesen, die sich selbst umbringen wollen, keine Zweifler gebrauchen.

REINHOLD: Das war ein Freiraum, den sich die seria, besser der Feudalismus, leisten konnte. Er war etabliert.

KONWITSCHNY: Jetzt wollen wir Bild Vier mit dem Rückweg von Orpheus und Eurydike betrachten. Es besteht aus einem langen Rezitativ, Duett, Rezitativ, Arie, Rezitativ, und dann ist Eurydike tot – Arie. Danach kommt noch ein sehr bemerkenswertes Rezitativ, was ich schon kaum noch als Rezitativ bezeichnen würde, in dem Orpheus sagt: Ich komme gleich zu dir, und wo Amor dazwischentritt. Dieses Bild fällt für mich tatsächlich aus dem Rahmen. Das ist direkte Kommunikation oder eben die Schwierigkeit der Kommunikation, wenn zwei Menschen verschiedene Ausgangsinformationen haben. Zu diesem Bild gibt es auch musikalisch keine Entsprechungen in den anderen Bildern. Am ehesten noch zu Zwei (Hölle), insofern, als sich dort das Material auch in der Kommunikation verändert. In Vier gibt es auch keine Chöre. Ansonsten ist ORPHEUS letztlich eine Choroper, ist immer die Öffentlichkeit anwesend. Hier sind zwei Menschen mit sich allein.

REINHOLD: Und sie stehen sich im übertragenen Sinne nackt gegenüber. Es fällt jedes Ritual weg, das sonst die blutenden Wunden verhüllt.

KONWITSCHNY: Für meine Begriffe wird im Libretto schon der Aspekt deutlich, daß Götter unmenschlich sind, daß es nicht verkraftbar ist, Ordnungen zu entsprechen, die nicht vom Menschen abgeleitet sind. In dem Duett finden sich Orpheus und Eurydike, aber nicht, weil sie sich lieben, sondern weil sie einen gemeinsamen Feind haben, die Götter, gemeinsam einem nicht zu Bewältigenden ausgeliefert sind.

REINHOLD: Ich möchte noch etwas zu der berühmten Orpheus-Arie »Ach, ich habe sie verloren« sagen. Sie bekommt in dieser Inszenierung einen neuen Kontext. Normalerweise nimmt man sie als Opernhit wahr, mitunter wird das sogar ausgestellt, registriert ihren Hintergrund nicht mehr. Hier nun wirkt sie fremd, bemerkt man zuerst den Vorgang und dann die Arie.

HINTZE: Ich glaube, diese berühmte Arie ist für alle Liebhaber des Meisters das größte Problem: Warum in C-Dur und überhaupt in Dur und so positiv ... Die Inszenierung macht diesen Widerspruch zwischen Musik und Situation ganz deutlich. Es ist Wahnsinn, mit dem Orpheus auf Eurydikes Tod reagiert, und die Verhaltensweise ist kindlich. Daraus wird die Simplizität der Melodie klar, und man erkennt sie nicht wieder. Man hört etwas anderes, nicht Schönes oder Schnulziges, sondern eine »irre« Musik, die gleichzeitig naiv ist.

REINHOLD: Das ist aber auch eine Irritation, die abwehrende Reaktionen zur Folge haben kann. Daß man das, worauf man gewartet und sich gefreut hat, nicht bekommt, wird ja nicht nur mit Begeisterung festgestellt.

HINTZE: Aber gerade diese Irritation kann auch großen Spaß machen. Solche Widersprüche zum Bekannten und Erwarteten sind für den, der dafür aufgeschlossen ist, von besonderem Reiz.

KONWITSCHNY: Das ist ein Punkt, den ich bei unserer Fragestellung für außerordentlich wichtig halte. Ohne Klarheit bei allen Beteiligten, daß übergreifende Aspekte bei der Kunstproduktion und -rezeption eine entscheidende Rolle spielen, kommt man in der Verständigung nicht weiter. Dieser beschriebene Vorgang ist tatsächlich nur für den bemerkenswert, der einen Gewinn aus der In-Frage-Stellung des Gekannten ziehen kann. Und unsere Gesellschaft braucht es, daß neben der Aufhebung von Bewährtem gerade ein solches Verhalten zur Massenerscheinung wird. [...]

HINTZE: Dieses auch musikalisch spielerische Element der seria ermöglicht, daß der Zuschauer das Erlebte als Muster nimmt, mit dem er selbst spielerisch umgehen und andere Varianten erproben kann. Er wird angeregt, sein Leben selbst zu überprüfen, es als Variante zu sehen, spielerisch damit zu verfahren, sich den Genuß auch dadurch zu verschaffen, daß er sich alles einmal ganz anders vorstellt. Da liegt der eigentliche Punkt, warum seria wieder interessant wird: Das spielerische Verhalten, das selbstschöpferische, selbstverantwortliche Umgehen mit Elementen, die man kombinieren muß, mit denen man selbst arbeiten muß, ist in unserer gesellschaftlichen Entwicklung ungeheuer wichtig geworden. Da werden kreative Fähigkeiten im Zuschauer angeregt, freigesetzt, die eine entscheidende Funktion haben. [...]

(Auszug)

in: Musik und Gesellschaft 11/1987

Christoph Willibald Gluck

Orpheus und Eurydike

Oper in drei Akten
(fünf Bildern)

Dichtung
von Ranieri da Calzabigi

Neue deutsche
Textfassung
von Werner Hintze

Theater Nürnberg
Premiere 9. 6. 1990

Musikalische Leitung
Christian Reuter

Regie
Peter Konwitschny

Bühnenbild
Helmut Brade

Kostüme
Sabine von Oettingen

Choreographie
Horst Müller

Orpheus
Diane Elias

Eurydike
Gudrun Ebel

Amor
Nancy Hermiston

Der Chor
des Nürnberger Theaters
Das Philharmonische
Orchester
der Stadt Nürnberg

Dieter Stoll

Tumulte vor dem Marmorsockel

Protest und Jubel nach der Nürnberger »Orpheus«-Premiere

Große Aufregung um ein echtes Kunst-Stück im Nürnberger Opernhaus: Als in Peter Konwitschnys GLUCK-Inszenierung ORPHEUS UND EURYDIKE der klagende Witwer beim Abstieg ins Totenreich nicht das erwartete Freizeit-Paradies, sondern eine Art Zombie-Intensivation vorfand, gab es bei der Premiere kein Halten mehr. Würdige ältere Herrschaften im Smoking, teils sogar rein zufällig mit Hundepfeifen ausgestattet, warfen sich hohnlachend als selbsternannter Werkschutz vor den Komponisten – und schrien ihre schrillen Ordnungsrufe mitten in die Arie hinein. Was für ein Beweis von Sensibilität! Jedenfalls traf der mit Beifall gekonterte Protest die bei weitem interessanteste Produktion dieser Saison, die von drei hervorragenden Solistinnen (Diane Elias, Gudrun Ebel, Nancy Hermiston) getragen und einem etwas matt reagierenden Orchester nicht gefährdet wurde. Willkommene Herausforderung im Musiktheater: Hingehen, ansehen, mitstreiten!
Der Pfeil auf dem Zwischenvorhang läßt Schlimmes ahnen – er führt in weitem Bogen am Herzen vorbei. Tatsächlich ist der mythologisch rauschende Sieg von Amor (Sie wissen schon: Liebesgott mit vier Buchstaben) allenfalls die Gründungsfeier des ersten Standesamtes. Der mit seiner zweifach wiedererweckten Gemahlin im Diesseits ver-

einte Orpheus endet als Säulenheiliger im Partnerlook als Denkmal auf jenem Marmorsockel, der schon die eingesargte Eurydike so schön aufgebahrt hatte. Die Trauerfeier zu Beginn und die Jubelshow am Ende sind die zwei Seiten eines Vorgangs, der so oder so nur der Konvention dient. Ein Künstler, der mit seiner Forderung nach der überzuordnenden Bedeutung der Liebe aus den Lebensregeln ausgebrochen war, versteinert zum Beweis des Gegenteils. Amor spendiert Sekt und, der Blick auf die Uhr sagt alles, bricht zum nächsten Krisenmanagement auf: Alles im Griff!
Peter Konwitschny zeigt im Bühnenbild von Helmut Brade eine beängstigend nahe Welt, die eher aus Angstträumen als aus trostspendenden Bildungschiffren besteht.
Die Furien, die den Weg ins Elysium versperren, sind dumpfe Nachbarschafts-Gestalten mit Mattscheiben- und Bierkasten-Ausstattung, die auf ihrem eigenen Müll-Ausstoß lagern; den Toten begegnet der Suchende als einer bis zur Gesichtslosigkeit bandagierten Masse von Lemuren. Wie er darin seine Eurydike findet und aus der Mumienschale pellt, wie er mit der ahnungslosen Auferstandenen am Gängelband die unmenschliche Bedingung dieses Gratifikations-Wunders vergeblich einzuhalten versucht – das ist höchste Kunst der Personenregie, die Konwitschny als Berghaus-Meisterschüler ausweist.
[...]
Eine Inszenierung, die sich mit so großem Ernst auf das Ungeheuerliche einläßt, darf das auch vom Zuschauer verlangen. Wer genau hinsieht, kann Oper in Hochspannung erleben!
(leicht gekürzt)

in: Münchener Abendzeitung 11. 6. 1990

Frank Kämpfer

Von der Versteinerung der Macht

Peter Konwitschnys »Orpheus und Eurydike«-Inszenierung in Nürnberg

Am Anfang ein Staatsbegräbnis für Eurydike. Am Ende ein Denkmal für Orpheus. Bevölkerung, die dem Gesandten der Götter applaudiert. Zweimal zeigt sich Amor, der Organisator und Nutzer der offiziellen irdischen Zeremonie. Dazwischen, in den Gefilden des Todes, die Begegnung der Liebenden. Ihre Zweisamkeit verletzt die Regeln gegebener Vernunft, auf Leidenschaft steht für die Frau der Tod. Der Gnadenerlaß der Götter – von der Menge artig bejubelt – entwürdigt mühsam errungene Individualität, erweist sich als Demonstration zynischer Macht.

Peter Konwitschnys Nürnberger Gluck-Inszenierung ist reich an solchen Bildern und Metaphern: Neusicht auf ein berühmtes Werk, die in der Konzeption wie in der Bildsprache gleichermaßen bedrängt. Das Maß dieses Nürnberger »Orpheus« aber wird erst deutlich, wenn man auch die Entstehungsgeschichte der Arbeit bedenkt.

Die Inszenierung entstand 1986 am Landestheater Halle und galt dort seinerzeit auch als kritische Sicht auf die versteinerte Wirklichkeit in den Strukturen der DDR: Der künstlerische Mann Orpheus und die bedingungslos liebende Frau Eurydike – gnadenlos eingespannt zwischen eine entmündigte Bevölkerung

und den autoritären Staat. Die Übernahme der Arbeit nach Nürnberg zeigt nun wieder deren künstlerische Dimension: Was die Lebensansprüche der Liebenden unerfüllt läßt, ist schließlich nicht mit dem Zusammenbruch alter Strukturen im Osten Europas überwunden. Nicht die Gnade des aufgeklärten Fürsten etwa, sondern die Grenzenlosigkeit seines Anspruchs wird offenbar, wenn Amor den Suizid-Versuch von Orpheus stoppt und Eurydike gleich zweimal aus dem Tod zurück ins Leben verhilft.

Der Zynismus der Macht: In einer Theater-auf-dem-Theater-Szene tanzt da ein höfisches Ballett eine zur Harmlosigkeit verkommene Version des erschütternden, für die Betroffenen existentiellen Spiels mit Leben und Tod.

Mit großem dramaturgischem Gespür versteht es Konwitschny, die ästhetische Andersartigkeit von Eingangs- und Finalbild herauszuarbeiten, das Repräsentative der Partitur sinnfällig zu machen. Die wenig freundliche irdische Realität jener Teile findet bei Gluck ihren Gegenentwurf.

Für Konwitschny erweist sich das Elysium – der klassische Ort sozialer Utopie – jedoch gleichfalls als unlebbare Welt. Die Szene im Totenreich mit der leeren, weiß ausgehangenen Bühne und der davonschwebenden Intensivstation assoziiert eine Landschaft jenseits des atomaren oder ökologischen Infernos: Bandagiert Vermummte, in Schutzanzügen Uniformierte agieren ohne Gesichter, ohne Sprache, letztendlich ohne Sinn. Ausnahmslos sind sie Opfer männlicher Gewalt: Eurydike heißen sie alle. Sinnfällig greifen Bühnenbild (Helmut Brade), Kostüme (Sabine von Oettingen)

und Figurengeschehen vor allem hier im Mittelteil der Inszenierung ineinander.

Auch musikalisch-szenisch ist die Begegnung der Titelfiguren der eigentliche Drehpunkt von Inszenierung und Werk. Orpheus zwingt hier Eurydike zur Rückkehr in ein sinnloses Leben, Eurydike ihrerseits fordert von Orpheus den für sie tödlichen Blick des gegenseitigen Erkennens. In einem erschütternden Duett sehen sich Orpheus und Eurydike als gleichwertige, autonome, aber kaum beziehungsfähige Individualitäten. Für die Frau bleibt ein schmaler Grat Hoffnung: der Tod als Errettung aus jeder Form gesellschaftlichen Zwangs. Bezeichnenderweise wird ihr dieses verweigert.

Für Orpheus, den Künstler und Mann, der sich sozialem Funktionieren nicht entsagt, gibt es nichts zu hoffen. Eine Szene mit viel darstellerischem Freiraum, den Diane Elias (Orpheus) und Gudrun Ebel (Eurydike) mit Musikalität und gestischem Gespür ausspielen. Nancy Hermiston (Amor) setzt sich hier am prägnantesten in Szene. Überzeugend auch der Chor, dessen Sänger mit Engagement sehr treffend kleine mimisch-gestische Arrangements vortragen. Mit dem jungen, kurzfristig eingesprungenen Christian Reuter am Pult des Philharmonischen Orchesters der Stadt präsentierte sich ein Mann, der es versteht, die rein instrumentalen Passagen, vor allem die Overtüre, mit erheblicher Schärfe, Dynamik und einiger Brillanz zu musizieren, der den wenigen agilen Tempi der Sängerinnen im allgemeinen jedoch zu sehr nachgibt.

in: Frankfurter Allgemeine Zeitung 30. 6. 1990

Georg Friedrich Händel

Rinaldo

Oper von Aaron Hill und Giacomo Rossi
Neue deutsche Textfassung
von Frank Kämpfer
(Mitarbeit Werner Hintze)
Landestheater Halle: Premiere 15. 3. 1987
DDR-Erstaufführung

Musikalische
Leitung   Christian Kluttig
Inszenierung   Peter Konwitschny
Bühnenbild   Helmut Brade
Kostüme   Katrin Scholz
Dramaturgie   Werner Hintze

Goffredo   Mária Petrasovská
Rinaldo   Annette Markert
Eustazio   Axel Köhler
Argante   Andreas David
Almirena   Juliane Claus
Armida   Hendrikje
                       Wangemann
Ein Magier   Inge Roil
Erste Sirene   Elisabeth Hinze
Sirenen
Händelfestspielorchester Halle
Reinhart Vogel (Cembalo)

**Argante (Andreas David),
Armida (Hendrikje Wangemann)
Foto Oliver Hohlfeld**

Peter Konwitschny

Zugang zum Material

»Die Christen vernichten Armidas Zaubergarten, übrig bleibt eine wüste Öde.« Dies ist eine Regieanweisung aus RINALDO, 1711. Seither sind ständig Verwüstungen vorgenommen worden, ja, man kann sagen, unsere Geschichte ist eine von Verwüstungen und mühseligem Wiederaufbau. Man kann dies in Zahlen fassen, sie wurden und werden immer größer. Aber statistische Größen entfremden uns dem Begreifen des Eigentlichen: dem Glück und dem Leid des Menschen. RINALDO erzählt von der Bedrohung des Menschlichen durch den Krieg. Denn der Stoff ist der erste Kreuzzug, genauer, dessen Ende. Die Christen erringen den Sieg, aber welcher Gestalt ist der? Eine Wüste bleibt zurück und viele Leichen. Und was ist mit den Überlebenden selbst geschehen? Goffredo, als er zur letzten Schlacht ruft: »Rinaldo, sieh dir dein Schwert an! Beschmutzt von deiner Wollust, kannst du es nur noch säubern im Blut der Feinde.« Dann seine Arie Nr. 31a, Adagio, 3/4-Takt, nur Continuo, der Gestus der entrückten Todessehnsucht – ein Vereinsamter, der an seinem heiligen übermenschlichen Auftrag irre wird. Armida in schauerlichem Vokabular kurz vor der Schlacht: »Wir wolln uns kühlen in einem schönen Blutmeer.« »Unser Haß jagd den Feind wie im Sturm«, Duett Armida/Argante Nr.33. Argante und Goffredo in der auswechselbaren symmetrisch gebauten gegenseitigen Feindbeschimpfung: »Laßt uns die Leichen stapeln im Gelände, dann erst hat unser Werk ein schönes Ende.« Im Angesicht der Hinrichtung der Gegner schwelgen Rinaldo und Almirena: »Du gibst mir süßen Frieden für meine Seele.« Was ist aus all diesen Menschen geworden? Was hat ihr Antlitz so entstellt? Händels Oper gibt uns in künstlerischer Form Auskunft: Es sind Enttäuschungen, eine lange Kette von seelischen Verletzungen, deren Kontext und Bedingung der Krieg ist, der Krieg im großen Stil, aber auch der Krieg im zwischenmenschlichen Bereich. Insofern ist Händels Oper – sind Händels Opern wahrhaft Lehrstücke über den Zusammenhang zwischen äußerer und innerer Verwüstung, über den Sinn gewaltsam errungener Siege, über die Folgenschwere der Intoleranz, ja die endgültige Liquidierung der Zukunft durch Liebesverlust. Nehmen wir als Beispiel die Zauberin Armida. Zu Beginn besitzt sie allen Liebreiz, alle Faszination, auch alle Entschiedenheit und allen Stolz der matriarchalischen Persönlichkeit. Ihre Mittel, die Eroberer abzuschütteln, sind unmilitante, unblutige. Um das gegnerische Heer kampfunfähig zu machen, entführt sie die Geliebte des Kriegsspezialisten. Man stelle sich das heute vor, in unserer patriarchalischen, auf den Gesetzen der Gewalt-Gegengewalt-Logik basierenden Welt. Auch den Helden selbst entführt sie. Unblutig. Und dann das für uns ganz und gar Unfaßbare und deshalb allzu behende mit den Kategorien des Wollüstig-Hinterlistigen Diffamierte: Sie verliebt sich in ihren Feind. In unserer Kultur geradezu die Todsünde. So reagiert auch Rinaldo, der Christ, der Europäer, der Abendländer »richtig«: er sperrt sich, macht sich zu, verweigert sich dem Kommunikationsangebot der anderen Welt. Hier nun der erste gravierende Riß in der Figur der Armida: in ihrer Arie Nr. 27 mit vorausgehendem Accompagnato wird eine nicht gestillte tödliche Sehnsucht Klang, das ganze Orchester ein einziger unentwegter Seufzer. In dieser bei derartiger Intensität der Empfindung kaum zu verkraftenden Enttäuschung eine weitere Zerreißprobe für Armidas Seele: sie entdeckt Argantes Begehren nach Almirena. So doppelt als Frau zurückgestoßen und im Innersten verletzt, schwört sie allem Fraulichen, Empfindsamen, aller Wärme ab, ihr Menschsein reduziert sich auf die Losung: »Dieses Schlachten seh ich mit Freuden. Nur mein Schwert soll mich begleiten in den Kampf für meine Rache.« In den glitzernden Koloraturen unerreichbar geworden für den Zweifel am Sinn ihres selbstzerstörerischen Wahns. Um diesen tragischen Verlust unüberhörbar zu machen, ordnet Händel dieser Umnachtungsszene das Cembalo solistisch in rasenden Kadenzen zu. Alles Folgende im 3. Akt ist makaberer Ausdruck verlorener menschlicher Würde. Am Ende unter dem Schafott büßt sie auch ihre kulturelle Identität ein, indem sie, quasi in letzter Sekunde, ihrem Glauben abschwört und sich zusammen mit Argante taufen läßt.

Der Krieg also als Basis aller Vorgänge in der Oper. Es ist aber nicht irgendein Krieg, sondern jener für die Geschichte der zivilisierten Welt bedeutsame kriegerische Zusammenprall der abendländischen mit der orientalischen Kultur im ersten Kreuzzug. Dadurch bekommt das Stück – zumal für uns Heutige – eine übergreifende philosophisch-ethische Dimension. Die abendländische Kultur ist im Stück durch Begriffe wie »Tugend«, »Treue«, »Beständigkeit« und »Ziel« charakterisiert. Der christliche Ritter lebt tugendhaft, beständig und zielgerichtet auf eine Zukunft hin; die Gegenwart ist ausschließlich Durchgangsstation auf dem Wege zum Ziel, hat also keinen Eigenwert, verliert sich im Gedanken an die Zukunft. Als Zeichen fungiert »der endlose Weg in den Ruhm« (Arie des Goffredo Nr.1), auf dem Entbehrungen ertragen werden müssen. Das Symbol dieser Kultur ist die ins Unendliche führende Gerade. Die Gegenseite hat eine grundsätzlich andere Auffassung vom Leben. Europäisch ist der Glaube an den Fortschritt, orientalisch die ewige Wiederkehr des Gleichen. Der daraus folgende Fatalismus ermöglicht es, die Gegenwart als den eigentlichen Punkt des Lebens zu definieren. Das Symbol dieser Kultur ist der Kreis der ewigen Wiederkehr, charakteristisch der Lebensgenuß, der von der anderen Seite wiederum als Wollust etc. diffamiert wird. So ist es aus europäischer Sicht ganz und gar untugendhaft, unbeständig und vor allem ziellos, wenn sich die Orientalen in ihre Feinde verlieben. Es war für die Inszenierung wichtig, diese grundsätzlich andere Empfindungs- und Gedankenwelt kräftig und nicht pejorativ zu exponieren, was besonders in den Verhaltensweisen zum Ausdruck gebracht werden mußte. Kostüme, Masken, Licht und Bühnenraum leisten in ihrer Sinnenhaftigkeit und Opulenz, Anmut und Schönheit einen wesentlichen, eigenständigen Beitrag innerhalb der Gesamtstruktur der beteiligten Künste. Die Unlogik und Irrealität zauber-hafter Bühnenverwandlungen, das Spukhafte und Schillernde pyrotechnischer Effekte sind der Oper in diesem Kontext keineswegs äußerlich, sondern führen unmittelbar zum Kern der Problematik.

Indem Händel aber kein orientalisches Material benutzt, erhebt er den historischen Fall zum Modell: es geht nicht nur um die Konfrontation zweier konkreter Kulturen, sondern um den Konflikt zweier verschiedener Seinsweisen des Menschen schlechthin. So wird hinter den Stückvorgängen das Wertsystem unserer eigenen europäischen Kultur auf seine Überlebensfähigkeit

RINALDO
»Der Blick auf Jerusalem ist wieder frei« Eustazio (Axel Köhler),
Goffredo (Mariá Petrasovská), Almirena (Juliane Claus), Rinaldo (Annette Markert) v.l.n.r.
Foto Gert Kiermeyer

hin diskutierbar. Indem die verabsolutierte Herrschaft der Vernunft gleichzeitig die Herrschaft des Krieges, der Verlust der Gegenwart, die Unterwerfung des Weiblichen ist, wird sie in Frage gestellt.

Eine heutige szenische Interpretation hat diese Aspekte ins Bild zu setzen. Es geht also um weit mehr, als ein historisch möglichst treues Abbild des 15. Juli 1099 zu versuchen. Ich möchte das an der Schlußszene des Stückes, der Schlacht, ausführen. Wie angedeutet, sind alle Figuren zu diesem Zeitpunkt derart beschädigt, daß ihnen zur Lösung der Konflikte nur noch die Gewalt in ihrer nacktesten Form möglich und wünschenswert scheint und ist. Diese Alternative muß – und eben dies sind wir dem Werk und den seit seinem Entstehen vergangenen 275 Jahren Fortschrittsgeschichte (man darf fragen: Fortschritt wovon weg?) schuldig – als sich verbietende gezeigt werden. Als Amoklauf, Aberwitz, Irrwitz. Im Zusammenhang mit der Inflationierung grausamer Bilder durch Zeitung, Film und Fernsehen und der Unmöglichkeit, mit illusionistischen theatralischen Mitteln deren Wirkung zu erreichen, geschweige denn zu überbieten, d.h. auf solchem Wege eine kriegsfeindliche Wirkung zu erzielen, entstand die Idee, die Aktivitäten der Schlachtenden ad absurdum zu führen, indem das Ganze in die Groteske getrieben wird. Bis zu diesem Zeitpunkt empfinden wir mit den Figuren, ab da setzt Distanz ein, sie werden uns fremd. Dieses inszenatorische Mittel liegt umso näher, als RINALDO (ab Nr. 32) zwar kein ausgewiesenes, durch eine Sinfonia vom Vorausgegangenen deutlich abgetrenntes lieto fine hat wie zum Beispiel FLORIDANTE, wohl aber eine auffällig ähnliche aufklärerisch-pädagogische Schlußpointe: die Heiterkeit nach allem tragischen Wechselspiel; das bessere Beispiel, hier in der Form des Negativs. Der Irrwitz wird zur Albernheit verfremdet. So kann man im Hegelschen Sinne von einer philosophisch-ästhetischen Aufhebung des lieto fine sprechen.

März 1987

Privatarchiv Konwitschny, (unveröffentlicht)

»Rinaldo«

2. Akt/5.Szene

ARMIDA	Wo bleibt der Lorbeerkranz! Der Siegerin gebürt er!
	Rinaldo ist erledigt! Der Schrecken der Asyrer
	Soll sogleich vor mir knien! Kann Stunden für sich bitten!
	Wie lang hab ich's ersehnt!
	Nun herbei den Gefangenen! Zu meinen Füßen!
RINALDO	Schändliche, dein Streich war klug! Doch mein Herz kennt kein Zögern,
	verachtet selbst die Hölle. Führ mich zu Almirena, oder –
	mein Schwert wird mit dir weiterreden!
ARMIDA	Auf die Kniee! Du wagst, mir zu befehlen!
RINALDO	Mich hindert nichts, ich fürchte keine Folter!
ARMIDA	Du bist in meiner Hand!
RINALDO	Bis ins Herz wird Unterwerfung niemals dringen!
ARMIDA	Bei mir liegt jetzt dein Leben!
RINALDO	Dem Tod war ich oft nah! Er ließ mich laufen!
ARMIDA	*(zu sich)* Seh ich in deine Augen, in diesen
	Abgrund, kann ich ihm kaum mehr drohen.
RINALDO	Wo bleibt nun Almirena!
ARMIDA	*(zu sich)* Schon erfaßt mich ein Taumel, schon
	rast das Herz wie unter Liebesqualen!
RINALDO	Ich warte nicht mehr lang! Wo bleibt Almirena!
ARMIDA	*(zu sich)* Ich liebe meinen Feind! Verrücktes
	Herz, wie soll das enden?
RINALDO	Ich kann nicht länger warten! Entscheide dich!
	Du allein trägst die Folgen!
ARMIDA	*(zu sich)* Ich bin besiegt, doch kann auch er mich lieben? –
	(zu ihm) Rinaldo, lerne sehen ...! Der Frieden
	atmet hier. Die Wellen, jeder Hauch, die Vögel, die
	vielen Blumen – sie wollen sich umarmen. Sie nehmen
	jedem Mann sein Waffenkleid ab. Kein Sieger, kein
	Besiegter. Liebe regiert hier.
RINALDO	Ich verstehe nicht!
ARMIDA	Ich öffne dir mein Herz!
RINALDO	Was soll das heißen!
ARMIDA	Ich schaff' dir hundert Freuden!
RINALDO	Ich habe Pflichten!
ARMIDA	Deine Seele erwärm' ich!
RINALDO	Umsonst die Mühe!
ARMIDA	Fühlst du nicht meine Glut!
RINALDO	Dann kühl dein Blut ab!
ARMIDA	Höllisch drängt mein Verlangen!
RINALDO	Beherrsche dich!
ARMIDA	Folg meinem Wunsch!
RINALDO	Verfluchte!
ARMIDA	Was tust du?
RINALDO	Nimm dein Schwert auf!
ARMIDA	Hab Erbarmen!
RINALDO	Aus dem Weg! Ich muß jetzt eilen!

DUETT

ARMIDA	Bleibe doch!
RINALDO	Nein, ich geh!
ARMIDA	Armida ist dir treu!
RINALDO	Du wirst mich betrügen!
RINALDO	Laß mich jetzt!
ARMIDA	Töte mich!
RINALDO	Ich halt es nicht mehr aus!
ARMIDA	Ich mach es selber!

Aus: Neue deutsche Textfassung von Frank Kämpfer

RINALDO
Armida (Hendrikje Wangemann), Rinaldo (Annette Markert)
Foto: Oliver Hohlfeld

Daniela Reinhold

Im Zeichen all unsrer Liebe

Wenn sich am Schluß von Händels 1711 geschriebenen und nun im März in Halle inszenierten RINALDO der Titelheld und Almirena – die nach dem Höllensturz von den Höhen menschlichen Glücks in die Tiefen menschlichen Leids endlich wiedererrungene Geliebte – des lieto fines »im Zeichen all unrer Liebe« erfreuen, dann hat diese Formulierung nicht nur konzeptionell programmatischen Sinn: Sie gilt für das Engagement eines ganzen Ensembles, das sich *seinem* Händel mit einer allumfassenden Liebe nähert und so diese Aufführung in gedanklicher und musikalischer Hinsicht zu einer der schönsten, rundesten macht, die auf den Bühnen unseres Landes derzeit zu erleben ist.

Schon in der Ouvertüre stecken Christian Kluttig (musikalische Leitung) und das Händelfestspielorchester die »Marsch«-richtung ab: Klar, präzise, mit deutlicher Artikulation und harten Akzenten gehen sie die frühe Händeloper an, um darin mit schnellen Tempi und von größtmöglicher Musizierlaune gespeistem Schwung die dieser Musik eigene Leuchtkraft, den instrumentalen und effektiven Farbreichtum, den rhythmischen Drive (der fast rockmusikartig körperliches Mitgehen erzwingt) auszuspielen. Durchhörbarkeit bis in jede Einzelstimme ist hier Tugend. Begeisterung überträgt sich, wenn Reinhart Vogel in den Cembalo-Arien die Stimmung mit seinen improvisatorischen Soli anheizt – so am Schluß des zweiten Aktes, wo das Cembalo zur martialisch-fanatischen Antriebskraft von Armidas Selbstumwandlung aus der verführerischen Frau zur männergleichen Kriegsfurie wird: »Diese Schlacht seh ich

mit Freuden.« Die schwierigen Trompeten-, Oboen-, Flötensoli werden durch musikalische Sicherheit zu brillant-ausdrucksvollen Höhepunkten. Feinste dynamische Abstufungen werden gleichsam elektrisierend realisiert – hierfür mag die Pizzicatodynamik im B-Teil genannter Armida-Arie ein Beispiel sein. Christian Kluttig und das Händelfestspielorchester setzen sich mit dieser Aufführung Maßstäbe und verdeutlichen die Möglichkeit, auch mit einem herkömmlichen Instrumentarium klangliche Schärfe und ein Musizieren im Sinne der Händel-Zeit aus dem Geist von heute zu erreichen. Daß die im Umgang mit den Anforderungen der Musik des 18. Jahrhunderts erfahrenen Sänger des Landestheaters sich dieser Orchesterleistung ebenbürtig zeigen, ist eigentlich keine Überraschung, eher schon die Geschlossenheit, mit der ausnahmslos alle – Maria Petrasovska (Goffredo), Annette Markert (Rinaldo), Axel Köhler (Eustazio), Juliane Claus (Almirena), Andreas David (Argante) und Hendrikje Wangemann (Armida) – ihre Figuren darstellerisch und sängerisch auf widersprüchliche Tiefenschichten hin ausloten. Hier hervorzuheben, ist fast ungerecht. Doch der Countertenor Axel Köhler verleiht der undankbaren, recht trocken-leblosen Figur des Eustazio als Verkünder moralisch-ideologischer Leitlinien eine solch sympathische, sehnsuchtsvoll-tragische, sich immer wieder selbst augenzwinkernd ironisch brechende Menschlichkeit, daß dies einer Neuentdeckung der Figur gleichkommt, die vor allem auch durch den nuancierten Einsatz seiner Stimme, den stilsicheren Umgang mit den Auszierungen gestiftet wird. Annette Markert durchmißt mit ihrem Rinaldo auf so individuelle Weise das Seelendrama zwischen zärtlichster Lebenssehnsucht, selbstverleugnerischem Heldenmut und bodenloser Verzweiflung, setzt dabei ihren warm timbrierten, in allen Lagen abge-

rundet geführten Alt auch in den Koloraturen so beredt und gleichzeitig emotions-, ausdrucksgesättigt ein, daß einem für die Charakterisierung nur Superlative einfallen. Im Dialog mit dem Dirigenten und Orchestersolisten (1. Geiger, Fagottist) macht sie aus der Bravourarie am Schluß des ersten Aktes »Tragt mich, tobende Orkane« eine wahrhaft »beflügelnde« Hymne auf den Spaß am Musizieren, auf die alles hinwegfegende Macht der Musik – nicht zufällig teilweise im Zuschauerraum gesungen.

»Es ist gut, eine Frau zu sein, und kein Sieger« zitiert das Programmheft (Redaktion: Werner Hintze) unter anderen Heiner Müller und umreißt damit das zentrale Thema der Inszenierung.

Die Bühne betritt der kriegsmüde Held, dem der Preis seines Tuns schmerzhaft bewußt geworden ist, geht doch sein Streben nach Erfüllung der Ruhmes- und Kriegspflicht mit dem Aufgeben des Ichs, der eigenen Lebensansprüche, dem Verlust des Wichtigsten, der Fähigkeit beziehungsweise Möglichkeit zu lieben, einher: »Sucht ihr das Leben, / lebt Augenblicke, / Die schönste Tugend / in eurer Jugend / ist zärtliche Liebe.« – Das singen die Sirenen Rinaldo verführerisch ins Ohr. Wird auch der Kampf siegreich zu Ende gebracht, aus solcher Vergewaltigung geht keiner unbeschädigt hervor – als Quintessenz bleibt: »Die Jagd nach Ruhm erschöpft mich, / ich sehne mich plötzlich / nach Frieden.« (Goffredo) Für dieses Problem findet Regisseur Peter Konwitschny zusammen mit Kostümbildnerin Katrin Scholz vor allem zwei deutliche Symbole: Es ist das des sich Zu- oder Ent-Rüstens, das An- oder Ablegen einer beengenden, entindividualisierenden, die Gefühle verhüllenden Bekleidung, und es ist das der Frau schlechthin. In dem Fraulich-, Weiblich-Sein (eben auch von Männern, Helden, Siegern), dem Verhältnis zur Frau verdeutlicht sich der ebenfalls zitierte Marxsche Gedanke tatsächlich sinnlich, ob »dem Menschen [...] die Natur (oder äußerer Herrschaftsanspruch) zum menschlichen Wesen [...] geworden ist«. Hier erhalten die Hosenrollen eine wirkliche Sinngebung.

Hier erhält auch das durch die Kunstgeschichte geisternde Motiv der Unverwundbarkeit eine neue, tiefe Bedeutung: Es ist die Augenblende, die die Krieger nicht mehr sehen läßt, daß sie Frauen, Menschen abschlachten, die sie von innen heraus, ihrem eigenen ausgeschalteten Gewissen, unverletzlich, un-anrührbar macht. Peter Konwitschnys originelle Bildersprache bleibt dabei immer klar, einfach, schlüssig.

Er entnimmt dem heutigen Alltag die Insignien seiner Absicht (das Problem ist ein händelsches und heutiges) und wahrt doch auch in jedem Augenblick eine ästhetisch überhöhte Form.

Alle Figuren erhalten ihre menschlichen, liebenswerten, verständlichen Dimensionen. Von der Höhe der Komödie stößt er zu den psychologischen und sozialen Hintergründen, den Untiefen menschlichen Empfindens und Tuns vor, installiert so eine Regiedramaturgie, die das Lachen als schmerzhaften Denkstachel, als wahrhaft befreiende und konfliktschärfende Produktivkraft nutzt. Kongeniale Zuarbeit findet er in den phantasievollen, dramaturgisch genauen, bewußt weiblich-sinnlichen Kostümen von Katrin Scholz und dem klaren, zurückhaltenden, den Händelschen Szenenanweisungen und Konwitschnyschen Vorgängen unkompliziert-eindeutig nachgehenden Bühnenbild von Helmut Brade. Eine ebenso kongeniale Zuarbeit ist die deutsche Textübertragung von Frank Kämpfer (Mitarbeit: Werner Hintze). Selten ist auf der Opernbühne ein inhaltlich-

konzeptionell so deutlicher, dabei vielschichtig-poetischer, meist bis aufs Wort, ja, die Stimmung dem italienischen Original naher Text zu hören.

Daß fast jedes Wort selbst in der Arie hier verständlich wird, sich gar nachdenkliches Raunen oder Lachen auf überraschend sarkastisch-makabre oder satirische Formulierungen einstellt, ist neben der mitdenkenden Artikulation der Sänger gerade auch dieser grammatikalisch unverstellt gebauten Textfassung zu danken.

Es scheint, als wollte das Landestheater nach FLORIDANTE endgültig mit diesem RINALDO seine zweite hallesche Händel-Renaissance einläuten, die nun die Struktur der Händel-Oper selbst zum eigentlichen Ideenträger macht.

in: Musik und Gesellschaft 5/1987

Walther Siegmund-Schultze

Großartige Inszenierung

[...] Schon 1954 und 1961 (englisches Gastspiel) erlebten wir diese Oper zu den Händel-Festspielen. Beide Inszenierungen waren nicht sehr überzeugend, obwohl damals das Auftreten einer englischen Operntruppe eine gewisse Sensation darstellte. Die jetzige Premiere in der Inszenierung von Peter Konwitschny unter der Stabführung von Christian Kluttig erfuhr eine geradezu triumphale Aufnahme durch das hallesche Publikum, und sie verdiente es wahrlich. Dem recht zwielichtigen »Kreuzzug« des Gottfried von Bouillon (Goffredo) vom Jahre 1099 mit dem vielbesungenen Haupthelden Rinaldo gelingt die Eroberung Jerusalems nach Tassos ausführlicher Beschreibung durch Gottes Hilfe, gegen die Jerusalems sarazenischer Herrscher Argante trotz Unterstützung durch die (ebenfalls viel besungene) Zauberin Armida, Königin von Damaskus, schließlich erliegt. Dem Tode entgehen die beiden »Heiden«, indem sie sich im letzten Augenblick zum Christentum bekennen, was zumindest in dieser Inszenierung recht belustigend wirkt. Liebe und Heldentum sind in ihren wechselseitigen Verflechtungen das Hauptthema dieser wie vieler späterer Opern Händels. In diesem Frühwerk wird das elementar, mit einer gewissen Naivität, bis zum letzten ausgespielt, und der Regisseur, der im übrigen genau der Vorlage folgt, nutzt diese Gelegenheit weidlich aus, ohne in einen unnötigen Modernismus zu verfallen.

Interessante Regieeinfälle erzielten starke Wirkungen

Einige Dinge, wie die beiden Regiestühle zu Beginn bei Betrachtung der zu erobernden Stadt Jerusalem, die im großen Reisekoffer mitgeführte Tochter Almirena, der diplomatische Gegensatz des am sauber gedeckten Tisch verhandlungsbereiten Goffredo und des rüden orientalischen Herrschers, der sich lieber auf dem Boden wälzt, das in Liebesleidenschaft eifrig betätigte Abwerfen der behindernden heroischen Kleidungsstücke –, das waren hübsche Gags, die diesem auf äußere Wirkung bedachten Werk durchaus anstehen. Viel Knallerei und Lichteffekte soll es auch bei der Londoner Premiere gegeben haben, damals flogen sogar lebendige Spatzen auf der Bühne umher, worauf man hier doch verzichtet hat.

Der musikalisch wenig ergiebige 3. Akt macht wegen der prächtigen Marschmusik und des Kriegslärms noch heute starke Wirkung. Der Aufzug der beiden Heere wird ohne Statisten von den jeweiligen Heerführern mit roten und grünen Bändern quer über die Bühne zur Andeutung der Schlachtordnung symbolisiert, und der entscheidende Kampf ist dann mehr ein lustiges Getümmel.

Dem Bühnenbild von Helmut Brade und den Kostümen von Katrin Scholz ebenso wie dem von beiden Künstlern verfertigten Programmheft (hier ließ sich auch die Dramaturgie – Werner Hintze – einiges Skurrile in der Textzusammenstellung einfallen) gebührt hohes Lob. Solch eine Farbenfreude (etwa in Armidas Zaubergarten), auch freundliche Ironie haben wir bei uns lange nicht auf der Bühne gesehen. Das Orchester musizierte mit großer Präzision und Klangfreude; der auch solistisch stark befrachtete Cembalopart wurde von Reinhart Vogel prächtig gemeistert.

Auch die Sänger verdienen, ihrem jeweiligen Charakter entsprechend, sämtlich hohes Lob; an die in händelscher Tradition stehende Übernahme von Männerrollen durch Frauenstimmen hat man sich allgemach gewöhnt, besonders wenn das so wunderbar gemeistert wird wie von Annette Markert in der Partie des Rinaldo, dessen Arien so zu Höhepunkten der Aufführung wurden. Aber auch Maria Petrasovska verkörperte auf ihre Art überzeugend die Rolle des Goffredo, während Axel Köhler in der Partie des Offiziers Eustazio sich recht erfolgreich in der Stimmlage eines Countertenors betätigte. Juliane Claus als liebende und leidende Almirena hatte prächtige Augenblicke, besonders bei der berühmten Arie »Laß mich, ich weine«. Ihre Figur war von Anfang an nicht so sehr als tragische Seria-Gestalt, sondern mehr auf eine fröhliche Naive angelegt, was starke Empfindungen nicht verhinderte.

Großartige Augenblicke hatte auch die junge Hendrikje Wangemann, deren Armida mehr als liebende und hassende Frau denn als bösartige Zauberin erschien. Auch der Argante von Andreas David war mehr orientalischer Liebhaber als grausamer Tyrann. Hübsche Einlagen waren der bezaubernde Sirenengesang, von Elisabeth Hinze, und die kurze Rolle des Magier, von Inge Roil dargeboten.

Regisseur wie Dirigent der Tradition verpflichtet

So ist eigentlich nur Lobendes (zur Betrübnis des Kritikers) zu dieser Aufführung zu sagen, was nicht zuletzt darin begründet liegt, daß Regisseur wie Dirigent zwar improvisatorische Freiheiten zuließen und anregten, aber im übrigen Handlungsführung und musikalischer Verlauf weitgehend dem Händelschen Original entsprachen und nur sparsam moderne Lichter aufgesetzt wurden. Es scheint, daß hier auf neuer, selbständiger Ebene die guten Traditionen der Margraf/Rückert/Heinrich-Ära wieder aufleben; das läßt uns froh in die Zukunft schauen.

(gekürzt)

in: Freiheit, Halle 19. 3. 1987

Georg Friedrich Händel

Aci, Galatea e Polifemo
Serenata à 3, 1708

Goethe-Theater Bad Lauchstädt
Premiere 1.5.1988

Musikalische
Leitung   Ludwig Güttler
Inszenierung   Peter Konwitschny
Bühnenbild   Helmut Brade
Kostüme   Friederike Grumbach
Dramaturgie   Werner Hintze

Aci   Ute Selbig
Galatea   Elisabeth Wilke
Polifemo   Bernd Grabowski

Virtuosi Saxoniae

Peter Konwitschny

Brief

Bandow, den 12. 7. 87
Lieber Herr Güttler, verehrter maestro!
Ich versuche die Geschichte zu erzählen: Zwei
spielen miteinander und mit der Welt (Sonne,
Wiese, Fluß, Vögel ...) Aci weiß noch nichts von
seinem Rivalen. Der Gestus von Nr.1 ist jedenfalls unbelastet, spielerisch, harmonisch, Galatea
ist nicht bedrückt. Im folgenden Rezitativ gebrauchen beide barocke Bilder, um ihre gegenseitige
Zuneigung zum Ausdruck zu bringen. Jetzt muß
G die Sache mit P loswerden. In Nr. 2 ist ein deutlicher Wechsel des Gestus zu hören (schon der
ungewöhnliche Einstieg mit Sextakkorden!), G.
weint. Allerdings ein sehr zartes Weinen, sanft,
kein verzweifeltes, dramatisches. Aci erschrickt,
er wehrt sich in Nr. 3 heftig, er spricht von seiner
Seele, die Musik ist zwar nicht ernstlich bedrohlich, aber entschlossen, energisch. Was wirklich
bedrohlich ist, wird attacca hörbar mit Nr. 4.
Wichtig ist mir in diesem ersten Abschnitt (bis
einschließlich Nr. 3) die Exponierung einer Idylle
mit ihrer Harmonie, ihrer großen Schönheit, ihrem Charme und auch Witz, aber auch mit ihrer
Widerspruchslosigkeit, ihrer Unfähigkeit, sich gegen Angriffe zu wehren. P dringt in eine Idylle ein
und zerstört sie. Im Stück gibt es ein deutliches
Gefälle vom Heiteren zum Bedrückenden,
Schmerzlichen. In Nr. 5 klingt das Barbarische in
seiner Bedrohlichkeit, Rohheit, aber auch in seiner Komik, die Kraft des Unangepaßten, Unkul-
tivierten, in gewisser Weise unwiderstehlich. Ein
bißchen King-Kong. P ist im folgenden Rezitativ
von heiterer, provozierender Gelassenheit. G
reagiert in Nr. 6 kämpferisch, der Gestus: Erlauben Sie mal! (Bemerkenswert, daß Aci nichts
sagt – ist er sprachlos? ist er geflüchtet?) P bleibt
guter Laune, die Abwehr der Schönen kann sein
Verlangen wohl nur zuspitzen. Jetzt der erste
Knick, der Beginn der Merkwürdigkeit, des Unan-
gemessenen, der Spaltung, des Unglücks: G
verscheißert P (mit ihren beiden Fragen vor Nr.
7). Mut der Verzweiflung? Jedenfalls endet der
Todesmut tödlich. In Nr. 7 hören wir P irritiert,
behindert in seinem poltrigen omnipotenten
Gehabe: ein bittender, existentieller Ton, ernsthaft werbend (besonders das Streicher-Nach-

spiel!). G antwortet noch überheblicher. Ich meine: in Anbetracht solch haushoher Überlegenheit des Gegners muß derartiger Stolz auf einen Betrachter höchst gefährlich und lächerlich wirken, ein Kriterium der Idylle. Nun tritt A hervor und erklärt in pathetischer Pose den Kampf. Die Differenz zwischen Text und Musik in Nr. 8 ist köstlich! Eine Mücke erklärt einem Bären den Krieg. Das Cello ist anrührend! Im Gesamtkontext schmerzt es, denn jeder weiß, sieht, hört, daß dieser aufrechte, zarte Mann irrt – die Wehrlosigkeit der Idylle! Was bleibt, ist Selbsttäuschung. Und dabei sind sie sich so einig, das rührt mich sehr an. Der Anmut! So seltsam ist die Situation, daß P immer noch irritiert ist und noch nicht losschlägt, d. h. er brauchte ja nur mal kurz zuzudrücken. Nr. 9 ist ein böses Lachen, eine bissige Antwort. Nun tritt G A zur Seite und wird auch heroisch (nicht ängstlich, hysterisch) – man muß sich das aus der Sicht eines Mächtigen vorstellen: die geraten nicht in Panik, sondern bleiben schön. Da kann man doch verrückt werden! Nr. 10: G treibt den Leichtsinn noch weiter. Darauf kann P im Rezitativ in der Tat nur fragen, welchen Beistand sich G von ihrem schönen Gebliebten erhofft inmitten der – gleich losbrechenden – Stürme?! Nun gehen A als erstem die Nerven durch, er spricht das aus, was nicht ausgesprochen werden darf und was gerade er tunlichst unbenannt lassen sollte: seinen Tod. Er weiß wohl nicht ganz genau, wovon er da spricht in diesem edlen, weltfremden Gestus. Sein Opfer wird P wohl schwerlich davon abhalten, sich G's zu bemächtigen! Er steigt heldisch aus und liefert so G an P aus, freilich nicht vorsätzlich oder gar auf Vorteil bedacht – eben aus idyllischem Gemüt. So ist im Terzett auch die Einheit G/A verloren, jeder hat seine Stimme, wobei rein textlich das ganze ein Dialog zwischen P und G mit eingesprengten Ratschlägen A's an G ist. A hat die Lage zugespitzt, P geht im Rezitativ zur Tagesordnung über, G entzieht sich durch Flucht. In Nr. 12 hören wir erneut (siehe schon Nr. 7), wie weich und verletzlich P im Innersten ist, glaubt er doch, G nicht mehr wiederzusehen (siehe zweite Replik P's im Rezitativ nach Nr. 14). Er klingt wie ein geistesabwesender, trauriger Bär. Böse zieht er sich zurück. Bemerkenswert, daß er geht, ohne A auf der Stelle zu töten, er unterdrückt offenbar einen Impuls, er brütet. A's Arie

Nr.13 weist wieder eine enorme Differenz zwischen Situation (G hat sich ins Meer gestürzt, P hat die Tötungsdrohung an A ausgesprochen) und musikalischem Gestus auf, als ob ihn der Ernst der Lage auch hier noch nicht erreicht hätte: höchst bemerkenswerte barocke Verspieltheit. Im Kontext der Handlung bekommt dies eine große Traurigkeit. Wichtig in diesem Zusammenhang scheint mir die Besetzung dieser Hosenrolle durch einen Sopran, und zwar durch einen ausgesprochen leichten, lichten. So kommt durch das Timbre allein schon die Naivität, Verletzlichkeit, das Verspielte, das Künstliche, der Idyll-Charakter dieser Figur zum Ausdruck. (Im Gegensatz dazu siehe Rinaldo oder Floridante als Mezzos.) Mit dem Wiederauftreten G's kommt eine starke Dimension ins Stück: das Problem, unsterblich zu sein! Diese Erfahrung trennt sie objektiv von A, der auch nicht in der Lage sein kann, diesen existentiellen Punkt bei G nachzuempfinden. In Nr. 14 bittet denn G auch A, sie mit ihrem unlösbaren Problem und Schmerz allein zu lassen. Mit diesen beiden Solocelli geht das Stück in eine neue Qualität über: entsprechend der Situation erklingt zum erstenmal wirkliche Tragik. (Wobei das natürlich schwierig festzuschreiben ist, was »wirkliche Tragik« in der Musik bedeutet – der Kürze halber sei dieser Begriff gestattet, ich denke, Sie verstehen, was ich meine.) Nach Nr. 14 muß auch von einem neuen Ort ausgegangen werden. Als Serenade geschrieben, fehlen all diese Regieanweisungen. Wichtiger als der neue Ort ist mir aber der neue existentielle gedankliche Raum. P gedankenversunken dem Rivalen auflauernd, ohne Hoffnung, dadurch etwa G zu bekommen, also nicht sinnvoll motiviert, ebenso hoffnungs–, weil perspektivlos A und G. Dies die Ausgangssituation für das zweite Terzett, das quasi zweigeteilt ist in Duett und Rezitativ. A und G vereint in Art eines Todesgesangs, mich an die Feuer- und Wasserprobe erinnernd in seiner Strenge, Gefaßtheit; P unterbricht immer rezitativisch, als ob er zwischen die beiden wollte, aber nicht dazwischen käme – eine unglaubliche Form! In gewisser Weise unwirklich und insofern von ebenso anderer Materialität wie schon Nr. 14. Die Cello–Figur im Rezitativ ist der gleichermaßen zeitlich verzögerte unwirklich-wirkliche Steinfall. Und nun die Sterbearie A's, vielleicht die erstaunlichste Nummer im ganzen Stück. Wir dringen in immer weniger zu verbalisierende Räume menschlicher Existenz vor. Abgründe und Unfaßbares menschlichen Seins werden hörbar, die äußere Aktion reduziert sich nahezu auf Null. In Angesicht des toten Geliebten wendet sich G an ihren göttlichen Vater und bittet um die Verwandlung A's in einen Fluß, danach geht sie ein zweites Mal in das Meer, um ihn dort zu empfangen. Eine wundervolle Grenzüberschreitung von großer Metaphorik. In einem Accompagnato kann der Zurückbleibende = Sterbliche nur noch nachstammeln, was vor seinen Augen vorgeht und was er nicht zu fassen in der Lage ist. Auch ihm scheint nun der Tod das einzig Wünschenswerte. Und hier ist die Stückfabel an ihrem Endpunkt angekommen. Das letzte Terzett ist ein Anhang im Sinne eines lieto fine. Keineswegs singen es die Figuren des Stücks. Es ist der fröhliche Ausklang des Abends, die zart gesetzte Lehre, gesungen von den Sängern – Gott sei Dank kann man aus Rollen aussteigen!

Was ich sagen will – und das müssen wir beide jetzt untereinander klären – ist: Nr. 17 und Nr. 18 streichen, d. h. Strich von Ende Rez. nach Nr. 16 auf 9. Takt des Rez. nach Nr. 17, weiter bis Takt 21 des gleichen Rez., dann Sprung auf Nr. 19. Natürlich mit entsprechenden harmonischen Angleichungen etc.

Nr. 17 und Nr. 18 sind ein Rückfall in die Diesseitigkeit, in Streit, in Gehässigkeit. Zwar kann ich damit zeigen, wie seelische Verletzungen das menschliche Antlitz verzerren zum Kleinlichen, Häßlichen hin, aber der große Bogen des Stücks vom Heiteren, Unbelasteten zum Tragischen, von der Action zum Stillstand, von der Oberfläche zur Tiefe, vom Harmlosen zum Unglaublichen würde zerbrochen werden. Rein musikalisch finde ich beide Nummern, bis auf den B-Teil der Arie von G, verzichtbar. Die Länge der Oper bleibt akzeptabel (ca. 1 Stunde 10 Minuten), ebenso die Verteilung der Nummern unter den Solisten. [...]

Sein Sie vielmals gegrüßt
von Ihrem Peter Konwitschny

Privatarchiv Konwitschny
unveröffentlicht

Ellen Kohlhaas

Barocker Liebestod

Hallenser Gastspiel in Schwetzingen

Womöglich sind der Hirte Aci, eine zerbrechliche Rokoko-Nippesfigur, die sich manchmal auf einen fernen Planeten wegzuträumen scheint, und seine erdverbunden sinnlichere Galatea einander doch nicht ganz so zugetan, wie sie sich's gegenseitig endlos versichern: Auf dem rasengrünen Laken ihres Inselidylls knutschen sie lieber stern- und herzförmige Kissen, als suchten sie in Stoff und Federn Wärme und Weichheit, die sie einander nicht schenken können. Und wenn Aci gerade wieder einmal geistesabwesend ist und Polifemo, eher jähzorniger, zottelfelliger, verwahrloster, weil in der Liebe zu kurz gekommener Grotesk-Komiker als mörderischer Unhold, es ausnahmsweise nicht gar so toll treibt und Kissen wollwirbelnd zerfetzt, riskiert Galatea einen zweideutigen Blick in seine Richtung. Vielleicht mag er sie, weil sie als penible Hausfrau, die Kissen und Tücher pedantisch zusammenlegt, auch sein wildes Leben ordnen könnte. Allein sie ziert sich, und Polifemo, eifersüchtig auf Aci, bombardiert Herren im Parkett mit Kissen, weil ihm der Rivale immer wieder entwischt: Aci scheint sich im Schwetzinger Rokoko-Theater vervielfacht zu haben.
Als Galatea das Getümmel balzender Männer um sich herum satt hat, ertränkt sie sie: Eine Riesenwelle, halb Hokusai-Woge, halb Rokoko-Rocaille, fährt vor, trägt sie davon, speit sie aber in einem düsteren Spiegelkabinett wieder aus. Aci und Galatea – jeder für sich, einander ferner als je – suchen und bespiegeln ihre Seelen-Innenräume. Am Ende, als Polifemo

den Gegner mit einem von oben sich abseilenden Felsbrocken erschlagen hat, kriegt sich das Hirtenpärchen doch noch – aber nicht leibhaftig, sondern bloß nach Tod und Verwandlung, unter wasserblauer Plane im nassen, kühlen Jenseits.
Vielleicht hat der Regisseur Peter Konwitschny Händels italienische Serenata a tre Aci, Galatea e Polifemo von 1708, die musikalisch wenig gemeinsam hat mit der zehn Jahre jüngeren, viel berühmteren englischen Masque Acis and Galatea, aber auch ganz anders aufgefaßt – nicht als bittersüße, melancholisch verschattete Geschichte von der Liebe, die bloß Vereinzelung schafft und erlebbare Wirklichkeit nur vorspiegelt, sondern als verspielt beginnende, tödlich endende Dreiecksgeschichte, als eindringliche Befragung unserer Existenz voller Verletzungen, die »sukzessive in Fetzen« geht (Konwitschny). Wieder sucht dieser Regisseur nicht die eindeutige Lösung, sondern das doppelbödige Spiel der Ebenen, dem er obendrein noch eine Prise Ironie beimengt – etwa, wenn die »Virtuosi Saxoniae« in Helmut Brades angedeutetem barocken Gassenbühnen-Bild stehend Händels Concerto grosso B-Dur op. 3/2 statt einer Ouvertüre musizieren, die Händel seiner Serenata nicht vorangestellt hat, und wenn das Orchester im Schluß-Tutti in der gleichen Konstellation das Spiel abrundend beendet, also den Rahmen schließt und zugleich aus ihm heraustritt; oder wenn der erstmals eine Oper dirigierende hochgewachsene Startrompeter Ludwig Güttler, ein hilfreicher Bruder des Riesen Polifemo, den federgewichtigen Aci vom Parkett über den Graben hinweg auf die Bühne schultert. [...]
Güttler und seine »Virtuosi Saxoniae« zeigten in dieser ersten Bad Lauchstädter Eigenproduktion (Premiere 1988) musikantisch vitalen Feinsinn für die affekt- und kontrastreichen Köstlichkeiten dieser Oper in

nuce: die gegenseitige Durchdringung kontrapunktischer Kunstfertigkeit und schon frühklassisch anmutender, jedenfalls mediterransinnenfreudiger melodischer Empfindsamkeit, etwa in den herzzereißenden Seufzern von Acis Arie »Sforzano a piangere« (Das Los, das deine Qual besiegeln wird) oder in Acis stockendem Verröcheln (»Verso già l'alma col sangue«). Gegen solchen Tiefsinn oder die zwitschernden Naturbilder seiner lautmalerischen Partitur setzt Händel die sängerischen Grotesk-Sprünge des Märchen-Trampels, der schon bei seinem ersten Auftritt zu Trompetengeschmetter und zischenden Schlangenfiguren der Streicher durchs Publikum stapft. Zwar klang Bernd Grabowskis »Sibilar l'angui d'Aletto« (Mir ist, als zischten die Schlangen Alectons) in der zweiten Schwetzinger Aufführung noch ein bißchen so, als habe sich sein rauhes Gewand in den Stimmbändern verheddert; aber allmählich kompensierte der Riese seine Unmanierlichkeit mit bestem, sprungsicherem Baßbenehmen. Ute Selbig als heller, süßer Sopran-Aci und Elisabeth Wilke mit kernigem Galatea-Mezzo standen ihm an Charakterisierungskunst nicht nach. Händels Serenata nach einem Stoff aus Ovids »Metamorphosen«, der von der Verwandlung eines bedrohten Liebespaars in Fluß und Welle und von nasser Vereinigung erzählt, erwies sich in passender barocker Umgebung als starkes Stück. Das war es schon bei der Uraufführung am 16. Juni 1708 bei einer Herzogshochzeit: Händel verhieß dem hohen Paar aus den Münden des mythischen Hirtenpärchens zwar ewige Treue, aber kein gemeinsames Glück auf Erden.
(leicht gekürzt)

in: Frankfurter Allgemeine Zeitung 29. 5. 1991

Georg Friedrich Händel

Tamerlan

Oper in drei Akten von Niccolò Francesco Haym
Neue deutsche Textfassung von Frank Kämpfer
(Mitarbeit Werner Hintze)

Landestheater Halle
Premiere 28. 4. 1990

Musikalische Leitung	Christian Kluttig
Inszenierung	Peter Konwitschny
Bühne	Helmut Brade a.G
Kostüme	Andrea Eisensee a.G.
	Anne Grimm a.G.
Dramaturgie	Heike Hanefeld
Tamerlan	Axel Köhler
Bajazet	Nils Giesecke/
	Hans-Jürgen Wachsmuth
Asteria	Hendrikje Wangemann
Andronico	Annette Markert
Irene	Mária Petrasovská
Leone	Jörg Decker

Händelfestspielorchester

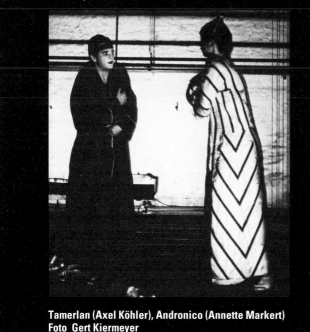

**Tamerlan (Axel Köhler), Andronico (Annette Markert)
Foto Gert Kiermeyer**

Frank Kämpfer

Identitäts-
wechsel,
Training
zu überleben

Gesellschaftliche Umbrüche
sind keine gute Zeit für die
Kunst. Die Theater bleiben leer,
die Dramatik hat ihren Ort auf
der Straße, in den Medien, im
Parlament. Dort ereignen sich
die Tragödien/Grotesken des
Tages; theatralische Politik treibt
die Künste en masse in die Unterhaltung zurück. Texte Bilder
Klänge Szenen, die das Ereignis
von heute erklären, sind nach
Stunden bereits von der Wirklichkeit überholt.
Peter Konwitschnys Hallenser
Neuinszenierung von Händels
Oper TAMERLAN setzt einer derar-
tigen Inflation einigen Widerstand entgegen. Mitnichten sind
hier die aktuellen Themen
der Zeit auf direkte Weise reflektiert, und gerade dies politisiert das Bühnengeschehen
wiederum stark. »Ihr sollt euch
frei bewegen in diesen Mauern«
– das erste kurze Rezitativ des
Werks verweist programmatisch
weniger auf ein lokal-histori-
sches, als vielmehr auf ein zivili-
sationsübergreifendes Phänomen; auf eine Art modernen
Unbehagens in der allgemeinen
Kultur. Helmut Brades Bühne
liefert dazu entsprechende Basis
und Kommentar: verzichtet ist
hier auf Aufbauten und Rundhorizont, auf Bebilderung jeglicher
Art. Gespielt wird in den nackten vier Wänden des Bühnen-
raums, mit freiem Blick auf die
Gestänge und Maschinerien.
Desillusionierung grundsätzlicher Art steht so zu Gebot, theatralische Produktion wird einsehbar als Materialangebot. Der
fabrikartig zerarbeitete Raum
kommentiert die Realität des
eigenen Hauses wie die der zer-
schundenen Gesellschaft und

wird so in seiner Symbolfunktion wiederum selbst Theater und Kunst.

Geraten die Maschinerien in Gang, eröffnen und verschließen sie Wege und Räume, erscheinen sie als vieldeutig-unbeeinflußbare Mittel einer uneinsehbar agierenden Macht. Lichttechnik als wichtiges Verfahren der Regie erweist sich dabei als ein in die Machtstrukturen integriertes Moment. Sie übernimmt Raumgestaltung, ist Spielobjekt und selbst Protagonist. In eher unterbewußt greifenden filmhaften Szenen werden Figuren und Vorgänge verfremdet oder vermenschlicht, erleuchtet und erhellt. Scheinwerfer jedoch dienen auch als Waffen – zu Kontrolle und Machtdemonstration, zu Selbstverteidigung und Folter. Auf dem inselhaft kleinen, anachronistisch nur mit Matratzen bestückten Spielterrain setzen die Protagonisten Lichttechnik in fast jeder möglichen Konstellation gegeneinander ein. Die Szenerie, die hier abläuft, offeriert eine Nachkriegssituation. Die fünf zentralen Akteure des Stücks – drei Männer und zwei Frauen, allesamt Vertreter von Herrschaft und Thron – sind dabei auf unlösbare Weise labyrinthartig gefangen in einem Netz aus Geschlechterbeziehungen und absolutistischer Macht. Tamerlan, der tartarische Kaiser, fordert Asteria, die Tochter seines besiegten Widerparts, des osmanischen Herrschers Bajazet. Asteria liebt Andronico, der wiederum beiden Herren dient. Er gibt Asteria preis, um Bajazet zu retten; Tamerlan bietet die ihm selbst versprochene Irene und deren Reich.

Entscheidend für den konzeptionellen Ansatz der Regie war die Entscheidung, Händels originalen Stimmlagen zu entsprechen: Tamerlan – Countertenor, Andronico – Alt, Bajazet – Tenor. Dies schafft Distanzen verschiedener Art, betont den Spielcharakter des Stücks, verfremdet und schärft in erster Linie jedoch die Sicht auf die Strukturen

patriarchalisch-technokratischer Hierarchie. Bedient von einer neuen deutschen Textfassung (Frank Kämpfer, Mitarbeit Werner Hintze) sind ernste und komische Momente dabei sinnträchtig miteinander verknüpft. Konwitschny erzählt allerdings kaum in logisch-linearer Form, Handlungszusammenhänge fügen sich mit Absicht zuweilen nur an den »Rändern« der Szenen.

Kaleidoskopartig verbinden diese vielmehr eine Reihe von Konstellationen, darin die Protagonisten Verhaltensmöglichkeiten durchzuspielen haben. Psychisch am Zerreißen, agieren sie stets auf dem schmalen Grat zwischen Leben und Tod. Musikalisches leistet hier Widerstand, erweist sich zuweilen als utopiehaft im Gegensatz zur dramatischen Konstellation. Orchesterzwischenspiele in Arien bergen Verzweifelte, geben Impulse von Hoffnung.

Christian Kluttig und das Händelfestspielorchester folgen dem tänzerisch-heiteren Gestus verschiedener Nummern selbst in der abgründigsten Situation in bewährter Manier mit aufgeschlossener Musizierlaune, Leichtigkeit und Transparenz. Händel selbst zeichnet seine Protagonisten weniger bruchlos, als die Szene vorschreibt: auffällig oft verbinden sich verschiedene Arienteile durch ihre gestische Gleichartigkeit.

Konwitschny kontrapunktiert: Die Metapher des Verkleidens problematisiert den Verlust bzw. die Suche des eigenen Selbst. Durchgespielte Wechsel von Identität stehen zur Diskussion als mögliche Überlebenstechnologie.

Rollen, Masken, Kostüme stehen zu Gebot, die die Figuren an- und wieder ablegen, im Abschied tauschen, in Schmerz und Verzweiflung fortwerfen oder hoffnungssüchtig finden. Tamerlans scharlachroten Mantel der Macht wirft sich Asteria um, wenn sie den Gebliebten verläßt, Andronico wiederum

trägt Asterias Seidentuch in seiner Uniform, wenn er sich Tamerlan stellt.

Bajazet gar erhebt sich nur in seinem Herrscherpelz aus seiner tierhaften Gefängnisexistenz. Sein Weg durch das Stück ist das Training eines aufrechten Gangs, der ihn in den offenen Protest, in innere Befreiung durch den selbstgewählten Tod und in einer finalen Sterbeszenerie als Mensch und Prophet auf den Stuhl Tamerlans führt. Hans-Jürgen Wachsmuth verleiht seiner Figur Charakter und erdhafte Schwere. Sein gestisches Spiel ist sehr genau, in Ausbrüchen gewinnt er berserkerhafte Dimension, zu der sein allerdings etwas strapazierter Tenor eine interessante Widerspruchsebene setzt. Machtgewalt, Sinnlichkeit, Intellektualität und Emotion verbinden sich hier auf ansehenswerte Weise zu einer traditionell patriarchalischen Figur mit fast unantastbarer Identität.

Tamerlan, Bajazets jugendlich-unbedachter Widerpart, ist fast gegenteilig angelegt. Er ist der Schauspieler par excellence, er wechselt die Rollen und Masken von Auftritt zu Auftritt. In assoziationsweiten Kostümen (Andrea Eisensee und Anne Grimm) präsentiert er sich als Magier, Mönch, Technokrat, als Sportler, Vergewaltiger, kriegsbemalter Indianer, als preussisch-napoleonischer General. Countertenor Axel Köhler bewältigt diese Partie sowohl stimmlich als auch szenisch mit Bravour. Mit teilweise artistischem Engagement vermittelt er der Figur in einer Reihe von Szenen eine komisch-clowneske Dimension, die seine Gefährlichkeit, aber auch seine Gefährdung offenbart. Sein Liebesbedürfnis, Motiv seines Agierens, wird weder erfüllt, wenn er Andronico demontiert, noch wenn er Asteria überfällt, oder sich jungenhaft der unerschütterlichen Irene unterwirft. Mária Petrasovkás Irene ist, nicht zuletzt durch die beeindruckende gestisch-stimmliche Souveränität, eine Figur von gro-

Georg Friedrich Händel TAMERLAN
Landestheater Halle 1990
Tamerlan (Axel Köhler), Bajazet (Hans-Jürgen Wachsmuth), Asteria (Hendrikje Wangemann) v.l.n.r.
Foto Gert Kiermeyer

ßer Dimension. Begleitet von ihrem Diener Leone (Jörg Dekker), bleibt sie distanziert und ohne Emotion, mit dem Abwarten wächst ihre Macht.

Andronico ist dazu vielleicht der extremste Gegenentwurf. Zerrissen zwischen den Verpflichtungen gegenüber Tamerlan und Bajazet, zerrieben zwischen seiner Liebe, seiner Pflicht, diese Liebe zu opfern, und Asterias scharfem Bruch auf den Verrat, vermag er keine eigenständige Position im Stück zu erlangen. Annette Markerts künstlerisch veredelnde Interpretation deckt den eigentlichen Konflikt der Figur vor allem in den stimmlich hervorragenden Soloszenen ein wenig zu sehr zu. – Hendrikje Wangemann, stimmlich ausgereift, präsentiert mit großem Einfühlungs-, ja Verwandlungsvermögen eine wesentlich weniger als andere von sich selbst entfremdete Figur – ihre Asteria nutzt Rollen und Verkleidungen sehr bewußt. Emotional bleibt sie mit sich identisch als Frau, sie ist die gleichermaßen gefährdetste wie auch am meisten risikobereite Figur. Als Thronrevolte, Giftanschlag und Selbstmord mißlingen, sie gezwungen scheint, in unlebbaren Konstellationen zu überleben, formuliert sie eine zentrale Erkenntnis von Inszenierung und Stück: »Es ist Wahnsinn zu gehorchen.« Dem Ruf folgt kein Ausbruch. Die Mechanismen des Theaters und des Staates geraten stattdessen in Gang, symbolisiert durch auf- und niederfahrende leere Bodenzug-Gestänge und eine gespenstisch entfesselte Scheinwerfer-Maschinerie. Zu Tamerlans schizoider Vernichtungs-Arie werden die Protagonisten umhergeworfen zwischen Selbstanspruch und Selbstunterwerfung, zwischen Hellsicht und Wahn, ausgeliefert einer unerträglichen Realität. Soghaft mündet die Inszenierung im dritten Finale in die großräumige Sterbezeremonie Bajazets. Im Einverständnis mit dem eigenen Tod praktiziert dieser beispielhaft die Befreiung aus den tödlichen Regeln der vorgeführten Welt. Er legt seine Rollen ab und gewinnt aus traditionell-patriarchalischer Sicht an Humanität. In seinen Armen birgt der Sterbende in einem erschütternden Arioso die verzweifelte Tochter, die er Szenen vorher noch niederschlug. Auf Gartenstühlen versteinert, betrachten die restlichen Protagonisten das zermürbende Schauspiel, das sie am Ende selbst schockhaft-hilflos aus ihren Rollen drängt. Die zurück bleiben in der Welt, geloben sich stimmlos, verbessert zu herrschen. In Ratlosigkeit stürzen sie zum Ensemble zusammen, um – wieder vereinigt – das irgendwie Kommende irgendwie doch zu bestehn.

in: Theater der Zeit 7/1990

Christine Lemke

Interview
mit Peter Konwitschny

LEMKE: Bei uns »im Westen« ist es mittlerweile üblich, sich durch möglichst allgemeine Äußerungen zur Lage der deutsch-deutschen Nation zu profilieren und mit der eigenen Betroffenheit über die politischen Ereignisse der vergangenen Monate geradzu hausieren zu gehen. Beides ist ziemlich langweilig und in den seltensten Fällen wirklich kompetent. Deshalb möchte ich Sie hauptsächlich zur Arbeit befragen. Sie hatten gestern abend hier in Halle mit TAMERLAN von Händel Premiere. Wenn sich der eiserne Stückvorhang, der wie eine alte Wellblechmauer aussieht, hebt, dann wird der Zuschauer mit einer eigentlich leeren Bühne konfrontiert. Wie ist es dazu gekommen?

KONWITSCHNY: Das hat eigentlich zwei Ursprünge gehabt. Einer davon liegt sicher im Stück selbst, das uns als sehr hart erscheint. Dem Bühnengeschehen ist ein Krieg vorausgegangen, der dann zwar selbst keine Rolle mehr spielt, aber mittelbar in den Personen weiter wirksam bleibt. Dieses Grauenhafte und Brutale, auch die Einsamkeit der Figuren sollte gewissermaßen nicht durch Pappe und bemalte Wände, also durch Dekoration im negativen Sinn, eingeengt und bebildert werden. Zum anderen ist es sicher eine beabsichtigte Verfremdung, daß die Bühne wirklich als Bühne sichtbar wird.

LEMKE: Ist damit auch ein grundsätzliches Aufräumen im Theater gemeint, ein radikales Abräumen alles Gewesenen, um auf den alten Brettern irgendwann wieder etwas Neues errichten zu können?

KONWITSCHNY: Ja, sicherlich. Außerdem habe ich ja bereits drei Händel–Opern inszeniert, und eine solche Folge entwickelt einen ganz merkwürdigen Eigenlauf. Ich will damit sagen, daß auch die Suche nach einer weiteren Form für die Präsentation eines solchen Stücks mitbestimmend war dafür, daß wir diesmal weg wollten vom Bekannten und bereits Gemachten. Das Ergebnis ist in dem Sinne radikal, daß wir am Ende eigentlich auf alle Theatermittel verzichtet haben. Vielleicht lag auch das, was hier und heu-

te mit Deutschland geschieht, bereits vor einem Jahr, als wir diese Arbeit konzipiert haben, sozusagen »in der Luft«. Daß da ein Teil Geschichte einfach aufgeschluckt wird.

LEMKE: Wie sehen Sie die momentane Situation des Theaters in der DDR? Kann der Theatermacher politische Vorgänge überhaupt mit Bewußtsein in seinen künstlerischen Schaffensprozeß einbringen?

KONWITSCHNY: Ganz bestimmt läßt sich die historische Wirklichkeit nicht in einer Art künstlerisches Koordinatensystem einfangen. Aber wir haben uns sehr wohl Gedanken darüber gemacht, was der Sinn von Theater jetzt sein kann, das ging so weit, daß man sich fragte, ob man damit überhaupt weitermachen soll. Nur weil sich alle um zehn morgens immer dort treffen? Nein. Zunächst haben wir gedacht, daß das Theater jetzt ganz politisch werden muß.

LEMKE: Aber war es das hier nicht immer schon?

KONWITSCHNY: Das Schauspiel, ja. Das ist da sozusagen »näher dran«. Allerdings glaube ich, daß meine Art, mit Oper umzugehen, auch sehr politisch ist, nur nicht auf dieser direkten Ebene. Früher hatten die Medien hier doch nicht die Funktion, wirklich zu informieren. Alles, was da weggesteckt und weggedrückt wurde, war im Grunde ein Fressen fürs Theater. Ich denke da zum Beispiel an meine RINALDO-Inszenierung, in der es um orthodoxe Kriegsleute ging, die aus Überzeugung andere Kulturen zerstörten. Ins Groteske getrieben fand das hier enormen Zuspruch, weil auf diese Weise natürlich nicht zuletzt auch über unsere Politiker gesprochen wurde, auf der Bühne. In diesem Sinne dachten wir also noch viel direkter werden zu müssen und haben eigentlich sehr schnell mit der furchtbaren Desillusionierung über die Revolution gemerkt, daß es ein großes Mißverständnis ist, mit dem Theater noch näher an die Realität heranzuwollen. Eigentlich können wir doch heilfroh sein, daß wir mit der Bühne eine Welt haben, die von all diesen Vorgängen relativ unabhängig ist. Es lohnt sich sehr wohl, Theater zu machen. Nach wie vor. Wahrscheinlich kommt es darauf an, sich von den doch immer nur an der Oberfläche verlaufenden Tagesereignssen gar nicht so beeindrucken zu lassen. Selbst wenn sie einen ganzen Erdteil verändern. Ich finde es gut, wenn Kunst sich in ihrem Anspruch, eine eigene Wirklichkeit mit einer eigenen Form zu sein, behauptet.

LEMKE: Also das »Ewige« gegen das »Aktuelle« setzen?

KONWITSCHNY: Das »sogenannte« Aktuelle, ja. Die Nachrichten zum Beispiel können einen ja wirklich paralysieren. In dem Moment, in dem man daran glaubt, daß das alles wichtig ist, in dem Moment ist man gefangen.

Das ist uns sehr klar geworden. Auch, was für ein Glück wir doch haben mit so einer Oper wie TAMERLAN, die von ungeheuer Wichtigem spricht, nämlich vom Menschsein, vom Bedürfnis nach Nähe und Wärme, und wie schwierig es ist, dieses auch zu leben, weil es sich so oft in sein Gegenteil verkehrt. Ich halte es für sehr politisch, zu behaupten, daß diese Fragen mittelbar sehr wichtig sind.

LEMKE: Wenn ich Ihre leere Bühne mit der leeren Bühne der jüngsten Achternbusch-Uraufführung an den Münchner Kammerspielen vergleiche – AUF VERLORENEM POSTEN, immerhin eine »Revolutionsfarce«, ein deutsch-deutsches Stück! – dann drängt sich mir der Verdacht auf, daß es sich im einen Fall um ein ästhetisches Konzept handelt und im anderen um einen Zufall. Wie kann eine Bühne zweimal leer sein und einmal mit Sinn und einmal ohne?

KONWITSCHNY: Das eigentliche Ziel ist doch immer, die Zuschauer zu berühren. Das bedeutet Kopf und Herz. Es geht nicht mit reiner Intellektualität, das ist ein Mißverständnis. Menschen, die Sorgen haben mit sich und ihren Beziehungen und die geradezu verzweifelt darum ringen, den anderen ein kleines bißchen zu haben – dieses sollte durch unseren Raum, der da keinerlei Hilfe leistet, der da nichts mildert, sozusagen noch vergrößert werden. Im Zuschauer soll eine Gegenreaktion gegen diese Verbreitung von Kälte hervorgerufen werden. In einem gewissen Sinn die Steigerung der Sehnsucht nach dem eigentlichen Guten, nach dem Nicht-Entfremdeten. Es soll auch Mut machen, das Richtige zu erkennen. Es begegnen einem als Regisseur in fast allen Händel-Stücken solche grausamen Dinge, daß sich innerlich sofort eine Gegenkraft mobilisiert. Das betrifft genau die berühmte Diskussion im Briefwechsel zwischen Brecht und Wolf um den Schluß der MUTTER COURAGE, in dem Wolf meint, die Courage

müsse aus ihrem Schicksal etwas lernen und mit dem Marketendertum aufhören, während Brecht sagt, daß die Wirkung im Zuschauer viel stärker ist, wenn die Courage genauso weitermacht wie zuvor, denn nur dann wird der Zuschauer sich innerlich aus eigener Kraft von ihr distanzieren. So funktionieren auch die Händel-Stücke.

LEMKE: Es wird gerade Ihnen immer wieder vorgeworfen, daß Sie die Werke, die Sie inszenieren, im Grunde nur verhöhnen würden. Ich erinnere da an die Leserbriefkampagnen anläßlich Ihrer Basler FIDELIO-Inszenierung im vergangenen Herbst, die so massiv waren, daß manch einer schon Baumbauers Intendanten-Sessel wanken sah. Wie ist es zu erklären, daß einem Regisseur, der sich explizit gegen jede Ironisierung verwahrt, permanent selbst Ironisierung vorgehalten wird?

KONWITSCHNY: Ich erlebe das immer wieder, auch hier in diesem Land gibt es bei vielen dieses Mißverständnis. Ich glaube nicht, daß es daran liegt, daß ich meine Haltung zu den Stücken falsch oder unklar umsetze. Meiner Meinung nach liegt es vielmehr an unseren Beziehungsmustern, an der Art, wie etwas rezipiert wird, öffentlich und individuell. [...]

LEMKE: Wo ist für Sie die Grenze zur Illustration?

KONWITSCHNY: Der Unterschied dazu war wohl besonders kraß an FIDELIO abzulesen. Da gab es sicher in der Vorstellung der meisten Zuschauer bereits fertige Bilder, wovon man bei TAMERLAN nicht ausgehen kann. Das Widerborstige für das Publikum ist wahrscheinlich, daß es bei mir nicht um andere und letztlich austauschbare Illustrationen geht, sondern um eine ganz andere Struktur. Es wird nicht bebildert schlechthin. Die Bilder auf der Bühne kommen aus ganz anderen Bereichen der Fabel. In erster Linie definiert ja wohl die Musik die Fabel. Für mich ist das eigentliche Mißverständnis in der Oper, daß Libretti inszeniert werden.

LEMKE: Wo würde Peter Konwitschny seine Wurzeln als Regisseur ansiedeln, gibt es da eine Schiene zwischen Felsenstein und Berghaus?

KONWITSCHNY: Wenn überhaupt, dann zwischen Felsenstein und Brecht. Berghaus ist schon wieder sehr vermittelnd. Die Voraussetzung für eine wie auch immer kommentierende Bildwelt sehe ich vor allem in der Kenntnis des

Üblichen, im Wissen um die übliche Weise, ein Stück zu inszenieren. Man muß in der Oper nicht ständig und immer wieder die erste Dimension einer Fabel miterzählen. Das hängt mit unserer merkwürdigen Postmodernität zusammen. [...]

LEMKE: Das Publikum gestern hier in Halle zeigte durchweg gute Reaktionen, was sicherlich darauf zurückzuführen ist, daß man hier Ihre Art zu arbeiten, Ihren Stil schon kennt. Was für Erfahrungen haben Sie in dieser Hinsicht in Westdeutschland und in der Schweiz gemacht?

KONWITSCHNY: Eigentlich sehr ähnliche. Ich glaube, wenn ich öfter in Basel arbeite, wird es eine Zunahme an Verständnis geben.

Das war schon zu spüren bei der Diskussion am 5. November, zu der sehr viele Leute kamen und während der ein sehr spannender Prozeß zu beobachten war, ausgehend von einer doch sehr deutlichen Ablehnung. Als ich dann angefangen habe, nicht die Zeichen selbst, aber ihre Struktur ein bißchen zu erläutern, kam doch sehr viel staunende Zustimmung auf. Wenn also im FIDELIO während des Quartetts ein Lamm zerteilt wird, dann ist das ein Indiz dafür, daß die Musik in diesem Quartett eine neue Dimension eröffnet: da wird nämlich plötzlich von etwas ganz anderem geredet als zuvor.

Als Regisseur bin ich doch angehalten, in Szene zu setzen, daß die Musik hier etwas ganz anderes definiert. Ob ich ein Lamm zerteile oder ein anderes Zeichen für diese neue Ebene finde, spielt eine so große Rolle nicht. Diese Erklärungen haben irgendwie gewirkt. Am Ende hatte ich einen guten Eindruck vom Niveau dieses Kampfes.

LEMKE: Also war es für Sie ein Kampf?

KONWITSCHNY: Doch, auf jeden Fall. Da nehmen sich Ost und West auch nichts, das sind übergreifende abendländische Strukturen. Kultur wird als Besitz empfunden.

LEMKE: Gehen Sie gerne in solche Kämpfe?

KONWITSCHNY: Eigentlich nicht. Das hängt sicher mit meiner Struktur zusammen, und daß ich schwer zu tun habe, wenn eine gewisse Bestätigung ausbleibt. Wenn ich spüre, daß ich nicht angenommen werde oder gar militant abgelehnt werde, dann bin ich eigentlich enttäuscht, daß ich lieber gar nicht mehr inszenieren möchte. Dann brauch ich viele Leute, die mir wieder Mut machen.

LEMKE: War es für Sie schwierig, Karriere zu machen?

KONWITSCHNY: Es *ist* schwierig. Das ist ganz merkwürdig. Ich habe den Eindruck, daß ich es immer wieder von Neuem falsch mache und wieder erkämpfen muß. Ich habe schon mit dem Begriff »Karriere« enorme Schwierigkeiten. Es gibt Leute, da ist das so eine sichere Bahn. Von mir selbst denke ich, daß ich zwar immer mal über dieses Gleis gekommen bin, aber auch gleich wieder darüber hinaus gerate.

LEMKE: Aber im Grunde können Sie es doch vor sich selbst gar nicht verantworten, Ihr eigenes Niveau wesentlich zu unterschreiten?

KONWITSCHNY: Damit sich dieses Niveau wirklich einstellt, sind aber ganz bestimmte Arbeitsbedingungen nötig. Was zum Beispiel im Stagione-Betrieb der großen Opernhäuser passiert, hat für mich nichts mehr mit Arbeit zu tun. Das ist Verbreitung von Kleister, der die Gehirne zuschmiert und alle Empfindungen stumpf macht. Wenn also die Arbeitsbedingungen nicht stimmen, dann ist auch das Niveau nicht zu erreichen. Davor habe ich große Angst. Daß eine Arbeit zwar zu Ende geführt wird, aber nicht gut ist. Nicht, weil ich zu ungeschickt dazu wäre, sondern weil mir aus einer psychischen Blockade heraus nichts mehr einfällt.

Wenn ich diesen Zustand nicht letzten Endes als kreativ empfinden würde, hätte ich wohl noch mehr Angst. Aber es ist sehr schwer. Früher dachte ich immer, irgendwann würde es einfacher werden, aber eigentlich wird es immer schwieriger.

Bad Lauchstädt 29. 4. 1990
(leicht gekürzt)

teilveröffentlicht in: Musik & Theater 6/1990

Georg-Friedrich Kühn

Verlust
der Identität

Oper in der DDR -
ein Aufstand in Halle

Daß Ensemblerevolten am heftigsten aufbrachen in Dresden, in Halle und an der Berliner Staatsoper, ist kein Wunder. Gerade an diesen drei Theatern hat es immer wieder Ansätze gegeben zu einem avantgardistischen, gegen den Strich des Konventionellen gebürsteten Musiktheater. In Dresden und Berlin vor allem durch die Arbeiten von Ruth Berghaus, in Halle durch die Peter Konwitschnys. An der führungslosen Dresdner Semperoper hat man mit dem Intendanten auch gleich eine von ihm noch initiierte ambitionierte Uraufführung zu Fall gebracht (vgl. NZZ Nr. 73); ersetzt werden soll diese mit HÄNSEL UND GRETEL. In Halle ist man dabei, eine ganze Führungsmannschaft und mit ihr die Besten der Solisten abzulösen - diejenigen, die in der Vergangenheit vor allem dafür sorgten, daß das Noch-Landestheater in den letzten Jahren hin und wieder auch internationale Aufmerksamkeit auf sich zog.

Zuhauf wurden nach der »Wende« Operndirektoren in der DDR abgesetzt - etwa in Gera, in Chemnitz/Karl-Marx-Stadt, in Altenburg, Magdeburg; in Halberstadt probt man den Aufstand. Meist ging es darum, mehr oder minder stramme Genossen endlich abzuschütteln. Nur in Berlin blieb dank einflußreicher Fürsprache alles wie gehabt, außer daß man die wenigen ehrgeizigen Produktionen, die man vorhatte, vom Plan strich. Freilich schimmerten in den Auseinandersetzungen immer wieder Argumente auf, die man - freilich unter etwas anderen Vorzeichen - gut kennt. Sie ähneln verblüffend denen, die einst Richard Strauss thematisierte an einer für ihn bedeutsamen künstlerischen Wende, im Vorspiel seiner ARIADNE AUF NAXOS: den kompromißlosen Kunstanspruch eines Komponisten läßt er da gegen die schlichten, auf gefällig-leere Repräsentation zielenden Wünsche eines banausischen Parvenus prallen.

Besonders verquer ist die Situation in Halle. Zukunfts- und Existenzängste um das dortige Theater mischen sich mit Machtgelüsten des Mittelmaßes aus dem dritten Glied. Die Besucherzahlen sind stark rückläufig. Selbst Musicals füllen das Haus derzeit nicht. Erbärmlich ist der bauliche Zustand des Theaters, von den Werkstätten über die Kantine bis zu den sanitären Anlagen. »Wir können nur träumen von einem festlichen Saal, von großer festlicher Oper, von einem nach Karten Schlange stehenden Publikum«, heißt es in einem Papier, mit dem einer der Aufständischen bei einer Vollversammlung die Absetzung des Operndirektors, Andreas Baumann, die des Generalmusikdirektors, Christian Kluttig, und die des Intendanten, Peter Förster, forderte. Zugleich gefordert wurde da aber auch das Ende der »Diktatur der Regisseure«. Überwältigend waren die Mißtrauensvoten gegen den Intendanten etwa bis zu 90 Prozent. Dieser Intendant freilich weilte gerade zu einer Gastinszenierung in Peru. Das Theater leitet er erst seit einem Jahr. Und er hat auch wenig Interesse, es weiterzuführen. Oper und Schauspiel sollen, wie fast überall jetzt in der DDR, getrennt werden. Intendant eines Opernhauses, der er dann sein müßte, will er nicht sein. Bis jetzt ist er Chef eines Dreispartentheaters. Unter dem Schlagwort »Diktatur der Regisseure« firmierte, daß der Operndirektor die Einrichtung einer Kammerbühne an den besucherschwachen Tagen vorbereitete. Da aber fühlte sich der Hauptbeschwerdeführer in seinen Kreisen gestört. Andererseits war es der Operndirektor, den man in der Vergangenheit benutzte als Keil gegen den Regisseur Peter Konwitschny und seine ungewöhnlichen Händel-Interpretationen. Inzwischen heimst Konwitschny im Ausland mehr Erfolge ein, er verschaffte dem Ensemble damit auch hin und wieder Gastspiele. Nun wird er nicht mehr attackiert - derzeit probt er mit seinem kleinen Solistenensemble TAMERLAN. Entzogen wird ihm dort nur auf Dauer die Basis seiner Arbeit. Auch Panikmache vor dem, was durch das Zusammenwachsen mit der Bundesrepublik auf die DDR-Theaterleute zukommt, hat jetzt Konjunktur. Eine der Thesen des Ökonomischen Direktors auf dieser Veranstaltung etwa war: die jetzt der Konkurrenz mit den Westtheatern ausgesetzten DDR-Theater müßten nun »wie jedes Theater in den kapitalistischen Ländern sich selbst tragen und Gewinne erwirtschaften«. So berichtet es Werner Hintze, einer der Musikdramaturgen in Halle. Sarkastisch bezeichnet er die Art, wie dieser Aufstand am Theater inszeniert wurde - als Schauprozeß nämlich, ohne Widerrede und mit vorgezeichnetem Ergebnis -, als das sozusagen bittere Ende vom »Bitterfelder Weg«, jener Kampagne der sechziger Jahre, mit der die Massen zu kultureller Betätigung bewogen werden sollten.

Vom ersten Schock haben sich die Theater in der DDR zwar erholt. Die Technikbereiche, gleich nach der Grenzöffnung durch einen Aderlaß dezimiert - in Halle allein verließen vier Fünftel der Techniker das Haus –, haben sich wieder aufgefüllt. In der Theatertechnik arbeiteten in der Vergangenheit meist Leute, die einen Ausreiseantrag gestellt hatten. In den Theatern gab man ihnen noch Arbeit; und die Arbeit galt als nicht so schwer. Daß das Theater in der DDR derzeit in einem rechtsfreien Raum, ausgezehrt an innerer Autorität, schwebt, ist allerdings in Halle besonders spürbar. Niemand fühlt sich verantwortlich. Man bangt: Wird Halle die Hauptstadt eines künftigen Landes Sachsen-Anhalt, und kann das Landestheater wieder wie in den Anfangszeiten nach dem Krieg ein wirkliches Landes-Theater werden? Oder macht Dessau oder Magdeburg das Rennen? Und wie wird das Theater dann als städtisches weitergeführt? Als traditionsreiche Pflegestätte des Händelschen Opernwerks will das Theater seiner Geburtsstadt weiterhin präsent bleiben.

Über die wichtigen anderen Grundsatzfragen des DDR-Musiktheaters - künftige Dichte des viel zu engmaschigen, keine zureichende Qualität mehr erlaubenden Theaternetzes, dramatischer Schwund an geeignetem Sängernachwuchs, mangelnde Produktivität der Häuser durch personelle Überbesetzung im Verwaltungsbereich -, über all das wird derzeit kaum diskutiert. Am wenigsten in Halle. Die Stadt zerfällt. Es zerfallen dort derzeit mehr Wohnungen, als neue gebaut werden. Der Chemiebezirk ist von den Aufräumungsarbeiten infolge der katastrophalen SED-Politik besonders stark betroffen. Und er hat keine Lobby. Das Opernensemble in Halle ist dabei, sich selbst zu amputieren. In blinder Gläubigkeit gegenüber dem, was vermeintlich »im Westen läuft«, beraubt man sich der eigenen Identität.

in: Neue Zürcher Zeitung
18. 4. 1990

Manfred Rätzer

Mit Händel
in der Schweiz

[...] In Chur war es wie immer: Zunächst Staunen und Zurückhaltung des Publikums, aber ab Mitte des ersten RINALDO-Aktes brach sich die Begeisterung Bahn. Fast jede Arie wurde bejubelt. Am Schluß nicht enden wollende Ovationen und Bravo-Rufe. Das gleiche wiederholte sich beim nicht unumstrittenen TAMERLAN..

Die sicher weniger Händelerfahrenen Churer waren überrascht und überwältigt: »Das hatten wir nicht erwartet«, so zahlreiche Äußerungen. Besonders gelobt wurden in den Pausengesprächen die Intensität und Na-

türlichkeit des Spiels, die der Inszenierung eigene Phantasie und die überragenden Leistungen auf musikalischem Gebiet, sowohl des Orchesters, als auch der Sänger.

Als Augen- und Ohrenzeuge überkommt einen etwas Wehmut, denn dieses Ensemble existiert eigentlich gar nicht mehr. Tragende Säulen des Händel-Gesangs (Markert, Claus, Möwes) haben das hallesche Theater verlassen, andere (Wangemann) werden ihnen in Kürze folgen. Wer wird die große hallesche Händel-Tradition auf gleichem Niveau in Zukunft bewahren? Während Karlsruhe in jedem Jahr eine neue Händel-Oper herausbringt und (allerdings nur) in den Festspielen mit zwei Reprisen koppelt, während in Göttingen Nicholas McGegan in diesem Jahr beginnt, wieder regelmäßig jährlich im Deut-

schen Theater eine Händel-Oper auf die Bühne zu bringen (bisher gab es vorwiegend konzertante Aufführungen), steckt ausgerechnet Halle in einer tiefen Krise. Die neue Theaterleitung (der Intendant Klaus Froboese und der musikalische Oberleiter Wolfgang Balzer waren in Chur anwesend) haben die schwierige Aufgabe des Neuaufbaus eines hochqualifizierten Sängerensembles zu lösen.

Abschließend sei ein Wunsch vieler Händel-Opern-Freunde und Experten geäußert: Die RINALDO-Inszenierung, die wahrlich Theatergeschichte gemacht hat, sollte auch künftig im Spielplan gehalten werden, auch wenn sie nur ein- oder zweimal im Jahr aufgeführt werden sollte.

(gekürzt)

in: Hallesches Tageblatt

Rinaldo Faksimile

Begegnungen

Peter Konwitschny
Foto Andreas Birkigt

Viele Jahre beginnen Rezensionen über Arbeiten Peter Konwitschnys mit dem Verweis auf seinen Vater, den einstigen Gewandhauskapellmeister Franz Konwitschny, oder auf seine frühere Mentorin Ruth Berghaus. Eine seltsame Art wohlwollender Protektion, die den Gemeinten jedoch mehr und mehr verfehlt.

Der Mensch Peter Konwitschny, wie ihn Partnerinnen und Freunde, viele Kollegen kennengelernt haben, ist nicht auf Namen anderer zu reduzieren oder aus ihnen zu erklären. Gleichwohl haben Begegnungen in seiner Biographie in der Tat eine wichtige Rolle gespielt, ist er seinerseits selbst wichtig geworden für eine Reihe nachfolgender junger Theaterleute verschiedenen Metiers. Und – Kommunikation, Austausch, die Utopie der Vermittlung zeichnen auch seine Figuren, in schönen Metaphern von Begegnung und Toleranz.

Nicht Sensationen stehen zum Gebot, wenn sich der Regisseur im Gespräch zu für ihn wichtig gewordenen Menschen äußert – über Lehrer, Eltern, Kollegen. Und letztere kommen ebenfalls zu Wort: Bettina Bartz, Helmut Brade, Annette Markert und Gerhard Brunner schildern Eindrücke, Situationen aus gemeinsamer Produktion. Dazwischen sprechen Bilder und beleuchtete Momente, die vergangen, aber nicht vergessen sind.

F.K.

Sinne haben, kommunizieren, leben

Peter Konwitschny im Gespräch mit Frank Kämpfer über Elternhaus, Kindheit, Begegnungen, Partner

KÄMPFER: Die Annäherung an einen Menschen, an einen Künstler muß unvollkommen bleiben, wenn man seine Arbeit, die Produkte, abtrennt von der Person. Sie selbst, Peter Konwitschny, haben immer wieder beschrieben, wie beglückend für Sie die Durchdringung oder Verflechtung von künstlerischer und privater Existenz in bestimmten Arbeitsphasen war – in Montepulciano zum Beispiel, in Rostock, in Halle. Ich möchte, daß wir zwischen den abgedruckten Kritiken, Rezensionen, dramaturgischen Notizen und konzeptionellen Texten auch über anderes sprechen. Über Persönliches, im Privatraum Erfahrenes, über Dinge, die für die Öffentlichkeit unwichtiger sind – die die kreative künstlerische Arbeit, das Herangehen an Werke, Stoff und Konflikte vermutlich dennoch stark strukturieren. Es geht nicht um Sensationen, um Intimitäten, um Denunziation. Es geht auch nicht um Biographie im Sinne einer chronologischen Ordnung, sondern vielmehr um Zusammenhänge, um Erfahrungen. Mich interessieren Menschen, die für Sie wichtig waren. Konstellationen, die Ihren Werdegang geprägt haben. Die für Ihre Arbeit produktiv waren und sind.

KONWITSCHNY: Ich habe viele Menschen kennengelernt in meinem Beruf, sehr verschiedene Menschen, mit ganz verschiedenen Haltungen zum Leben, zur Existenz, mit ganz verschiedenem Verhältnis zu Humor und Ernst. Das war wahrscheinlich schon in meiner Kindheit so, daß alles sehr vielfältig war und differenziert, und nicht in irgendein Schema und irgendeine Rolle zu pressen. Das hieß für mich, daß ich vermutlich oft keinen eindeutigen Weg wußte. Daß ich vieles begonnen habe und nicht wußte, wie es weitergesponnen wurde. Daß ich auf diese Weise, auch zufällig, von diesem Kosmos »Welt« eine Menge dabei erfahren habe. Die Folge davon ist, ich gehe an vieles ganz unsystematisch, auch ganz naiv, also unvoreingenommen heran. Wenn ich mich mit einem neuen Stück beschäftige zum Beispiel, dann entdecke ich, an der Stelle ist es doch eigentlich soundso, und hier ist es so, und es setzt da kein Über-Ich sofort ein, kein ästhetisches Über-Ich, das sagt, es ist aber ganz anders, das kannst Du nicht so sehen, das gehört in die oder die Kategorie. Es gab in dem Sinne für mich nie etwas Geregeltes, von Kind an waren die Abläufe immer wieder andere, die Begegnungen andere, später dann auch die Arbeiten und sogar die Arbeitsorte. Ich habe auch nie irgendwo länger fest an einem Theater gearbeitet, und da dann nie in Wohnungen, sondern in Hotelzimmern oder bei Freunden oder so halbprivat gewohnt. Zum Beispiel als Kind war ich oft zu Konzertreisen meines Vaters mit dabei. Ich fehlte in zwei Jahren jeweils über hundert Tage, Unterrichtstage, und dieses Privileg hat mir natürlich nicht nur Freunde, sondern Neider und wirklich eben soziale Konflikte gebracht. Mein Vater hat darauf keine Rücksicht genommen, Gott sei Dank. Denn auf diese Weise bin ich natürlich auch der Stupidität einer geregelten deutschen Kindheit mit guten Zeugnissen entkommen.

Haus der Familie in Leipzig-Schleußig. Foto Privatarchiv Konwitschny

KÄMPFER: Ich denke jetzt an das Foto im Klassenzimmer, mit den Holzbänken, den eingeklemmten uniformen Kindern, dem noch jugendlichen Honecker-Foto an der Wand und dem schmächtigen Lehrer, der aus einem Roman von Hermann Kant stammen könnte...

KONWITSCHNY: Ich hatte eine Klassenlehrerin bis zur vierten Klasse, die sehr auf mich fixiert war. Sie war für den Kommunismus und konnte daher offenbar nicht verstehen, welche Privilegien mein Vater hatte, und daß er sie sich auch herausnahm. Die hat mir dann wirklich auch Probleme gemacht. – Einmal brachte ich von einer Schweiz-Tournee der ganzen Klasse Schweizer Schokolade mit. Diese Lehrerin interpretierte, ich wolle mir die Gunst der Klassenkameraden mit »kapitalistischen Methoden« erkaufen. Sie hatte vielleicht nicht nur Unrecht: einmal stand auf meinem Zeugnis im Fach Musik eine »Zwei«. Als mein Vater das las, begann er zu toben, fuhr mit mir in die Schule zurück, schrie den Direktor an, zerriß das Zeugnis – und ich bekam eine »Eins«. – Das klingt heute vielleicht lächerlich, aber solche Ereignisse haben mir schon zu schaffen gemacht. Wie gern wäre ich ein Gleicher unter Gleichen gewesen. Ich habe dann Fußball gespielt, und das waren ganz wundervolle Stunden für mich. Da war ich einer von vielen. – Ich glaube, nicht ich, sondern meine Eltern wollten immer, daß ich etwas Besonderes werde. Ich wollte zum Beispiel auch einmal Rennfahrer werden, aber das war meiner Mutter damals wahrscheinlich nicht gut genug.

Und so bin ich Regisseur geworden.

KÄMPFER: Wenn man Kritiken Ihrer Aufführungen liest, Rundfunkbeiträge hört, dann fällt auf, daß darin immer wieder Ihr Vater genannt wird. Fast wie ein Markenzeichen: der Vater war doch der und der, da muß der leider kaum bekannte Sohn doch auch etwas anzubieten haben. – Franz Konwitschny, den Älteren ja vor allem als Gewandhauskapellmeister bekannt, war in der Nachkriegsszene als Dirigent in der Tat eine auffällige, eigen-artige und so wirklich herausragende Person.

Wer war er für Sie, welche Bilder haben sich von Ihrem Vater in Ihnen geprägt, wie wirkt er in Ihnen fort?

In der Schule, Leipzig 1958 (Peter Konwitschny, 1.v.r.) Foto Privatarchiv Konwitschny

KONWITSCHNY: Ich beginne wieder mit einer Geschichte: Ich hatte als Kind viele Klavierlehrer. Die hielten es offenbar nicht lange mit mir aus. Eine Klavierlehrerin habe ich geliebt, sie hieß Frau Dorgè. Ich war etwa neun Jahre alt. Sie wußte, wie sie mich zum Üben bringen konnte. Ich rannte aus der Klavierstunde nach Hause, übte wie verrückt, und zwei Stunden später raste ich zu ihr zurück, um ihr das neue Stück auswendig vorzuspielen. Wahrscheinlich wäre ich Pianist geworden. Aber mein Vater hat eines Tages verboten, daß ich weiter zu Frau Dorgè gehe. Er muß sehr eifersüchtig auf sie gewesen sein, denn sie vermochte etwas, was er nicht schaffte...

Überhaupt glaube ich, daß sich mein Vater so richtig um mich nicht gekümmert hat. Im Sinne von Verantwortung etwa. Die Lust am Leben, die habe ich aber dafür von ihm kennengelernt: Intensiv arbeiten, lustvoll essen, trinken, überhaupt erleben. Über die Sinne zu existieren. Sich rückhaltlos in Beziehungen einzulassen. Frauen – ein Kapitel für sich. Nichts halbgewalkt. Das war ganz authentisch. Andererseits die unglaubliche Präzision, die Genauigkeit, der Ordnungssinn im

Schaffensprozeß, das Auswendigkennen riesiger Partituren. Oft stand er früh um fünf auf, um sie zu studieren. War das Abwehr der Angst vor den chaotischen Kräften in seinem Innern, vor dem Unberechenbaren offener Beziehungen zur Welt? Ich glaube, er ist dann so früh gestorben, weil all das irgendwann nicht mehr möglich war. Die Verstrickungen wurden so komplex – Verstrickungen in ein politisches System, das eine Mauer baut, aber auch in ein immer enger werdendes privates Netz, darin es dann schließlich keine Spielräume mehr für ihn gab. Da war er plötzlich mit einem Artikel zum Mauerbau in der Zeitung, genau zum richtigen Zeitpunkt, in dem er die ganze politische Entwicklung gutheißt. Und obwohl er das alles nie gesagt hat, war er doch unversehens miteinbezogen und hatte so eine Art Blanko-Unterschrift gegeben. Er hatte Privilegien angenommen und war nun gefangen. Die Ambivalenzen haben ihn schließlich geschafft. Herzversagen. Das finde ich übrigens eine sehr vitale Reaktion, einen vitalen Tod. Das Herz will nicht mehr, Schluß. Das ist sehr sinnfällig, zupackend – und so war er auch am Pult. Der

Franz Konwitschny, Berlin 1957. Foto G. M. Siewert

Peter 1949. Foto Privatarchiv Konwitschny

konnte sich gar nicht verstellen, der Körper hat das bestimmt, der Körper hat musiziert. Er war sehr, sehr musikantisch. Damit konnte man sich als Kind, einfach indem man das nachgeahmt hat, gut identifizieren.

Dann gab es natürlich einen Knick, als mein Vater sich scheiden ließ. Da war ich dreizehn, in einem Alter also, wo ein Junge sich mit seinem Vater identifizieren können muß, um sich später auch wieder zu lösen. – Meine Mutter hat die Identifikation behindert. Sicher aus einsehbaren Gründen. Aber das hat mir natürlich nicht weitergeholfen. Mein Wunsch war blockiert worden,

KONWITSCHNY: Meine Mutter ist eigentlich viel lebenslustiger, als sie es sich eingesteht. Sie ist leider sehr katholisch, ja körperfeindlich erzogen worden. Ihre Mutter nun muß aber auch sehr lebenslustig gewesen sein, sonst hätte sie diese Lust nicht so militant verleugnet. Diese hatte einen Italiener geheiratet, und das in Süddeutschland, in Freiburg! Das war damals viel waghalsiger noch als heute. Und deren Vater, also mein Urgroßvater, der hat sie hinausgeworfen, mit einem kleinen Kind. Deshalb. Der war ein reicher Möbeltischler, Mitglied im Kirchenrat von Freiburg.

Anni Eisner, die Mutter
Fotos Privatarchiv Konwitschny

Als Christel von der Post
beim Gastspiel in Zürich 1935

und ich arbeite ihn jetzt ganz langsam ab. Das ist oft ganz simpel. Daß Hendrikje Wangemann, – die Frau, mit der ich zusammen bin – einfach meinen Vater toll findet. Wenn sie Fotos sieht von ihm, Geschichten von ihm hört, dann sagt sie, Du bist genau wie der. Das ist natürlich humorvoll gemeint und ein Spiel zwischen uns. Aber daß sie den akzeptiert, ja, das tut mir gut. Und ich merke, daß ich weiter werde, freier. Das bin ich doch, das ist doch mein Vater. Und genauso ist es auch mit meiner Mutter.

Also mit einem Wort, gekümmert hat der sich nicht, aber mir etwas gezeigt: Leben.

KÄMPFER: Wie ist Ihre Mutter da zum Zuge gekommen, neben dem berühmten Mann? War sie ihm von der Persönlichkeit her ähnlich, oder eher entgegengesetzt – und welche Auswirkungen hatte das auf Sie?

Das hat natürlich das ganze Leben geprägt. Auch das von meiner Mutter. Die durfte beispielsweise keinen Sportunterricht mitmachen. Das galt als sündhaft. Dann ist sie aber heimlich Schlittschuh gelaufen und wurde dafür grün und blau geschlagen. Die Lust hat sich mit der Angst verknüpft, – das war ihre Lebenserfahrung.

Das bemerke ich aber jetzt so alles erst allmählich. Daß sie sich lange Zeit verleugnet hat. – Als sie vor zwei Jahren wirklich todkrank war, da haben wir uns einige Wahrheiten gesagt, und sie hatte nicht mehr die Kraft zu verleugnen, wie schwierig im Grunde ihr Leben gewesen war. Wieviel Unglück sie erlebt hatte, und wie wenig Glück. Und sie hat dem nicht mehr widersprochen.

Und seitdem geht es ihr eigentlich wesentlich besser, vielleicht so gut wie noch nie. Weil sie diese zwanghafte Entstellung der Wirklichkeit, für die der Körper ja so unheimlich viel Energie braucht, endlich fallenlassen konnte. Und ich erlebe sie jetzt ganz drollig und witzig. Sie ist dabei ganz unsystematisch – ganz ungelernt, in bestimmten Bahnen zu gehen.

Das bin ich auch. Da hat man schwere Stunden, aber man hat auch den Vorteil, richtungslos auf andere Dinge zu stoßen. Das gehört alles zusammen. Mir macht das jedenfalls jetzt großen Spaß zu sagen, ja, das sind meine Eltern, das ist vollkommen in Ordnung und großartig. – Es ist ja auch für das Konfliktpotential in den Stücken, den Opern, die ich inszeniere, relevant. Das ist auch ein Stück von einem selbst.

Meine Eltern sind beide zwanghaft-dramatisch zuspitzende Charaktere. Und ich selbst bin es auch. Und so liegt es in der Natur der Sache, daß mir bestimmte Stücke eben so viel sagen. Schließlich sind sie ja von Menschen gemacht und enthalten von Menschen erlebte Geschichte. Im psychologischen Sinne mildernd herausgebracht, herausgeschrieen als innerste Erfahrung.

KÄMPFER: Hatte Ihre Mutter eigentlich einen Beruf, oder war sie – wie zeitüblich – zum Hausfrauendasein verdammt?

KONWITSCHNY: Sie war Sängerin. Sie hat heimlich mit 15 Jahren in der Kirche gesungen. Für ihre Verwandtschaft war das ein Vergehen. Kunst, Theater, Zirkus und dergleichen, das war für die die Hölle.

Mit 18 hat sie dann schon in Freiburg gesungen, szenisch, und sie wurde ganz schnell Publikumsliebling. Anni Eisner. Sie hat die Rollen gesungen, die Hendrikje jetzt singt. Meine Mutter muß damals Hendrikje in manchem ähnlich gewesen sein. Was ihre Lust am Spaß betrifft, am lustvollen Sein. Die Dinge anzugehen ohne Berührungsangst. Ich habe ganz deutlich den Eindruck, daß meine Mutter zu den vielen gehört, die von ihrer Identität abgebracht worden sind, wo die Selbstfindung überhaupt sehr behindert wurde. Und das ist politisch ja ganz infam.

So macht man überhaupt erst Politik. Leute, die mit sich identisch sind, kann man weniger manipulieren.

KÄMPFER: Ich denke, wenn Sie sprechen, irgendwie meine eigene Geschichte mit. An meine Eltern, die – 20 Jahre jünger als Ihre – auch ganz ohne Identität gelebt haben müssen.

KONWITSCHNY: ... Sie setzen sich jetzt ins Verhältnis zu meiner Erzählung, und das ist schon eine Funktion von Theater.

KÄMPFER: Die Frage ist ja, wie wir selbst, die wir das wissen, andererseits auch davon geformt, verformt sind, wie wir uns dazu verhalten.

KONWITSCHNY: Ich habe mit meiner Mutter auch wirklich verheerende Auseinandersetzungen geführt. Mit meinem Vater leider nicht. Da habe ich mich zu schwach gefühlt. Er hätte mich erschlagen, das habe ich zumindest angenommen.

Das ist jetzt natürlich ein Problem für mich. Ich glaube, man muß irgendwann seinen Vater töten können, symbolisch. Einmal habe ich ihm Paroli geboten. Da überraschte ich ihn mit einer anderen Frau im Garten. Ich erschrak und stellte ihn zur Rede, 13jährig. Ich wurde sogar ziemlich laut. Mein Vater ging einfach weg. Um ihn zu bestrafen, hörte ich dann mit dem Klavierspielen auf. – Aber, zurück zur Frage: Meine Mutter war Sängerin. Und als sie 28 Jahre alt war, hat sie es aufgegeben. Mein Vater, schon Generalmusikdirektor, wollte das nicht mehr. Er war eifersüchtig. Das waren sicher aus einem Besitzdenken heraus resultierende Empfindungen. Entweder, ich dirigiere, oder Du singst. Das war seine Alternative. Und dann saß sie in der Loge und weinte bitterlich. Denn sie hätte gerne weiter auf der Bühne gestanden. Es gibt Fotos, da wird einem sofort klar, daß sie dafür geboren war. Aber, indem er ihr das verbot, war ihr Lebensnerv abgeschnitten. Und es gab irgendwie keine Grundlage mehr, daß meine Eltern hätten noch richtig miteinander auskommen können. Da haben sich beide schuldig gemacht. Eine schöne Spielregel, sich gegenseitig erpressen zu können. und ich bin dann so eine Art Ersatz gewesen für das in der Ehe verlorene Glück.

KÄMPFER: Wie kamen Sie eigentlich dann darauf, genau den Beruf des Vaters ergreifen zu wollen? Als dieser 1962 starb, waren Sie ja immerhin schon 17 Jahre alt.

KONWITSCHNY: Ich machte damals mein Abitur und mußte mich also für einen Beruf entscheiden. Und da habe ich »Dirigent« angegeben. Wahrscheinlich kannte ich gar nichts anderes und fand das eben auch schön, daß einem da so viele Männer gehorchen. Ich hatte einfach eine relativ genaue Vorstellung davon, darum habe ich mich dafür beworben. Ich wurde aber nicht angenommen, ich konnte für einen Dirigenten nicht gut genug Klavier spielen. Meine Mutter hat sich darüber aufgeregt, auch aus ihrem Dünkel heraus, über die Leute in der Aufnahmekommission. Ich war wirklich in einer schwierigen Situation, ich konnte nicht zu mir finden. Dann habe ich gedacht, ich werde vielleicht Rennfahrer. Da hätte ich mich sicher schnell gefunden, das hätte ich auch sicher gern gemacht. Denn das Autofahren ist das einzige, wo ich mich sicher fühle. Da ist keine Hochstapelei dabei. Da gibt es keine Bereiche, die ich nicht begreife und wo es trotzdem funktioniert.

Da meine Mutter auch hier heftig intervenierte, habe ich mich dann für Mathematik beworben. In Berlin, an der Humboldt-Universität. Da haben sie mich dann nicht genommen, weil es keine Plätze gab. Aber mit Physik konnte ich sofort anfangen. Das war natürlich eine Möglichkeit, denn ich hatte mich schon immer für das Weltall und solche Dinge interessiert. – Die hier allerdings Physik studierten, haben Radios gebaut und mit technischen Formeln nur so hantiert. Davon hatte ich überhaupt nicht die geringste Ahnung, und ich habe mich dort so furchtbar fehl am Platz gefunden und mich dann auch sehr schnell gegen meine falsche Entscheidung gewehrt.

Ich bin dann zu Hans Pischner gegangen, damals Intendant der Deutschen Staatsoper, und habe gesagt, daß ich gern Dirigent werden will. Daraufhin gab es so eine Art »Götterrat«, einige Leute wurden herbeizitiert von der Musikhochschule. Dann wurde ein Gespräch mit mir geführt. Eine Frage lautete, ob ich wüßte, was denn Choreographie wäre. Das hatte ich noch nie gehört und habe gedacht, daß es irgendwie mit »Chor« zusammenhängen würde. So dumm war ich damals, was Theater betraf. Aber dieses Gremium hatte dann den Einfall, ich könne doch Regie studieren. Der Grund war, daß ich dafür nicht so gut Klavier spielen mußte. Die hatten also offenbar Angst, daß Pischner irgendwie wütend würde. Man mußte eine Lösung für mich finden, der Vater war ja noch nicht so sehr lange tot. Sie haben mir also das Regiestudium regelrecht eingeredet. Ich wußte nicht, was das überhaupt heißt: Regie. Das begriff ich erst nach drei Jahren, also was es z.B. von der organisatori-

schen Seite her bedeutet, und wollte dann sofort aufhören.

Daß man da allein steht und Leute zu etwas zwingen muß, das konnte ich mir für mich kaum vorstellen. Meine Mutter und andere Leute haben dann wieder auf mich eingeredet. Du hast doch schon Physik abgebrochen, es wäre Wahnsinn, wenn Du es jetzt nicht weitermachen würdest. Ich hatte damals so die Idee, in die Datenverarbeitung zu gehen – EDV –, aber ich habe mich nicht durchgesetzt.

KÄMPFER: Sie haben weiterstudiert, und waren unzufrieden dabei. Sie haben sich gelangweilt, haben vermutlich auch Ihre Lehrer provoziert. Aber – sonst würden Sie ja heute anders inszenieren – offenbar hat man nicht versucht, Ihnen das Rückgrat zu brechen. Wo lagen in dieser Zeit für Sie Gewinn und Verlust?

KONWITSCHNY: Ich habe nicht richtig studiert. Ich habe z.B. nur wenig gelesen, mich für nichts richtig interessiert, es kam nichts aus mir heraus. Aus heutiger Sicht war das vielleicht gut, ich wäre dann vielleicht so ein richtig systematischer Mensch geworden.

Der Fachrichtungsleiter war Helmut Hohlfeld, dann war Heinz Kersten noch dort... teilweise war es ein unsäglicher Unterricht. Werkanalyse, vollkommen unbedarft. Bei AIDA haben wir wochenlange Nachforschungen angestellt, ob die Numier nun am zweiten oder am dritten Katarakt einbrechen. Daß Rocco im FIDELIO meint, für Florestan sei der Tod doch das Beste, das wurde dagegen völlig in Ordnung gefunden. – Der einzige Gewinn war so eine Ahnung, daß es so nicht sein könne...

Zum Glück kam gegen Ende des Studiums Hans–Jochen Irmer an die Hochschule, sonst hätte ich wahrscheinlich nie etwas von Hegels Dialektik erfahren, und nie etwas von Brecht.

Auch die musikalische Ausbildung nahm ich sehr ernst. Tonsatz, Formenlehre, Kontrapunkt, Gehörbildung – das war meine Spezialstrecke. Unbekannte Musik nach dem Gehör aufzuschreiben – da machte ich allen etwas vor. Dann hatten wir bei Götz Friedrich einige Seminare in der Komischen Oper, das war für mich nun sehr wichtig. Da haben wir antikes Theater behandelt, was aus unserer Bildung völlig gestrichen war. Wo das herkommt, welche Ursprünge das hat. Er konnte auch Begeisterung vermitteln. Weil er selbst begeistert war von Partituren und Szenen. – Erhard Fischer, bei dem hatten wir sogenannten Dramatischen Unterricht. Wir spielten selbst Szenen, er hat es inszeniert. Hat uns dazu gebracht, irgend etwas zu machen.

Das war ganz erschreckend zu sehen, wie unfähig wir waren zu spielen, Töne von uns zu geben. Und uns auch ganz naiv wie ein Kind zu bewegen. Fischer hat uns da gefordert. Der wurde fuchsteufelswild, hat uns in die Krise gebracht – und plötzlich hatten wir eine Ahnung bekommen, wie man sich äußern kann, wie man einen Text sprechen kann. Wie ein ganz bestimmtes Verhältnis zwischen zwei Figuren entsteht, ohne daß es künstlich oder peinlich, laienhaft war. Konzeptionell war nichts zu lernen. Fischer verkörperte so ein Mimentum, und ohne das kennengelernt zu haben, könnte ich jetzt nicht machen, was ich mache.

Ich wollte also aufhören im dritten Jahr, aber dann habe ich trotzdem weitergemacht und wurde plötzlich so hochgeputscht. Die Lehrer wollten einen Musterschüler haben, und der war ich. Und ich hatte dazu doch den Namen Konwitschny. Und ich absolvierte das Studium mit »Auszeichnung« und fühlte mich alles andere als wohl dabei.

KÄMPFER: Wenn ich mich an meine eigene Studienzeit erinnere, dann weiß ich, daß es da kaum einen Ausweg gab. Vermutlich gehört das zu einem Bildungs-System dazu. Man ist in Widersprüche gespannt, in Konflikte und Ausweglosigkeiten. Am Ende gibt es nicht nur ein Papier mit irgendwelchen Noten, man ist auch Objekt von Lehrern gewesen.

KONWITSCHNY: Ich hatte oft das Gefühl, daß ich nicht Bescheid wußte. Aber man machte eben einfach immer weiter. Man war eingeschüchtert durch die großen Leute, durch Friedrich und Herz, und machte das immer weiter.

Meine Abschlußinszenierung, das Staatsexamen in Brandenburg, lief dann allerdings gut. Schon fast so, wie ich später auch inszeniert habe. Ein halbes Jahr später habe ich das gleiche Stück in Schwerin gemacht, aber dort bin ich völlig eingebrochen. Und da war mir klar, daß ich keineswegs schon einn Regisseur war.

Damals habe ich überhaupt nicht gewußt, was ich machen sollte, habe die Arrangements für meine beabsichtigten Aussagen überhaupt nicht gefunden.

KÄMPFER: Ihre Entwicklung verlief im folgenden ziemlich unplanmäßig weiter. Sie wurden nach dem Ende des Studiums zunächst nicht Regis-

Als Student 1966 in Berlin, v.l.n.r. Horst Rey, Peter Konwitschny, Wolfgang Geissler. Foto Privatarchiv Konwitschny

seur, sondern waren acht Jahre lang Assistent am Berliner Ensemble.

KONWITSCHNY: Das war so eine Art rettende Idee der »Verantwortlichen« an der Hochschule. Helmut Hohlfeld half mir, den Vertrag mit Brandenburg zu lösen. Ich bekam dann ein Zusatzstudienjahr in Berlin, mit einem speziellen Programm. Das Thema war Brecht. Brecht, und Berghaus, und Oper. Ich sollte eine Berghaus-Inszenierung begleiten und in einer theoretischen Arbeit Zusammenhänge herstellen zwischen Brechts Theorie, ihrer Arbeit und beider Relevanz für die Opernregie. Solche Fragen hatten in der Ausbildung bisher kaum eine Rolle gespielt. Ruth Berghaus nun war aber nach Helene Weigels Tod plötzlich Intendantin des Berliner Ensembles geworden. Ich ging also folglich nicht an ein Opernhaus, sondern ans Berliner Ensemble, machte dort ein Praktikum und las Brecht. – Die Arbeit zu schreiben, das war eine Katastrophe. Ich hatte so einen Arbeitsplan, wollte jeden Tag etwa 130 Seiten durcharbeiten, und ich schrieb auch eine theoretische Einleitung über Brecht. Hans-Jochen Irmer, damals Dramaturg, war fassungslos und gab mir auf das Ganze eine »Fünf«. Später wurde mir klar – was Brecht ist, das kann man nicht aus Büchern entnehmen. Das Praktikum selbst, DIE GEWEHRE DER FRAU CARRAR mit Ruth Berghaus, das lief sehr gut. Sie hat mich dann auch engagiert.

KÄMPFER: Brecht muß für Sie nun ein Schock gewesen sein, die Begegnung mit einer völlig anderen, aber am Berliner Ensemble dann doch sehr konkreten und verlockenden Welt! Wie hat sich das Phänomen Brecht Ihnen dort dargestellt, wie hat es Sie berührt?

KONWITSCHNY: Durch Brecht wurde greifbar, worauf ich mich eingelassen hatte. Es war, als ob ich durch ihn bestätigt würde in meiner eigenen Zerrissenheit und Diskontinuität. In dem Geworfensein, und daß man sich meistens Gegner schafft. Und auch, daß man sich für etwas engagiert, daß es das Engagement für »das Richtige« gibt. Das heißt, nicht allein zu sein. In der Schule wurde er als ein Staatsdichter dargestellt, demzufolge konnte er gleichzeitig kein wirklicher Mensch sein. Die Entdeckung an Brecht später war, daß sich beides nicht ausschließen muß. Es gab sieben Bände Gedichte beim Aufbau-Verlag, so intensiv hatte ich noch nie gelesen. Ich war

begeistert und habe andere begeistert dabei. Die Gedichte aus Amerika, oder die Buckower Elegien, oder ganz frühe Texte. Das hätte ich nie vermutet, wie Leute von Politik verbraucht werden können. Ich habe dann im Theater auch noch Frauen erlebt, die mit Brecht zusammen waren, Ruth Berlau und Elisabeth Hauptmann. Und ich habe gespürt, daß da sehr viel auch Liebe im Spiel gewesen sein muß. Wenn man etwas gemeinsam macht, und dazu unter diesen historischen Umständen,– das läßt sich nicht mehr trennen. Also diesen Zusammenhang von gemeinsamer Arbeit und Liebe, den konnte man irgendwie noch sehen. – Man kann natürlich über Brecht richten, er sei ein Schürzenjäger gewesen, der die Frauen bestohlen und ausgenutzt hat. Aber das ist zu einfach gesehen, so einfach war das alles nicht.

Was war im Theater noch von Brecht? Auf jeden Fall die Organisation der Arbeit. Daß da viele Notate gemacht wurden. Da er alles festgehalten haben wollte, auch aus Angst, daß es zerfällt und verlorengeht. Ihre Frage nach Brecht ist nicht leicht zu beantworten. Er soll sehr streng gewesen sein. Wer dumm war, den warf er hinaus. Er hat vieles getan, was nicht erlaubt war. Er hat auch viel Angst gehabt. Er ist zum Beispiel nie in die Kriegsgebiete gefahren. Nach der Erfahrung Brecht fällt es mir leichter, einiges, was ich selbst so treibe, menschlich zu finden. Und mir nicht immer nur Schuld aufzuladen.

KÄMPFER: Zu Ihrer Zeit waren am Berliner Ensemble eine Reihe wichtiger Leute, die sich konträr verhielten, unangepaßt waren und ständig Schwierigkeiten bekamen. Welche Kontakte gab es da, welche Rolle hat wer für Sie gespielt, wer ist für Sie wichtig geworden?

KONWITSCHNY: Zum Beispiel Paul Dessau. Das Erstaunliche an ihm war diese Verbindung von Größe und Profanität. Er konnte auf einer Probe zugleich sehr deftige Scherze machen und die differenziertesten Interpretationsanweisungen geben. Mit knorriger Stimme verbat er sich die Anrede »Herr Professor«. Er selbst hatte auch keine falsche Ehrfurcht vor Mozart und Beethoven, er ging ganz alltäglich mit ihnen um. – Mir wurde klar, wie dumm und verlogen der Begriff von »Größe« war, den man uns anerzogen hatte. Dann war da Karl Mickel, er war mir fremder, irgendwie kälter. Wir hatten einmal sehr eng miteinander zu tun, nämlich als ich die ANTIGONE in Rostock machte. Da hat er sich Zeit genommen, Abende lang mit mir das Werk analysiert, und ich verstand, warum die Hölderlinsche und nicht die Brecht-Fassung gespielt werden muß. Wichtig war für mich auch Heiner Müller. Er hatte einen unheimlichen Sog auf viele von uns. Er hat uns erst einmal eine andere Sprache beigebracht. Und hat mit so vielen Querverbindungen und Assoziationen den Denkhorizont ganz kollossal verändert. Das ist ganz politisch gemeint. Deswegen ist er ja auch in die Versenkung gekommen. Wenn er heute sagt, die Natur wartet auf das Verschwinden des Menschen, dann sagt er das nicht aus Verzweiflung. Das ist Klarsicht – er nennt das »konstruktiven Defätismus«. Das ist typisch für ihn. Er ist, glaube ich, kein Zyniker. Wir hatten damals ziemlich engen Kontakt, und er bekam auch die ganze Geschichte meiner Scheidung mit. Er war keiner, der dazu sagte, das wird schon irgendwann alles wieder gut. Er machte einfach keine Illusionen. Das war eine andere Welthaltung, eine andere Lebenstechnik, als ich sie von meinen Eltern mitbekommen hatte. Solche Nüchternheit zu haben, oder zumindest zu kennen, das ist gut.

KÄMPFER: Die wichtigste Person war aber vermutlich doch Ruth Berghaus. Die Lehrerin, Mentorin, Kollegin... Sie haben verschiedene ihrer Inszenierungen als Assistent begleitet und sich in eigenen Arbeiten mit der Berghaus immer wieder auch auseinandergesetzt. Wie war das Verhältnis zwischen ihnen, gab es da irgendwann das Bedürfnis nach Emanzipation, wie hat sie selbst auf Ihre eigenen Arbeiten reagiert?

KONWITSCHNY: Der Journalismus hat sich ein wenig zwischen uns geschoben. Da haben einige immer wieder geschrieben, ich sei ein Berghaus-Schüler. Aber so einfach stimmt das nicht. Daß ich bei ihr gelernt habe, das ist richtig. Aber wenn man sein Leben lang der Schüler von irgendwem bleiben soll, dann entsteht natürlich irgendwann einmal ein Unbehagen. Das richtet sich nicht gegen die Berghaus, sondern gegen die Journalisten, die da schnell Begriffe zur Hand haben, um alles einzuordnen. Die Berghaus nämlich ist eine Künstlerin. Niemand, der eine Masse Mensch irgendwo hinschiebt. Sie ist ein Mensch, der künstlerisch formt. Nach strengen ästhetischen Gesetzen. Das ist für sie verbindlich. Sie wird allergisch, wenn etwas unbedacht abläuft. Dahinter steht ein ethischer Anspruch.

Beim Gastspiel des Berliner Ensembles 1971 in Tbilissi
v.l.n.r. Andreas Reinhardt, Hans-Jochen Irmer, Ruth Berghaus, Peter Konwitschny. Foto Heinz Krüger

Daß Theater eine kathartische Wirkung hat, eine bildende, erzieherische Einrichtung ist. Und das kommt bei ihr aus einer bestimmten Tradition: Palucca, deutscher Ausdruckstanz, aber auch Brecht, Dessau. Diese Leute trug sie in sich und hat sie mir in gebündelter Form dann wieder weitervermittelt.

KÄMPFER: Wie war der Kontakt zueinander?

KONWITSCHNY: Ich kam von der Hochschule, sie fand gut, daß ich keine Theatervergangenheit mitbrachte. Und sie hat sich für mich eingesetzt, mich engagiert. Ihre Förderung war immer Forderung. Sie war immer unter Hochdruck. Sie war sehr streng, manchmal auch ungerecht. Sie hat sich Leute zu Feinden gemacht, die gar nicht ihre Feinde sein wollten. Wenn man anderer Meinung war als sie, das hat sie oft schwer vertragen. Aber sie hat mir immerhin den ZEMENT in Budapest angetragen und toleriert, daß es keine Modellinszenierung, sondern eine ganz eigenständige Arbeit wurde. Gesehen hat sie sie allerdings nie. Sie war damals schon zu sehr in die Kämpfe am Haus verwickelt. Der Haß zwischen den Brecht-Erben und ihr war groß. Sie abzuservieren hat ein halbes Jahr gedauert. Da habe ich begriffen, was Kulturpolitik bedeutet. Und die Berghaus hat Angina pectoris bekommen. Als gesunder Mensch mußte sie in dieser Umgebung einfach krank werden.

KÄMPFER: Trotz der Wichtigkeit der Jahre am Berliner Ensemble endete die Zeit dort für Sie selbst nach acht Jahren im Streit...

KONWITSCHNY: Man muß dazu sagen, daß sich nach der Verdrängung der Berghaus aus der Intendanz die Verhältnisse dort sehr schnell veränderten. Die Brecht-Erben, mit denen es ja schon immer Streit gegeben hatte, bekamen jetzt immer mehr Einfluß und Macht. Manfred Wekwerth, der neue Intendant – auch ein Schüler von Brecht, und von Helene Weigel bis zum plötzlichen Zerwürfnis als ihr Nachfolger vorgesehen – mußte bald zur Kenntnis nehmen, daß auch er gegen die Brecht-Erben machtlos war. Das ging von der allgemeinen Konzeption, aus dem Haus ein Museum zu machen, bis hin zu konkreten Einmischungen in eine laufende Produktion. Und eine solche Geschichte mit der Barbara Berg, die Brechts Tochter war, gab für mich den Ausschlag, aus dem Haus wegzugehen. Das war 1979. Ich hatte so ein Programm übernommen,

von einem Regisseur, der gleichzeitig Parteisekretär war, Wolfgang Pintzka, ein Musik-Nummernprogramm. Das ging eigentlich auch ganz schön los. Und als es fast fertig war, und es nur noch um die Kostüme ging, kam der Eklat. Ich hatte so an Alltagskleidung gedacht, ich wollte keine Distanz durch Klassik und Krawatte. Aber dann kam Barbara Berg mit Kleidern aus ihrem Kleiderschrank überm Arm in den Zuschauerraum. Und die sagte immer Buberl und Pupperl, nein, das sagte die Weigel, also die sagte irgendwas anderes – und so war ich abserviert. Und da haben die anderen sich lustig gemacht über mich. Und ich habe gemerkt, daß ich mich ganz furchtbar schlecht fühle, auch als Versager, daß ich mich nicht durchsetzen kann. Ich hatte es nicht drauf, zu der zu sagen: Verlassen Sie bitte den Saal – da hätte sie sicher gelacht. Die benahm sich ja so, als ob ihr das Theater gehörte. Ich hätte es aber wenigstens sagen müssen, die Probe abbrechen, und es wäre mir besser gegangen. Ich habe mich das nicht getraut, aus Angst. Und ich habe mich dann nicht mehr ins BE getraut, unter die Augen der Leute. Bin nicht mehr hingegangen, habe mich krankschreiben lassen. Das ging dann über ein Vierteljahr, Wekwerth hat mir zweimal geschrieben, ich solle doch bleiben. Aber ich mußte dort weg und hatte, wieder ein Vierteljahr später, meinen Aufhebungsvertrag. Und alle hielten mich für verrückt. – Das gehört auch zum Kapitel Brecht.

KÄMPFER: Zu dieser Krise kam dann auch eine persönliche hinzu. Sie waren ja verheiratet, hatten eine kleine Tochter, und diese Beziehung stand nun auch auf dem Spiel.

KONWITSCHNY: Verheiratet war ich von 1974 bis 1979. Meine Frau hatte Tierproduktion in Leipzig studiert, und ihr Vater war Professor für Gesellschaftswissenschaften an der Universität. Sie unterbrach, um nach Berlin mitzukommen, ihre Doktorarbeit und wurde dann hier Redakteur beim »Pferderennsport«, um in gewisser Weise noch etwas mit Tieren zu tun zu haben. Und dann wurde sie plötzlich in einem Kreiskulturhaus in Berlin Mitarbeiterin für Kabarett. Das hat sie, glaube ich, alles sehr unbefriedigt gelassen. Dazu kam, daß ich, als ich verheiratet war, mit dem Ensemble wieder in den »Westen« fahren konnte, zu Gastspielen. Das setzte ihr sehr zu. Sie saß zu Haus, und ich fuhr umher und konnte von überall erzählen. Das hat uns in der Beziehung sehr zu schaffen gemacht. – Aber im Grunde wurde diese Ehe von uns geschlossen, um etwas anderes zuzudecken. Wir sind da mit völlig falschen Vorstellungen hineingestürzt, und zum Glück haben wir uns dann relativ schnell doch wieder getrennt.

KÄMPFER: Nach der Scheidung und dem Ende im Berliner Ensemble verschlug es Sie dann salto-mortale-artig nach Norden. Sie verließen Berlin, und damit wurde ein neuer Lebensabschnitt möglich. Eine Befreiung fand statt. Sie begannen selbständig zu arbeiten, bekamen Angebote von verschiedenen kleinen Theatern, wie Anklam, Greifswald, oder der Schauspielschule in Rostock. Und auch im Privatraum ergab sich eine neue Partnerschaft, die für die Regiearbeit wiederum von ziemlicher Bedeutung war. Die eine Art Grundlage war für Ihre weitere Entwicklung als Regisseur – und die auf den Besetzungslisten doch fast immer unerwähnt blieb.

KONWITSCHNY: Das war Eva Qualmann. Sie wurde die eigentlich wichtigste Person. Den ersten Austausch, die erste Begegnung mit einem

Stück – das haben wir eine ganze Zeit lang gemeinsam erlebt. Da läßt sich im Nachhinein nicht mehr auseinanderdividieren, wer da was eingebracht hat. Das kann man bei intensiver Zusammenarbeit sowieso nicht mehr. Insofern ist eine Regieleistung wirklich immer etwas Kollektives, obwohl dann immer fälschlicherweise nur ein Name dafür steht. Es ist ja nicht nur so, daß der oder die andere irgendwelche Ideen hat und diese ausspricht. Man selbst kommt auf bestimmte Ideen und findet bestimmte Antworten auf Fragestellungen nur im Gespräch mit einem Partner, in dem man sich auch spiegeln kann, in dem man eine Rückkopplung hat. Dazu gehört auch die Fähigkeit, sich mitzubegeistern. Nicht nur Kritik. Eva Qualmann ist Germanistin und hat einen sehr klaren Blick für Figurenkonstellationen, für die Grundlagen der Konflikte eigentlich. Sie hat eine sehr schöne Distanz zur Musik. Für sie war mein Beruf Neuland, und sie war begeistert von diesen Werken, von den Komponisten. Und für mich war das gut, weil ich eben nicht so sehr von den Texten, von der Literatur her kam, sondern von dieser Musiktheaterwelt. Das hat sich sehr gut ergänzt, und wir hatten auch sehr viel Spaß damit. Das hat uns sehr stark verbunden. Sie ist in sehr viele Arbeiten ganz stark eingegangen. Und sie geht – mal ein wenig metaphorisch gesagt – auch in die weiteren ein, denn was wir zusammen erlebt haben, das ist jetzt ja noch in mir. Das tragen wir alle aus unseren Beziehungen ja weiter in uns.

KÄMPFER: Sie haben gemeinsam in Mecklenburg gelebt, in einem Bauernhaus. Auf dem Land, im Freien, mitten in der Natur ...

KONWITSCHNY: ...ja, vollkommen von Feldern und Weiden umgeben ... Da habe ich vieles wiedergefunden aus meiner Kindheit. Die Erinnerung an den

Eva Qualmann und Peter Konwitschny in Mecklenburg 1986
Foto Privatarchiv Konwitschny

großen Garten, die ja in Berlin wie ausgelöscht war. Und nun wieder – die Erde, das Herumbuddeln, das Anpflanzen, die Tiere.

In der Stadt ist das alles unmöglich. Da draußen konnte man die Natur direkt erleben. Zum Beispiel, daß die Sonne im Winter tatsächlich ganz woanders untergeht als im Sommer. Was dann ein volles Viertel des Horizonts ausmacht! Wenn man da lange genug lebt, muß man nur noch nach der Sonne schauen und weiß, jetzt ist es Mai, oder jetzt ist es so und so spät. Oder, wann gibt es Regen. Wenn sich morgens diese wunderbare mecklenburgische Erde belebt und im Frühjahr oder Herbst diese leichten Nebel darüberziehen – das ist einfach fantastisch. Und jedes Wetter zu lieben, gerade wenn es auch stürmt und regnet. Zu spüren, wie es sich auf einer nassen Wiese läuft, das sind wirklich Erfahrungen der Jahreszeiten. Daß der November überhaupt nicht – wie es ja so sentimentalisch heißt – die Jahreszeit des Todes ist. Sondern genau das Gegenteil. Da geschieht das Wichtigste, das sind die Anfänge für das neue, entstehende Leben; dazu braucht die Natur diese große Stille. Aus der Ruhe und Stille entsteht das Neue. Mit einem Wort – dort zu leben, das war irgendwie eine Reduzierung vom Entfremdetsein. Ich rede dabei gar nicht von den besonderen Erlebnissen, also der Obstblüte etwa, den Sommernächten. Wenn man einfach so aus dem Haus hinaustritt, und es ist nichts weiter um einen als nur Weite und Feld. Das macht froh, auch im Sinne von Lust, von Atmen, von Sein. Und dann waren da auch die alten Bauern. Die waren nach dem Krieg aus Sudetendeutschland dahin verschlagen, haben in dem Haus die ersten Jahre gewohnt, mit 26 anderen Leuten zusammen. Und sich da kennen– und liebengelernt. Der Mann hat mir beigebracht, wie man Bäume beschneidet – und so bin ich ein wenig in Berührung gekommen mit dieser anderen, natürlichen Welt. Ich konnte mich dafür begeistern. Das war alles ganz unkompliziert und einfach. Ein sehr schönes Refugium, eine andere Welt. Ich habe es ja auch beruflich so aufgefaßt, daß ich mit diesen Theatern nicht »verheiratet« war, und nicht ständig irgendwo anwesend sein mußte. Das war ein Vorteil, nicht fest angestellt zu sein und sich aus diesen ja doch beängstigenden Zentralen herausnehmen zu können.

Irgend etwas hat daran dann allerdings doch nicht gestimmt, irgend etwas lief da auf Konservierung hinaus. Dort zu leben und woanders zu arbeiten. Ich konnte dort zwar sehr gut vorbereiten, auch Leute einladen, meine Teams. Das war sehr angenehm, man konnte dort sehr intensiv an einem Stück arbeiten. Aber die Trennung zwischen diesem geschützten Raum und der vermeintlich bösen Welt, das ist auf die Dauer wohl falsch. Unlebbar.

KÄMPFER: Die ersten Inszenierungen ergaben dann aber auch eine ganze Reihe von Arbeitsfreundschaften, Begegnungen mit für Sie wichtigen Menschen.

KONWITSCHNY: Da war zuerst Jürgen Holtz, ein Schauspieler. Den hat die Berghaus irgendwann ans Berliner Ensemble geholt, während meiner Assistentenzeit. Und es ergab sich eben so, daß wir uns mochten und Projekte zusammen sponnen. Also nicht nur SATYROS, LEONCE, HINKEMANN, sondern noch viel mehr. Das war einfach so ein Mensch, mit dem ich meine falsche Hochachtung vor Schauspiel abbauen konnte. Wo ich erleben konnte, wie man sich so einem Text analytisch nähert, auch mit welchem Spaß. Das war herrlich. Wenn der las, da lachte der Tränen. Bei den makabersten Stellen natürlich. Und auch nicht. Holtz war auch in dem Fernsehspiel mit dabei, WIE MOZART VERHEIRATET WURDE. Wir hätten sicher noch mehr zusammen machen können, wenn das nicht alles so früh auseinandergegangen wäre.

Wichtig war dann etwas später der Musikwissenschaftler Gerd Rienäcker, der ist für mich der beste Musiktheater-Mann, den wir hier haben. Wahrscheinlich in ganz Deutschland. Ich kenne keinen anderen Theoretiker, der solch einen Zugriff auf Musik hat. Und man sieht auch bei ihm ganz deutlich, daß man so etwas nicht von seiner sonstigen Existenz abtrennen kann. Der ist jedenfalls ganz wesentlich auch in meinen Inszenierungen drin. Auch in Arbeiten, an denen er gar nicht beteiligt war.

Wir haben uns ja immer nur so sporadisch gesehen. Manchmal über ein Projekt gesprochen, mehr nicht. Aber das hat vielleicht genügt. Der hat einem einfach klargemacht, daß Musik nicht etwas ist, was außerhalb der Wirklichkeit existiert. Wenn der selber Klavier spielt und da in die Tasten schlägt, dann sieht man, wie Musik durch

Peter Konwitschny. Fotos Andreas Birkigt

einen Menschen hindurchgehen kann. Daß Töne Existenz sind.

KÄMPFER: Der Austausch war im Falle Rienäcker aber ein durchaus beiderseitiger. Ihre Arbeiten haben ihn im Gegenzug auch wieder zu neuen Überlegungen und Sichtweisen angeregt. Das trifft auch für eine junge Frau zu, die Ihnen als Dramaturgin über einen Zeitraum von nun schon 10 Jahren immer wieder zur Seite gestanden hat, und die natürlich auch durch Sie die Möglichkeiten von Theater heute kennengelernt hat.

KONWITSCHNY: Ja, das ist Bettina Bartz. Bettina mit ihrer wunderbaren Art, immer Schwierigkeiten mit ihrem Auto zu haben. Ich habe lange nicht verstanden, das auch als Qualität zu sehen. Es hat mich oft einfach nervös gemacht. Aber sie wäre nicht die Person, die sie ist, wenn sie alles so beherrschen würde als Wohlstandsbürger. Der andere Blick von Betty ist es einfach, der mir so wichtig geworden ist. Sie war bei vielen Inszenierungen dabei, oft auch nur als eine Beraterin, als jemand, der sowohl moralisch Beistand leistet, Libretti übersetzt oder auch Kontakte herstellt. Auch Werner Hintze, ein ehemaliger Studienkollege von ihr aus Berlin, ist mir ein wichtiger Partner gewesen. Der die Qualität hat, sich ganz stark begeistern zu können. Und mit einer ganz reichen Fantasie sich einzubringen. Mit Fantasie meine ich, etwas neu denken zu können. Auch, sich freimachen zu können von dem, was man an Überkommenem kennt. Hintze ist vielfach begabt: dramaturgisch, aber auch musikalisch.

Den Gestus einer Musik herauszufinden – das ist eine seiner großen Qualitäten. Wir haben sehr schöne Zeiten miteinander gehabt, wo wir über Stücke gesprochen haben und wahnsinnige Höhenflüge erlebt haben. Die sich dann auch umsetzen ließen. Das war wahrscheinlich auch Glück. Wo man so ganz bei einer Sache ist, wo dann auch Liebes-Energie eine ganz große Rolle spielt. Wir haben Händel geliebt eben auch. Und lieben ihn einfach. Aber nicht im Sinne von an-beten, sondern von an-fassen. Keine Berührungsangst!

In Halle gab es übrigens eine ganze Reihe von Leuten, die wichtig waren – die Sängerin Annette Markert zum Beispiel, ja, und als Bühnenbildner natürlich Helmut Brade. Der war nahezu ein

Coregisseur. Dafür war ich gleichsam auch Bühnenbildner. So wurden Raum und Requisiten integraler Bestandteil des szenischen Spiels. Es entstanden unglaublich konzentrierte Abläufe. Durch Reduktion. Der Mut zur Armut, gekoppelt mit hoher künstlerischer Sensibilität und Erfahrung. Brade, der Feinschmecker mit dem proletarischen Blick. Oder dann später Albrecht Puhlmann aus Basel, ein ständiger Mitarbeiter übrigens von Herbert Wernicke. Da war sofort zu bemerken, daß er und ich eine ganz große Affinität zueinander haben. Die darin besteht, daß jeder von uns weiß, daß Theater weit mehr kann, als nur eine Fabel zu erzählen, sondern ganz neue Dimensionen eröffnen muß.

Ein junger Mensch also, der einen ganz geschärften Sinn hat für dieses ganze bürgerliche Besitzdenken, der auch immer wieder rebelliert gegen diese geläufigen Interpretationen, ja Manipulationen von Stücken.

KÄMPFER: Es fällt ein wenig auf, daß es unter den Genannten keine Dirigenten gibt. Die sind doch aber ab einer gewissen Stufe die wichtigsten Partner bei der Realisierung einer Regie-Konzeption.

KONWITSCHNY: Ich hatte ja einen Vater, der Dirigent war, das spielt da natürlich sicherlich eine Rolle. Und ich habe insofern eine gewisse Ahnung vom Dirigieren. Dazu kommt, daß ich meist sehr genaue Vorstellungen habe, wie etwas klingen muß.

Ein Dirigent, der nicht schon konzeptionell bereits mitgedacht hat, kann da allenfalls nur noch ein Ausführender sein. Das Problem hat zwei Ebenen, es ist von Fall zu Fall ganz konkret und ist zugleich auch historisch bedingt. Es ist die Frage, wer hat wieviel Kompetenz und wer wieviel Macht. Ein Dirigent leitet jeden Abend, ein Regisseur dagegen verschwindet völlig in seinem Produkt und ist schon bei der zweiten Aufführung meist längst bei einem anderen Projekt. Die Entfremdung beginnt ja schon bei den letzten Proben, wo man als Regisseur nur noch die Kontrollfunktion hat. Andererseits verhindert die übliche Produktionsweise, daß ein Dirigent sechs oder acht Wochen lang eine ganze Inszenierung begleiten kann.

Regisseur und Dirigent sind also ein Gespann mit sehr unterschiedlichen Interessen, und nur im Idealfalle arbeiten sie nicht gegeneinander, oder lassen sich nicht gegeneinander ausspielen. Mit Christian Kluttig in Halle war das zum Teil immerhin möglich. Mit FLORIDANTE hatte er gewisse ästhetische Probleme. Aber er begriff, daß dies ein Neuansatz war. ORPHEUS hat ihm sehr gefallen, er hat ihn aber nicht dirigiert, RINALDO war dann der Höhepunkt unserer Übereinkunft. Das hieß, offen zu sein für den anderen. – Kluttig ließ sich ja durchaus immer eine Weile auch auf etwas Ungewöhnliches ein, ist dann aber oft wieder dahinter zurückgegangen. Das liegt natürlich auch in der Natur des Berufs – ein Dirigent ist in anderer Weise als ein Regisseur an die Partitur gebunden, muß also zwangsläufig immer ein wenig konservativ bleiben.

An den kleineren Theatern, da hatte ich teilweise auch ganz gute Partner – die haben vieles mitgetragen, wenn es nur spektakulär war. Das hatte dann aber künstlerisch auch seine Grenzen.

Ein Mann wie Metzmacher, das wäre eine Utopie. Der ist subversiv. Der ist jemand, der verlangt, daß auf der Bühne etwas passiert. Ähnlich war es übrigens auch mit Caspar Richter, einem Offenbach-Spezialisten aus Wien, bei der Arbeit am HOFFMANN in Dresden.

KÄMPFER: Sie haben sehr früh begonnen, mit jungen Leuten zu arbeiten. Das hat sich bis heute fortgesetzt. War das ein Zufall oder eine Notwendigkeit, eine Voraussetzung für etwas oder ein Ersatz? Vielleicht ein Versuch gegen das eigene Älterwerden?

KONWITSCHNY: Die Beziehung zu den Jüngeren, zu den Nachfolgenden ist für mich etwas sehr Schönes. Ich glaube, daß das sehr wichtig ist für beide Seiten und daß ich ihnen auch Verschiedenes vermitteln kann. Daß Theater mehr ist, als nur eben Fabel-Darstellung, sondern sich aus verschiedenen Elementen zusammensetzt. Oder daß Theater auch mit dem Körper zu tun hat, mit Körperbeherrschung und mit Lust, Spaß, Spiel – mit Leben. Ich von mir aus spüre selten, daß ich älter werde, daß ich ein Älterer bin. Wenn so um 10 oder 20 Jahre jüngere Leute um mich sind, das fällt mir zunächst gar nicht auf, ich fühle mich wie sie. Aber es ist eben doch ein Unterschied. Das muß nicht schmerzlich sein, das ist vollkommen in Ordnung. Das ist auch so eine bemerkenswerte Sache, daß ich mich dabei wohlfühle, älter zu werden. Ich beobachte an mir, daß man, je älter man wird, alles irgendwie besser steuern kann. Daß man auch genußfähiger wird. Denn dazu ist Wissen notwendig. Die Möglichkeit, zu vergleichen. Unsere Kultur funktioniert da entgegengesetzt. Altwerden gilt als schrecklich. Die Alten werden ausgegrenzt, kommen ins Altersheim, dürfen ihren Beruf nicht mehr ausüben. Das ist ganz zynisch arrangiert. Die Lebenserwartung wird höher gedrückt, aber das Leben hat eigentlich gar keine Qualität mehr. Ich finde aber, Älterwerden ist eine ganz aufregende Sache. Es ist wichtig für die Beziehungen, die man eingeht, auch die Beziehungen zu sich selbst. Es macht mir großen Spaß, auch immer mehr fassen zu können, was Leben überhaupt heißt. Also, erst einmal nicht existiert zu haben, plötzlich gemacht und geworden zu sein und nun diese Existenz zu erleben. Daß man also Sinne hat und mit denen kommunizieren kann.

(Originalbeitrag)

Das Gespräch wurde am 27/28. Juni 1992 in Halle geführt.

**Hendrikje Wangemann und
Peter Konwitschny
bei einer Probe.
Foto Oliver Hohlfeld**

Annette Markert, Sängerin

Das Laufen beigebracht

Ich war im ersten Jahr in Halle, wir haben FLORI-DANTE gemacht. Ich hatte noch nicht viel Ahnung, was es heißt, am Theater zu sein. Hab einfach die Proben mitgemacht – und in der zweiten Probe, erinnere ich mich, da gab es ein Rezitativ und da habe ich das nicht wieder so gemacht, wie wir es erarbeitet hatten, und da ist er plötzlich so richtig ausgerastet. Und das fand ich ein bißchen unangemessen, und ich habe dann gesagt: Wenn Ihnen das nicht schnell genug geht, dann müssen Sie sich eine andere suchen. – Ja, und von diesem Punkt an ging es eigentlich wunderbar mit ihm.

Ich habe gemerkt, daß er sehr ernsthaft ist. Er hat auch akzeptiert, daß ich Angst hatte vor einer Partie. Er war sehr behutsam und vorsichtig, das hat sich auch stimmlich bei mir ausgewirkt. Ich hab mich total akzeptiert gefühlt und schnell auf seine Art eingespielt. Ich mochte es, wenn er manchmal nur Anstöße, Gedankenimpulse gab und keine fertigen Sätze formulierte – oft auch nur durch einen Blick oder eine Bewegung etwas erklären wollte.

Ich weiß nicht, war das in der ORPHEUS-Zeit, da haben wir abends auch noch 'n Bier getrunken hinterher. Und er war sehr betrübt, wenn manche seinen Ideen sehr abgeneigt gegenüberstanden, seine Art ablehnten als etwas Fremdes. – Für mich, die ich nun überhaupt nichts kannte, war alles fremd, aber ich fand da nichts Unnormales... Was habe ich ihm gesagt, ich erwarte von Ihnen, daß Sie mir auch helfen, daß ich noch besser singe durch das Spiel. Daß auch die Musik mehr rüberkommt, sich mitteilt und betroffen macht. In RINALDO, RIGOLETTO, CARMEN, ich will nichts herausheben, da habe ich mich immer geborgen gefühlt.

Konwitschny hat mich auch nie denunziert. Hat mich so in meiner Art einfach gelten lassen. Meine Kollegen dachten alle, das geht nicht los, wie ich das mache. Aber er hat mich so machen lassen. Und er konnte auch gut was vorspielen. Ich fand sehr angenehm, wenn er ganz dicht bei mir blieb, nicht vom Regiepult aus Anweisungen gab, aus dem Dunkel. Mich hat er nie ummodeln wollen, in einen anderen Menschen, eine andere Figur. Die ist immer letztendlich aus mir selbst heraus entstanden, mit allen ihren Eigenheiten, Konflikten und Abgründen. Natürlich habe ich das nicht bewußt gemacht. Nicht so intellektuell. Das ist eine Lust, eine ganz große Lust, wenn ich so etwas darstellen kann. Das ist nicht nur ein Spiel, sondern das eigene Selbst, das man mal so richtig aus sich rauslassen kann. Ich empfinde das als eine große Befreiung, wenn ich auf der Bühne sein kann.

Für uns war das alles mehr als nur die bloße Arbeit. Es gab da richtige Freundschaften. Wir Frauen so, Hendrikje, die Evelin Garbrecht, Regine Palmei. Und natürlich Andreas Baumann.

Im ORPHEUS, da war ich mal krank, da hat Peter Konwitschny mir einen Brief geschrieben. Und nicht überlegt, wer kann das sonst noch machen. Das hat mich natürlich beflügelt, das Vertrauen habe ich so richtig aufgesogen. ORPHEUS war eigentlich überhaupt das innigste Stück für mich. Wo auch in dem ganzen Theater so eine Atmosphäre war. Von den Bühnenarbeitern bis hin zum Chor. Die waren da alle gefordert, wie nie zuvor. Und die haben ihn alle geliebt dafür. – Für ORPHEUS wurde er ja auch am meisten angegriffen. Ich kann mich nur noch entsinnen, daß das zerrissen wurde von den Kritikern, von der Parteilinie.

Heute ist Peter Konwitschny ja ein berühmter Mann. Inszeniert an großen Häusern, hat eine andere Sicherheit. Damals war das alles irgendwie anders, das hat mir auch gefallen, daß er seine Schwächen so zugegeben hat. Sich auch gefreut hat wie ein Kind, wenn etwas gelungen ist. Er war da ganz dran, an uns dran. Das ist sicher einfacher, wenn man nicht so bekannt, sondern mehr ein Geheimtip ist. Ich glaube aber, daß Leute, die unvorbelastet in seine Inszenierungsarbeit gehen, daß das für die sehr schön ist. Auch wenn jemand eine Partie schon gesungen hat und sich auf seine Sache einlassen kann... Er wird sicher immer Leute finden, die so sind. Diese nonverbale Verständigung, die muß funktionieren. Er hat damals jeden geduldet, der ungeschickt war. Ganz zart, ganz einfühlsam, ja, ganz liebevoll hat er uns das Laufen beigebracht.

(Originalbeitrag)

Aus einem Gespräch mit Frank Kämpfer
am 21. 6. 1992 in Potsdam

Helmut Brade, Bühnenbildner

Die Musik hörbar machen

Warum ich gern während der ganzen Probenzeit mit dabei bin, hat den Grund, daß ich nicht so sehr Zeichnungen vertraue oder von mir im Atelier angefertigten Skizzen. Ich finde, daß auch die Bildidee am besten in der Zusammenarbeit wächst. Das heißt, man sieht auf den Proben, was sich bildmäßig ergibt, und man hat natürlich die Möglichkeit, sich immer wieder zu korrigieren und mit den Werkstätten genauer zu arbeiten. Und wie hier bei BLAUBART ist es natürlich auch ganz wunderbar, wenn man dann richtig auf der Bühne wie ein Bildhauer gestaltet. Also auch Details noch ganz stark verändern kann.

Wir hatten hier zum Beispiel das Mauerwerk von Blaubarts Burg – die Dekoration kam aus Bratislava, sah aus wie Nürnberger Pfefferkuchen, wie die Knusperhäuschen im Kindertheater, es war vollkommen trostlos. Ich habe das Ganze dann in die Werkstatt fahren lassen, und wir haben dann in einer großen Aktion das Material bearbeitet. Oder besser gesagt, eine Art Material daraus hergestellt. Das Kitschige ist dabei die Grundlage, und darüber liegt ein wunderbarer Film einer anderen – sagen wir – Denkweise, und beides zusammen ergibt etwas, das man gar nicht erfinden kann.

Ich bin immer nur projektgebunden am Theater tätig gewesen. Die Projekte waren dann solche, die mir auch am Herzen lagen. Ich habe nie ein Bühnenbild für etwas gemacht, wozu ich keine Beziehung hatte, oder mit Menschen gearbeitet, mit denen ich mich nicht verstand. Der Grund, warum ich überhaupt mit Peter Konwitschny zusammengekommen bin, war meine spontane Begeisterung für seine FLORIDANTE-Inszenierung in Lauchstädt. – Weil ich aus so einer gutbürgerlichen Familie stamme, wo es zum guten Ton gehörte, daß man hier in Halle immer ins Theater geht, kannte ich schon viele Händel-Opern. Und ich wußte auch, daß sie etwas Gutes sein müssen, aber insgeheim fand ich sie unerträglich. Als ich dann aber FLORIDANTE sah, war ich spontan sehr begeistert. Das war einfach ein vollkommen anderer Ansatz, und der stimmte mit meinen Vorstellungen von Theater, die ja

auch durch meine frühere Zusammenarbeit im Schauspiel mit Benno Besson geprägt sind, gut überein. Es war wie eine Erleuchtung. Da war es natürlich erstrebenswert, mit so einem Regisseur wie dem Peter Konwitschny auch zusammenzuarbeiten.

Ich habe in den ganzen Jahren dann sehr viel von ihm gelernt. Wann Oper spannend wird und wann nicht – das wußte ich vorher nicht. Da war der ganz einfache Gedanke, daß im Mittelpunkt immer die Musik ist, daß diese Musik erklingen muß, und unter bestimmten Bedingungen: Sie erklingt, wenn die musikalische Struktur inszeniert ist. Und das ist für meine Begriffe das Besondere an der Arbeit von Peter Konwitschny, daß er sich die Musik anhört und nicht irgendwelche Stories in Szene setzt. Er erkundet die Musik. Die Struktur der Händelschen Oper, die Aufteilung in Szene, Rezitativ und Arie – das ist der Schlüssel für eine spannende, bedrängende Inszenierung. Denn diese Struktur erlaubt, daß da die Handlung auch einmal anhält, und man sich über den Gesang freuen kann, daß einen eine Arie wahnsinnig berührt und ergreift und man plötzlich Tränen in den Augen hat. – Daß so etwas möglich und auch notwendig ist, das habe ich erst durch Konwitschny begriffen. Und ich habe dann nichts anderes versucht, als das auch im Bild anzulegen. Das heißt, Bilder zu schaffen, die die Musik nicht stören, sondern hörbar machen.

Ein Beispiel. Ich war nicht sehr begeistert, als klar wurde, daß wir zusammen FIDELIO in Basel machen würden. Ich wußte, daß da diese schrecklichen Mauern nötig waren und all das. Die Beethovensche Musik hat aber nicht die Kleinheit dieser vorgeschriebenen Orte. Das ist eine Musik mit einer philosophischen, menschheitlichen Dimension. Sie mir in Kerkermauern vorzustellen, das konnte ich irgendwie nicht. Aber Konwitschny sagte dann, wir müssen die Musik unbedingt hören, du mußt die Bühnenanweisungen hören. Und je mehr wir dazu ermuntert waren, wurde klar, die Bühne muß mehr der Musik entsprechen als der freundlichen Kleinigkeit des Librettos. Wenn dann zum Beispiel der Gefangenenchor nicht aus irgendwelchen Zellen, sondern direkt aus der Erde herauskommt ans Licht – wie eine Vielzahl von Lebewesen, dann ist das als Metapher viel richtiger. Die Musik bekommt ein

Bild für ihre Gewaltigkeit, was durch einen naturalistischen Rahmen immer verkleinert wird. Genauso ist es in der Szene mit Florestan. Die spielt ja gewöhnlich in einem stillen, dunklen Kerker – bei uns spielt sie unter dem Sternenhimmel. Und das ist ein Bild für die Gefangenschaft des Menschen auf der Erde, im Kosmos.

Was für mich auch eine Art Schlüsselszene ist – die Orgelstelle im BLAUBART. Wir haben lange zusammen darüber nachgedacht, ehe wir die Notwendigkeit verstanden haben. Und die Szene geht dann folgendermaßen: der Blaubart kehrt, nachdem die Frauen in die Öde zurückgegangen sind, an seine Schreibmaschine zurück, und auf diesem Weg erklingt dann die Orgel, und er bleibt stehen und wendet den Blick nach oben, wohin zuvor sein Schloß entschwunden ist. Die Wirkung ist zumindest mehrdeutig. Vielleicht gibt es dort oben nämlich gar nichts, keinen Gott. Und plötzlich bekommt diese Stelle eine ganz große Dimension.

Etwas Vergleichbares gibt es in vielen von Konwitschnys Inszenierungen. Ich denke da zum Beispiel an so eine Szene im RINALDO, wo sich ein Schwert in einen Geigenbogen verwandelt, die Sängerin aus einer ganz verzweifelten Situation ins Publikum heraustritt und eine ganz freundliche, lebensfrohe Arie singt. – Warum funktioniert das? Warum sagen die Leute nicht, daß es so etwas nicht gibt? Warum sind sie fasziniert? –

Weil sie nämlich plötzlich diese Musik hören, und weil die Sehnsucht im Menschen groß ist, daß sich ein Schwert plötzlich in einen Geigenbogen verwandeln könne. Die Musik ergreift plötzlich von einem Besitz, man wird von ihr erschüttert. Das geschieht ganz unintellektuell, anders als es jeder philosophische Essay leisten kann. Und das ist überhaupt der Grund, warum es Musik und Oper überhaupt gibt, warum sie für uns so wichtig sind.

Wirkungen entstehen ja immer aus Gegensätzen. Wenn man eine große Helligkeit an den Schluß setzt, dann muß man dunkel beginnen. Man muß die Mittel so berechnen, daß sie im Zusammenhang mit dem Ablauf der Musik und der Zeit in einem formalen Bezugssystem stehen, das für den Zuschauer spannungsvoll ist. –

Die größte Entfaltung der Mittel ist darum zum Beispiel im BLAUBART dann auch da, wo die Musik explodiert. Da genügt es eben nicht, mit einem Schlüssel irgendeine Tür aufzuschließen. Da bricht eine Welt zusammen, und das muß man hören und sehen. Und das muß man als Bühnenbildner auch begriffen haben. Viel mehr gibt es da eigentlich nicht zu sagen.

(Originalbeitrag)

Aus einem Gespräch mit Frank Kämpfer am 5. 9. 1992 in Leipzig

Bettina Bartz, Dramaturgin

Wenn er
über ein Stück redet ...

... spricht er von den Figuren wie von Menschen. Er erzählt, was mit ihnen geschieht. Es ist zunächst unwichtig, in welcher Epoche das Ganze spielt, welche Techniken und welche Ästhetik da zum Tragen kommt. Es geht ihm um Konflikte. Meistens ist ein Grundkonflikt sein Interesse, der immer etwas mit der Zivilisation zu tun hat und mit dem Patriarchat, das für ihn der Grundfehler ist. Die Leute, mit denen er zusammenarbeitet, sucht er sich auch daraufhin aus, ich denke jetzt an Bühnenbildner oder zum Beispiel Gerd Rienäcker, der als Musikwissenschaftler auch immer den Finger auf der gesellschaftlichen Bedeutung von musikalischen Strukturen hat. Mit Leuten, die das nicht verstehen oder verstehen wollen, gibt es kaum eine Basis. Natürlich kritisiert man, indem man die Gesellschaft kritisiert, auch immer sich selbst. Es ist für mich dann immer wieder faszinierend, wie er in den Stükken genau die Punkte benennt, wo etwas falsch läuft – er selbst steht im Leben vor den gleichen Fragen. Er verhält sich eben auch so wie der Hans in der Verkauften Braut. Und dann natürlich auch wieder wie der Wenzel. Aber die Inszenierungen haben natürlich einen ganz anderen Rahmen. Es geht nicht darum, daß die Männer immer schlecht zu den Frauen sind. Die sind auch eingespannt in bestimmte Konstellationen und Anforderungen, Zwänge. Das trifft ganz allgemein zu. Konwitschny ist da einer, der in der Oper in seiner Zivilisationskritik für mich am weitesten geht. Andere Regisseure würden das Problem wahrscheinlich nicht einmal sehen.

Es ist auch so, daß er sich manchmal nicht an Theatergesetze hält, sondern sie umdeutet und ignoriert. Ganz gleich, ob es beim Publikum ankommt oder nicht. Zum Beispiel bei Hoffmann. Da gibt es ja einen ständigen Wechsel zwischen Musik und Dialog. Peter hat die Dialoge aus den Fragmenten selbst zusammengestellt, und sie sind ganz untheatralisch und sehr lakonisch. Das Publikum hat es damit sicher sehr schwer. Und dann kommt aber immer wieder eine Musik, die alles auflöst. Ich finde das gut. So ähnlich war es auch bei der Mariza. Da gab es auch Szenen, wo alte »Theaterhasen« einem abraten würden. Aber er hat sich da nicht beirren lassen. Und das ist das Spannende. Nur daraus entsteht dann einmal etwas Neues. Ich glaube, es wäre nicht gut, wenn man alle diese Unebenheiten ausmerzen würde. Das sind so viele Sachen, die so wie »von Hand« sind, und die machen ihn dann wieder auch aus. Da entsteht so eine Qualität von Inszenierungen, die mit dem ursprünglichen Material umgehen und aus dem Theater kein Kino machen wollen.

Manche sagen ja, daß Konwitschny publikumsfreundlich inszeniert. Oder zumindest publikumsfreundlicher als etwa die Berghaus. Aber das ist keine Tendenz, das ist sein eigener Geschmack. Er ist irgendwie näher an der »Masse«, und er hat eben auch gern das heitere Ende. Auch, wenn er es bricht. So, wie das lieto fine in Floridante. Dann ist das Publikum trotzdem nie wie vor den Kopf geschlagen. Das ist wahrscheinlich auch sein eigenes Harmoniebedürfnis oder sein eigener Spiel-Trieb. Der Schalk, der da manchmal in ihm durchkommt. Zum Beispiel, der Schluß vom Hoffmann. Das tragische Ende, den Selbstmord – den konnte er einfach nicht inszenieren. Das ist nicht seine Sache. Da läßt er dann die Darsteller aus ihren Rollen aussteigen und zeigen, daß alles ja nur ein Spiel ist. Oder auch beim Freischütz. Da wußte er auch lange nicht, wie er das letzte Bild machen sollte. Wenn der Eremit den Probeschuß gegen das Probejahr ausgetauscht hat und der Jubelchor beginnt. Das war unmöglich, den einfach dort so anzuschließen. Die Lösung kam erst in der Generalprobe. Wir hatten schon mit der Kritik angefangen und aus Zeitgründen den Chor auf der Bühne stehen lassen, denn den Schluß mußten wir ja noch irgendwie finden. Und plötzlich gab es so ein verrücktes Bild auf der Bühne – als alle Sänger sich plötzlich so ganz ungezwungen gaben, aus ihren Rollen ausstiegen und die Beine ins Orchester baumeln ließen. Da war uns sofort klar, der Schluß geht nur so. Und so war es dann auch. Und es war lustig und heiter. Irgendwie haben seine Schlüsse oft so etwas. Daß ausgedrückt wird, Theaterspielen ist doch einfach toll.

Er hat natürlich immer auch Maximalforderungen, die ein Theater und einen Intendanten fast zur Verzweiflung bringen können. Aber nur so kann eine Inszenierung wirklich etwas werden. Und er wird nicht im Laufe der Zeit gezwungen, immer mehr Kompromisse zu machen. Oft läuft es ja am Theater so: der Intendant ist einverstanden mit neun Wochen Probenzeit, aber dann ist Ostern dazwischen und der Tenor ist zwei Wochen nicht da und am Schluß sagt der Regisseur, er hätte gern noch so vieles machen wollen, er hätte nur nicht die Zeit dazu gehabt. Wenn man lange genug am Theater ist, weiß man, daß das so läuft. Aber Konwitschny schießt sich da immer von Anfang an frei. Und er bekommt seine Sachen dann schließlich auch immer fertig. Das ist nervend für die Beteiligten. Er kann auch sehr gereizt werden. Das geht soweit, daß er abreist und erst dann wiederkommt, wenn alles nach seinem Wunsch bereitgestellt ist.

Nebenbei interessiert er sich dann immer auch für alle möglichen Leute. Bei jeder Inszenierung sind irgendwelche Absolventen oder Studenten dabei, denen er das Theater erklärt. Bei der BRAUT hatten wir einen Hospitanten, der ist inzwischen sogar Dramaturg in Graz geworden. Ich habe mich anfangs überhaupt nicht mit dem befaßt. Aber Peter hat sich immer mit ihm nach hinten gesetzt, und der hat dann die Notate geschrieben und ist dann wirklich dabeigeblieben. Bei BUTTERFLY waren drei Schauspielregie-Studenten von der Schule in Graz dabei. Die haben sicherlich zum ersten Mal in ihrem Leben gesehen, daß es in der Oper durchaus auch ernsthaft zugehen kann. Für die drei hat er sich dann auch sehr viel Zeit genommen: vormittags Probe, abends Probe, und dazwischen den jungen Leuten noch die Welt erklärt. Das hat er bei mir ähnlich gemacht, damals beim FREISCHÜTZ. Er hat eben so eine pädagogische Ader. Es ist nicht so, daß er nur ständig viele Leute um sich haben muß, um sich vor denen zu produzieren. Er interessiert sich wirklich auch für die jungen Leute und hört zu, was die sagen.

Wenn sich im Laufe der Zeit etwas an ihm geändert hat, an seiner Arbeit, dann ist es vielleicht, daß das Ganze viel großflächiger geworden ist. Daß er sich nicht mehr so an Kleinigkeiten aufhält, wie er es früher getan hat. Nicht, daß er etwa weniger gründlich geworden ist, aber der Spaß am Detail ist nicht mehr so Selbstzweck wie damals zu DDR-Zeiten. Zum Beispiel 1986 im »Ei«, wo wir so ganz allein vor uns hinprobiert haben und es gleichgültig war, ob das jemals wer zu sehen bekommen würde. Da war die gemeinsame Arbeit mit dem Ensemble das Wichtigste, da hatte er mit den Sängern ganz intensiven Kontakt. Das ist nun nicht mehr so, das gibt es im Westen nicht. Dafür gibt es etwas anderes. Auch, weil die Sänger, mit denen er jetzt arbeiten kann, routinierter sind und sich ganz anders auf seine Forderungen einstellen können. Er kommt jetzt also viel schneller vorwärts, schneller zum Eigentlichen von dem, was er am Ende dann will.

Ich rede so viel von der Arbeitsweise, weil man die Inhalte anderswo nachlesen kann. Das hat er alles in Programmheftartikeln, Gesprächen, Interviews gesagt, das kann man gar nicht besser ausdrücken.

(Originalbeitrag)

Nach einem Gespräch mit Frank Kämpfer am 17. 6. 1992 in Berlin

Gerhard Brunner, Intendant Graz

Ich schätze
an Peter Konwitschny ...

... daß er ein Theatermensch ist, der musiziert. Er ist ein Mann, der Partituren lesen kann, der musikanalytisch vorgeht, der sich im Team mit einer unglaublichen Sorgfalt vorbereitet. Und dann das Erarbeitete auch tatsächlich umsetzt. Er muß jetzt nur noch ein wenig bekannter werden. Was ich dazu beitragen kann, das ist die Einladung, bei uns in Graz zu arbeiten. Und ihm, wenn er arbeitet, den Rücken freizuhalten. Denn er ist ein hypersensibler, hochnervöser Mensch mit selten hohem Anspruch. Der auch einmal aufbrausend sein kann. Was mir an ihm gefällt: Er ist kein Provokateur, sondern jemand, der akzentuierte Statements macht, die manchmal sicherlich über das Ziel hinausschießen. Aber das resultiert aus der Totalität des Zugehens auf eine Interpretation, die seinem Wahrheitsbegriff entspricht.

Bevor ich die Einladung an ihn ausgesprochen habe, habe ich einige seiner Arbeiten gesehen. Sie waren nicht alle beglückend, aber wenn sie das gewesen wären, dann wäre er ja bereits an allen großen Häusern herumgereicht worden. Ich dachte mir also, das könnte ein Mann sein, der dann auch wirklich sein Bestes leistet, wenn man ihm gute Bedingungen dafür garantiert. Das ist es, was Graz für ihn leisten kann. Für einen Regisseur kurz vor dem Schritt zur ganz großen internationalen Bedeutung.

Ganz wichtig ist mir, daß er so gut auf Sänger und Darsteller einzugehen vermag. Wenn er zu jemandem »Ja« gesagt hat, dann ist er bereit, wirklich ganz auf ihn einzugehen. Er wird niemals eine Persönlichkeit vergewaltigen mit einer bestimmten Idee, die nicht zu ihr paßt. Er wartet auf »Angebote«, auf den Dialog. Er ist seiner Sache sicher, die Schauspieler und Sänger sind dazu eingeladen, mitzutun und ihm Vorschläge entgegenzubringen. Er nimmt sie an, verwirft sie auch, kritisiert, nimmt sie aber auch ganz auf und baut sie ein. Das setzt eine praktische Qualität des Inszenierens voraus, die bei vielen anderen, die ich kennengelernt habe, nicht vorhanden ist. Natürlich kann er auch unheimlich hartnäckig und bohrend sein. Wenn er von einer Sache grundsätzlich überzeugt ist. Und das ist richtig, das muß ja auch so sein.

Ich glaube, Peter Konwitschny ist als Mensch ein großer Liebender. Ich spüre das an der Art, wie er an eine Inszenierung herangeht. Die kann natürlich immer auch ganz subjektive Blickwinkel haben. Wenn ich an die VERKAUFTE BRAUT denke – es ist die Brille der Marie, durch die wir das Stück neu schauen. Ein, vielleicht mit aller Vorsicht, leise feministischer Ansatz. Den finde ich übrigens nicht nur da, sondern immer wieder in Arbeiten von ihm. Das muß mit dieser Liebesbeziehung zu den Figuren zu tun haben, mit dieser Identifikation, aber da ist immer wieder auch ein Korrektiv. Dergestalt etwa, daß er zur Denunziation verlockende Figuren, wie beispielsweise den Pinkerton in der BUTTERFLY, eben nicht denunziert. Auch er bekommt seine menschliche Kontur. Und immer dort, wo er sieht, daß das Klischee korrigiert werden sollte, ist er mit seiner *humanitas* jemand, der sich für das andere, für den Widerpart interessiert. Und das, finde ich, ist etwas ganz Entscheidendes in der Arbeit eines Regisseurs.

Weil Peter Konwitschny aber auch so eine große Verletzlichkeit hat, braucht er Plätze, wo er sich geschützt fühlen kann. Wo er jemanden weiß, der nicht mit ihm spielt, vielmehr auf Kontinuität aus ist. Soweit ich es kann, will ich ihm das in Graz geben. Denn mir scheint, wenn man ihn einfach nur hineinstößt in die Mühle Opernhaus, dann könnte er sehr gefährdet sein. Er ist kein Mensch, der auf vordergründige Anerkennung aus wäre. Er sucht nur *diese* Arbeit, und er sucht sie so zu organisieren, daß er damit auch leben kann. Es geht ihm nicht darum, bestimmte Maßstäbe anzulegen und zu sagen, Dresden ist höher als Graz, und Wien ist höher als Dresden, und was weiß ich. Er sucht einen Platz, wo er tun kann, was er tun möchte, auch tun muß. Ich versuche, ihm diesen Platz bei uns zu geben. Ich bekomme das dann vielfach von ihm zurück. Und somit auch das Publikum.

(Originalbeitrag)

Nach einem Gespräch mit Frank Kämpfer am 2. 5.1992 in Graz

6
Geschlechterentwürfe

Georges Bizet CARMEN
Landestheater Halle 1988
Foto Viola Vassilieff

Peter Konwitschny hat im Mittelpunkt seiner Arbeiten meist einen zentralen Figurenkonflikt. In verschiedenen Werken scheint dieser sich zu ähneln, von Händel und Gluck bis zu Verdi und Bartók hat er dieselbe Gestalt. Nicht Figuren stehen im Streit, sondern Männer und Frauen. Sie sind an Rollen gebunden, an vorgegebene Muster. Dieser Blickwinkel wird dem Regisseur erst allmählich bewußt, parallel zum Wachsen eigener Erfahrung, eigener Sicht auf die Welt. Ihn interessiert, wo Werke und Autoren tradierte Geschlechterverhältnisse kritisieren, wo er Alternativen aus dem Figurenkreis gewinnen kann.

Wo Frauen auf Grund der Stimmlage Männerfiguren darstellen, zeigen sich in der Verfremdung die Widersprüche schärfer. Doch nicht erst bei Händel wird klar, daß pflichtgebotenes Funktionieren in den Strukturen der Macht unvereinbar ist mit der Sehnsucht nach Liebeserfüllung und Glück. Als Utopie-Entwürfe entwickelt Konwitschny Figuren, die seelische Ganzheit anstreben, sich den Mechanismen der Welt mutig verweigern. Das Publikum reagiert. Der Regisseur thematisiert, was viele verschweigen, verdrängen, was jeden jedoch persönlich bewegt. Kritiker halten ihm dagegen vor, daß er sich selbst darstellen will.

Zuweilen artikuliert sich sogar Aggression, wie es z.B. das Zuschauergespräch zur CARMEN-Vorstellung zeigt. Wieder ist ein Tabu verletzt, doch Konwitschnys Blickwinkel wird akzeptiert.

Der folgende Komplex dokumentiert Inszenierungen, in denen sich die Problematik zentral zeigt. Manfred Karges Ein-Personen-Stück JACKE WIE HOSE zum Beispiel, darin eine Frau, nur zum Mann umfunktioniert, sozial überlebt, oder Heiner Müllers Zivilisationskritik VERKOMMENES UFER MEDEAMATERIAL LANDSCHAFT MIT ARGONAUTEN. Beide Werke – DDR–Erstaufführungen – muß das Ministerium für Kultur in Ostberlin freigeben, nur auf geschicktes Taktieren der Macher hin können Karge und Müller aufgeführt werden. Vier weitere Arbeiten kommen hinzu, in denen sich die Objekt-Positionen von Menschen besonders auffallend artikulieren: Bizets CARMEN 1988 in Halle, Brecht/Weills SIEBEN TODSÜNDEN 1988 in Dresden, Smetanas VERKAUFTE BRAUT in Graz und ein Doppelprojekt Bartók/Schönberg HERZOG BLAUBARTS BURG/ERWARTUNG 1991 in Basel.

F.K.

Das Ganze muß verändert werden
Gespräch mit Peter Konwitschny

KÄMPFER: Peter Konwitschny, in Ihren Inszenierungen verhalten sich die Figuren anders als gewohnt. Sie wirken emotionaler, lebendiger, zugleich aber sind auch ihre Konflikte präziser benannt, und es gibt Spiel-Räume für sie, um diese zu bewältigen. Was bedeutet das, woraus resultiert diese Intention?

KONWITSCHNY: Ein Beispiel, RIGOLETTO. Da gibt es doch am Ende noch einmal ein Duett, nachdem Gilda, die Tochter, schon erstochen worden ist. In den Duetten zuvor war das immer so, daß musikalisch der Vater geführt hat. Wenn die Tochter motivisch etwas einbringen wollte, ist er dazwischen gegangen und hat ihr das Thema regelrecht untersagt. In diesem Schlußduett ist es anders. Da bestimmt Gilda, und da findet außerdem auch ein Austausch statt. Da gibt es Kommunikation. Da sind sie wie gleichberechtigt. Der Vater ist nicht mehr in der Lage, das Ganze einseitig zu steuern.

Das ist natürlich typisch für Verdi und unsere Kultur, daß das nur im Tod stattfinden kann. Denn im Tod sind unsere Gesetze außer Kraft. Deshalb verdrängt die Gesellschaft ja auch den Tod. Oper ist also schon subversiv, wenn von solchen Dingen überhaupt gesprochen wird. Anders als in anderen Aufführungen lasse ich Gilda nun also nicht als Geisterstimme singen. Sie kann wieder laufen, mit dem Vater spielen. Sie holt etwas nach. Schon als Kind hat sie immer mit dem Vater spielen wollen. Jetzt ist es erlaubt, in einer Ausnahmesituation. In einer Art lieto fine. Da wird eine verdrängte Sehnsucht plötzlich klar, etwas ganz und gar Unglaubliches, was verboten ist.

KÄMPFER: So eine Gleichwertigkeit als Utopie gibt es aber natürlich nicht in allen Stücken. Männern und Frauen ist durchaus ein sehr unterschiedliches Potential an Bedürfnissen, Gefühlen und Realisierungsformen zugedacht.

KONWITSCHNY: Wieder ein Beispiel, LA BOHEME. Das wird immer wieder als eine Liebesgeschichte inszeniert. Rodolfo liebt Mimi, was aber heißt das? Er kann es nicht verkraften, daß sie sterben soll. Und da ist er schon bereits nicht mehr fähig zu lieben. Er ist in Wahrheit ein Neurotiker. Das Ganze wird dadurch zugespitzt, daß die Frau krank ist. Dadurch wird seine Berührungsangst größer, und seine Hilflosigkeit. Die Angst vor der Liebesbeziehung. Das ist ganz eindeutig komponiert. Aber die Leute meinen, er sei ein ganz liebevoller Mann. Der so leidet, weil er so stark liebt. Das ist falsch. Er ist nicht in der Lage, sie zum Tod zu begleiten. Und ich habe in der Inszenierung davon gesprochen, daß das eigentlich unsere Sehnsucht ist, den Tod nicht zu verdrängen. Wenn wir das nämlich nicht mehr tun müssen, dann sind wir unheimlich frei für Leben. Und das hat die Leute getroffen, die Begeisterung, die kam sehr von innen.

Bei HOFFMANNS ERZÄHLUNGEN ist es ähnlich. Da ist ein Mann, den Faszination und gleichzeitige Angst vor der Frau, der Verlust der Eindeutigkeit also, zu Techniken von Aufspaltung führen. Seine Erzählungen sind keine Berichte, es sind Bilder. Die kein Körper erlebt, sondern ein Hirn erfindet oder ein sehr unglücklicher Körper. Die Frau wird aufgespalten. In die Intellektuelle, mit der er sprechen kann, in die Hure, mit der er richtig einen abziehen kann, und in die Künstlerin, die er anbeten kann.

KÄMPFER: Diese Aufspaltung ist aber ein wichtiges Element unserer ganzen Kultur. Zumindest die Kunst der letzten Jahrhunderte »lebt« davon. Die Frage ist, welche Gegenentwürfe es dazu gibt.

KONWITSCHNY: Man muß sie nur herausarbeiten. Ich glaube, es gibt sie in vielen Stücken, – sie stecken in den Stoffen drin. Also, zum Beispiel die Sehnsucht zusammenzukommen. Obwohl man ja getrennt ist und als Einzelner leben muß. Das ist bei mir zum zentralen Thema geworden, diese Problematik zwischen Frau und Mann. Das habe ich lange Zeit nicht gewußt, obwohl es wahrscheinlich schon von Anfang an so war. Und diese Problematik in all ihrer Konflikthaftigkeit vorzuführen, dazu kann ich eine Fabel nicht in der ersten Dimension erzählen, sondern muß in tiefere Schichten hinabsteigen. Der Naturalismus und der Historismus sind dazu ungeeignet im Theater. Das sind Techniken, die das zentrale Thema unkenntlich machen. Etwas wird dabei ausgegrenzt. Und das ist auch wieder ein Moment unserer Kultur. Ausgrenzung spielt da eine wichtige Rolle: von Tod, Krankheit oder Menstruation bis hin zu Ausländern, Farbigen und Alten. Und in bestimmten Ebenen auch von Frauen. Es geht nun aber nicht darum, die charitativen Institutionen auszubauen, die Frauen Hilfe leisten. Sondern es kommt darauf an, den Zustand, wo diese nötig sind, zu überwinden. Das ist eigentlich einleuchtend,– darum muß das Ganze, um es mit Brecht zu sagen, verändert werden. Und darauf verweisen Verdi und Puccini, Gluck und Händel. Darauf verweist alles, was Dokument unserer Geschichte ist.

KÄMPFER: Händel scheint mir da ein Ausnahmefall. Das, was die wenigen Biographien über ihn verschweigen, hat ihn gerade alle diese Fragen doch viel extremer erfahren lassen, als es bei anderen Komponisten seiner Zeit war.

Und das eben nicht nur, weil er homoerotisch veranlagt, sondern weil er ein politisch so enorm hochsensibler Mensch war. Der letztendlich komponiert hat, was auch zu seiner Zeit nicht zu leben war. Die Konflikte in seinen Stücken sind aber für uns immer noch relevant, d.h. nicht gelöst. – Dabei wissen wir nicht einmal, wie sein eigenes Liebesleben ausgesehen hat, ob es auslebbar für ihn war oder völlig blockiert.

KONWITSCHNY: Auf jeden Fall so, daß es sehr zentral in seine Stücke eingegangen ist. Seine Figuren, sie drängen immer heftig zueinander. Oder haben, wenn das eben nicht möglich ist, wenn sie auf sich selbst zurückgeworfen sind, so eine ganz eigenartige Heftigkeit.

KÄMPFER: Händel schafft aber auch immer wieder so unwahrscheinliche Situationen, in denen sowohl Frauen als auch Männer Momente haben, wo sie ganz sie selbst sein können, wo sie nicht zerspalten sind. Wenn Armida und Rinaldo sich begegnen, wieviel Utopie ist da zum Beispiel im Spiel...

Es ist allerdings eine Situation, die sich von der Politik her absolut verbietet, denn durch ihre Liebe kann der Krieg nicht beginnen.

KONWITSCHNY: Oder, bei Tamerlan, dieser Amoklauf. Von einem scheinbar kalten, brutalen Menschen. Der stirbt daran, daß er sich nicht in Asteria verwirklichen kann. – Aber das deutet doch alles auf ein wieder zu Erreichendes hin. Auf das verlorene Paradies, vielleicht. Und das wäre doch zu lernen. Aus dem Singen vielleicht mehr als aus dem Sprechen.

KÄMPFER: Ich möchte doch nochmal genauer auf den Unterschied zwischen männlichen und weiblichen Figuren kommen. Es gibt da wahre Diktatoren, die Frauen offenkundig unterdrücken: Herzog Blaubart ist so ein Typ. Natürlich auch der Torrero in CARMEN. Es gibt dann andere, die aus uneingelösten Bedürfnissen oder bestimmten Beschädigungen heraus unpartnerschaftlich reagieren: Hans, José, Oronte. Es gibt aber auch Figuren wie Rinaldo, der nicht mehr weitermachen und ausbrechen will. Ein Männlichkeitsentwurf, der für uns hier interessant ist. Oder Wenzel, der kein Tölpel, sondern ein kreativer Mensch ist, der seine Umwelt, zu der auch die Frau gehört, nicht vernichten will oder kann.

KONWITSCHNY: Nicht kann. Er ist schon ein Versager. Etwas funktioniert nicht bei ihm. Er funktioniert nicht nach den Vorgaben der Gesellschaft, sein Körper ist auf Leben eingestellt. Diese Sehnsucht ist bei beiden – Wenzel und Rinaldo – ganz tief, aber im Grunde auch bei allen anderen. Vergleichbar der Ur-Sehnsucht, wieder den Ausgangszustand zu erreichen. Wieder vollkommen behütet und gestillt zu werden. Das ist doch eine schöne Lesart. Still werden, das meint nicht verstummen. Sondern bei sich selbst angekommen zu sein. Und so würde ich das beschreiben, was die Männer in all den Stücken eigentlich wollen. Allerdings müßten sie dazu einige Hindernisse überwinden, in dieser Kultur.

KÄMPFER: Die meisten schaffen das aber nicht. Und wenn, dann heißt es, sie sind tragisch oder gescheitert. Es gibt als Varianten den Tod oder die Rückkehr in die unerträgliche Konstellation.

KONWITSCHNY: Wieder ein Beispiel, BUTTERFLY. Das ist eine ganz typische Männererzählung. Da fährt einer hin zu einer fremden Frau, alles ist »toll«, er weiß jedoch von vornherein, daß er nicht bleibt, sondern in seine sicheren Gefilde zurückkann.

In der Inszenierungstradition ist der Amerikaner brutal, wir könnten uns alle daran abarbeiten. Und Butterfly wird zur Verrückten, zur Gestörten erklärt. Zu einer Art Kamikaze. Puccini aber nimmt für sie Partei, und doch kommt in den Inszenierungen etwas Frauenfeindliches heraus: die Idee, mitzuleiden mit ihr. Aber das bedeutet noch keine Veränderung. Bei mir dagegen hat sie diese Utopie. Sie muß keine Trippelschrittchen machen, sie kann auch viel zu groß für eine Butterfly sein, sie muß nur auf der Liebe zu diesem Mann bestehen. Das ist ihre Qualität, die einzige im ganzen Stück. Wir wissen, daß die wirklich Gesunden krank werden müssen in dieser Welt. Dadurch zeichnen sich gesunde, starke Leute aus, daß sie sich nicht anpassen an diese verrückte Welt. Butterfly's Utopie ist eigentlich auch unsere. So zu sein, bei sich zu bleiben. Bis zum Tod.

Nicht im wagnerischen Sinne, sondern ganz lebenszugewandt. Wenn Butterfly mit dieser Liebe allein bleibt, dann ist sie zerstört. Da ist es völlig unwichtig, ob sie wirklich Hand an sich legt,– das ist nur ein Zeichen. Ein lebendiges Element wird ihr ausgetrieben im Stück.

Frauen-Entwürfe sind wirklich schwer zu machen, ich bin da eben auch nur ein Mann.

KÄMPFER: Frauen waren in der Tradition bislang personifizierte Utopie. Blumenartige Wesen, ganzheitliche Natur-Körper, ideale Schönheiten – je nach Bedarf. Nur, zur Herrschaft unfähig gemacht, oder zur Mit-Bestimmung.

Es gibt bei Ihnen allerdings auch andere Frauen – Armida, Medea, Ella Gericke und dergleichen. Die nicht geschönten, nicht so ohne weiteres konsumierbaren. Vielleicht sind gerade sie das passende Stück zu den sich verweigernden Männern?

KONWITSCHNY: Ich habe bestimmte Erfahrungen, Sehnsüchte, Schuldgefühle. Und mit denen verstehe ich, was ich dann lese. Und das setze ich um. Ob Gilda oder Maddalena oder Carmen – das betrifft einen im Grunde immer wieder selbst. Man hat sie im Grunde zerstört, oder andere. Bis man das Glück hatte, mit einer Frau etwas anderes zu probieren, was nicht auf Zerstörung hinausläuft. Das ist es ja auch, was Verdi macht. Der hat doch das alles gelebt und nicht erfunden. Erfunden ist nur, wie das in Töne gesetzt ist. Die Transformation in eine andere Sprache.

KÄMPFER: Die Stücke, von denen wir reden, sind natürlich von Menschen in Extremsituationen gemacht. Aus Randsituationen heraus, mit oft schizoidem, verquerem Blick auf die Welt. Also mit dem Quentchen irrationaler Hoffnung dabei. – Trotzdem dominieren männliche Erfahrungen darin, sind hier Bilder von Männern festgeschrieben. Sind die Konflikte und Figuren Produkte männlicher Sicht...

KONWITSCHNY: ... was aber nicht ausschließt, daß sie die große Not dokumentieren, die da ist. Die Bild-Zeitung ist letztendlich auch nur so ein Dokument der großen Not zwischen Mann und Frau. Mit den Greuelnachrichten darin und den abgebildeten Akten. Es gibt außerdem keine anderen Stücke, keine anderen Opern, die ich mir aussuchen könnte.

KÄMPFER: Welches Echo bekommen Sie denn eigentlich? Nimmt man das wahr, worauf Sie sich konzentrieren? Und wie reagiert die Institution darauf, auf ein für sie so vermeintlich abseitiges oder gefährliches Thema?

KONWITSCHNY: Die Reaktionen sind verschieden. Für manche ist das furchtbar, daß über die sogenannten »Privatkonflikte« gesprochen wird auf der Bühne. Es heißt dann in den Kritiken, ich würde mich selbst darstellen. Es gibt in letzter Zeit aber auch direkte Zustimmung, Artikel, die das konkret artikulieren. Der Apparat, die Institution reagiert meist extrem. Mit Ignoranz oder mit Einladungen. Immerhin ist das ja nicht üblich, diese Konflikte, ja, Konflikte überhaupt zu betonen. Oper, das sind doch vielmehr schöne Stimmen, schöne Bilder, und nach Möglichkeit Stars und gute Figuren.

Der Erfolg von BOHEME in Leipzig kommt aber daher, weil die Leute sehr berührt sind. Nicht von ästhetischen Fragen. Sondern, sie sind in einem Punkt betroffen, der sie selber sehr beschäftigt, der ihnen zu schaffen macht. Das ist nun wieder eine der Möglichkeiten von Theater Im Vorhältnis zu den Medien wird hier noch relativ unentfremdet produziert. Also, vom authentischen Spiel her. Das ist angelegt im Material: Singen – das heißt doch sich in der Welt erotisch zu verhalten, frei zu sein, Lust zu haben, Kommunikation. Es findet eine Botschaft statt, die sagt, laßt uns den Wahnsinn nicht weitertreiben. Laßt uns wieder Lust am Leben finden, es macht unheimlichen Spaß. Dahinter steckt, daß es doch eine Perspektive für die Menschheit geben könnte. Mehr Lust am Lebendigen, mehr Lust aufeinander,– und ich muß vielleicht keine Umwelt mehr zerstören. Und ich brauche kein Radio, wenn ich andere Werte anerkennen kann. Und der größte Wert, das ist das andere Geschlecht.

(Originalbeitrag)
Aus einem Gespräch
am 27/28.6.1992 in Halle

Manfred Karge JACKE WIE HOSE
Berliner Ensemble 1984
Carmen-Maja Antoni als Max Gericke

Manfred Karge

Jacke wie Hose

Berliner Ensemble/
Probebühne

Premiere 11.2.1984
DDR-Erstaufführung

Max Gericke
Carmen-Maja Antoni

Eine Kinderstimme
Jenny

Inszenierung
Peter Konwitschny a.G.

Silvia Brendenal

Ausdrucksstark, überzeugend

Ein Punktscheinwerfer tastet den Bühnenraum ab, gleitet über Gesichter, sucht und findet ihn (sie). Die Hosen zu weit, die Jacke schlottert, die Schuhe klobig. So steht sie da, die kleine, nahezu chaplineske Figur im zu großen Gewand, die Frau im Männerkostüm – Carmen-Maja Antoni. Der Ella Gericke ist zu früh ihr Max gestorben, sie steigt in seine Hülle, um den Arbeitsplatz nicht zu verlieren, die Weltwirtschaftskrise floriert. Was zunächst nur als Schwierigkeit der Ella im Rollenverhalten erscheint, entwickelt sich mit zunehmendem Identitätsverlust zum »deutschen Schicksal«. Krieg, Nachkrieg, schließlich bundesdeutsche Wirklichkeit, daneben der Verzicht einer Frau auf Liebe, auf ein Kind, auf ihr Ich. Und wenn Udo Jürgens zum Schluß »Mit 66 Jahren...« singt, klingt das wie bitterer Hohn ob der vorgeführten zwar gebrochenen, doch nunmehr »funktionierenden« Existenz. Von Manfred Karge stammt diese offenkundig Brecht verpflichtete Parabel, die durchspielt, vorführt, demonstriert den bekannten Vorgang: Der Mensch als Opfer der Verhältnisse. Zum theatralischen Erlebnis machten diesen Abend Carmen-Maja Antoni und ihr Regisseur Peter Konwitschny. Es ist wirklich faszinierend, wie es der Schauspielerin gelingt, den Weg von der noch kindlichen Frau zum nunmehr maskierten, integrierten Neutrum vorzuführen. Barfuß mit knielangem, weißem Kleid erinnert sie sich an Momente, die Gefühle der Kindheit wachrufen, für Augenblicke scheint sie selbst zum Kind zu werden, sanft hält sie später das eben unter Schmerzen geborene (Kopfkissen)-Baby im Arm, herzt und liebkost es. Unter Qualen, körperlichem und seelischem Widerwillen muß sie sich zum kernigen Mann durchringen: Skat, Bier, Schnaps, Eisbein machen den aus. Erschöpft sinkt ihr Oberkörper auf den Kneipentisch. Doch so ganz allmählich richtet sich die Ella Gericke der Antoni ein. Als Blockwart Wollonzen sucht sie verbissen und übereifrig nach dem verbotenen Sender, exakt bewacht sie als SA-Mann die Zelle (schön die Idee, das Bettgestell in das Zelleninnere zu verwandeln), doch gewaltsam und heftig ist immer noch die Erinnerung an Schneewittchen – einst war sie das. Wie ein stummer Schrei steht die verlorene Existenz Schneewittchen im Raum, bis es nicht mehr die Liebe ist, die das weibliche Geschlecht erwachen läßt, sondern nur noch dessen Vermarktung zählt. Glänzend, wie die Antoni ihren Einstieg in die Firma Kaste demonstriert – eine Tingeltangelsängerin im Glimmerschein des westdeutschen Neubeginns; von da an geht's bergab. Zum Schluß steht da der *alte* Mann, der zornentbrannt die schillernde Kugel zerschlägt, als »türkische Putzfrau geht«.

Als Spielraum steht der Schauspielerin die gesamte Probebühne des BE zur Verfügung, im Zentrum kreuzen sich zwei Schienenstränge, einer, der rechte ist's, wird schließlich vorrangig bespielt.

Zahlreich und ausdrucksstark die optischen Bilder, die szenischen Einfälle, überzeugend Carmen-Maja Antoni, so könnte das verknappte Resümee lauten.

in: Theater der Zeit 4/1984

Christoph Funke

Das Ende mit Rente und Bier

Das Motiv des Geschlechtertauschs als Verweis auf gesellschaftliche Zustände, die das Individuum in knechtende Zwänge bringen, benutzt Manfred Karge in seinem Monodram JACKE WIE HOSE. Eine junge Frau verkommt, weil sie in der Weltwirtschaftskrise nicht nur den Arbeitsplatz ihres an Krebs gestorbenen Mannes übernimmt, sondern ganz in die Rolle des Mannes schlüpft, sich von Ella in Max Gericke verwandelt. Sie verkommt durch Tüchtigkeit, durch Fleiß, durch Klugheit und Witz – denn alle diese Eigenschaften müssen ihr dazu dienen, das Rollenspiel auch während Faschismus und Krieg aufrechtzuerhalten. Max/Ella Gericke wird SA-Mann, kommt mit Mühe davon, sucht im Nachkrieg Geschäfte auch aus der »Doppelgeschlechtigkeit« zu machen, erreicht wenig und endet, innerlich abgetötet, mit dem Bekenntnis: »Ich lebe von der Rente und vom Bier«. Manfred Karge verurteilt die von außerordentlicher Begabung bestimmten Versuche des Kleinbürgers, sich an- und einzupassen, sich schlimmen Verhältnissen gegenüber dienstwillig zu erweisen, statt das Unhaltbare, Menschenfeindliche zu bekämpfen. Ella Gericke, als Max Gericke auf böse Art über eine böse Zeit gekommen, findet durch die Restauration alter Verhältnisse in der BRD den neuen Anfang nicht, sie hat nur Anpassung und Trotz gelernt, zum Schluß geht sie als »türkische Putzfrau«, ihre Talente sind verschlissen.

Carmen-Maja Antoni spielte das auf der Probebühne des Berliner Ensembles unter der Regie von Peter Konwitschny mit Hingabe, mit Klugheit und Vitalität, mit der grimmigen Bereitschaft, die warnende Botschaft dieses Schicksals zu verkünden. Eine Schienenkreuzung war auf dem Fußboden verlegt, die offenen Enden einer Geschichte andeutend, das Rennen in viele Richtungen, das nie zum Ziel kommt. Die Kreuzung wird so zum Bild für das Nicht-Zurechtfinden Ella Gerickes, für ihr Fliehen, Stolpern, Zurückweichen; Lebensstationen sind in sie hinein- oder nahe an sie herangebaut – das Bett, der Wirtshaustisch. Carmen-Maja Antoni holt das Leben ihrer Figur aus diesem Raum, berichtend, erlebend, kommentierend. Am Skattisch macht sie die Männerrunde lebendig, im Bett spielt sie mit dem Kissen das Bedürfnis nach Zärtlichkeit und Mütterlichkeit aus fast ruppiger Verzweiflung, verwandelt das Bett gleich darauf in die Zelle, Gefangenen-Schicksal anschaulich vorführend, das der SA-Wächter Gericke beobachtet. Wandlungen, Umwandlungen werden immer feinfühlig, genau bewältigt, mit der Hilfe starker theatralischer Bilder: die Drohung der SS-Leute auf dem weißen Tuch über der Fliehenden, das kabarettistische Vorführen der Plaste/Elaste-Story im florierenden Nachkriegsgeschäft hinter der weißen Gardine. Der kluge Einsatz von Licht und suchenden Scheinwerfern, die Musikmontage des öden Fernseh- und Radio-Rentner-Alltags, das Gehetztsein der Figur, ihre Verhärtung zu empfindungsloser Sturheit geben der Geschichte ein Volumen, das dank des klugen Regisseurs über die nicht allzu aufregende Textaussage noch hinausgeht.

Ganz und gar gehört der Abend Carmen-Maja Antoni, was sie körperlich leistet, wie sie die Figur im Griff behält, kantig mit dem Aufbruch zu verzweiflungsvoller Sensibilität, hart mit dem Ausflug ins Ironisch-Heitere, entschlossen-dickschädlig mit einem Hauch genießender Geruhsamkeit, ist getragen von Temperament, zupackender Kraft und hält doch den Zuschauer auch auf einer Distanz, die ihm Einblick in die Vorgänge und kritischen Abstand zu Max Gericke ermöglicht. Der Beifall war, verdientermaßen, für Carmen-Maja Antoni stürmisch.

in: Der Morgen,
Berlin 15.2.1984

Heiner Müller

Verkommenes Ufer Medeamaterial Landschaft mit Argonauten

Berliner Ensemble
Probebühne
Gastspiel

Premiere 29. 11. 1987
DDR-Erstaufführung

Inszenierung
    Peter Konwitschny

Künstlerische Mitarbeit
    Eva Qualmann

Mitarbeit Bühne
    Horst Obst

Mitarbeit Kostüm
    Christine Stromberg

Es spielt
Hanneliese Shantin

Christoph Funke

Loderndes Zentrum Medea

[...] Dieses dreiteilige Stück sperrt sich der Versinnlichung, verhält sich spröde gegenüber deutenden Versuchen, behält seine Wahrheit in sich, läßt den blutigen Erfahrungen der Jahrtausende mit dem lodernden Zentrum der Medea-Figur den schnell zu findenden befreienden Ausweg nicht. Sich solcher Erfahrung zu stellen, heißt sie umzuarbeiten, heißt die Schrecknisse der Metaphern nicht zurückzunehmen, sondern den Widerstand zu suchen, die poetischen Blöcke zu befragen nach ihren provokativen, also schöpferischen Herausforderungen.

Peter Konwitschny hat den Text für die Probebühne des Berliner Ensembles inszeniert, als »BE-Podium Gastspiel«, wie der Theaterzettel ausweist. Er macht die Schauspielerin Hanneliese Shantin gewissermaßen zum Spielmeister einer raffinierten akustischen Montage. Die Darstellerin, als Mensch, Menschheit, liebender Mittelpunkt, tritt in Beziehung zur Welt durch Mikrofon, Schreibmaschine und Telefon, durch Aufnahme und Aussenden von Text- und Musikfetzen, durch das Ausgeliefertsein an akustische Hintergründe, durch ein Alleinsein, das technisch aufgehoben und zugleich vervielfacht wird.

VERKOMMENES UFER beginnt so als Clownspiel, mit großem Gelächter, mit der von der Beleuchterbrücke stürzenden Puppe, wird dann unten, auf dem Bühnenpodest vor Kultur- und Zivilisationsschutt, noch einmal voller Ernst und Betroffenheit wiederholt. MEDEAMATERIAL kommt zum Vortrag, nachdem sich die Schauspielerin ein schwarzes Tuch um den Kopf gewunden hat – ihre Partner sind das Mikrofon (Jason und die Amme) und zwei Paar Kopfhörer (die Kinder). Für LANDSCHAFT MIT ARGONAUTEN entsteht eine dritte Spielebene – Hanneliese Shantin sitzt nun an einem selbst herbeigeschafften modernen Tisch und probiert aus einer Pappschachtel herausgefischte Hüte auf – als Versuch einer Identitätsfindung, als Abfolge unterschiedlicher »Rollen«, als Versuch, geschichtliche Erfahrungen stationsweise durchzuprobieren. Dann schließt sich der Vorhang, die Darstellerin tritt aus dem Spiel, setzt sich zu den Zuschauern, sieht (hört) sich gewissermaßen selber zu – klatscht schließlich in die Hände, schleppt die Puppe hinaus ...

Mit Tapferkeit geht dieser szenische Versuch das Wagnis einer deutenden Versinnlichung der Dichtung Müllers an. In die geistigen Räume des Stücks einzudringen, bleibt auch weiterhin eine schwierige Aufgabe – Konwitschny gelang überraschenderweise die Entdeckung von Heiterem, Souveränem. Schade, daß seine Darstellerin der geforderten hohen Intensität und Gespanntheit des Spiels erst in Ansätzen gewachsen war. Der Beifall für den Abend (zu dessen Mitarbeitern Eva Qualmann, Horst Obst, Christine Stromberg, Walter Braunroth, Werner Strauchmann gehören) blieb überraschend spärlich.

in: Der Morgen, Berlin
21.1.1988

Heiner Müller VERKOMMENES UFER MEDEAMATERIAL LANDSCHAFT MIT ARGONAUTEN
Gastspiel im Berliner Ensemble 1987 Hanneliese Shantin als Medea
Fotos Vera Tenschert

Charles Yves

The Unanswered Question

(Die unbeantwortete Frage)

Bertolt Brecht / Kurt Weill

Die sieben Todsünden

Ballett mit Gesang in acht Teilen

Tanztheater im Schauspielhaus Dresden
Premiere 16.12.1987

Musikalische Leitung	Udo Zimmermann a.G.
	Eckehard Mayer
Regie	Peter Konwitschny
Choreographie	Arila Siegert
Ausstattung	Jens Büttner
Dramaturgische Mitarbeit	Heike Müller-Merten
Anna I	Annette Jahns
Anna II	Arila Siegert
Familie:	
Vater	Peter Küchler
Mutter	André Eckert
Söhne	Jürgen Hartfiel
	Helmut Henschel

Dresdner Philharmonie

**Anna I (Annette Jahns) und Anna II (Arila Siegert), v.l.n.r.
Foto Hans-Ludwig Böhme**

Georg-Friedrich Kühn

Fäden aus dem roten Vlies

**Brecht/Weills
»Sieben Todsünden«
und Heiner Müllers
»Verkommenes Ufer«**

Dresden/Berlin. Die Staffage-
stücke für die beiden Annas
kommen wie bei Mr. Peachum
aus dem Fundus des Schnürbodens. Ein ganzes Ballett von
Kleidern, Bügeln tanzt da an,
nachdem die aufgeklammerte
Wäschegardine des Prologs beiseite geschoben, als Deflorati-
onsbaldachin in den Bühnenhimmel entschwebt ist.
Zum Geldverdienen in die Welt
geschickt wird in Brecht-Weills
1933 schon im Exil geschriebe-
ner mimischer Kantate DIE 7
TODSÜNDEN eine doppelte Anna,
aufgespalten in Über-Ich und
Ich. Sinnfällig gemacht wird dieser Spaltungsvorgang in der
Dresdner Neuinszenierung
durch Beleuchtung aus dem Off.
Bar aller musealer Lehrhaftigkeit
bekommt man das Ballett mit
Gesang am Dresdner Staatsschauspiel zu sehen. Neu erarbeitet hat es der Regisseur Peter Konwitschny zusammen mit
der Tänzerin und Choreographin
Arila Siegert. Den Part der Sängerin Anna I gestaltet die fabelhaft lockere Annette Jahns.
Gezeigt wird da ein Kleinbürger-
tum von heute. Die Familie, die
Anna für den Bau des eigenen
Häuschens losschickt in die
Städte, arbeitet von Anfang an
mit an der Katastrophe dieser
Anna. Wie Totengräber schip-
pen sie die Baugrube aus. Die
Familie ist bei Weill als Männer-
Quartett komponiert.
Das Familien-Quartett ist Antrei-
ber und Voyeur zugleich. Sie
sind die Kabarettbesucher in
Memphis, die Fleisch sehen
wollen für ihr Geld und nicht die
bedeckte Blöße eines faulen

Fischs. Sie machen sich fast besoffen, wenn um Anna die Männer sich schon schießen, wenn monsterhaft ihr Ruhm wächst und sie zum Monster wird.

Und immer wächst da mit die Wand des Häuschens, auf dem die Familie thront. In voller Breite der Bühne. Und wenn Anna I am Ende, eingekleidet in dunkelblauem Kostüm mit Hut und Brille, hinabfährt in ihre Kleinbürgerhölle, ist nicht nur der ganze Bühnenhorizont dahinter vermauert. Anna II liegt vorn an der Rampe. Kopfunter. Tot.

Den Umschlagpunkt von Annas Entpersönlichung in karrierebewußter Schizophrenie zeigt Konwitschny in Bild fünf »Unzucht – Lust«. Anna I in einem Prachtbett. Sie läßt sich lieben, sie läßt sich bezahlen für ihre Liebe. Anna II im Eisenbett. Sie liebt, bezahlt, den sie liebt. Zahlt drauf, daß sie liebt. Es kommt zu einem Duell.

Am Ende dieser Szene ist das bessere Ich automatisiert, in verschiedenen Posen einfunktioniert in dem reichen Bett. Anna I fährt dieses funktionierende bessere Ich in einem nunmehr Krankenbett langsam von der Szene.

Gegeben wird in Dresden die etwas weichere tiefe Fassung. Musikalische Leitung: Udo Zimmermann. Szenisch schließt Konwitschny an am engsten an seine Kasseler Produktion von Bartóks BLAUBART.

Geplant war für Dresden ursprünglich, die SIEBEN TODSÜNDEN zu koppeln mit einer zwischenzeitlich von Konwitschny am »Berliner Ensemble« in Eigenproduktion als Gastspiel vorgestellten Aufführung von Heiner Müllers VERKOMMENES UFER mit der Rostocker Schauspielerin Hanneliese Shantin. Sie spricht den Müller-Text monologisch. Eine besonders geschärfte Zuspitzung der Frauen-Thematik erbrächte das.

Obwohl Konwitschny hier eine gleichsam musikalisierte Fassung der Müller-Texte VERKOMMENES UFER / MEDEAMATERIAL / LANDSCHAFT MIT ARGONAUTEN vorlegt. Rondoartig verknüpft sind Teil eins und drei. Sie sind offener angelegt, bunter, auch mit illustrativen Elementen. Strenge hat der Mittelteil. Mit dem Todessturz einer Heiner-Müller-Puppe von der Galerie der BE-Probebühne beginnt der Abend. Am Ende wird die Puppe weggeschleift aus dem Ring. Hysterisches Lachen, Schreien, Kreischen.

Der Schlußabsatz von LANDSCHAFT MIT ARGONAUTEN (»Das Theater meines Todes War eröffnet als ich zwischen den Bergen stand«) ist eingeblendet als stummes Plakat. Die weiße Bühnengardine ist geschlossen. Die Darstellerin kommt hervor aus der Kulisse, setzt sich ins Publikum als Teil des Kollektivs, Betrachter ihrer selbst. Im schwarzen Gummimantel wie zu Beginn. Weiße Pappnase vor der Nase.

Die Einblendungen des Textes davor – mit strangulierter Zunge in Heiner-Müller-Maske sich selbst in die Maschine lallend, per Tonbandeinspielung codaartig verdichtet mit Partien aus Teil eins – ebben ab, verstummen. Man liest nur noch das »Ich spürte MEIN Blut aus MEINEN Adern treten Und MEINEN Leib verwandeln in die Landschaft MEINES Todes... Der Rest ist Lyrik«.

Die Dialogtexte mit Jason und der Amme im Mittelteil spricht die Solodarstellerin als Dialog mit sich selbst. Verfremdet über Mikrofon, das wie ein länglicher Riesen-Phallus, Schwert, Todespendel über die Szene hängt; mit dem sie spielt, fremd erst, dann immer vertrauter, auch akustisch durch Streichen über das Kleid zwischen die Schenkel – wie mit einer Todesmaschinerie.

Der Altar, an dem Medea ihren und der Gesellschaft Tod zelebriert, ist ein Tempel des Fortschritts: eine Tonstudio-Kulisse mit zersplittertem Kabelbaum. Medeas Kinder sind zwei Walkman-Kopfhörer, mit denen sie spielt wie mit Puppen; die sie schließlich unter sich erstickt. Das »Ein Mann gibt seiner Frau den Tod zum Abschied« schreibt sie mit Lippenstift auf den Altarspiegel.

Wie Flak-Lametta-Streifen ist das Brautkleid für Jason und seine neue Hure: ein silbernes Vlies, wie eine Priesterschärpe, das zur Hochzeit des Todes über den Mikrofongalgen gehängt wird. Im Schlußteil verwandelt diese Frau dann sich zum kaltschnäuzigen Kathedermenschen, der unter wechselnden Hüten und Gesichtsmasken seinen Wortschlamm in die Maschine spritzt, Fäden rupfend aus dem roten Vlies. Als Materialprobe zum Weiterrupfen hat der Zuschauer beim Einlaß ein Stück davon gehäftet bekommen an die Rückseite des Programmzettels.

Mit dieser Aufführung (Bühne: Horst Obst, Kostüme: Christine Stromberg) kommt der 1982 von Heiner Müller abgeschlossene, 1983 in Bochum uraufgeführte Text erstmals auf eine DDR-Bühne. Ein wie schwieriger Text das für die DDR ist, zeigt das verwickelte Produktionsverfahren. Das BE stellte nur Räume und Material. Den am deutlichsten auf den Widerspruch der DDR heute zwischen hohem Anspruch auf Klassizität und Gewöhnlichkeit des Alltags anspielenden Satz läßt der Regisseur denn auch zuerst stumm sprechen, als Lippenpantomime: »Zwischen Trümmern und Bauschutt wächst DAS NEUE Fickzellen mit Fernheizung«.

in: Frankfurter Rundschau
4. 1. 1988

Bertolt Brecht/Kurt Weill DIE SIEBEN TODSÜNDEN, Staatsschauspiel Dresden 1987
Anna I und Anna II als zwei sterbende Schwäne
Foto Hans-Ludwig Böhme

Bettina Bartz

Die sieben Todsünden der Kleinbürger

Staatsschauspiel Dresden

DIE SIEBEN TODSÜNDEN in Dresden: Tanzdrama oder Lehrstück oder Singspiel – welchem Genre der Abend angehört, weiß mit Sicherheit kein Mensch. Allerdings, einen »Abend« kann man die gerade so lang wie eine Schulstunde dauernde Aufführung auch nicht nennen. Ausgedruckt als »Ballett mit Gesang in acht Teilen« ist es, obwohl von zweifelhaftem Genre, zweifellos Theater, und man kann keine angenehmere Schulstunde erleben in unserer Zeit, in der das Bedürfnis, sich belehren zu lassen, im gleichen Maße geschrumpft ist, wie das Bedürfnis, unterhalten zu werden, wächst.

Dieses Theater lebt von seinen beiden Protagonistinnen. Annette Jahns und Arila Siegert sind zwei so unverkrampfte, zarte, ernsthafte und dabei entäußerungssüchtige Künstlerinnen, daß sie auch das Telefonbuch zum Leben erweckt hätten. Immerhin gibt es einen wichtigen Vorzug des Brecht-Stückes: seine am asiatischen Theater geschulte Mischung von Spiel und Kommentar läßt vieles zu an Phantasie und Eigenwillen, also an von den Ausführenden einzubringender Subjektivität.

Die Inspiration des Regisseurs Peter Konwitschny und der Choreographin Arila Siegert konnte sich ungehindert entfalten. Das Ganze verliert nie die Lockerheit und Freundlichkeit dem Publikum gegenüber, die man auch

von anderen Arbeiten Konwitschnys kennt. Gespielt wird vor allem mit Klischées, klassischen und trivialen: es traben menschliche Zirkuspferde herum, es präsentiert sich käufliche Schönheit auf Sammetkissen, und während der sterbende Schwan tanzt, wird sein schon gestorbener Zwilling als Geflügel verspeist. Der unvermeidliche Halbvorhang am Beginn, mit übergroßen Wäscheklammern drapiert, war nicht nur eine witzige Anspielung, sondern gab auch die Möglichkeit für ein Schattenspiel, das den graphischen Grundgedanken des Bühnenbilds eindrucksvoll zur Wirkung brachte.

Jens Büttners Ausstattung betont die spielerische Seite durch plakative, zweidimensionale Bilder. Besonders schön die Nutzung der Kontraste hell-dunkel, grau-bunt. Dank stimmungsreicher, handwerklich sauberer Lichtregie wurde die flächenhafte Zeichensprache nicht langweilig. Sie überließ den Raum den Darstellern.

Arila Siegert brachte verschiedene tänzerische Ausdrucksformen ein, doch vieles mußte in der Andeutung genügen, so daß sie mir in ihrem Fach (ebenso wie die Dresdner Staatsopernsängerin Annette Jahns stimmlich) eher unter- als überfordert schien. Beeindruckend der Mut, mit dem sich beide auf das ihnen jeweils nicht eigene Gebiet wagten. Die Tänzerin sang und die Sängerin tanzte – in Maßen, es wurde kein falscher Ehrgeiz entwickelt, aber man profitierte voneinander. Schauspielerisch gefiel mir besonders die Einkleidungsszene, wenn jede den errafften Kleiderhaufen vor der anderen schützen und gleichzeitig noch um das eine oder andere Schmuckstück vermehren möchte. Den sozialen Back-

ground – meist auch szenischen Hintergrund – bildete ein spielfreudiges Herrenquartett: die ebenfalls von der Semperoper ausgeborgten Sänger Peter Küchler, André Eckert, Jürgen Hartfiel und Helmut Henschel als Vater/Mutter/Söhne und alles andere Bühnenvolk sangen nicht nur redlich, sondern ersetzten auch verlustlos das Ballettensemble, was der gestisch genauen Führung durch den Regisseur zu verdanken war.

Das aus Mitgliedern der Dresdner Philharmonie bestehende Orchester schien noch etwas unsicher im Umgang mit der ironischen Distanz dieser Musik. Der Dirigent Udo Zimmermann schwelgte für mein Gefühl zu sehr im Lyrischen, wo harte Direktheit zu erwarten war. Dadurch (vielleicht angeregt durch das als Ouvertüre gespielte Stück »The Unanswered Question« von Charles Yves) schlich sich ein zaghafter Ton ein, der die zupackende Klarheit der Szene nicht stützte.

Die hohe Qualität dieses Teils der Reihe »Tanztheater im Schauspielhaus« konnte die fehlende Brisanz der Stückvorlage nicht ganz verdecken. Pur gehört, wirken Text und Musik ein bißchen reißerisch in heutigen Ohren, die Bonmots in der Art »Nütze die Jugend nicht, denn sie vergeht« drollig, und nostalgisch die Tanzmusikzitate der Weillschen Manegenmusik. Hoffnungsvoll stimmt der Gedanke, daß sich das Team, das sich zu solchen Exerzisen zusammengefunden hat, eines Tages an einen aktuelleren Gegenstand wagen könnte, und daß dieser Abend dann länger würde.

in: Theater der Zeit 2/1988

Georges Bizet

Carmen

Oper in drei Akten von Henri Meilhac und Ludovic Halévy
Kritische Ausgabe nach den Quellen von Fritz Oeser
Deutscher Text von Walter Felsenstein
Fassung des Landestheaters Halle

Landestheater Halle, Premiere 25.12.1988

Musikalische Leitung	Christian Kluttig
Inszenierung	Peter Konwitschny
Bühnenbild	Helmut Brade
Kostüme	Katrin Scholz
Dramaturgie	Werner Hintze
Choreografische Mitarbeit	Jan Korinek

Carmen	Annette Markert/ Mária Petrasovská
Don José	Hans-Dirk Mundt a.G.
Escamillo	Tomas Möwes
Micaela	Hendrikje Wangemann
Zuniga	Gisbert Zimmer
Moralès	Gerd Vogel
Frasquita	Anke Bernd
Mercédès	Renate Leißner
Der kleine Don José	Jost Hirthe

Händelfestspielorchester
Chor, Extrachor, Kinderchor des Landestheaters Halle

CARMEN Kinderchor
Foto Viola Vassilieff

Matthias Frede

Die fremde, böse Frau ...

Freilich, von Peter Konwitschnys intelligenter, wenngleich auch meist maßloser, naßforscher Regiehand hatte man am Landestheater Halle ja ohnhin keine altvertraute CARMEN erwarten dürfen. Eher schon ein sehr überraschendes Weihnachtsgeschenk: eine unheimliche Bizet-Begegnung der eigenen Art. Wobei es wohl wieder einmal nicht darum gehen würde zu zeigen, was in der Partitur steht, sondern welcher neue Reim darauf zu machen sei?
Nun, es ist (für mich) ein ungewöhnlich gewöhnlich Opernabend geworden – einer der widersprüchlichsten bislang, der einen am Ende mit ziemlich gemischten Gefühlen entläßt und doch seine separaten Reize hat: hochinteressant im konzeptionellen Detail und gedanklichen Zugriff, irritierend in der vom überkommenen Werksinn rigoros entfremdeten Handlungs- und Figurensicht, beachtenswert bezüglich des bewußt vollzogenen Versuchs der Aufkündigung urväterlicher Darstellungsklischees, ärgerlich im widerspenstigen Angesicht rücksichtsloser szenischer Überhebungen, zumal die verrückte Titelgestalt betreffend, dabei konsequent bis zur Inkonsequenz, listig entrümpelt und neuerlich zugepackt janusköpfig divergierenden Bildideen, anregend und (be-)streitbar, ja streitsüchtig, unendlich zwiespältig eben. Kennt solches Theater kein Maß?
»Böse ist jedes Weib. Aber es hat zwei gute Momente, den einen im Bett, den anderen auf der Bahre.« Wer diesen kruden Spruch (aus welchem literarischen Mérimée-Zusammenhang auch immer) offen plakatiert und gleich zu Anfang einer CARMEN-

Inszenierung auf den Vorhang projiziert, der will entweder provozieren oder verfolgt ein harsches Konzept, das schließlich Gefahr läuft, am ererbten Stück Oper souverän vorbeizureden.

Etwa in der bedenklichen hallischen Linie zwischen Glucks ORPHEUS und Verdis RIGOLETTO. Dennoch, diesmal haben Konwitschny sowie seine mit einfachen rot-weiß-schwarzen Farbkontrasten betont archaisch stilisierenden Ausstatter Helmut Brade (Bühnenbild) und Katrin Scholz (Kostüme) den Verlauf der bekannten großen Liebestragödie selbst kaum angetastet, am wenigsten im menschlich nach wie vor berührenden Konfliktverhältnis Don José – Micaela.

Ihre Absicht war es jedoch ganz offensichtlich, dem geläufigen Geschehen (unter Verwendung von Walter Felsensteins »Original«-Dialogfassung) jedes verwaschene spanische Kolorit, jede tradierte buntscheckige Folklore energisch auszutreiben. Koste es, was es wolle. So erscheint nur der egozentrische Lokalmatador Escamillo (vital auftrumpfend, mit einigen Tiefenproblemen: Tomas Möwes) noch im wunderschönen Stierkämpferhabit. Als isoliertes Zitat, versteht sich.

Ansonsten weht ein kühler Nordwind über die gleichsam »neutralisierte«, fast steril blankgeputzte Szene.

Bestechend allerdings ist ihr schlichter funktionaler Aufbau: eine knallrote drehbare Arena- oder Stadiontribüne mit Abgängen, Leitern und fahler Beleuchtung für sämtliche Schauplätze – für Tabakfabrik und Wache (die Soldat spielenden Kinder bereits in Kadetten-Uniformen?!); für eine absonderlich billige Pastia-Spelunke und die Bergwanderung der fürchterlich häßlich gekleideten, obendrein als simple

Zauberkünstler (!) vorgeführten Spessart-Schmuggler; endlich für die Corrida, wo Tier und Mensch (Carmen) quasi in einem einzigen Augenblick brutal hingemordet werden. Öffentlich, vor einer stumpf und reglos verharrenden Mischmasse auf der Traverse (die Bühnenmusik – Blechbläser inklusive). Da mag einem wohl gelegentlich der Atem stocken trotz all der Kälte des Vollzugs. Obschon das nunmehr beinahe kammerspielartig komprimierte Spektakel letztlich recht geringes Interesse äußert an wirklich sensibel befragten Psychogrammen oder Gefühlswelten und überdies stets aufs neue wieder eingeholt wird von dem, was es eigentlich partout nicht wünschte: vom ungebrochenen Spanien-Zigeuner-Flair jener beliebtesten aller Opern, dessen absolutes Verleugnen keinen Gewinn einführt, ständig gegen Musik und Text.

Spätestens dann, wenn anstelle des (auch hier) natürlich ausgesparten, allein gesanglich behaupteten Stierkampf-Aufmarsches (3. Akt/vorzügliche Chöre in Dietrich Schlegels Einstudierung) ein paar illustrierende Bildprojektionen über den Zwischenvorhang eilen ...

Das szenische Konvolut aus mancherlei blendenden Vorschlägen, nicht endgültig bezwungenen Denkansätzen, woanders probierten Regie-Zeichen und merkwürdigen figurativen Verdrehungen widerfuhr am schlimmsten der armen Hauptperson.

Jetzt ist die aufsässige Carmencita geradewegs zum bleichen, medusenhaften Todesengel verkommen, zu einem fremden, bösen Weib im antiken weißen oder strengen schwarzen Gewand, frech und frigide, unsinnlich und ohne erotische Ausstrahlung, mit den Freundinnen Mercédès (Renate Leißner) und

Frasquita (Anke Bernd) eine Art Hexentanz vollführend, zum Kneipengelage auf Tütenobst statt der Kastagnetten die (nicht neuen) Tonscherben schlagend, und vornehmlich darauf aus, den mehr oder minder hingerissenen José zu zerstören.

So wenig unter solchen Konditionen die landläufige Bizet-Story noch glaubhaft funktionieren kann, so staunenswert genau und gestisch diszipliniert verkörpert Annette Markert diese ihre »verkehrte« Carmen, begnadet mit einer wunderbaren Altstimme, die mir in den obligaten oberen Spitzentönen des öfteren jedoch etwas angestrengt und übermäßig belastet zu klingen schien (was einige Vorsicht gebietet). Der Don José von Hans-Dirk Mundt (Opernhaus Leipzig) brachte viel emotionale Intensität in Spiel und Gesang ein, wiewohl ihm eine offenkundig starke Indisposition während der ersten Premiere häufig erhebliche Schwierigkeiten bereitete. Makellos rein, frisch und wohl gesichert: Hendrikje Wangemann als Micaela; daneben zu Beginn der hoffnungsvolle lyrische Moralès-Bariton Gerd Vogels.

Nichts zu deuten gibt es am forschen und eleganten, mit französischem Esprit und elastischer Kompetenz vorgetragenen Musizieren des Händelfestspielorchesters, das Christian Kluttig zu leuchtenden Klangfarben animierte. – Bei der Pariser Uraufführung 1875 fiel CARMEN durch. Dieser »Fall« wird am Landestheater Halle kaum eintreten. Aber man wird hier eines zweifellos interessanten Regie-Puzzles gewahr, dessen widerstrebende Teile aus altem Stoff und neuer Sicht nicht richtig zusammenpassen wollen.

in: Liberal-Demokratische Zeitung, Halle 5.1.1989

Georges Bizet CARMEN Landestheater Halle 1984
Don José (Hans-Dirk Mundt)
Fotos Viola Vassilieff

Gespräch
Regieteam

SCHOLZ: In den Kostümen wird das Archaische betont. Es geht darum, besonders bei Carmen, zu einer ganz klaren, strengen Figur zu kommen, ohne Zufügung von irgendwelchen unnötigen Accessoires.

BRADE: Indem wir das Zigeunerklischee nicht bedienen, machen wir dem Zuschauer vielleicht möglich zu verstehen, daß diese Geschichte jeder Frau, die sich geradlinig in eine Liebe begibt, passieren kann. Damit verliert die Figur das Fragwürdige. Man muß sie ernst nehmen. Sie hat ein instinktiv richtiges Empfinden und Denken.

SCHOLZ: Die Bühnenlösung, die im wesentlichen aus einer drehbaren Treppe besteht, stellt an die Kostüme eine besondere Anforderung. Sie sind keine Zugabe zu einem vorhandenen Raum, sondern sie haben die Funktion, die Räume mit zu bilden.

Die Treppe ist karg und herausfordernd in ihrer monochromen roten Farbigkeit. Die Kostüme müssen mit ihren Farben auf dieses Rot antworten.

Carmen ist eine weiße Figur und erinnert eher an eine archaische Plastik als an ein Sex-Symbol heutiger Vorstellung. In ihrem Weiß steht sie klar und pur den anderen Farbtönen gegenüber. Sie ist sozusagen ungetönt und deshalb in jedem Bild Mitte, optisch, denn jeder andere Ton ist unentschiedener als ihr Weiß. Die Soldaten bilderbuchhaft leuchtend, die Zigarettenarbeiterinnen in Farbtönen, die sie müde, leer und phlegmatisch erscheinen lassen. Zigeuner in Rot-Tönen, als wären sie aus der Treppe herausgewachsen, Micaela, das blonde Mädchen als blonde Figur, sie alle steigern diese einzige Weiße, die aber, wie Don José auch, als schwarze Figur enden wird.

KONWITSCHNY: Carmen ist ein Stier. Und Stiere werden in Spanien allwöchentlich auf rituelle Weise getötet. Und jede Frau, die kräftig ihren Anspruch vertritt, ist in der gleichen Gefahr. Und das finde ich, kommt in der Kostümidee gut heraus, das Geradlinige und die Kraft, die da drin liegt, die verspielt würde mit vielen Accessoires.

SCHOLZ: Vielleicht kann man sagen, daß das Carmen-Kostüm eine Parallele zu der kargen Lösung des Schauplatzes hat, weil ihr jedes mögliche Versteck genommen ist, im schwarzen Haar etwa, sie kann sich überhaupt nicht zudecken. Sie ist öffentlich, ungeheuer präsentiert. Was ja auch eine besondere Bewegungsform bei den beiden Darstellerinnen hervorruft.

KONWITSCHNY: Diese Kostüme ermöglichen überhaupt nur bestimmte Spielweisen. Das haben die Proben erwiesen. Sie erzwingen sie geradezu.

SCHOLZ: Und alles, was man so kennt, was Carmen-Darstellerinnen normalerweise so machen, um die Männer zu verführen, dieser allgemeine anzügliche Hüftschwung und so weiter, ist ja eigentlich nicht möglich.

BRADE: Man kann die Carmen-Figur nicht aus dem Männerdenken entwickeln. Dann ist sie eben eine besonders tolle Frau, die einen Mann mit ihren Verführungskünsten kühl und unbeteiligt einwickelt, aber es ist doch wohl so, daß die Tragödie Carmen selbst betrifft. Diese freie Frau mit ihrer Schönheit und ihrer Kraft verliebt sich wirklich in einen Menschen aus einer anderen Welt, weil der ein kleines bißchen anders zu sein scheint als die anderen Männer. Und dieses große Gefühl ist für sie etwas Neues, es ist aber auch schrecklich und letzten Endes tödlich. Man muß also unbedingt zeigen, daß ihre Zuneigung ganz echt ist, wie man natürlich auch zeigen muß, daß die Verwirrung, in die sie José stürzt, seinerseits ebenfalls ein großes, echtes Gefühl hervorruft.

Nur, er ist nicht in der Lage, dem nachzugeben, es in Einklang zu bringen mit den Zwängen seines Lebens. Darum finde ich auch schön, wie in der Schlußszene des I. Aktes, in Carmens Seguidilla (»Draußen am Wall von Sevilla«), mit dem Strick umgegangen wird. Hier kommt etwas ganz Interessantes ins Bild, daß nämlich Carmen, die eigentlich die Freiheit liebt, plötzlich, durch die Liebe zu José, Freude hat, sich fesseln zu lassen. Plötzlich kann sie sich vorstellen, an einen Mann gebunden zu sein. Und das löst in ihr eine große Freude aus. Und das macht José Angst. Er löst also die Fesseln auch deshalb, weil er sich plötzlich von der Übermacht, die in dieser Frau auf ihn zukommt, befreien will. Es ist eben nicht so, daß sie sich raffiniert löst, indem sie das Knie zeigt, sondern daß sie sich ihm schon gibt, daß in der Szene viel Liebe ist.

HINTZE: Was unterscheidet José eigentlich von den anderen Männern im Stück? Es ist doch so, daß er in dieser Hierarchie schon einmal gefallen ist. Er ist nicht an seinem vorbestimmten Platz, da er doch Priester werden sollte. Daraus ist nichts geworden, da er offenbar jemanden umgebracht hat. José muß mit jeder Handlung und jeder Geste beweisen, daß er ein guter Sohn, daß er ganz brav ist. Aber natürlich: er steht schon nicht mehr fest.

KONWITSCHNY: Eine Grundlage der Tragik des Stückes ist das Gespaltensein Josés, dies ist eine sehr moderne psychologische Erscheinung. Und daraus entstand die Idee, der Figur des Don José noch einen kleinen José beizugeben, sozusagen als die andere Variante.

BRADE: In José lebt der Wunsch, anders zu sein. Und darin liegt sein Konflikt. Das soll auch dargestellt werden durch das Kind, weil ja im Leben der Punkt, wo der Mensch vereinnahmt wird von der Gesellschaft, das Erwachsenwerden ist.

KONWITSCHNY: Und in welchem Grade man sich das Kindsein bewahrt, das entscheidet darüber, inwieweit man völlig angepaßt ist oder noch eigene Kräfte hat. José hat die Wertmaßstäbe der hierarchisch geordneten Gesellschaft verinnerlicht. Er hat die Fähigkeit eingebüßt, das Kindsein gut zu finden. Er ist auch einsam damit. Es ist ja äußerst schwierig, gegen alle etwas zu behaupten.

Das ist es ja, was man mit verrückt bezeichnet, was überhaupt nur denkbar wird, wenn ein absoluter Maßstab angelegt wird, von dem aus betrachtet etwas verrückt ist. Mit einem anderen Maßstab würde das Verrückte das Normale sein. Die Widersprüche in Don José sind extrem, und man muß zeigen, daß, was José jetzt in diesem Moment äußert, nicht seine ganze Wahrheit ist. Zum Beispiel die Blumenarie ist nicht Ausdruck einer unbehinderten, frohen, freien Liebeserklä-

rung. Betrachten wir nur die sonderbare Modulation der Holzbläser am Schluß: José singt: »Carmen, ich liebe dich!«, und dazu erklingen diese Akkorde a-Moll, C-Dur, F-Dur, die der Grundtonart Des-Dur sehr fern und fremd sind, das ist doch bodenlos, es ist so, als ob José gleichzeitig sagen würde: »Ich liebe dich« und: »Laß mich bitte gehen«. Er will zu ihr und gleichzeitig kann er es nicht. Und Carmen wird dadurch sehr enttäuscht, sie bemerkt, daß der Partner sie in die Einsamkeit zurückstößt. Sozusagen in die Freiheit. Und nun kommt ein ganz großer Moment. Sie sagt: »Nein, du liebst mich nicht, denn wenn du mich liebtest, nähmest du ein Pferd und wir ritten in die Berge.« Aber sie sagt es nicht böse oder kalt, etwa um José als Schmuggler anzuwerben. Der musikalische Gestus definiert: es geht um eine nicht-reale Situation. Carmens Wunsch ist nur als Utopie denkbar. Die Verbindung zwischen diesen beiden Menschen ist nur dort möglich, wo es die Kultur, die sie trennt, nicht gibt – in den Bergen.

KLUTTIG: Diese »Verführung« durch Carmen geschieht musikalisch wiederum durch eine harmonische Ver-Führung: Carmen nimmt das Des des Arienschlusses auf und geht mit den Worten »Nein, du liebst mich nicht«, auf das G, das sie über fast zwanzig Takte nicht verläßt, währenddessen der harmonische Baß geradezu irritiert chromatisch auf- und abschreitet – einer der bewegendsten Momente der ganzen Oper. [...] (Auszug)

Gespräch zwischen Helmut Brade, Werner Hintze, Christian Kluttig, Peter Konwitschny und Katrin Scholz am 15.10.1988 in Halle

in: Programmheft CARMEN, Landestheater Halle 1988

Dörte Sauerzapf

Georges Bizet wurde spannend inszeniert

Die CARMEN-Inszenierung am Landestheater Halle ist spannend, aufregend, in Anspruch nehmend, denn Georges Bizet wird beim Wort genommen. Jeder aus dem Inszenierungskollektiv erfüllte die Ansprüche, die die opéra comique an ihn stellt, mit Können und Engagement, wodurch eine große Einheitlichkeit des Abends gelang. Christian Kluttig war überall ein der Szene völlig kongenialer, sicher sie auch oft inspirierender musikalischer Leiter. Er und Peter Konwitschny (Inszenierung) waren sich vollkommen im klaren über die realistische Handhabung der Musik in der opéra comique. Letzterem gelangen auch aufgrund dieses Einverständnisses bewegende Szenen, Bilder und Einsichten. Was für eine Szene: José kommt singend zu Carmen (2. Akt, Das Lied vom mutigen Dragoner aus Alcadá). Er handelt wie ein Kind, das in den dunklen Keller geschickt wird, um etwas zu holen, und - um sich Mut zu machen - ein Lied anstimmt. So geht kein Liebender zur Geliebten! Peter Konwitschny ist es gelungen »eine Figur zu bilden, die uns fremd ist, die wir uns eigentlich nicht vorstellen können«.

Annette Markerts Carmen ist eine Frau, deren Liebesbegehren kreatürlich ist. Ihre weiße Haut und ihre, durch die uniforme Kleidung der Zigarettenarbeiterinnen gebändigte Leidenschaft und Natürlichkeit bringen den Konflikt zwischen ihrem Anspruch auf ein freies Leben und ihrem Dasein als Fabrikarbeiterin unverhohlen zum Ausdruck.

José begreift nicht, daß sich mit Carmen einzulassen heißt: sie nicht in Besitz nehmen zu wollen. Josés Liebe ist deshalb von Anfang an aussichtslos, da er sich an patriarchalisches Herrschaftsdenken klammert, um seine Gefühle durchzusetzen. Carmen ist unter keinen Umständen bereit, ihre Freiheit aufzugeben, ohne die Liebe überhaupt nicht denkbar ist.

Don José in der Interpretation Hans-Dirk Mundts erscheint von der ersten überspannten Reaktion auf die Mitteilung von Micaelas Ankunft als psychisch gestörter Mann. Daß er trotzdem durchaus differenziert dargestellt wird, macht die erste Begegnung mit Escamillo deutlich. José wirkt hier keineswegs unmännlich, sondern als ernstzunehmender Gegner, wenn auch unüberlegt, wie immer, wenn seine Gefühle verletzt werden. Eine solche Situation ist auch der Auslöser für die Blumenarie, die wie ein Schrei aus verletzter Eitelkeit gerät. Mit Andantino überschrieben wird die Arie von Kluttig, Konwitschny und Mundt mit weniger Gewicht, Nachdruck, Fülle und jenem Mehr an Lockerheit interpretiert, die diese neue, andersartige Wirkung hervorruft.

So ist es auch mit dem Carmen-Solo in der Kartenszene des dritten Aktes. Musikalisch wird hier der Beweis für die völlig entmystifizierte Todesahnung erbracht. Carmen begreift den Tod als natürlich, als Abschluß eines jeden Lebens. Carmens Tod am Ende hat nur die eine Bedeutung: Es ist der brutale, schnelle und sinnlose Tod einer Frau, die sich den geltenden Moralvorstellungen und der für sie vorgesehenen sozialen Rolle zu widersetzen versuchte.

Kluttig, Konwitschny und Helmut Brade (Bühnenbild) erfassen das Schmugglerquintett als glänzende Parodie Bizets auf das traditionelle Buffa-Ensemble, ganz in der Nähe Offenbachs. Taschenspielertricks werden serviert, und gelbe Vögel schnellen am gespannten Seil hoch über den Köpfen der Zuschauer davon. Die Maxime der opéra comique so zu singen, wie man auf dem Theater spricht, wird in Halle durch ein scharf akzentuiertes musikalisches Artikulieren verwirklicht. Der singende Schauspieler ist der opéra comique angemessener als der gewöhnliche Opernsänger. Halle konnte auch dieses bieten. Die Carmen Annette Markerts ist wohl ohnehin eine besonders glückliche Verbindung von stimmlichem Wohlklang und darstellerischer Ambition. Der José Hans-Dirk Mundts erschien am Premierenabend indisponiert und deshalb an exponierten Stellen erheblich forciert. Im Piano und im Zusammenklang mit seinen Partnerinnen bewies er jedoch Einfühlungsvermögen. Die Micaela Hendrikje Wangemanns war stimmlich und figürlich mädchenhaft anrührend. Escamillo, Thomas Möwes, entsprach jener teuflischen Inkarnation der Männlichkeit. Die Chöre (Leitung Dietrich Schlegel) standen der hohen musikalischen Qualität in nichts nach.

in: Freiheit, Halle 4. 1. 1989

Carmen (Annette Markert) und Don José (Hans-Dirk Mundt)
Foto Viola Vassilieff

»Irritation oder Metapher«

Zuschauergespräch mit Peter Konwitschny

ZUSCHAUERIN A: Hier wird uns eine ganz andere Carmen gezeigt, nicht rassig, nicht schwarzhaarig.

ZUSCHAUER B: Ich habe den Eindruck, Herr Konwitschny experimentiert um des Experimentierens willen. Da kennen wir ja schon viele Beispiele aus der Geschichte – wenn der Vater etwas Gutes praktiziert, schafft der Sohn es wieder ab nur um des Andersseins.

ZUSCHAUERIN C: Die Hallenser Inszenierung war ein ziemlich großer Schock für mich, vor allen Dingen die Eintönigkeit der Bühne. Es muß ja nicht gleich ein Kostümfest wie in der Leipziger Inszenierung sein. Außerdem finde ich, daß die Kinder in der Hallenser Inszenierung in Soldatenuniform gesteckt werden, übertrieben.

ZUSCHAUER D: Mir gefiel die Inszenierung, doch manchmal schienen mir die Grenzen des Experimentierens überschritten. So z. B. bei der Ermordung Carmens, wenn Don José mehrmals zusticht. Dieser Verstoß gegen das Klischee bewirkte, daß ein Raunen, ja fast schon Lachen durch den Zuschauerraum ging.

ZUSCHAUER E: Für mich war das mehrmalige Zustechen ein sexuelles Töten. Das Lachen war wohl mehr ein Überspielen der Betroffenheit der Zuschauer.

ZUSCHAUERIN F: Für mich war interessant, daß in Don José, dem Mann, das Gesetz, und in Carmen, der Frau, die Freiheit, zwei Kulturen aufeinandertreffen. Soll man das als Unmöglichkeit der Vermischung dieser beiden Kulturen auffassen?

KONWITSCHNY: Ja, wahrscheinlich. Das Stück handelt jedenfalls davon.

ZUSCHAUERIN G: In Don José wird uns ein durch Erziehung liebesunfähiger Mann gezeigt. Es ist das Drama des Mannes. Carmen dagegen ändert sich nicht. Sie hat ein einfaches Wesen und bleibt doch immer ein Geheimnis.

ZUSCHAUER B: Ja, die Regie betont die Männerrollen. Die Frauen werden nicht feminin gezeigt. Sie sehen wie Arbeiterinnen einer Microchipfabrik aus. Und das spricht mich als Mann nun mal nicht an. Ich glaube auch in der Mehrzahl

entspricht das nicht dem gesunden Volksempfinden. Bei aller Experimentierfreudigkeit sollten wir doch nicht vergessen: Das ewig Weibliche zieht uns an!.

ZUSCHAUER H: Durch den Begriff »gesundes Volksempfinden« kommt es zu einer Politisierung der Diskussion. Vielleicht sprechen wir auch noch von »entarteter Kunst«?

KONWITSCHNY: Ich bin auch sehr empfindlich gegen solche Begriffe. Übrigens verstehe ich auch nicht, warum »Experiment« von Ihnen so negativ bewertet wird.

ZUSCHAUER I: Ich finde gut, daß hier ein Zuschauergespräch stattfindet. Wenn der Zuschauer mit seinen Problemen allein bleibt, verfällt er am Ende doch in eine gefährliche Lethargie. In einem Gespräch kann man seine Gedanken sortieren, es ist etwas in Bewegung.

ZUSCHAUERIN K: In dieser Aufführung wurde ich nicht von Details vom Eigentlichen abgelenkt. Ich habe vieles neu verstanden. Z. B. wie aus dem Nichtstun der Soldaten eine Gefahr für Micaela erwächst.

KONWITSCHNY: Es ist gut, daß Sie noch frei und ohne Angst mit Ihren Eindrücken umgehen können. Der Reiz und die Lust, etwas Unbekanntes kennenzulernen, erzeugt Beunruhigung. Der Zuschauer kann ablehnen oder annehmen. Das aggressive Potential der Ablehnung kommt aus einem Schutzbedürfnis, aus einem Bedürfnis nach Sicherheit.

ZUSCHAUERIN L: Ich habe mit meinen siebzig Jahren schon oft die CARMEN gesehen. Die Umbauten waren meist störend. Die Treppe in der hiesigen Inszenierung bietet nicht nur gute Regiemöglichkeiten und gestattet schnellen Bildwechsel, sondern die Umbauten erhalten eine zusätzliche Dimension, sie finden auf höherer Ebene statt. Gut ist die Stilisierung, die Strenge der Carmenfigur. Das Konzept ist aufgegangen und dadurch der Sinn der Oper.

KONWITSCHNY: Danke! Das zeigt, daß es doch kein Alter gibt. Das ist eine Erfindung von bösen Menschen.

ZUSCHAUER B: Es gibt aber ein Alter! Es ist doch ein ganz natürlicher Prozeß, daß gewisse biologische Triebe nachlassen. Und deshalb wundert es mich auch nicht, daß einer siebzigjährigen Frau diese Carmen gefällt.

(Einige Zuschauer verlassen empört den Raum.)

Ich hätte einen Vorschlag: Man könnte zwei Carmeninszenierungen in einer Spielzeit zeigen. Einmal, wie die CARMEN richtig ist, und meinetwegen Ihre, Herr Konwitschny, bei der sich Bizet sicherlich im Grabe umdrehen würde.

KONWITSCHNY: Ich finde es gar nicht so schlecht, wenn sich die Toten mal im Grabe umdrehen. Dann sind sie wenigstens in Bewegung.

Ihr Vorschlag, zwei unterschiedliche CARMEN-Inszenierungen anzubieten, ist gut, denn in der Kunst ist immer das Wie interessant. Ich wäre mir allerdings nicht so sicher wie Sie, was dem Publikum besser gefallen würde.

ZUSCHAUER I: Für mich war die CARMEN bisher eine Operette mit leider tragischem Schluß. Diese Inszenierung hier bricht mit dem Carmenklischee.

ZUSCHAUERIN L: Dadurch, daß man nicht durch Details abgelenkt wird, wird die Musik ganz groß und stark.

ZUSCHAUER B: Ich möchte mal wissen, ob diese neutralisierte Carmen auf Frau Markert zugeschnitten ist und wie sie damit zurechtgekommen ist!

ZUSCHAUERIN K: Ich kann mir vorstellen, daß eine Sängerin mit dieser rassigen, schwarzhaarigen Carmen viel mehr Schwierigkeiten hat als mit dieser neuen, mit dieser anderen Carmen. Diese vom Klischee befreite Carmen bietet doch viel mehr Möglichkeiten, sich als Sängerin einzubringen.

ZUSCHAUER I: Für mich war weniger das äußere Erscheinungsbild der Carmen maßgebend, sondern ihr Handeln.

KONWITSCHNY: Die Qualität des Äußeren bei Carmen ist nicht eine anstelle von Rot und Schwarz, sondern ist eben eine ganz neue Qualität, nämlich eine Stilisierung. Die Zigeunerin ist nur Naturalismus. Wir verstehen die Carmen als Kunstfigur, als Metapher, als Zeichen. Damit wird Carmen für Sie als Zuschauer diskutierbar.
(Auszug)

Gespräch nach der CARMEN-Vorstellung
am 26. 2. 1989, Landestheater Halle
in: Dokumentation der Inszenierung CARMEN,
Landestheater Halle 1989, Zentrum für
Theaterdokumentation und -information Berlin

DIE VERKAUFTE BRAUT Zirkusszenerie 3. Akt.
Wenzel (Fermin Montagud 2. v. l.) träumt von einer besseren Welt

DIE VERKAUFTE BRAUT Finale 3. Akt
Fotos Peter Manninger

Bedrich Smetana

Die verkaufte Braut
Komische Oper in drei Akten

Text: Karel Sabina
Deutsche Fassung von Carl Riha
und Winfried Höntsch in einer
Texteinrichtung von Heidemarie Stahl

Bühnen Graz, Premiere 24.2.1991

Musikalische Leitung	Wolfgang Bozic
Inszenierung	Peter Konwitschny
Bühnenbild	Jörg Koßdorff
Kostüme	Michaela Mayer
Choreographie	Enno Markwart
Dramaturgie	Bettina Bartz
Kruschina	Konstantin Sfiris
Ludmila	Foula Dimitriadis
Marie	Angélique Burzynski
Micha	Zoltán Császár
Agnes	Ildiko Szönyi
Wenzel	Fermin Montagud
Hans	Eugen Procter
Kezal	Ludovic Kónya

Das Grazer Philharmonische Orchester
Chor, Extrachor, Statisterie, Singschul'
und Ballettschule der Grazer Oper

Hans (Eugen Procter) und Marie (Angélique Burzynski)
Foto Peter Manninger

Peter Konwitschny

Gedanken beim Hören und Lesen der Musik

Lustig oder komisch?

Die Heftigkeit der Widersprüche schon in der Musik der Ouvertüre. Die Explosion des Beginns (diese Musik kommt im Finale II wieder, wo härteste und perfide Auseinandersetzungen stattfinden).
Dann ein »Thema«: nahezu irrwitzig, sich jagende Töne, darüber eine Art Fuge (sogar Engführungen als Verschärfung!). Kinetische Energie wird hörbar, Drängen und Getriebensein. Dann die nächste Explosion. Dann eine aufblühende Linie, ein Moment Seligkeit, auf Nimmermehr abgerissen von erbarmungslosen Paukenschlägen. Und so fort: aus dem Orchestergraben breitet sich ein enormes Kräftepotential aus. Dies als Vorbereitung auf das folgende szenische Geschehen. Wer zwischen derartige Kräfte und Gegenkräfte gerät, bleibt nicht heil.
Es geht um die Existenz!

Was bedeutet Volkstümlichkeit?

Das Volk will nicht tümlich sein – so Brecht in seiner »Turandot«, ein Bauer sagt den Satz. Das Volk, die Hauptkraft der Geschichte. Das Kräftige, Derbe, Ungezügelte, sich Durchsetzende, der Humor. Wo gehobelt wird, da fallen Späne.

Alltag oder Sonntag?

Die Arbeit ist der Hinter- und Lebensgrund dieser Geschichte, die dir und mir passieren könnte, nicht die Folklore. So wenig Smetanas Musik folkloristisch ist: der Komponist überführt das böhmische Material in die europäische Musikform und -struktur – das macht das Werk klassisch.

Es geht um Menschsein und Menschheit

Die Befreiung, das Sichverwirklichen im Singen und Bewegen der Polka: im hymnischen Chor werden Dimensionen einer Neunten Sinfonie erkennbar; auch Sabina hatte solches im Auge: »Ginge es, wie 's uns gefällt, tanzte mit die ganze Welt!«

Ein Mann – ein Bier

Nicht so im Bierchor. Die Frau als Gegenpol des Mannes ist ausgespart. Potenz wird bedrohlich. Der Furiant als Negativalternative zur Polka.

Männer unter sich. Furie, Furiant, der wilde Tanz mit dem typischen Wechsel des Metrums von drei auf zwei: die Welt aus den Angeln. Entfesselung. Überdeutlich in die Noten diktiert.

Fremde – Fremdheit

Hans: auch ein Mann. Er hatte eine unglückliche Kindheit. Seine Mutter stirbt viel zu früh. Der Vater ist nicht stark genug, ihn vor der Stiefmutter zu schützen. Sie treibt den Erstgeborenen, ein halbes Kind noch, aus dem Vaterhaus. Lernte er jemals, was Vertrauen ist? Lernte er zu vertrauen, sich anzuvertrauen? Marie muß eine ganze Arie an ihn richten – eine einzige Frage, aber keine Antwort. Sie erreicht die Ausgangstonart B-Dur nicht mehr, endet in g-Moll.

Marie bringt's nicht mehr zusammen. Schon hier setzt ihr die Beziehung zu ihrem Geliebten heftig zu. Er ist verschlossen.

Da beginnt der Stein zu reden: Die Kindheit war schwer, ja unerträglich. Das Duett, das er beginnt, nimmt die Parallele g-Moll auf. Die Geliebte soll ihm das verlorene Glück ersetzen. Marie: Wird sie fertig mit dieser Last?

Die Perspektive: Idylle, Abgrenzung nach außen, wieder in B-Dur angekommen, der Kreis schließt sich. Idylle, aufs äußerste und permanent gefährdet, wie wir wissen.

Noch einmal: Entfremdung!

Und dramaturgisch präzise kalkuliert der Auftritt der Gegenkraft dieser Idylle: Kezal.

Schärfster musikalischer Gegensatz zur widerspruchsfreien B-Dur-Fläche: brutale synkopische Unisono-Sprünge des gesamten Orchesters bis hin zum Tritonus – erschreckende Töne. Nichts von Witzigkeit/Harmlosigkeit, von Roter-Taschentuch- und Stolper-Buffonerie.

Alle acht Takte fast ein neuer Gestus in der Musik. Kezal beherrscht die taktischen Varianten eines Manipulators: Wenn er versagt, ist seine Existenz bedroht.

Die nackte Geld-Ware-Beziehung bestimmt Kezals Sein und Bewußtsein. Alles hörbar, vorausgesetzt, die Tempi werden so breit genommen, wie Smetana sie vorschreibt. Kaum eine Interpretation, die sich daran hält. Unmöglich, die zahlreichen diffizilen Anweisungen – Akzente, Crescendi, Diminuendi, Sforzati en masse! – in den viel zu schnellen Zeitmaßen auszuführen. Die Folge: ein Kanon von Fehlinterpretationen, musikalisch und szenisch.

Eine andere Variante von Mannsein

Auch Wenzel ein Gefährdeter. Von »Liebe« zerquetscht. Die Mutter verhätschelt und bevormundet ihn bis ins Mannesalter, freilich ohne es zu merken. Der Vater, um vieles älter als seine zweite Frau, zieht sich zurück, gibt auf. Auch hier Entfremdung. Der Stotterer – ein pathologischer Fall?

Oder gestörte Kommunikation? Ohne Frage letzteres. Smetana läßt daran keinen Zweifel.

Spätestens in der zweiten Arie in f-Moll wird die tragische Dimension dieser komischen Figur offenbar. Chaplin als Stichwort, Phantasie und Poesie – nicht Dümmlichkeit, über die so leicht und laut gebierlacht werden kann. Auch hier klingt Menschsein. Ein reicher Mensch innen, dieser Wenzel. Fähig zu träumen, sich wegzuträumen aus der schlimmen in die Gegenwelt: Zirkus – freilich auch im Traum eines Besseren belehrt und auf Realität gestoßen: Alle wollen mich lieben oder mich töten. Fähig auch, ganz auf den anderen einzugehen.

Nähe. Utopie.

Da tritt ihm Marie in den Weg. Sie ist »hinter ihrem eigenen Rücken« fasziniert von ihm. Jedenfalls erlebt sie mit Hans nicht solche Offenheit, solches Aufeinandereingehen. So ist auch das Duett Marie/Wenzel im zweiten Akt ein ganz erstaunliches: in der Struktur dasjenige Musikstück in dieser Oper, das die größte musikalische Entwicklung, die meisten Stationen hat. Eine durchkomponierte Szene, weniger eine Nummer. Grenzüberschreitung allerorten: spätestens hörbar bei der vielfachen Mediantrückung, der rhythmischen Verdichtung und äußersten Zuspitzung kurz vor dem Schlußteil. Dieser vereint beide Stimmen unisono im rauschartig gesteigerten Zitat des Duettanfangs, das Orchester in heftig erregter Bewegung darunter. Ausdruck der anfänglichen Manipulation Maries? ...und des dumm-naiven Draufreinfallens eines Infantilen? Keinesfalls! Hier geht es um Gleichheit in Grenzüberschreitung. Bisher nicht Gekanntes wird erlebt. Ahnung des Eigentlichen. Solches gibt es zwischen Marie und Hans nicht.

Ein ganz anderes »Paar«

Eine andere Variante der Gemeinsamkeit, zwischen Kezal und Hans im drauffolgenden Duett des zweiten Aktes, dem Hit der Oper. Männer im Gespräch über Frauen. Obwohl im Ziel Gegner, sind sie sich doch in der Methode gleich: den anderen austricksen, kalt und lächelnd. Der eine auf Grund seines Erwerbs – er vermittelt Brautleute gegen Bezahlung. Wie könnte er durchhalten ohne Kälte, Distanz? Der andere auf Grund der fehlenden Wärme zu Hause in der Fremde hart geworden, um zu überleben. Nun zurückgekehrt, um in der Hierarchie des dörflichen Gemeinwesens den ihm gebührenden Platz einzunehmen. Mit allen Wassern gewaschen. Zwei ebenbürtige Gegner.

Musikalisch werfen sie sich die Bälle zu, zitieren und antworten sich unentwegt in der Art eines Clownsgesprächs. Der gleiche Gestus bei beiden.

Patriarchalische Welt

Alle Mann-Frau-Kind-Beziehungen im Stück sind Varianten eines Grundmodells, des jahrtausendealten patriarchalischen und der ihm immanenten Gesellschaftsstruktur. Ob zwischen den Eheleuten – den ärmeren Kruschinas oder den reichen Michas –, ob zwischen den Eltern und Kindern. Die bessere Beziehung hat Marie zu ihren Eltern. Hans hat gar keine, ganz zu schweigen von Wenzel! Aber auch die Beziehung Marie - Hans ist deutlich von patriarchalischen Strukturen geprägt. Nicht so die kurze Begegnung zwischen Marie und Wenzel. Deshalb hätte dieses Paar auch keine Chance in dieser Welt, wohlgemerkt in dieser! Darum auch die endliche Vereinigung von Marie und Hans am Schluß des Stückes. Allein: welche Perspektive! Wie weit ist es noch bis zum Glücklichsein?

in: Programmheft DIE VERKAUFTE BRAUT
Vereinigte Bühnen Graz 1991

Frank Kämpfer

Männerentwürfe: Wenzel oder/und Hans

[...] Die Sprache der Inszenierung berührt, sie ist eher leise, nie unreflektiert sentimental, von der Bildsprache sehr traditionell. Konwitschnys Versuch, das Stück aus der Partitur gegen eine Inszenierungsgeschichte zu lesen, ergibt eine bedenkenswerte Sicht: Folgerichtig stehen die Männerfiguren des Werkes zur Diskussion. Der geschäftstüchtige Heiratsvermittler Kezal und der welterfahrene Vagabund Hans – in der Aufführungstradition Antipoden – gehen hier auf eine Wurzel zurück: Aus beschädigten liebesarmen Kindheitsstrukturen in die Überlebenskämpfe der Welt gejagt, sind sie mit Erfahrungen beladen: Getriebene in Permanenz. Ihr Gegenentwurf, Wenzel – in der Aufführungsgeschichte ein Tölpel, ein Debiler – ist, von Mutterliebe eingezwängt, verunfähigt für die Gesetze der Welt; vermittelt jedoch hier ungebrochene Sensibilität, Fähigkeit und Bedürfnis, einen Menschen zu lieben. Eine utopische Figur, ein Männerentwurf, wie er Konwitschnys Theater u.a. schon in Gestalt Händelscher Anti-Helden durchzieht. Die Brisanz von Inszenierung und Werk besteht im Schizoid, zwischen beiden Männerentwürfen, zwischen beiden Hälften einer in Wahrheit gespaltenen Existenz zu wählen. Für Marie, die in Graz reichlich konturlose weibliche Partie, bietet der Gesellschaftsrahmen keinerlei Spiel-Raum dazu. Als treffender Kommentar steht Jörg Koßdorffs Bühnenbild dazu – ein von einer Mauer aus aufgehängter Wäsche formierter Raum, eine Insel erstarrter Geborgenheit: Symbol einer Gesellschaft des Mannes, zementiert durch die Arbeit der Frau. Marie kann den Raum niemals verlassen, bis ins höchste verunsichert, folgt sie nach gescheitertem Aufruhr den Regeln des Hans. Dessen Spiel überlistet die Intrigen des Dorfs, zerstört zugleich die Liebe der Marie. Auch Wenzel geht nicht unbeschadet durch das Stück. Im dritten Akt, wo eine reichlich traditionelle Regiesprache in eine neuartige Dimension umschlägt, flieht er aus unlebbarer Realität in einen schmerzhaften Traum. In der Maske des Clowns begegnet er seiner Kindheits- und Jugendgestalt: Kontinuitäten werden klar. Marie, die er liebt, wird er nicht erlangen als Marie (wenigstens setzt er so Tradiertes nicht fort); dem mariegleichen Traumbild der Tänzerin Esmeralda folgt er in eine kalte Zirkusszenerie. Für eine mögliche Integration zahlt er jeglichen Preis, verzichtet und zerbricht als der Tölpel im Bärenfell mit der Sternschnuppe aus Papier.

Fermin Montagud, ein zukunftsträchtiger junger Tenor, ist in dieser Partie ein kongenialer Darsteller-Interpret. Ludovic Kónya als szenisch begabter Kezal fügt sich gut dazu, stimmlich gesehen auch Angélique Burzynski als Marie. Eugen Procter als Hans ist kein wirkliches Äquivalent, hält sich als Sänger jedoch durchaus souverän. – Verschiedene Partner bedürfen dagegen einiger Kritik. Allen voran Wolfgang Bozic am Pult, dessen Dirigat reichlich dürftig erscheint. Auch Enno Markwarts Choreographie tanzender Dorfleute und Kinder mangelt es leider zu sehr an technischem Standard – wiewohl gerade sein Beitrag als szenische Metapher eine zweite Konwitschny'sche Utopie bedient: die Verlagerung des Geschehens von der Bühne über die Barriere des Grabens in den Publikumsraum: der Tanz aller in allen Etagen, Türen und Gängen; Oper als offen für jedermann und jede Frau ...

Das Resümee des Werkes erzwingt am Ende Gegenteiligkeit. Vom tanzenden Dorf bleibt die lüsterne Meute, die des Opfers bedarf. Zufällig fallen sie über Kezal her, den sie früher bezahlten. Wenzel, der Narr, verewigt die Utopie in einer Sternschnuppe aus Stroh, Hans beordert Marie. Die Liebe ist tot, es läuft alles nach seinem Plan. Zwei Fremde, so sehen sie sich ohne Augen an, ihre gemeinsame Zukunft ist zementiert durch den Vereinigungsvertrag ihrer Väter. (gekürzt)

in: Theater der Zeit 5/1991

Georg-Friedrich Kühn

Dreifach verkaufte Braut

Verhinderte Smetana-Inszenierung: ausgelagert

Ein schlitzartig aufgeworfener roter Bühnenvorhang, grell beleuchtet. Dahinter ackerartiges Gefurche. Blick wie ins Innere einer bebend aufgewühlten Vulva. Metapher für das Kraftfeld der Ouvertüre zu Bedrich Smetanas VERKAUFTER BRAUT.
Im Zentrum von Peter Konwitschnys Grazer Neuinszenierung (Bühne: Jörg Koßdorff, Kostüme: Michaela Mayer) steht freilich weniger das Paar Marie/Hans als das Marie/Wenzel. Genauer: Marie wird gezeigt im Spannungsfeld zwischen diesen beiden Männern – Halbbrüdern, was sie ja aber zunächst nicht weiß. Hans, den sie liebt – der Fremde im Ort, der über seine Herkunft sich ausschweigt; Wenzel, den sie heiraten soll – von den Eltern ihr aufgedrückt als Schuldpfand-Auslöse beim reicheren Bauern Micha.
Wenzel ist in dieser Inszenierung einmal nicht der stotternde Dorftrottel, über den sich alle belustigen. Er ist vielmehr der Übersensible, phantasiebegabte, von der Mutter und zweiten Frau des Micha in Liebe erstickte, während Hans ungeliebt verstoßen wurde. Kostümiert ist Wenzel in einer Art Kadettenanzug mit nachtblauer Samtjacke und -barett. Mit Marie vermag er aufzuleben, seine Kommunikations-Behinderung abzulegen.
Die Zirkusszene des dritten Akts – sonst eigentlich bloß genrehaftes Schmuckwerk – verdeutlicht diesen Traum von einer schöneren, besseren Innenwelt, der auch immer wieder abstürzt zum Alptraum kindlicher Erinnerungen. Eine Tierparade ganz in Weiß tanzt da auf mit Äffchen, Frosch und Vogel, dem Fusel saufenden Eis-Grizzly und in der

Rolle der sejltanzenden Esmeralda die Marie. Und immer wieder dazwischen tretend die Mutter mit ihrer einschüchternden Liebe.
Sehr plastisch werden in dieser Inszenierung auch die verschieden gestaffelten Finale: am Ende des 2. Akts der von der Menge in die Enge getriebene und als Fremdling mit der Ausbürgerung bedrohte Hans. Dann Marie, die endlich doch den Heiratsvertrag unterschreibt – von den Dörflern als Bürgin der nächsten Freibier-Runde auf die Schultern gehoben; der Vorhang schließt sich schon halb.
Schließlich der düpierte Menschenhändler Kezal, dessen Aktentasche man plündert, aufgespießt auf spitzen Stangen.
Marie, so wie sie hier gezeigt wird, ist letztlich eine dreifach verkaufte Braut: erst von den Eltern verpfändet, dann von Hans – und schließlich verkauft sie sich selbst. Wenzel, den sie zunächst nur benutzt hat, den sie, um ihre Liebe zu Hans zu retten, manipuliert und mißbraucht, rücksichtslos und gemein, Wenzel, der ihr am Ende eine strohgeflochtene Sternschnuppe als scheues Liebes-Geschenk überreicht – sie läßt ihn ziehen. Tief verstört und irritiert, verhaftet in die Bedingtheiten und Abhängigkeiten ihres Schicksals, fast zusammensinkend unter der seelischen Last eines in dieser Männerwelt verdunkelten Glücks, kniet sie schließlich doch wieder nieder bei Hans.
Die Bühne ist eine Art Christo-scher »running fence«, gerundet zur Arena: weiße Tücher an hohen Stangen, die Landschaft wie auch die Seelen der Menschen seidendünn durchschneidend und begrenzend, fassen eine schräge Ebene. Die sensationslüsternen Dörfler umkreisen das präsumtive Paar. Dazwischen immer wieder, und auch am Anfang und Ende, eine ins naturhaft-menschheitlich Offene sich weitende Ebene unterm Sternen/Himmels-Zelt.

Oder es tanzt, wie zur Polka, eine lind-bunte Sommergesellschaft durch Parkett und Gänge zum Publikum sich frei. Die Tischlein-deck-dich-Möbel, an denen Maries Eltern ihre Tochter via Kezals Kopulationskandidaten- Scheckbuch verhökern, werden beschwingend abgeräumt.
Gekoppelt sind beide Ebenen in der Szene, wenn Marie den Wenzel zum Schein auf ihr frei schwebendes Liebestraumboot lockt und er über eine Himmelsleiter zu ihr entert. Eine Sternschnuppe streift den Horizont – keine nur zufällige TRISTAN–Anspielung. Und im Saufhaus souterrain-unterdeck toben die gestandenen Mannsbilder, teils nur abgefüllt, teils auch brustmäßig ausgestopft, mit den Maßkrügen über Tisch und Bänke, Burschenschafts-Chöre grölend vom Trank des Vergessens.
Konzipiert hatte Konwitschny seine VERKAUFTE BRAUT schon 1985 für eine Aufführung in der Ostberliner Komischen Oper. Die Produktion wurde gestoppt, scheiterte aber an der Engstirnigkeit, vielleicht auch Feigheit einer ja immer noch unverdrossen amtierenden Leitung, auch an Teilen des Ensembles dort; und Chefregisseur Harry Kupfer fummelte diese »Braut« dann routiniert zurecht auf den Geschmack des Hauses.
Benutzt wird für die Aufführung eine Neu-Übersetzung des Sabina-Librettos von Carl Riha und Winfried Höntsch, angeregt noch von Felsenstein, überarbeitet dann von Heidemarie Stahl. Und sieht man jetzt in Graz, was eigentlich gemeint war mit dem Konzept, kann man sich nur wundern über die Borniertheit, mit der man in Berlin über eine auch in der Partitur Bedrich Smetanas so vielschichtig ausleuchtende Interpretation sich hinwegsetzte.
Manches an Verfeinerungen freilich dürfte erst durch Konwitschnys spätere Regiearbeiten – wie insbesondere den Basler FIDELIO –, aber auch durch

das Grazer Ausstatterteam ein-
geflossen sein.

Besonders scharf gezeichnet
der Kezal, mit seiner Aktentasche als Schreibbrett/Mauer wie
ein mephistophelischer Seelen-
verkäufer, Zöllner, Demagoge,
Zuhälter, Manipulierer. In seiner
skrupellosen, mit allen Wassern
gewaschenen Gerissenheit hat
dieser Loge auch etwas vom
einstigen DDR-Deviseneintreiber
Schalck-Golodkowski. Im wat-
schelnden Enten-Pas-de-deux
schließt und begießt er mit
Hans den Teufelspakt zum
Brautverkauf - dort, wo Männer
wirklich unter sich sind, auf dem
Pissoir.

Musikalisch erreicht die von
Wolfgang Bozic geleitete Aufführung beachtliches Niveau;
auch wenn der durch Extrachor,
Statisterie, Kinderchor und Kin-
derballett für die Polkaszene
stark erweiterte Apparat nicht
immer zusammen ist. Unter den
Sängern ragen vor allem der lyrische Wenzel des Fermin Montagud, der eher dramatische Hans
von Eugen Procter und die an
stimmlichem Format gewachse-
ne Marie von Angélique Burzynski hervor. Ein auch darstellerisch sehr überzeugender Kezal
ist Ludovic Kónya.

Die neue Grazer Intendanz von
Gerhard Brunner mit der Opern-
direktorin Gundula Janowitz hat
hier gleich in der ersten Spielzeit
- nach Ruth Berghaus' die Frage
nach dem Glück neu und eindringlich stellenden LOHENGRIN
zur Eröffnung - einen weiteren
stilistisch wie inhaltlich korre-
spondierenden Trumpf im Spielplan. [...]
(gekürzt)

in: Frankfurter Rundschau
6. 3. 1991

Béla Bartók

Herzog Blaubarts Burg

Oper in einem Akt
Dichtung von Béla Balázs
Deutsche Fassung nach Wilhelm Ziegler

Herzog Blaubart   Falk Struckmann
Judith   Kristine Ciesinski

Das Kind, Der Alte, Die früheren Frauen

Arnold Schönberg

Erwartung

Monodram
Dichtung von Marie Pappenheim

Die Frau   Kristine Ciesinski

Theater Basel
Premiere 9. 6. 1991

Musikalische
Leitung   Ingo Metzmacher
Inszenierung   Peter Konwitschny
Ausstattung   Helmut Brade
Dramaturgie   Albrecht Puhlmann
Mitarbeit   Eva Qualmann

**Judith (Kristine Ciesinski), Herzog Blaubart
(Falk Struckmann)
Foto Claude Giger**

Endspiel und neuer Gedanke

Aus Gesprächen zwischen Peter Konwitschny, Helmut Brade und Albrecht Puhlmann

[...] Natürlich kommt man bei einer Beschäftigung mit Bartók/Balázs nicht um den Symbolismus herum. Wir haben es uns angehört und haben uns gefragt, was ist denn nun der Symbolismus? Begreifen konnte man die Musik erst, als wir uns konkret fragten, was in den Kammern eigentlich ist, was ist da drin?
Folter, Krieg, Reichtum, Schmuck, Blumen, Landbesitz, Tränen, lebendig begrabene Frauen. Alles und alle gehören dem Mann. Blutig ist alles, Zerstörung, es ist im Grunde der Gestus des Mannes auf dem Planeten, in seiner Beziehung zum Planeten: Der Gestus ist zerstörerisch: Dinge aus ihrem Zusammenhang lösen, benutzen, um irgendwelchen Gewinn daraus zu machen, Fortschritt. [...]

Um diesen Fortschritt zu erreichen, muß man zerstören. Die Zerstörung wird verdrängt. Das ist nicht allein Sache des 20. Jahrhunderts. Es handelt sich um eine patriarchalische Weltordnung, die einige tausend Jahre schon existiert. Das 20. Jahrhundert aber ist das Jahrhundert, in dem man über diese Dinge nicht mehr hinweglügen kann. Die Erkenntnisse der Philosophie, die Unhaltbarkeit des Determinismus, die Entdeckungen in der Atomforschung, die Relativitätstheorie - als Pendant könnte man die Zwölftontheorie Schönbergs nennen, also die Aufsprengung des tonalen (tonikalen) Systems. Ähnliche Phänomene gibt es in der Malerei. Der Begriff Symbolismus ist also viel zu eng. Natürlich war es für die Leute, die damals lebten, eine Möglichkeit, ihr »Unbehagen an der Kultur« auszudrücken und sich zu wehren.
Wir aber, mit unserem Abstand zur Entstehungszeit der Opern, sehen deutlicher, daß die Probleme viel tiefer gehen, daß nämlich das tradierte, geschlossene System nicht mehr fortführbar ist. Und da haben wir angesetzt mit der Frage: Was ist in den Kammern? Was macht der Mann mit seiner Produktivität? Für welche Welt ist die Geschichte von Blaubart und Judith gültig? [...]

Unser Ohr hat sich geöffnet dieser Musik, die nicht mehr als symbolistisches Phänomen begriffen wurde, sondern als eine Möglichkeit, eine so krasse und schreiende Situation zwischen Mann und Frau in der Kultur auszudrücken und nicht mehr zu verdecken durch irgendwelche bekannte Formen und Möglichkeiten. Das ist die Bartóksche Musik gewesen. [...]

Ein Mann vom Bewußtsein Bartóks, der nicht über das patriarchalische Denken hinauskam, schreibt eine Musik, die sich eignet, das Ganze in Frage zu stellen. Wir brauchen das Stück gar nicht zu verändern, um es kenntlich zu machen, wir müssen es nur in einen neuen Kontext bringen. Wir versuchen, die Wahrheit zwischen dem Mann und der Frau Judith deutlich zu zeigen. Das Ende, das als tragisch hochstilisiert wird zu einer ewigen Wahrheit, das kippen wir um und zeigen, daß es nur für eine bestimmte Zeit gültig ist und vor allen Dingen nicht weiter gültig bleiben kann. Wir zeigen, was mit den Frauen wirklich passiert, und zeigen den komischen Zug, der dem ganzen anhaftet: Wenn der Mann, nachdem er die Frau für immer eingesperrt hat, nun meint resümieren zu dürfen, daß er wieder so alleine wäre und sich so sehr bemitleidet. Dieses Mitleid des Mannes mit sich selbst bezeichnet im 20. Jahrhundert das Ende einer geschichtlichen Phase. Es entstehen Gedanken und Stücke, die die Möglichkeit eines Anderen benennen, nicht indem sie es beschreiben, sondern indem sie den bestehenden Zustand in Frage stellen.
Man kann sagen, daß Bartóks Musik eher den Gestus eines Schreis hat: so geht es jetzt nicht mehr weiter. Während Schönberg einen Schritt darüberhinausgeht: zum Schmerz kommt das Kalkül dazu. [...]

Der eine wählt die Form der Oper, der andere wählt eine neue Form, die bisher noch nicht da war, das Monodram. Diese andere Form bedingt vielleicht ja auch eine andere Musik. [...]

Auch die Folge der beiden Stücke an einem Abend schafft einen Kontext, der jetzt nicht die Oper kritisieren oder fortführen soll, indem man sagt, Schönberg ist der modernere Komponist als Bartók, sondern: Zwei Komponisten einer Generation handeln etwas ab mit unterschiedlichen Mitteln aus verschiedenen Perspektiven, die sich zu einem Theaterabend fügen. [...]

Zwei Fälle menschlicher Möglichkeit werden gezeigt: ein Dialog, wie er auch immer ausgehen mag, und ein Monolog, der eine Folge aus dem Verstummen des Dialogs ist. Die ERWARTUNG kann nur nach BLAUBART kommen an einem Theaterabend. Es gibt eine inhaltliche Folge von BLAUBART und ERWARTUNG, musikalisch ist es keine Fortsetzung. Die beiden Opern beziehen sich wie Vorgeschichte und Resümee aufeinander. BLAUBART ist die Vorgeschichte zu ERWARTUNG. Die Beziehung einer Frau zu einem Mann muß man für ERWARTUNG voraussetzen. Die Frau reflektiert ständig darüber und wird wahrscheinlich, so ist es gemeint von Marie Pappenheim, dieses Problem nicht los. Sie ist ganz und gar Anhang des Mannes. Wenn der nicht da ist, ist sie auch nicht mehr da, sie wird verrückt. Es handelt sich um einen Perspektivenwechsel. Daß nach BLAUBART etwas aus der Sicht der Frau beschrieben wird, darin besteht das Glückhafte der Kombination dieser beiden Stücke. Viel faßbarer wird dadurch der Wechsel. Er ist überhaupt nur faßbar zu machen, wenn man zuerst eine Sicht hatte auf ein Paar. Jetzt ist der Mann weg ... [...]

Die Frau spürt im Laufe des Stückes immer mehr, daß Erkenntnis zu einem Ende führt. Sie klärt ihr Verhältnis zu sich und zum Mann. Aufklären als ein Prozeß, in dem sie immer wieder in die Vergangenheit fällt, sich in ein Gefühl fallen läßt, das sie zu verschlingen droht.
Dagegen, und damit gegen den Mann, grenzt sie sich ab. Sie treibt ihn aus, sie zerfetzt ihn, sie zerreißt ihn - nur so kann sie ihn loswerden. »Nun küß' ich mich an dir zu Tode...« markiert für uns inhaltlich die entscheidende Stelle: die »alte« Frau stirbt (vielleicht Judith), und etwas Neues kann beginnen. So wie vorher die berühmte Generalpause nach ihrem »furchtbaren Schrei« jenen Moment der Zerreißung beschreibt (Takt 158). Der Apparat Schönbergs überwältigt die Frau. Gegen die Hybris des Orchesters singt die Frau an, befreit sich am Ende davon. [...]

Den Begriff Endspiel finde ich in jedem Fall richtig. Es sind zwei Möglichkeiten. Ein Ende ist eine Hoffnung: ohne ein Ende kann nichts Neues beginnen. Insofern würde ich den Begriff auf beide Stücke beziehen. Vielleicht könnte man sagen: Bartók ist das Ende einer alten Epoche, während Schönberg mehr zu unserer zu rechnen ist. Schönberg ist ein Neubeginn, der aber in unserer Konzeption ohne das Theater stattfindet. Theater hört da auf, wo der Dialog aufhört, und die ERWARTUNG ist im Grunde ein Theater der Auflösung, eine Monodram. Ein Endspiel des Theaters selbst. Wo mit niemandem mehr zu kommunizieren ist, also ein Dialog bzw. ein Duett nicht möglich ist, kein Gegeneinander da ist, bleibt für das Theater nicht viel. Es kann vom Monolog allein nicht leben, zumindest das alte Theater nicht...

BLAUBART ist das Endspiel. In ERWARTUNG geht es nicht darum zu zeigen, wie sich eine Frau nervlich zerrüttet und auflöst, sondern zu zeigen, wie sie sich bewußt wird ihrer besonderen Situation als Produkt partriarchalischer Verhältnisse, und wie sie im Begreifen dieser Situation die Chance gewinnt, einen neuen Lebensansatz zu finden. Das ist kein Endspiel, das ist ein neuer Gedanke. [...]

Der Preis ist, daß sie das Theater hinter sich läßt. Das ist eine szenische Sache. Deshalb wird die Oper von uns aufgeführt: nicht um zu zeigen, daß eine Frau wahnsinnig wird, sondern um zu zeigen, daß sie umdenkt.

Man zeigt auf der Bühne den Einsturz einer Welt, die nicht explodiert, sondern implodiert, d.h. sich selbst lahmlegt. Der Mann wird am Schluß als Blaubart an der Schreibmaschine gezeigt, er produziert Kunst, Literatur. Das Opfer ist die Frau. Wie im Orpheus. Orpheus opfert Eurydike, damit er Kunst produzieren, schön singen kann. So ist es auch in der Blaubart-Welt. Nur erreicht diese Kunst niemanden mehr. In diesem Endzeitraum, in dem alles tot ist. [...]

Die einzige Rettung und Chance kann inhaltlich darin bestehen, daß auch bei Schönberg ein offener Schluß angenommen wird, der etwas für uns eröffnet. Die ERWARTUNG ist Produkt einer bestimmten Kunstauffassung, die Schönberg sehr rigide hatte. Beide Komponisten sind Produkt einer Endzeit.

Wir könnten es aber nicht aushalten, es dabei bewenden zu lassen. Unsere Beigabe kann nur sein, daß wir sagen, diese Form des Theaters müßte verlassen werden. Nur darin besteht die Chance der Frau, daß sie dieses Theater verläßt. (Alban Bergs Lulu zum Beispiel schafft das nicht. Spielt man die komplettierte dreiaktige Fassung, bleibt die Frau ohne Chance. Sie stirbt den von Berg vorgeschriebenen Tod, der einer Re-Mythisierung der Frau gleichkommt. Auch Berg bleibt einer bestimmten Auffassung der Kunst und damit der Frau verhaftet.) Das heißt aber nicht, daß wir Bartók und Schönberg in Schutz nehmen oder kritisieren müssen. Denn unsere eigene Position ist ja eine von Suchenden. Wir haben es ja auch nicht fertig gebracht, uns anders zur Welt und zur Frau zu verhalten. Es gibt Ansätze als Suche. Das ist viel wert. [...]

Es wäre dumm von uns, wenn wir den Horizont von Blaubart auf der Bühne verändern würden, indem wir eine neue Zukunft zeigen würden. Das würde in der ersten Dimension der Fabel stattfinden und könnte somit gar nicht für eine neue Qualität stehen. Deshalb lassen wir das Theater am Ende ganz sein. Wir tasten den Bühnenhorizont nicht an. Unser neuer Horizont ist nicht ein neuer innerhalb des Theaters, sondern es ist die Liquidierung des Theaters. Etwas für einen Theatraliker Undenkbares. Wir geben der gesamten Veranstaltung einen neuen Horizont, indem wir in eine konzertante Situation hineinkommen. Und damit wird von einem Horizont zu sprechen sein, der gar nicht mehr den meint, der die Bühne im engeren Sinne umschließt. Er ist ein Ausblick. (gekürzt)

in: Programmheft
HERZOG BLAUBARTS BURG/ERWARTUNG
Theater Basel 1991

Sigfried Schibli

An allem Männerwerk klebt Blut

Die ist nicht von Pappe. Die will es genau wissen. Die zündelt mutig mit dem Feuer: die Frau, die da an der Bühnenrampe vor dem undurchdringlichen Gazevorhang ein Papierchen nach dem andern verbrennt, Schluß macht mit ihrem bisherigen Leben, das keines war. Hinter ihr am Schreibtisch ein Mann, Blaubart, Typus schriftstellernder Intellektueller, der fingert einen Text in die Maschine, haust in einer alten Burg zwischen Bett, Kühlschrank und Schreibtisch. Das macht die Frau, Judith heißt sie, an und neugierig: Wie es hinter der Fassade dieses Bohémiens aussieht, das will sie ultimativ wissen, und was sein Geheimnis ist, ihn als Frau erlösen zu müssen glaubt sie auch, die Frau als reines Natur-Gegengift gegen männliche Hochzivilisation, Hochrüstung, Hochleistung. Und blickt bald in die Abgründe eines Patriarchen, entdeckt an seinen Schätzen, seinen Leistungen das Opferblut, das aus Frauenseelen strömte: den von Frauen und von der Natur entrichteten Preis männlicher Schöpferkraft, die sie zuerst am Macher Blaubart so bewunderte.

Judith lebt weiter

HERZOG BLAUBARTS BURG, der Operneinakter von Béla Bartók, von Peter Konwitschny auf der Großen Bühne des Theaters Basel neu gelesen. Alles vermeintlich Ewiggültige, in symbolistischen Jahrhundertwende-Nebel Gehüllte ist darin eliminiert, das Drama als heutiges von zwei Heutigen enträtselt. Und mit einer von Balázs und Bartók sicher nicht gemeinten, im Ergebnis aber durchaus logischen und stimmigen Fort-

setzung versehen: Nachdem Judith, zu den Paukenschlägen der Bartókschen Musik vergewaltigt, von Blaubart auch die Enthüllung der siebenten Kammer mit dem Frauenkerker Blaubarts erzwungen und diesen seine Einsamkeit bejammernd zurückgelassen hat, treffen wir Judith nach der Pause erneut auf der Opernbühne, die sich zur Öffnung der fünften Tür (die weiten Lande Blaubarts) mit einem perfekten Theatercoup in eine apokalyptische Müll- und Trümmerlandschaft verwandelt hat. Judith allein, sie sucht wieder, aber diesmal bleibt die Suche nach dem Geliebten ein im Seeleninneren ablaufender Prozeß, der eine Lösung findet (»ich suchte«) und einen positiven Verlauf nimmt. Arnold Schönbergs Monodram ERWARTUNG (op. 17, 1909) als be-griffene Geschichte, als Selbstanalyse einer Frau, die immer nur auf den Mann wartet, in ihrem Inneren die schlimmsten Befürchtungen wälzt (tot? bei einer anderen?) und am Ende aus dem Wartestand ausbricht, die Bühne, die da Eheleben heißt, verläßt in Richtung einer nicht mehr, einer noch nicht definierten Autonomie. Eine Fortsetzung auch, die dem Mythos vom Ur-Weib und Ur-Mann die gesellschaftliche Konkretion hinzufügt: Am Ende zitiert Schönberg sein eigenes frühes Mackay-Lied »Alle Menschen ziehn vorüber«, die Klage eines Einsamen in der Masse, die säuberlich aufgerichteten Abfall-Zinnen von Bühnenbildner Helmut Brade wirken da wie die Skyline einer anonymen Großstadt.
Bartóks BLAUBART und Schönbergs ERWARTUNG, mochte man im Vorfeld der Premiere befürchten, würden da vielleicht doch ein wenig gewaltsam zu einem Strang verflochten, womöglich zu glatt als expressionistisches Musikdramen-Doppel von ganz unvergleichlicher musikalischer Machart einer übergeordneten Regieidee subsu-

miert. Richtig ist, daß den beiden Stücken trotz der Entstehungs-Gleichzeitigkeit (1911 bzw. 1909) keine vergleichbare musikalisch-dramatische Form zugrundeliegt. Während Bartók große musikalische Bögen baut, mit archaischer Pentatonik und Leitmotiven (»Blutsekunden«) arbeitet und bei aller Kritik am harmonistischen Wesen der Gattung Oper doch eine geschlossene Form stiftet, herrscht in Schönbergs großartig gedrängtem Ein-Personen-Stück strengstes Wiederholungs- und Themenverbot, wird alles in knappen »Momentformen« gleichsam aus dem Augenblick je neu gegossen.

Abendfüllend, bühnensprengend

Musikalisch wären also Bedenken gegen eine so konsequente Vernetzung der beiden Stoffe und Stücke im Zeichen eines kritischen Feminismus angebracht. Doch verlieren sie am Opernabend selbst rasch an Dringlichkeit. Zum einen, weil sich ERWARTUNG ganz zwanglos an den Bartók-Einakter anschließt – Blaubarts Utensilien sind einfach noch auf der Bühne da, der Tisch wird rasch zum Schminktisch der Frau und die Bettdecke zu ihrem Männer-Ersatzobjekt umfunktioniert, da muß kein Phantom-Blaubart durch die Kulissen geistern. Und zum andern, weil die Aufführung mit der amerikanischen Sopranistin Kristine Ciesinski eine Darstellerin der beiden Frauen kennt, an deren beklemmender Bühnenpräsenz, Ausstrahlung und Stimmkompetenz die meisten Bedenken ohnehin abprallen. Während moderne Opern (und Schönbergs Monodram ist ja immer noch ungleich moderner als viele Literaturopern der Nachkriegszeit) häufig als unverständlich gelten, erlebt man hier eine Wiedergabe, deren Text nur gerade bei den Fortissimostellen des Orchesters untergeht und über weite Strecken nachvollziehbar bleibt – dank Schönbergs höchst differenzier-

Arnold Schönberg ERWARTUNG, Theater Basel
Frau (Kristine Ciesinski)

ter und origineller Instrumentation, aber auch dank Frau Ciesinskis lupenreiner Diktion und Intonation, die von einer außerordentlich starken Präsenz auch der Mittellagen, also nicht nur der exponierten Hochtöne, getragen ist. (Trotzdem wäre es natürlich sinnvoll, wenn im Programmheft die beiden Libretti abgedruckt würden.) Falk Struckmann als Blaubart ist ein adäquater, ein kongenialer Partner: mit mächtigem, aber nicht wabernd-schwimmendem Bariton und voller Souveränität im gestischen Umsetzen seiner Partie etwa beim trotzigen Behaupten der Schönheit seiner trostlosen Latifundien oder bei der heiklen Szene der Gewaltanwendung gegen Judith, die in Judiths Zerstörung des Mobiliars in der ERWARTUNG ihr genaues Pendant findet.

Das Basler Sinfonie-Orchester in großer Formation stand unter der Leitung des Gastdirigenten Ingo Metzmacher, der als Dirigent des deutschen »Ensemble Modern« bekannt geworden ist. Und es war imponierend, welche Kraft die Musiker bei Bartók zum Auskonstruieren der weitbogigen Phrasen fanden, wie reaktionsschnell und insgesamt subtil sie die atonale Schönberg-Partitur mit ihren suggestiven Raschel- und Rauscheffekten, diesen musikalischen Spuren des Unbewußten, zum Klingen brachten. Wobei allerdings die Holzbläser am Premierenabend seltsam verworren und provinziell wirkten, sobald sie an kammermusikalisch feinen Stellen (aber auch etwa bei den nun wirklich gut hörbaren Blutsekunden im BLAUBART) hätten präzis miteinander agieren sollen. – Lang anhaltender, starker Applaus für die Protagonisten dieser packenden, alle schale Opernroutine hinter sich lassenden Aufführung.

in: Basler Zeitung 11. 6. 1991

Frank Kämpfer

Von der enttarnten Realität und der ratlosen Utopie

Regisseure der DDR, die heute ausschwärmen mit der Botschaft von der Unverwüstlichkeit politischen Theaters, kennen den Zusammenhang von Enge, Not und Bedarf, kennen die Sprengkraft theatralischer Utopie. Peter Konwitschny verdeutlicht in seinem Basler Doppelabend, von welcher Brisanz scheinbar Entlegenes ist, wieviel an heutigem Konfliktpotential die Frühwerke der Moderne offenbaren. Bartóks HERZOG BLAUBARTS BURG von 1911 und Schönbergs ERWARTUNG von 1909 bieten bereits separat in Mengen Sprengstoff wie Grenzverletzung, dringen auch theatralisch in Extrembereiche vor: Bartóks dramatisches Potential ist konzentriert in den Dialog, Schönbergs Theater gar zum Monodram.

Bartóks Szenario zwischen dem Mann Blaubart und der Frau Judith erscheint so folgerichtig nicht als symbolistisches Märchenspiel, sondern als existentieller Geschlechterkonflikt. Szenenbilder entstehen – in Kooperation mit dem Hallenser Bühnenbildner Helmut Brade –, die gespannt sind zwischen Analyse und Hoffnung, Vision und Absurdität. Der Gang der Frau in die steinerne Burg, das fensterlose Reich des tätigen Mannes, gewinnt so tiefenpsychologische wie sozialhistorische Dimension. Sieben verschlossene, verbotene Türen sind Stufen zum innersten Bezirk männlicher Existenz. Indem die Frau sie zu öffnen zwingt, werden Muster männlicher Lebensart offenbar: Bilder einer sich selbst und alles zerstörenden Existenz. Blaubarts Land ist eine Welt voller Trümmer, seine Städte sind aus Grabsteinen gebaut. Blechgepanzerte Bläser sind seine Soldaten, das Meer der Tränen ist der Zuschauerraum.

Und die Opfer: stimmlos dienende, begrabene Frauen.

Blaubart, fern märchenhafter Maske, ist ein Kunstproduzent, der das Nicht-Leben, die Totstellung des anderen Geschlechts benötigt als eigene Schaffensessenz. Romantisch noch weht aus seinen Türen vergeblich beschriebenes Papier. Konwitschny zeigt ihn erbärmlich, Dosenbier trinkend, zwischen Schreibtisch und Eisenbett in lebensverhindernder Produktion. Die weibliche Aufdeckungsarbeit wird auf der Bühne stufenweise zu einem Prozeß von Gewalt.

Zartheit und Begegnung sind ein sehr frühes Stadium darin, am Ende stehen Vergewaltigung und Mord; Schicht um Schicht offeriert sich Gewalt als zentrale Tradition zwischenmenschlichen Verkehrs. Für die Frau Judith mündet die Erkenntnis mitnichten in Emanzipation, der Preis ihres Erfahrens ist die Einsicht in ein Lebendig-Begrabensein in der männlichen Welt. Versatzstücke von Mythos und Zivilisation scheinen einander zu begegnen, wenn Konwitschny Blaubarts frühere Frauen auftreten läßt: drei stumme Gestalten, Urmüttern gleich, den schicksalspinnenden Nornen, die hier Konsumabfälle in Plastetüten sammeln – bar ihrer mythologischen Kraft.

Helmut Brades Bühne, Ingo Metzmachers herausragendes Dirigieren und Kristine Ciesinkis Doppelpartie sind Kunstleistungen für sich.

Die junge amerikanische Sopranistin verkörpert die innere Dramatik der Seelenzustände ihrer an sich handlungsarmen Partien mit außerordentlichem Einfühlungsvermögen. Noch differenzierter als der bereits vorzügliche Falk Struckmann als Blaubart umreißt sie mit wenigen darstellerischen Mitteln ein beeindruckendes Spannungsgefüge, bewältigt das enorme Farb- und Ausdrucksspektrum der zwei Rollen mit Leichtigkeit und souveräner Ökonomie. Ingo Metzmacher, Spezialist für zeitgenössische Musik, musiziert mit enormer Transparenz, mit Sinn für Strukturen und Kolorit und verdeutlicht die Verschränkung von Innovativem und Tradition in beiden Partituren.

Drehpunkt des Abends ist zweifellos die Verbindung der zwei verschiedenen Werke zu einer Kontinuität. Konwitschny liest Schönbergs ERWARTUNG als die Geschichte einer Wiederkehr. Judith, jetzt namenlos, geht zurück aus dem Totleben in die inzwischen auch von Blaubart verlassene Welt.

Nahe der Partitur – durch emotionale Abgründe, Abstürze in Klarsicht und Wahn – besichtigt sie metaphorisch ein zweites Mal die Orte ihrer gescheiterten Utopie, den Schreibtisch, von dem aus der Mann sich ihrer entledigt, und das Bett, den Ort der Liebessehnsucht und der Gewalt.

Daß sich die Frau allerdings in ihren Reflexionen wieder und wieder auf Gemeinsamkeiten fixiert, wirkt wenig schlüssig. Nicht Zukunft wird hier beschworen, die es in den Stücken nicht gibt, sondern Inkonsequenz. Auch das Schlußbild – wo musikalische Dramatik in konzertante Ausgewogenheit mündet – erscheint als Problem. Der Gang der Frau ins Orchester ist eine allein männliche Wunschfantasie. Die Auflösung des Menschen in reine Musik meint auch im romantischen Betrieb nichts anderes als die Bildwerdung der Frau, den Ausschluß eigenständig-weiblicher Kreativität aus der künstlerischen Produktion.

in:
Frankfurter Allgemeine Zeitung
1. 7. 1991

Irene Tüngler

In der Hitze der Körper

Aufführung Leipziger Oper, 1992

Kisten, Kästen, Schachteln, Kartons; bis an den bettlakenblassen Rundhorizont kunstvoll zu Türmchen gestapelt, von milchgrauem Kalk geätzt: Was mag man in ihnen aufheben? Die angefangenen Manuskripte von Herzog Blaubarts Lebensgeschichte? Karteien früherer Schloßkastellane? Parfümflakons und Seidenfetzen der Erinnerung? Ein hüfthohes Müllgebirge, den silbrig gebeizten Arm- und Beinstümpfen abgestorbener Wälder gleichend, das sind Blaubarts »lichte Wiesen, dunkle Wälder, langgestreckte Silberströme«. Nein, die Öko-Apokalypse ließ Peter Konwitschny nicht nachspielen. Seine von Helmut Brade getürmten Umwelten bedeuten Innenwelten. Aus den ätherischen Düften des Symbolismus haben die beiden zwei Texte in den Dunst von Bettzeug und Bierbüchsen herniedergeholt. Béla Bartóks HERZOG BLAUBARTS BURG nach Béla Balázs (1911) und Arnold Schönbergs ERWARTUNG, Text von Marie Pappenheim (1909), gaben einen gedanklich zusammengehörigen Abend auf einer räumlich einheitlichen Bühne. Auch in der musikalischen Abteilung der Kunst- und Geistesgeschichte stecken die Werke in nahen Karteikästen, Stichwort: Beginn der Moderne.

Judith, die schöne Frau, zog es zu einem griffig mittelgroßen Schreibmaschinenschreiber mit schütterem Haarwuchs. Sie macht sich, wie einst Elsa von Brabant, sogleich daran, in seine Einsamkeiten vorzudringen. Sieben Türen verschließen Blaubarts gotische Seelenburg; möbliert ist sie mit einem gammeligen Kühlschrank, Schreibtisch und straff gefedertem Bettgestell. Annäherung und Abwehr für lyrischen Sopran und Bariton begleiten den Kampf um die Türen eins bis vier. Kristine Ciesinski rang mit vokaler Vehemenz in allen denkbaren Intensitätsgraden, schüttete die Fülle des Wohllauts in den immer wieder anders erleuchteten Zuschauerraum und in die Finsternis ihrer Beziehungskiste. Falk Struckmann hielt ehern dagegen. Die Wucht seiner vollen Töne lockte aus dem wachen Musiktheaterrezipienten immer mal wieder den schlürfenden Belcantogenießer hervor. Kaum je gesanglich ins Piano fallend, flüchtete er für die Abgründe stillerer Zynismus eher ins Spiel. Bei Tür fünf ist einer jener Theatermomente zu erleben, wo man der Maschine aus Seilzügen, Schminke und Pappmaché schutzlos ausgesetzt ist. Das lastend ziegelbraune Burgverlies fliegt in die Höhe des Schnürbodens, eine kalkgraue Unendlichkeit öffnet den Blick über alle Horizonte. Inmitten des Chaos blasen die Posaunenengel des Jüngsten Gerichts in C-Dur, und es braust die Orgel aus dem Orchester. Judith sucht die Beretta aus der Handtasche – und schießt nicht. Mit einer Handbewegung wischt der Mann die Mündung beiseite. Ist das erlaubt, fragt man sich, wenn man wieder Luft hat. Ist der Grenzübertritt aus den kühlen Landen der Böcklin, Klimt und Maeterlinck in die Körperhitze von Mann und Frau intim kein Sakrileg? Es ist ein überlegtes. Konwitschnys Transformation der berückend schönen Worte aus dem zeitlos-geheimnisvollen Schloß mit Traumlandschaft auf den Nerven-Kriegsschauplatz einer exzessiven Liebschaft vom vergangenen Jahr geht auf, weil er der Musik zuhört – die schon da ist, wo er die Bilder hinbringt – und die sanften Wortströme wörtlich nimmt. Von Tränen und blutigen Scharten und seelischen Eingrenzungen als dem Ergebnis männlicher Tätigkeit ist da die Rede und vom Versuch, alles hinter geschlossene Türen zu verdrängen.

Balázs und Pappenheim schrieben noch die Menetekel, die Komponisten wurden schon deutlicher; heute ist gar nichts mehr zu verdrängen. Wie um die Spannung der Personenbeziehungen ins Erträgliche zu mildern, auch um der ästhetischen Balance willen, griff Konwitschny kräftig in die Räder der Theatermaschine. Diesmal spielte er sein Spiel mit dem Licht. Es gleißte die Disco-Kugel im Zuschauerraum in tausend Sternen, das Saallicht leitete das Publikum mit hinter Blaubarts Türen.

Judith findet hinter der letzten der drei toten Frauen des Herzogs. Prinzessinnen in verstaubten Gewändern alter Zeiten. Sie geleiten Judith, einen Müllsack in der Hand und ein Tuch um die Frisur, in die Freiheit. Der manische Schreiber flüchtet ins Heil seiner Manuskripte.

So klug es ist, Schönberg und Bartók dramaturgisch in Beziehung zu setzen, so historisch logisch die Musiken aufeinanderfolgen, die Fieberkurve theatralischer und musikalischer Wirksamkeit fällt vom Dialogstück zum Monodram ERWARTUNG ab.

Indes, Kristine Ciesinski stellt sich der Aufgabe: Judith ist nun am selben Ort Schönbergs »Frau«. Musikalisch wie psychisch ist sie in einer anderen Zeit angekommen, nach der Periode des Gefühls muß die Zeit der Konstruktionen um die seelische Lösung der Beziehung beginnen. Unaufhaltsam gelangt sie an den tiefsten Punkt der Verzweiflung. Endlich wieder der Griff in die Handtasche – aber der gilt dem Zigarettenetui. Die Frau am Ende des Tunnels. Sie verläßt den Saal.

(leicht gekürzt)

in: Die Tageszeitung (taz) Berlin 11. 9. 1992

7
Umgang mit dem Repertoire

Probendiskussion LA BOHEME, Opernhaus Leipzig 1991
Foto Andreas Birkigt

Als sich 1989/90 in Ostdeutschland die politischen Verhältnisse ändern, ist Peter Konwitschny dank erfolgreicher Produktionen als Gast, dank auch des Engagements von Theaterleuten, Freunden und Journalisten im »Westen« bereits gut bekannt. Die Sinnkrise, die viele ehemalige DDR-Künstler erfaßt, trifft ihn nicht. Die Intentionen seines Theaters, die Konflikte, die ihn interessieren, betrafen nie allein die DDR; sie erweisen sich in Kassel, Basel und Graz, wo er nun inszeniert, als nicht weniger brisant als in Halle oder Berlin.

Der ökonomische Schutzraum DDR allerdings fehlt. Auch Peter Konwitschny muß sich dem Marktgefüge Theater stellen, muß sich neben anderen Neudenkern, Traditionalisten und Moderegisseuren behaupten. In Basel und Graz kann er kontinuierlich wirken. Verschiedene Arbeiten haben dort großen Erfolg. Auch in Leipzig und Dresden stehen Einladungen an, bieten sich Perspektiven.

Zum ersten Mal gilt es, sich fast ausschließlich mit Repertoire-Werken auseinanderzusetzen. Sich selbst treu, entwickelt Konwitschny aus Tiefenschichten der Partituren neuartig komplexe Lesarten. Sein Baseler FIDELIO, sein Dresdner HOFFMANN werden kontrovers diskutiert.

Neben den Opern von Offenbach und Beethoven interessieren ihn Werke von Puccini, den er als widerspruchsvollen, abgründigen und keineswegs oberflächlich-sentimentalen Komponisten begreift.

Der folgende Komplex dokumentiert weitgehend jüngste Inszenierungen unter der Maßgabe, hier sogenannte »Repertoire«-Stücke zu gruppieren. Der Bogen spannt sich von Verdis RIGOLETTO 1988 in Halle bis zu Puccinis BOHEME 1991 in Leipzig und BUTTERFLY 1992 in Graz. Zu allen Inszenierungen gibt es konzeptionelles Material – zur Leipziger BOHEME die ursprüngliche, nicht realisierte Inszenierungskonzeption. Vorab steht (konträr?) ein Gespräch mit dem Regisseur, das bereits 1987 entstand und bis dahin gemachten Erfahrungen entspricht. Peter Konwitschny spricht hier über die Postmoderne, über Beethoven, über seine Arbeitsbedingungen und seine Vorstellungen von einer sinnvollen Kooperation im Theaterbetrieb. Seine Ausführungen werden an künftigen Produktionen zu messen sein.
F. K.

Spiel-Räume
für das Ungewohnte

**Ein Gespräch zwischen
Peter Konwitschny und Klaus Arauner 1985**

KONWITSCHNY: Eine Inszenierung kann eigentlich nur funktionieren, wenn zwischen Regisseur und Dirigent eine einheitliche Meinung, eine Übereinkunft besteht, denn Theater entsteht ja immer wieder neu in der Aufführung, und da ist der Regisseur nicht mehr nötig, die leitet und beseelt der Kapellmeister. Aber so intensiv, wie ich mir die Zusammenarbeit wünschte, hat es noch nie funktioniert. Also z. B. fünf Tage irgendwohin fahren, wo man nicht erreichbar ist und nicht immer unterbrochen wird, und dort immer wieder das Stück hören und sich unterhalten über Geschichte, über Gegenwart, über Kunst über Malerei, über Musik, über alles, über das ganze Leben und dabei immer wieder speziell auf das Stück kommen und immer wieder raus aus dem Stück auf das Ganze – und das mit dem Dirigenten, das wäre wunderbar. Mit Bühnenbildnern ist mir das schon so ungefähr gelungen, weil Bühnenbildner eben nicht so eingebunden sind. Ich halte das auch für ein Spezifikum meiner Inszenierungen, daß nicht ein Raum da hingestellt wird, und die Sänger verhalten sich ihm ganz fremd gegenüber, sondern es wird immer mit dem Raum gearbeitet, also er verändert sich durch die Sänger. Mit Kostümen oder Kostümteilen verhält es sich genauso: Daß da jemand an- oder ausgezogen wird, daß z. B. ein Krieger sich seiner Requisiten entledigt, und daß dann andere wieder kommen und sie ihm anlegen, und das als sinnfälliges Zeichen dafür, was da vorgeht –, so etwas ist immer vorher eingeplant, weil es in Zusammenarbeit mit Kostüm- bzw. Bühnenbildnern entsteht.

ARAUNER: Läßt sich das Verfahren einer solchen Analyse beschreiben, und in welchem Verhältnis steht die Musik zu der im Text verbal formulierten Fabel?

KONWITSCHNY: Wenn man Glück hat, kennt man das Stück vorher nicht und hat deshalb keine Vorurteile, von denen man sich erst wieder befreien muß, denn sehr oft ist es falsch, was auf uns gekommen ist durch die Tradition. In den meisten Fällen kennt man aber das Stück, und das Wesentliche ist, die akustische Struktur, die Struktur der Musik, zu erkennen. Anders ausgedrückt, in unserer heutigen Aufführungspraxis ist es ja meistens so, daß der Text inszeniert wird, und die Musik kommt irgendwann dazu und ist dann natürlich in einer aussichtslosen Situation. Sie kann nie die Inszenierung, die Interpretation geistig und auch konkret dann, im Raum, bestimmen. Um dagegen bewußt anzugehen, versuche ich, den Text zu vergessen. Natürlich nehme ich die äußere Geschichte, definiert durch Texte, erst einmal zur Kenntnis. Aber je älter die Stücke sind, desto weniger Regieanweisungen haben sie und desto reduzierter ist der Text; umso wichtiger aber wird die Musik, um die Handlung zu definieren. Ich muß sie dann wirklich vollkommen beherrschen, ich muß sie auswendig kennen, ich muß sie auf dem Klavier spielen, also sie aktiv interpretieren, auch wenn das nur unvollkommen ist, oder ich bewege mich, ich tanze, ich springe umher. Es ist wichtig, ob die Musik Bewegungsimpulse provoziert oder ob sie einen Sog nach innen hat, also was Depressives, Belastendes, ob sie fröhlich, frei ist, ob z. B. der Schluß von FREISCHÜTZ wirklich ganz naiv (im guten Sinne), positiver Ausdruck ist, also Hoffnung, oder ob das nicht etwas zuviel des Guten ist, ob hinter einem C-Dur, wenn es so geschrieen werden soll, nicht auch etwas steckt von einer großen Angst, die überdeckt werden muß durch den Gestus: Ja, es ist alles in Ordnung! Und da kommt in der Musik deutlich dieser Gestus des Verdrängens von einem Rest. Dahinter steige ich also, indem ich mich immer wieder mit der Musik beschäftige, so, als ob ich den Text gar nicht verstünde. Dann kommt der Moment, wo man den Text wieder dazunimmt, und da wird es wirklich interessant, denn dann hat man zwei verschiedene Fabeln. Und nun kommt es darauf an, die Textinformationen und die Noteninformationen zusammenzubauen und zu wissen, wo da die Gewichte liegen und wie sie sich verschieben innerhalb des Stückes. Und weil in der Oper die Musik ganz substantiell ist, also nicht nur eine begleitende, illustrierende Funktion hat, muß man auch ihre Strukturen in Szene setzen, inszenieren.

ARAUNER: Der überlieferte Notentext ist aber noch nicht die Musik. Es bedarf da erst der eigenen Interpretation, die doch sehr subjektiv ist. Besteht dann nicht gerade bei dieser Methode die Gefahr, sich zu irren? Es gibt doch sehr viele Möglichkeiten einer Interpretation.

KONWITSCHNY: Ja, es gibt verschiedene Möglichkeiten, und das hat subjektive und objektive Ursachen. Die objektiven liegen darin, daß jede Epoche ein und denselben Notentext anders interpretiert, weil das Leben anders ist und die Empfindungen anders sind und die Gedanken, die überhaupt denkbar sind, andere sind. Es ist auch objektiv ein Unterschied, ob ich hier lebe oder ob ich mich beispielsweise auf der anderen Seite des Planeten befinde. Dann gäbe es andere Erfahrungen, andere existentielle Bedrohungen und Hoffnungen, und die Musik ginge durch mich anders hindurch.

Subjektive Ursachen sind, daß jeder Mensch ein anderes psycho-physisches Gebilde ist, mit anderen Tempo- und Rhythmusabläufen, oder in der Malerei mit anderem Gefühl für hell – dunkel, weit – eng, das liegt ja alles noch weit unterhalb einer konkreten Handlung. Aber das sind ganz wichtige Aspekte, wenn man nun die Frage erörtert: hört das nicht jeder anders, und ist da überhaupt etwas dingfest zu machen, denn man will ja nicht nur sich selbst interpretieren. Das wäre unsinnig, Theater setzt ja dann doch voraus, daß es von einer Vielzahl von Menschen verstanden wird. Das sind nun die beiden Extreme: Auf der einen Seite die Objektivität, daß einzelne Epochen grundsätzlich anders sind, und auf der anderen Seite, daß jeder Mensch es nun noch einmal anders hört. Und dazwischen spielt sich alles ab.

Wie konkret Musik nun irgend etwas aussagen kann, darüber gibt es einen Streit, der wahrscheinlich nie zu beenden ist. Sicher keine Thesen ideologischer Art, aber nehmen wir z. B. den Schluß von Beethovens 5. Sinfonie: ein aberwitziges Nichtzuendegehen. Das wird x-mal wiederholt, und man denkt, jetzt ist Schluß, und dann fängt das Orchester wieder an, und nur in der Tonika und Dominante. Diese übernachdrückliche Bestätigung und das Beharren auf diesem Gesagten, das ist ein Gestus. Die Musik gibt einer Aussage einen Gestus; den nonverbalen, klanglichen Gestus. Z. B. der Aussage: Die Welt ist in Ordnung. Das kann ich mit einem sehr nachdrücklichen Gestus sagen, ich kann es fra-

gend sagen, ich kann es als Befehl sagen, das hat so zu sein. Und jetzt sind wir wieder bei dem Punkt der Analyse. Mir wird verständlich, wenn ich das Leben Beethovens und die Zeit, in der diese Stücke entstanden sind, untersuche, daß ein solcher Mensch in einer solchen Zeit auf einem positivem Ende beharrt als Wunsch, als kategorischem Imperativ: Das hat so zu sein, und wer daran zweifelt, ist ein Verräter. Sonst kann ich auch nicht verstehen, warum am Ende der IX. Sinfonie die Soprane 16 Takte a^2 singen sollen, was überhaupt kein Sopran schafft. Diese Musik soll geschrien werden, das wollte Beethoven so. Und das ist ein Gestus. Das verstehe ich doch als Mensch in einer Zeit, die einen zum Verzweifeln bringen kann, und niemand will doch von selber verzweifeln. Das ist doch das einzige, was wir vielleicht überhaupt sagen können über die menschliche Existenz, daß einmal begonnenes Leben die Tendenz hat, sich zu erhalten. Und da kommt ein solcher Schlußgestus her. Nach einer ganz schlimmen Geschichte kommt plötzlich ein gutes Ende. Im FIDELIO tritt der Minister auf, und dann schreien alle. Wer das nicht versteht, für den muß das ja geradezu ein Irrenhaus sein, wenn dann am Schluß so gejubelt wird. Da wäre allenfalls angemessen, eine Schweigeminute einzulegen und zu hoffen, daß die Menschen nicht geistig umnachtet aus diesem Konflikt hervorgehen. Und das »lieto fine« bei Händel ist das gleiche, aber das sind eben Strukturfragen, und die sind nur zu beantworten im Kontext, in der Dialektik zwischen Libretto und Musik.

ARAUNER: Wie wirken sich die verschiedenartigen Strukturen unterschiedlicher Stücke konkret auf die Inszenierung aus?

KONWITSCHNY: Ein sehr gutes Beispiel: wir haben gesehen, daß ein ganz gravierender Unterschied zwischen Gluck und Händel besteht. Den konnten wir nicht finden, indem wir Takt für Takt analysiert haben, sondern eben wirklich historische Epochen und deren Gebilde und Dokumente – und Opern sind Dokumente von historischen Epochen – miteinander verglichen haben. Und da sind die Opern von Händel in der Struktur grundsätzlich anders als bei Gluck. Bei Gluck gibt es keinen Kontrapunkt, keine ABA'–Form, keine Seccorezitative, und das hängt aus meiner Sicht damit zusammen, daß Gluck einem anderen

Zeitalter zuzurechnen ist als Händel. Wenn Händel just in England bürgerlichen Opernbetrieb gemacht hat, rechne ich ihn der früheren großen historischen Epoche zu, Gluck der neuen. Mit anderen Worten, Gluck ist der Durchsetzung der bürgerlichen Revolution näher; da ist das auf die Tagesordnung gekommen, und insofern engt sich alles ein.

Wenn eine Idee in die Phase ihrer Realisierung kommt, konzentriert sich alles nur noch auf die Durchsetzung dieser Idee. Und das war bei Händel noch nicht, da war die bürgerliche Revolution noch in der Phase der Utopie; es waren noch alle Hoffnungen möglich, und alles war Spiel, spielerischer Umgang. Es hatte noch nicht den Tageszweck. Und so sehe ich die Reduzierung bei Gluck, auch die des musikalischen Materials, das in den Dienst gestellt wird zur Durchsetzung einer These. Es gibt eben nur noch ein Thema, es gibt keinen Kontrapunkt mehr. Damit will ich natürlich nicht sagen, daß die Musik schlecht ist, ganz im Gegenteil.

Beethoven hat nun nach dieser Revolution gelebt, zumindest einen Teil seines Lebens, und wir wissen alle, was passiert, wenn man sich damit identifiziert, daß Dinge endlich anders werden müssen, und dann wird es anders, aber nur scheinbar. Es sind andere Leute in gewissen Positionen, aber das Leben wird nicht glücklicher. Die Privilegien sind nur umgeschichtet. Da kommen verzweifelte Aktionen, so verstehe ich Beethovens Schlüsse – im Gegensatz zu Gluck. Gluck und Beethoven sind aber bürgerliche Komponisten, während ich meine, daß Händel davor liegt. Aber das entdecke ich nur, wenn ich über die Takt-für-Takt-Analyse hinausblicke und wenn ich auch aus meinem spezifischen Opernbereich hinausblicke und mich in ganzheitlicher Weise diesem Werk nähere. Und das habe ich dann zu inszenieren.

ARAUNER: Wird die Musik auf der Bühne nun sichtbar gemacht oder hörbar oder beides?

KONWITSCHNY: In dem Zusammenhang ist die Nachschrift zu »Der Name der Rose« von Umberto Eco höchst interessant. Der spricht da über Postmoderne und meint, daß jede Zeit ihre Postmoderne hat, und das wäre: frei verfügen über alle möglichen Stile, im Sinne ständigen Zitierens. Er sagt, das hängt mit Ironie und Vergnügen zusammen. [...]

Es kann also nicht darum gehen, *entweder* dies zu machen *oder* das, auch nicht, was den Punkt betrifft, Musik hörbar zu machen *oder* sichtbar. Das muß immer wechseln, genauso, wie das Verhältnis zwischen Musik und Text innerhalb der Stücke immer wechselt; frei damit umgehen, mal dieses, mal das, wobei die Frage wirklich sehr gut ist, den Unterschied überhaupt zu benennen zwischen Hör- und Sichtbarmachen der Musik. Wenn ich alle Impulse der Musik in Bewegungsimpulse umsetze, dann ist das nur eine Verdoppelung des musikalischen Gestus, und dann wird die Musik nicht mehr hörbar. Ich denke, man muß die Musik natürlich hörbar machen, denn wenn ich sie sichtbar mache, mache ich sie vergessen. Das ist ja der Effekt bei manchen mir noch in Erinnerung befindlichen Felsenstein-Inszenierungen, und das sagte auch die Kritik: Wo bliebe die Musik, man hätte nicht mehr die Musik in Erinnerung. Wobei ich da sehr vorsichtig sein möchte, weil Felsenstein in anderer Hinsicht für mich auch sehr wichtig war, aber nicht in dem Punkt, etwa solche Doppelungen vorzunehmen. Ich denke, daß auch im Sinne des Postmodernen der Zuschauer eine Freiheit gegenüber dem Betrachteten gewinnt, wenn er souverän damit umgeht – also selbst entscheidet, was er jetzt hört und was er sieht. Es kann z. B. in einer Arie der äußere Vorgang, die Bewegung, der Bildvorgang plötzlich zu Null werden. Das ist dann eine Verfremdung. Es wird also »nur noch« gesungen, d. h. nicht, daß da nicht mehr inszeniert wird. Ich halte das dann sehr wohl für inszeniert, aber nicht mehr auf der Fabelebene, also der szenischen Takt-für-Takt-Ebene, sondern jetzt findet dort Musik statt.

Das ist sogar ein Politikum, weil der Gesang in unserem Leben so bedroht ist von dem Rationalismus und der Technik. Die Oper bleibt fast das einzige in der Öffentlichkeit, wo wirklich gesungen wird, wo man folgen kann und wo man quasi in Resonanz kommt, so daß man vielleicht selbst wieder anfängt zu singen. Insofern, als Musik als Klangphänomen plötzlich erfaßt wird und nicht nur als Handlanger für die Erzählung einer Story auf dem Theater dient, will ich also auch Musik hörbar machen. Hör- und Sichtbarmachung der Musik, das ist eine sehr, sehr gute Frage, eine wichtige Sache. Es ist eine Weiterentwicklung von Brechts Songtechnik, bei der Leute aus der

Handlung aussteigen, an die Rampe kommen und einen Song singen, der natürlich in Beziehung zur Gesamtfabel steht, aber im engeren Sinne ausbricht. Und damit wird Musik als ein Mittel des Ganzen viel deutlicher wahrnehmbar; und zwar das Mittel als solches und nicht als Alibi, also in seiner Alibifunktion nur für die Handlung. Da besteht ein krasser Unterschied zur Felsensteintheorie, wo der Sänger nur singen darf, wenn es aus seiner Figur heraus nötig wird.

ARAUNER: Wie detailliert sind die Vorgaben in der Probe, und wie groß ist der Spielraum für den Darsteller, um Eigenes in die Inszenierung einzubringen?

KONWITSCHNY: Ich mache, wie gesagt, Oper und Schauspiel. Die Tradition ist, daß in der Oper die konkrete Ausführung, was Sänger dann genau tun, vorher viel genauer fixiert ist. Das hängt mit dem Genre zusammen. Ein Schauspieler soll, und so ist das auch üblich, ohne daß er den Text beherrscht, auf die erste Probe kommen. Beim Sänger geht das nicht, er muß seinen musikalischen Text beherrschen, weil es viel schwieriger ist, ihn zu erlernen. Es ist deshalb für den Sänger auch schwerer, sich wieder naiv zu stellen. Ein Schauspieler ist naiv; außerdem wird der Ablauf erst auf der Probe komponiert: wann Pausen sind, wer leise spricht, wann laut gesprochen wird, wann schnell, wann langsam; das ist in jeder Schauspielinszenierung verschieden, und das muß erst komponiert werden. In der Oper ist das anders, da ist das alles komponiert. Zwangsläufig ist die Inszenierungstradition auch methodisch in der Oper anders. Es gibt Regisseure in der Oper, die haben wirklich alles vorher fertig. Und dann hat die Probe den Sinn, dieses nur in die Wirklichkeit umzusetzen und zu trainieren. Ich finde aber, daß es sehr wichtig ist, wenn da immer noch Spielräume sind. Denn Sänger können sich nur dann stark einbringen, wenn immer noch Lücken vorhanden sind, wenn es als eine Art Geflecht oder Netzwerk klar ist, was erreicht werden soll, aber sozusagen das »Fleisch« noch fehlt. Dazu brauche ich aber auch Sänger, mit denen ich mich persönlich gut verstehe. Die Tradition ist aber anders, und für viele Sänger, hauptsächlich ältere Sänger, die in dieser Tradition groß geworden sind, ist es dann unverständlich, wenn ein Regisseur einem Darsteller Freiraum läßt. Für einen solchen Sänger bedeutet das, daß

der Regisseur keine Ahnung hat und völlig unvorbereitet ist. Man muß also als Regisseur mit den unterschiedlichsten Menschen gleichzeitig umgehen können, und man muß sich für bestimmte Sänger auf einer Probe und vorher mehr einfallen lassen als für andere. Das ist erst einmal die praktische Situation, die man vorfindet.

Das Handwerk muß man natürlich als Regisseur soweit beherrschen, daß man sich szenische Abläufe ganz genau vorstellen kann. Wenn ich z. B., wie in Italien, dreieinhalb Wochen für zwei Einakter habe, dann hat man einfach nicht die Zeit, die Inszenierung kollektiv entstehen zu lassen; wenn ich hier zehn Wochen habe, ist das etwas ganz anderes. Man muß es beherrschen, sich etwas genauestens vorher vorzustellen, und man muß es vergessen können, damit man nicht alle Vorgänge nur aus seiner Vorstellungswelt heraus erfindet und sich dabei dessen beraubt, was die anderen auch an menschlicher Erfahrung einbringen. Also auch hier: postmoderner Umgang mit allem, was von der Menschheit erarbeitet worden ist; frei verfügen nach der Notwendigkeit und nach den Möglichkeiten. So eine Zusammenarbeit wie mit Frau Markert, das ist sicher eine Ausnahme, aber es gibt natürlich viele Ausnahmebeispiele. Es gibt andere Regisseure, die mit ganz wenigen Schauspielern oder Sängern ein solch glückliches Verhältnis, eine Verständigung erreichen. Ich kann das gar nicht genau beschreiben. Das ist ein ganz komplexer Vorgang, wenn sich zwei so gut verstehen und sich einfach ohne viel Worte Dinge ergeben. Das ist eine Übereinstimmung, die hat auch mit Stimmung zu tun, was z. B. eine Musik bedeutet und daß dieser Gestus in uns Gleiches auslöst. Und ich möchte noch dazusagen, daß das auch bei anderen Sängern in Halle so ist. Dieses gemeinsame Sichverwirklichen ist ja das eigentlich Schöne an der Theaterarbeit, dieses nicht entfremdete Produzieren. Das ist dann ein sehr glücklicher Umstand, wenn Proben so ablaufen, und das strebe ich an. Ich versuche also, auf der Probe eine Situation zu schaffen, in der zwischen den Beteiligten ein großes Vertrauen herrscht, was das Entäußern betrifft, daß man wirklich auch sogenanntes Dummes äußern kann, daß man ganz frei ist von Angst und daß es einem zum großen Bedürfnis wird, sich zu äußern und nicht nur das auszuführen, mehr oder weniger gut, was der Regisseur einem jetzt sagt. Den Beruf des Regisseurs gab es ja nicht immer.

Der hat sich mit der Entfremdung, mit der Arbeitsteilung und Spezialisierung innerhalb der Produktionsweise entwickelt. Ende des letzten Jahrhunderts gab es die ersten Regisseure, vorher waren das auch Sänger und Schauspieler, die eine Aufführung ein bißchen organisiert und arrangiert haben, aber die Interpretation und wichtige Details haben die Schauspieler und Sänger selbst gemacht.

Das ist verlorengegangen, deshalb wurden Regisseure nötig; und als Regisseure da waren, ging die Fähigkeit zur Erarbeitung der Figur wiederum von den Sängern verloren; also ein Wechselverhältnis, und eigentlich müßte es wieder dahin kommen, daß Sänger frei werden von Regisseuren. Ich versuche, in der Tendenz, diese Entfremdung, diese Arbeitsteilung aufzuheben, und da fühle ich mich dann manchmal auf der Probe wie ein Darsteller. Ich gehe dann auf die Bühne und schmeiße mich auch auf den Fußboden, oder ich fasse Leute an. Vom Standpunkt des Autoritätsprinzips sind das natürlich alles makabre Regiefehler. Aber wenn man diesen Maßstab eben nicht als einzig gültigen betrachtet, dann sind es auch Öffnungen in eine neue Methodik, und das kommt nämlich auch später von der Bühne.

ARAUNER: Wie funktioniert diese Methode? Wenden Sie psychologische Erfahrungen gezielt an, oder geschieht das unbewußt, nach Gefühl?

KONWITSCHNY: Beides, es ist Erfahrung, es ist Wissen, also auch konkrete Beschäftigung mit Literatur: Also wodurch ist Psyche definiert, die Rolle der Angst, die Techniken der Verdrängung von Angst. Ohne diese Dinge kommt man im Regieberuf überhaupt nicht aus. Aber es ist auch Lebenserfahrung. Dazu muß man nicht studieren, das kann man im täglichen Leben lernen. Es ist auch Intuition, eine Rückkopplung. Je angenommener ich mich von den Sängern fühle, desto freier werde ich auch. Angst und Fantasie schließen sich nämlich aus. Die Methodik hängt aber von der Persönlichkeit ab, und da ich nicht schöpferisch sein kann unter Angst, strahle ich das auch auf die anderen aus. Das ist paradox: In unserer Kultur ist ein Leiter die Autorität, sonst ist er eben kein Leiter, aber ich hebe in meinen besten Momenten diese hierarchische Struktur auf

und befreie natürlich dadurch auch die Sänger aus der Rolle der Untergebenen.

Wichtig ist, daß sich eine Technik und ein Handwerk in ihrer höchsten Qualität als Handwerk *und* als Technik aufheben und zur ganzheitlichen Kommunikation werden. Wenn ich *nur* gezielt und taktisch vorgehe, ist das im Ergebnis sichtbar.

Da kann ich noch so gut sein und verhindern, daß sich die Darsteller dessen bewußt werden, es bleibt am Ende bemerkbar, wenn ein Regisseur im eigentlichen Sinne nie in das Kollektiv der anderen gehört und immer nur der ist, der ganz gezielt bei dem Sänger mit diesem Trick das herausholt.

Also, ich muß das natürlich alles beherrschen. Ich muß wissen, wie ich das bei dem Sänger freisetze, wie ich dessen Aggressionen von sich selbst und von unserer Produktion ablenke und ihm klarmache, daß er ganz woanders verzweifelt ist. Das ist das Handwerk. Aber die Kunst besteht darin, das dann doch wieder zu vergessen und ganzheitlich als Partner, wirklich als Partner, in diese Gruppe integriert zu sein. Aber das setzt ein gemeinsames Wollen und Verstehen voraus.

ARAUNER: Es gibt aber auch Beispiele, wo das nicht gelingt.

KONWITSCHNY: Das sind die extremen Folgen von Vereinsamung, Verzweiflung, von Mißtrauen bei vielen Leuten, nicht nur im Theater. Das unerfüllte Leben eines Menschen wirkt sich aus auf alle Bereiche, auch auf die Arbeit, und wenn man dann mit so einem Menschen zu tun hat, dann wird es wirklich sehr schwer. Das geht ja (manchmal) bis in Kategorien des Krankhaften, des Psychotischen, Neurotischen, sozusagen der Verweigerung zum eigenen Glück. Und das ist ein Produkt dieser kulturellen Situation, dieser Entfremdung, dieser Angst, dieses Kommunikationsverlustes usw. Und nur dieses Wissen hilft mir ja, das nicht immer gleich als persönlichen Angriff zu werten, und es ermöglicht mir, auch auf andere Weise als auf symmetrische zu reagieren. Symmetrisch heißt, z. B. auf Aggression mit Aggression zu antworten. Auch das gehört zum Handwerk, und das kann ich nicht als Fach erlernen, das muß begriffen werden aus dem Zustand dieser Welt. Das Sein bestimmt das Bewußtsein. Und am Theater muß jeder sein Inneres zeigen. Der Regisseur sowieso, man sieht ja die Persönlichkeit des Regisseurs anhand seiner Inszenierung; man sieht die Persönlichkeit des Malers, wie empfindlich er ist dieser Welt gegenüber, an seinen Bildern. Und auch ein Sänger drückt sich aus. Er zeigt sich. Und in einer Welt, wo das nun sozusagen die größte Gefahr ist, die auf einen wartet und in der alle Techniken erlernt und vermittelt werden, sich nicht zu äußern, nicht in sich gucken zu lassen, nichts von sich gucken zu lassen, ist Theater wie eine Insel, die noch da ist, eine unglaubliche, phantastische Sache. –

ARAUNER: Sie haben beschrieben, wie viele wichtige Momente durch eine Einzelpersönlichkeit in eine Inszenierung eingebracht werden können. Wie funktionieren denn Doppelbesetzungen?

KONWITSCHNY: Ich finde Doppelbesetzungen absolut unkünstlerisch. Es wäre eine Lüge, bei der zweiten Besetzung so zu tun, als ob das alles noch nicht feststünde, was mit der ersten Besetzung gefunden wurde. Es ist dann also eine völlig andere Voraussetzung, als wenn ich mit der ersten Besetzung an die Erarbeitung gehe. Die zweite Besetzung muß das dann genauso machen, sonst gibt es ja ein Chaos, wenn innerhalb der Besetzungen getauscht wird.

ARAUNER: Und das bleibt nicht nur auf eine Figur beschränkt, sondern strahlt aus auf die ganze Inszenierung. Insofern wäre eine Darstellerin doch nicht einfach zu ersetzen durch eine andere, auf die auch das Ensemble gar nicht eingestellt ist.

KONWITSCHNY: Das glaube ich eben auch nicht. Das geht alles in unserer Art, das Leben statistisch zu bewältigen und zu bewerkstelligen. Da gibt es x Sänger, die das mehr oder weniger bewältigen, und man kann abrechnen im Theater: die letzten zehn Vorstellungen liefen mit der Sängerin so und so. Aber mit einem wesentli-

chen Spezifikum dieser Aufführung wird es dann nichts mehr zu tun haben. Das ist wahrscheinlich so etwas wie eine Reproduktion im Verhältnis zum Original. Auch hier ist wieder ein ganz entscheidender Punkt im Spiel, der unsere Kultur betrifft, nämlich die Einmaligkeit eines Gegenstandes, eines Vorganges, einer Person. In einer Massenkultur wird ja der einzelne zur Nummer. Im Grunde wird eine maschinelle, technologische Kategorie auf menschliches Sein verwandt, und es ist austauschbar. Zwei Zahnräder sind austauschbar.

Und verheerend ist es, wenn Menschen austauschbar werden, wenn z. B. die Millionen Toten für den nächsten Krieg berechnet werden. Das sind nur noch Ziffern, und man kann deshalb auch so leichtfertig mit ihnen umgehen. Wenn man die einzelnen Menschen vor sich hätte, würde das nicht möglich sein, das könnte kein Mensch verkraften.

Und es ist sehr bedauerlich, wenn solche materiellen, technischen Produktionsformen auch noch auf das Theater übergreifen und sich die Produktionsgegebenheiten nicht mehr nach menschlichen Bedürfnissen richten, sondern nach Verfügbarkeit; also das Starsystem z. B., oder daß ein Theater wegen des Anrechtssystems eine Doppelbesetzung braucht. Da muß man sich aber bewußt sein: das sind keine Tugenden, sondern Nöte und Nötigungen, und der große Reiz einer Aufführung liegt darin, daß sie im Zentrum von einer Persönlichkeit getragen wird. Dadurch ist sie unverwechselbar.

(gekürzt)

in:

Klaus Arauner,
Peter Konwitschny inszeniert FLORIDANTE von
Georg Friedrich Händel
Theaterarbeit in der DDR Nr. 16, Berlin 1988

Giuseppe Verdi

Rigoletto

Oper in drei Akten
Libretto von Francesco Maria Piave
Deutsche Textfassung von Bettina Bartz und Werner Hintze
Landestheater Halle, Premiere 28. 2. 1988

Musikalische Leitung	Christian Kluttig
Inszenierung	Peter Konwitschny
Bühnenbild	Martin Fischer a.G.
Kostüme	Monika Ringat a.G.
Dramaturgie	Werner Hintze
Herzog von Mantua	Michail Michailow
Rigoletto	Jürgen Krassmann /
	Tomas Möwes a.G.
Gilda	Juliane Claus /
	Hendrikje Wangemann
Graf von Monterone	Jürgen Trekel
Borsa	Siegfried Joachim /
	Martin Petzold
Marullo	Gerd Vogel / Egon Weber
Graf von Ceprano	Dietrich Holfter
Gräfin von Ceprano	Evelin Garbrecht
Sparafucile	Gisbert Zimmer
Maddalena	Annette Markert /
	Mária Petrasovská
Giovanna	Inge Roil

Händelfestspielorchester, Herrenchor des Landestheaters

v.l.n.r. Rigoletto (Jürgen Krassmann), Gilda (Juliane Claus), Borsa (Martin Petzold). Foto André Geßner

Pressestimmen

Gisela Heine,
Unbeabsichtigte (?)
Erschütterung

[...] Ich verließ die 1. Premiere mit gemischten Gefühlen, hatte noch die reiche Melodik im Ohr und war doch enttäuscht. Nur ich? Das glaube ich kaum. Wer fühlte sich nicht geprellt in dem Anspruch nach Erleben psychologisch tiefschürfender Oper Verdischer Prägung?
In Erinnerung bleiben stimmungslose Bühnenbilder (Martin Fischer) wie der Käfig mit Schaukel und Vogelbauer oder die Einöde der Kneipenszene, in der jede optische und musikalische Dramatik ersticken muß. Man fragte sich, was das Agieren der Figuren eigentlich soll. Die leidenschaftliche Musik Verdis, die dem Drama von Victor Hugo emotionale Kraft verleiht, erhält in dieser Inszenierung kaum jenen Rahmen, den sie haben muß, soll die tragische Geschichte den Zuschauer anrühren.
Erschüttert ist man allerdings, und zwar über die Regielösungen, nach denen alle menschlichen Beziehungen als total entfremdet gezeigt werden. Niemand liebt, man tut nur so: Vielleicht ist das das »Originelle« an dem neuen Konzept? [...]
(gekürzt)
in: Liberal-Demokratische Zeitung, Halle 10. 3. 1988

Daniela Reinhold,
...eine Hölle für das Herz!

[...] Peter Konwitschny inszeniert RIGOLETTO in Halle, unterstützt durch eine neue deutsche Textübertragung von Bettina Bartz und Werner Hintze, als ein Stück von perverser Brutalität, die als Spiel (als Katz-und-Maus-Spiel) zur Form gesellschaftlicher Macht und Ohnmacht wird, abreagiert am jeweils Schwächeren.

Jeder will hier jeden treffen, seine Selbstachtung in der Verlachung oder Zerstörung des anderen gewinnen. Endgültige Opfer, weil auch am Endpunkt der sozialen Leiter stehend, wo nichts mehr weitergereicht werden kann, sind Frauen. Der Grad ihres Zerbrechens wird von den Möglichkeiten zu Kompensation und Verdrängung totaler Erniedrigung bestimmt – da hat es die zum Füßelecken entwürdigte Gräfin Ceprano einfacher als Maddalena, der aber wenigstens noch körperlicher Lustgewinn bleibt. In den Tod treibt es Gilda, in einen Käfig ein- und vom Leben ausgeschlossen, ohne jede Möglichkeit, in dieser von Geld und Gewalt regierten Welt Fuß zu fassen. So ist das große Quartett des letzten Bildes nicht nur ein musikalischer Höhepunkt. Ohne szenischen Aufwand gerät die Taverne des Sparafucile aus den Fugen, während Gilda und Maddalena zueinander finden – ein »unwirklicher« Moment wissenden Verstehens, gleichtiefer Betroffenheit in einer unauflösbaren Situation. Und die meist peinliche Schlußszene – Rigoletto erkennt in der im Sack Liegenden und Singenden seine Tochter – wird zu einer der berührendsten: Im Todeswahn finden Opfer, Rigoletto und Gilda, zu jener Innigkeit und Vertrautheit, die im »Leben«, wo einer nur Mittel des anderen war, undenkbar gewesen wären – ein Motiv, das sich wie ein roter Faden durch Konwitschnys Inszenierungen zieht. [...]
in: Musik und Gesellschaft 6/1988

Wolfgang Lange, Vogelkäfig

[...] Der 3. Akt hinterläßt den nachhaltigsten, geschlossensten Eindruck. Innen- und Außenraum sind aufgehoben. Sparafucile (Gisbert Zimmer), der seine Morddienste als eleganter, unprätentiös auftretender Mafia-Scherge anbot, hantiert hinter einer langen Theke, die von drei an langen Schnüren hängenden Lampen matt erhellt wird. Der Herzog in robuster sportiver Kleidung schmeißt Geld unter die Männer am Tresen. Gelassene Reaktion darauf, wie auf den gezückten Dolch, dessen Stoß Sparafucile 20 Scudi einbringen wird; sie wenden sich wieder dem Biertrinken zu, Mitwisserschaft ist das Alltägliche. Man fragt nicht, will nichts wissen. Wer nicht fragt, greift nicht ein. Das sind großartige Szenen, und darin wohl die schönste der Inszenierung, die des Quartetts, die vier verschweißten Monologe. Da sucht in einem Moment großer Rührung, als der Herzog beider Mädchen Hände an seinem Herzen zusammenführt, Gilda eine Vertraute, eine Verstehende in Maddalena (Maria Petrasovská). Letztere ist in dieser düsteren Todeslandschaft als eine schon durch die modische Attraktivität und anziehende Erscheinung herausgehobene Figur gesehen (und wäre der Herzog nun eine vom Glanze jugendlicher Verführungskraft gezeichnete Figur, was er leider in keiner Szene ist, was für Stimmigkeit würde auf die Bühne strömen ...). Ein Schluß, ganz einfach und durchschlagend: die Bühne in ein irrsinnig gespenstisches Grünlicht getaucht, durchleben Gilda und ihr Vater jenen Augenblick innigster Nähe, den das Leben so nie bereithielt, erst an der Schwelle zum Tode. [...]
Sonntag, Berlin 14/1988

Mattias Frede, Verdi im Vogelkäfig

[...] Nun ja, die vorgefundene Szene (Bühnenbild: Martin Fischer a.G./Kostüme: Monika Ringat a.G.) spricht ihre separate Sprache – ein stilistisches Sammelsurium zwischen gestern und heute, mal der geläufigen Operntragödie und mal ihrer augenscheinlich sarkastischen Karikatur zugeeignet; unklar und häufig zugleich unerklärlich in der konzeptionellen Absicht; vollgepackt mit seltsamen optischen Zeichen, selbst um den Preis eines halbwegs logischen Handlungsverlaufs; modisch aufgeputzt bis zur (fast) unfreiwilligen Komik. Und am Ende kaum etwas gewonnen, ebensowenig musikalisch. (Während der Premiere – am Pult GMD Christian Kluttig – erklang ein recht trocken und steifleinen, ein »preußisch« anmutender Verdi. Bis auf die stimmfrische, schwerelose Gilda von Juliane Claus und Jürgen Krassmanns erneut sehr dynamisch gestaltete Titelpartie sowie auf den außerordentlich homogen geführten Männerchor in der Einstudierung Dietrich Schlegels leider auch gesanglich ohne wirklichen Glanz.) [...]
in: Der Morgen, Halle 24. 3. 1988

Ludwig van Beethoven

Fidelio

Große Oper in zwei Aufzügen von Joseph
Sonnleithner und Georg Treitschke

Theater Basel
Premiere 15. 9. 1989

Musikalische	
Leitung	Michael Boder
Inszenierung	Peter Konwitschny
Bühnenbild	Helmut Brade
Kostüme	Katrin Scholz
Dramaturgie	Albrecht Puhlmann

Don Fernando	Urban Malmberg
Don Pizarro	Falk Struckmann
Florestan	Hubert Delamboye
Leonore	Kathryn Day/
	Ruth Gross
Rocco	Hans Peter Scheidegger
Marzelline	Gilian Macdonald
Jaquino	Stefan Margita
1. Gefangener	Gernot Kern/
	Henry Polus
2. Gefangener	Raymond Anderhuber/
	Friedrich Schwenke

Basler Sinfonie-Orchester
Chor und Extrachor des Theaters Basel

**Marzelline (Gilian Macdonald),
Rocco (Hans Peter Scheidegger),
Leonore (Ruth Gross) v.l.n.r. Foto Peter Schnetz**

Peter Konwitschny/Albrecht Puhlmann

Konzeptionelle Stichworte zu Szenen

Die quadratische Wiese:
> Weltkugel: »Der kleine Prinz«
> Die weltgeschichtliche Dimension
> über das Gefängnis hinaus.

Ein Raum ohne Türen:
Aus der Ferne in die Ferne.
Kostüme:
Die Schönheit des Optimismus,
keine Pastelltöne, sondern fröhlich
kolorierte Theater-Kostüme.

Marzelline: Die Emanzipation des Gefühls:
Sie läßt die Wäsche anbrennen, versäumt ihre
Pflichten.

Jaquino: gehetzt, zerstört, kastriert durch
Fremdbestimmtheit, die gequälte Kreatur.
Der Kleinbürger, für den die Singspielsphäre
des Beginns mit ihrem kleinen Orchester
gedacht ist.
Sich gegen die Rezeptionshaltung wenden,
die der DDR-Opernführer von Ernst Krause
anempfiehlt: »Alles Kleinbürgerliche lasse
man beiseite ...«

Auf der grünen Wiese: Große Bleiche.
Jaquino verteilt Pakete der »Angehörigen«
über die Bühne. Der Irrwitz der Pakete. Sie
sind numeriert (nach den Gefangenen), rote
Nummern. P. über die Wiese verstreut.

Nr. 3 – Das Quartett

Tableau
Beethoven rettet Leonore vor Rocco, indem
er die Musik beginnen läßt. Sie kann so ihrem
Entsetzen Ausdruck verleihen.
Rocco weidet sich an diesem Entsetzen.
Jeder ist sich in dem Quartett selbst der
nächste.
Ein Ritual - choreographisch aufgelöst.
Lächelnd sterben, mit einem Lächeln auf den
Lippen Abschied nehmen von der Welt und
den Hoffnungen.
Illusionslos.
Eine Reinigung.

Ideologiekritik in einer ideologischen Oper.
Utopie einer gemeinsamen Tat – ein Opfer.

Der Blick zurück zu Mozart.
Die Hoffnung im Vergangenen: Autonomie
im gemeinsamen Tableau, jeder für sich
auf *einer* Bühne.
Trauervoll nachdenklich.
Die Introversion vor der Extroversion.
Das Opfer, das gebracht werden muß(te).
Das Ritual des Schlachtens.
Erbsünde endet die Menschen –
Das Lamm, das geschlachtet wird –
Stillstand/Diskontinuität der Handlung.

Nr. 9 – Abscheulicher, wo eilst du hin?

Leonores Erinnerung an sich selbst.
Erinnerungsbild an die Einheit von Körper
und Geist.
»Der spiegelt alte Zeiten wider«
Liebkosung, die eigene Sinnlichkeit.
(Öffnen der Haare.)
Leonore muß sich Gewalt antun, ihren
Körper verleugnen, ihr Geschlecht verbergen,
um nicht mehr gewalttätig zu sein.
Sich Gewalt antun: Zurücknahme der
Weiblichkeit, sich zu einer Idee machen.
Zwang der Situation verzerrt die Züge.
Vergl. B.B. »An die Nachgeborenen«.
Leonore am Schluß auf dem Stuhl,
skulpturenhaft mit der Pistole,
nicht gegen sich.

Nr. 10 – Finale I

Die Gefangenen erscheinen *aus* der grünen
Wiese.
Fleischige (Kohl-)Köpfe – Glatzen.
Leonore gehetzt nach den Gefangenen sehen,
rasch ohne Atem. Entsetzen – sich verstecken,
selbst vergraben. Leonore quält sich. Man ist
ihr gegenüber mißtrauisch.
Schuldbewußt.
Leonore – Rocco: Zwei Totengräber

Hymnus an die Sonne: Die Gefangenen
tauchen ganz auf.
Zu voller Größe der »Freien«.
Die Sonne als Metapher der Aufklärung hat vor
den Gefangenen versagt. Sie, als Ver-blendete
sind Ausgeblendet.
Die G. stehen als das schlechte Gewissen auf.

Die Befreiung der Toten, der lebenden Toten.
Jetzt das Auspacken der Pakete, wir sehen
nicht, was sie enthalten, man hört nur das
hundertfache Rascheln des Papiers.

Nr. 11 – Gott, welch Dunkel hier

Die Bühne ist unverändert.
Es ist Nacht. Ein »Sternenzelt« überwölbt
Florestan.
Das '»Elend« transzendentaler Obdachlosig-
keit.

Nr. 12 – Wie kalt ist es in diesem unterirdischen Gewölbe!

Die Auftrittsdramaturgie wird beibehalten:
Rocco von hinten links, Leonore von hinten
rechts.
Sie graben das Grab direkt vor Florestan.
Verkehrung der Situation: Florestan steht
oben, Rocco und Leo. unten.

Euch werde Lohn in bessern Welten ...
Terzett-Situation nimmt das Picknick aus dem
ersten Akt wieder auf. Die drei um das Grab.
Trinken Wein. Brechen Brot.

Dialog vor Nr. 14

Leonore, Florestan und Rocco bleiben sitzen,
erstarrt.
Erst bei Einsatz der Musik zum Quartett
beginnt die wilde Jagd ums Grab.
Bei Ertönen des rettenden Signals zieht
Leonore eine Trompete, die sie mit beiden
Händen über den Kopf emporhält.

Nr. 15 – Duett O namenlose Freude.

Florestan quält sich aus dem Grab,
Leonore liegt erschöpft am Boden.
»Wie hätte sich mein Körper nicht stark
gefühlt, indem er für sein besseres Selbst
kämpfte.«
Das Licht beim Duett kommt aus dem Grab/
Tod.

Finale II

Das Ende der grünen Wiese.
Eine fünfstöckige Maschine kommt von der
Hinterbühne nach vorne gefahren, wo sie
mit dem Ende der Oper eingepaßt wird ins
Portal. Die Rest-Handlung am Schluß ist von
sekundärer Bedeutung.

Wichtig allein die permanente
»Einarbeitung«/Integrierung der
Gefangenen, der Hauptrollen,
in die Maschine.
Marzelline etwa wird bei ihrem »O weh mir,
weh mir, was vernimmt mein Ohr» ausradiert.
Gut wäre, wenn sich eine Ambivalenz der
Bedeutung herstellte:
So, daß es sich um eine Befreiung ins Nicht-
Individuelle handeln könnte.
Kein Zynismus des Besser-Wissens.
Gleichmachung kein negativer Vorgang,
sondern Überwindung dieser Kultur.
Nicht das Ende, sondern eine Vision gegen
die schreiende Sinnlosigkeit: das ist die
Qualität der Beethovenschen Schreie. Die
Menschen werden befreit: Von den Lasten der
Individualität.

Die Naivität ist aufgehoben.
Die Gefahr: Wir inszenieren eine »Entlastungs-
Oper«.
Das Ende der Geschichte wäre auch das Ende
des Menschen.
Der Polis-Gedanke des Schlusses:
Die »Sklaven« allerdings werden der Polis
einverleibt.
Theater wird aktionslos –
die Maschine bewegt die Menschen.
Freundliche »Helfer« (Kafkas/Tarkowskis)
holen die Gefangenen ab.
(gekürzt)

Privatarchiv Konwitschny
unveröffentlicht

Heinz W. Koch

Die Gesellschaft der Gleichen – gesichtslos

Beethovens »Fidelio« in Basel

Keine gezückte Pistole, wenn der Schurke Pizarro in allerletzter Sekunde vom Mord an seinem politischen Gegner Florestan abgehalten wird. Leonore, die Gattenretterin: kein Flintenweib. Stattdessen hält sie die Trompete überm Kopf wie Tamino die Flöte. Ein optisches Signal, wie die freiheitsverheißende Trompetenfanfare ein akustisches ist – eine Abstraktion. Peter Konwitschny, der vielgenannte DDR-Regisseur aus Halle, zeigte in Basel (nach Kassel) seine zweite West-Inszenierung vor – und ein Brechtisches Vorzeigen beherrscht diesen FIDELIO immerzu.

Das macht: Konwitschny inszenierte die Idee der Gattenliebe, der Freiheit. Er inszenierte Beethovens Utopie, eine Möglichkeit. Indes, gerade wir, in unserem miserablen Jahrhundert eines Schlechteren belehrt, wissen, als wie wenig möglich sich Beethovens ohnmächtig-entflammtes Ideal erwiesen hat. Dieses Wissen schwingt in Konwitschnys Szene gewordener Skepsis alleweil mit, es bestimmt sie.

Leonore, Florestan und der grabschaufelnde Mitläufer Rocco an der offenen Grube: Die Rotweinflasche kreist, das Brot wird gemeinsam verzehrt – etwas vom Teilen des Besitzes ist darin, etwas auch von Abendmahl, von Communio: eine symbolische Handlung wieder, die Abstraktion eines Ideals. Leonore und Florestan, gerettet – keine Berührung, keine äußerliche Nähe: Gestalten eines Entwurfs. Vollends das Finale: der inszenierte Gedanke einer Befreiung.

Ein bildlicher Kontrapunkt zu Beethovens – nun in der Tat konzertant-idealisiertem – Gemeinschaftsjubel: ein vierstöckiges Eisengerüst, Gleichgekleidete darin, die Gesichter verschleiert – im wahrsten Wortsinn »Uniformierte«, die den befreiten Gefangenen eine neue Uniform über die (faltenreich-kuriose rosafarbene) alte werfen, sie in sich aufsaugen wie Leonore, wie Florestan. Die Gesellschaft der Gleichen ist gesichtslos. Sie schluckt die Individuen, verleibt sich die Persönlichkeiten ein, ist entpersonalisiert. Sie ist anonym.

Dieser Basler FIDELIO ist auch ein Beitrag zum französischen Revolutionsgedenken. Er ist ein illusionsloser Blick in eine keineswegs friedens- und liebeserfüllte Zukunft, die Korrektur einer Vision. Beethovens hochgestimmter (und von Werner Nitzers Basler Opernchor fabelhaft angestimmter) Hoffnungselan – vergeblich. Der Sternenhimmel über Florestans Verließ: ein undurchdringlicher Ort, in dem Fieberphantasien sich verlieren. Bilder von unabweisbarer Konsequenz.

Ein Wechselbad zuvor. Schlagartig Geglücktes, zumindest Bedenkenswertes steht neben Zwiespältigem, ja Mißratenem. Marzelline bügelt wie eh und je – aber Helmut Brades Szene zeigt kein Gefängnis, sondern eine grüne Wiese im weißen Bühnenkasten: Frieden, Glück – auf den ersten Blick. Doch jedem bedeutet Glück etwas anderes.

Und: Jeder bringt Opfer. Was Konwitschny besonders gut herauskristallisiert: Leonores Verkrampftheit, wohl auch ihre Scham, ihr Ziel nur mittels Betrug verfolgen zu können; ihr kumpelhaft-»männliches« Sich-Anbiedern bei Rocco, die spürbar falschen Töne, die sie anzuschlagen genötigt ist, dieweil sie sich bei Kaffee, Schnaps und Käsekuchen darüber hinwegmogeln, daß sie ein paar Dutzend Gefangene im Keller haben.

Aber auch wieder: zuviel Grellgeschminktes in diesem buntscheckigen Kostümpanoptikum (Katrin Scholz), zuviel Grelles überhaupt in dieser Übertypisierung, zuviele Ausrufezeichen. Marzelline und Jaquino tragen letzte Reste einer Commedia-dell'arte-Herkunft: Illustrierung auch der Singspiel-Relikte im ersten Bild. Ach, und wenn (»O unaussprechlich süße Lust«) Marzelline sich mit Fidelios ebenso gebügeltem Bluson vergnügt, sich mit ihm einherwälzt ... Eine nachgerade unglückselige Idee dann gar, die Gefangenen aus Grasluken auftauchen und die uniformen Geschenkpakete entschnüren zu lassen, kahlgeschoren und – horribile dictu – mit zumeist abstehenden Ohren: prompt belachte, entsetzliche Basler Theaterwirklichkeit.

Und mitten drin ein großer Moment: Leonore, in der Arie mit sich allein, zu keiner Verstellung mehr gezwungen, wirft die Männerkappe ab, löst ihr Haar – eine Frau, deren Kantilene die Erinnerung an »alte Zeiten« heraufruft. [...]

Danach steigt sie auf einen Stuhl und reckt die (hier noch vorhandene) Pistole hoch in die Luft – ein Standbild des Aufbruchs: Allons, enfants...

Genau »gesehen« auch der Pizarro. Falk Struckmann, schneidend scharfer Charakterbariton, ist jeder Zoll kein Bösewicht alten Schlags. Er ist ein intellektueller Missetäter der wie beiseite gesprochenen leisen Töne, ein schiefmäuliger Franz Moor, den seine Verbrechen zu langweilen beginnen. Hier mag er sich verkalkuliert haben – dennoch, seinesgleichen wird Beethovens Freiheitsgedanken zuvorkommen. Die Pizarros werden gewinnen. Namen? [...]
(gekürzt)

in: Badische Zeitung,
Freiburg 18. 9. 1989

FIDELIO, Finale 1. Akt
Fotos Peter Schnetz

FIDELIO, Finale 2. Akt

»Fidelio« mit Narrenkappe

Der DDR-Regisseur (und Berghaus-Schüler) Peter Konwitschny, übrigens der Sohn des berühmten Dirigenten Franz Konwitschny, entstellt Beethovens FIDELIO bis zur Unkenntlichkeit. Fidelio, Rocco, Marzelline und Jaquino treten in grellbunten Narren- oder Komödiantenkostümen (Entwürfe: Katrin Scholz, auch aus der DDR) auf, kugeln und wälzen sich auf dem grasgrünen Bühnenboden (mehr ist dem »Bühnenbildner« Helmut Brade, auch aus der DDR, nicht eingefallen) und spielen munter und locker, aber mit gräßlicher Dialogbehandlung, Commedia dell'arte. Wenn Pizarro auftritt, wird es dann Nacht, was dem Darsteller die Möglichkeit gibt, mit einer Lampe sein Gesicht von unten anzuleuchten (Pfadfinder-Unterhaltungsabende lassen grüßen). Und Florestans Kerker besteht aus der leeren Bühne, über der Hunderte von kitschigen Sternenlämpchen glühen. Und die Begegnung Florestan-Leonore-Rocco artet zum harmlosen »Picknick am Grabe« aus. Und Leonore hält den Bösewicht Pizarro nicht etwa mit einer Pistole in Schach, sondern zieht ein Trompetchen aus dem schauerlichen Kostüm, hält es hoch und verzaubert (wie weiland in Mozarts ZAUBERFLÖTE) den völlig gebannten Mörder mit magischen Kräften. Und, und, und ...

Es ist ein Jammer, was Direktor Baumbauer auf seiner Bühne erlaubt oder gar fördert: Die FIDELIO-Inszenierung ist eine bösartig-unlogische, überdreht-hochmütige und das Werk zur Karikatur seiner selbst pervertierende Frechheit, eine Zumutung für alle diejenigen, die der (offenbar überlebten) Ansicht sind, der Autorenwille sei mit Respekt zu behandeln.

Mit der Aufzählung von Konwitschnys Regie-Untaten könnte man ganze Spalten füllen; man könnte von dreisten Ungereimtheiten berichten und von dummen Gags, man könnte den menschenverachtenden Einsatz des Chors beklagen und das statuarisch-oratorienhafte Finale als Bankrotterklärung eines Spielleiters brandmarken. Aber lassen wir's: Der Basler FIDELIO ist ganz einfach ein Skandal. (gekürzt)

in: Der Bund, Bern 5. 10. 1989

Jürgen Scharf

Beethoven – weitergedacht

[...] Man muß in Basel alles vergessen, was man bisher von Beethovens Revolutionsoper im Kopf hatte. Die disparate dramaturgische Anlage des FIDELIO hat Konwitschny zu frappierenden Umdeutungen inspiriert, zu einem Weiterdenken der Beethovenschen Vision unserer Gesellschaft. Schon optisch wird dieses Umdenken vollzogen: FIDELIO spielt zu Beginn nicht im Gefängnishof, sondern auf der grünen Wiese – eine trügerische Idylle der häuslichen Marzelline-Szene. Denn plötzlich öffnen sich in dem von Helmut Brade geschaffenen weißen Bühnenkasten Luken wie Briefmarkenschlitze oder Grabfelder, und es erscheinen die Gefangenen glatzköpfig, gesichtslos, anonym. Welch ein plastisches Bild für die »Gruft« und welch Hohn, wenn der Chor anhebt und die Freiheit preist!

Wie ein gewollter Kontrast zum inhaltlich Düsteren erscheint die Leichtigkeit der Inszenierung, die überhaupt nie bedrohlich, sondern eher hell und licht wirkt, märchenhaft auch, und bisweilen durch die Papagenobunten Phantasiekostüme (Katrin Scholz) an Commedia dell'arte erinnert. Auch herrscht ein lockerer mozarthafter Singspielton. Der Regisseur nimmt Beethovens Freiheitspathos die überhöhende, idealisierende Tendenz und stellt ihr ein utopisches Erlösungsmysterium entgegen.

Dieser Regieansatz verdichtet sich gegen Ende immer mehr zu einem Musiktheatermärchen wie Mozarts ZAUBERFLÖTE: Leonore hält die Trompete, die das befreiende Signal der Rettung gibt, wie Tamino seine Flöte, und die Gefangenen ziehen in ein vierstöckiges Eisengerüst ein wie die Priester in den Sonnentempel, wo sie der Minister/Sarastro in den Kreis der Eingeweihten aufnimmt. Das grandiose Schlußbild assoziiert wahres Menschentum. Beethovens ZAUBERFLÖTE?

Diese sehenswerte Basler Neuproduktion war also von der Inszenierung weit mehr gegen den Strich gebürstet als das, was aus dem Orchestergraben kam, wo für den erkrankten neuen musikalischen Oberleiter Michael Boder der erste Kapellmeister Harri Rodmann einsprang. Dieser FIDELIO fand eindeutig nicht im Orchester, sondern auf der Bühne statt. (gekürzt)

in: Südkurier 20. 9. 1989

Giacomo Puccini

La Bohème

Szenen aus Henri Murgers
»Vie de Bohème« in vier Bildern
von Giuseppe Giacosa und Luigi Illica

Oper Leipzig, Opernhaus
Premiere 15.12.1991

Musikalische Leitung	Stefan Soltesz
Inszenierung	Peter Konwitschny
Bühne und Kostüme	Johannes Leiacker
Dramaturgie	Ilsedore Reinsberg, Regina Brauer
Wissenschaftl. Mitarbeiter	Gerd Rienäcker

Rodolfo	Keith Olsen
Marcello	Robert Heimann
Schaunard	Andreas Scholz
Colline	Lennart Forsén
Mimí	Kathleen Cassello
Musetta	Hendrikje Wangemann
Alcindoro	Rudolf Riemer
Benoît	Konrad Rupf
Parpignol	Victor Sawaley
Händler	Thomas Heymann
Zöllner	Klaus Nier
Sergeant	Wolfram Protze
Seiltänzerin	Andrea Kröber

Chor und Kinderchor
der Oper Leipzig
Gewandhausorchester Leipzig

Peter Konwitschny

Aktennotiz Bohème

21. 11. 1990

Was ist zu tun, um eine Rezeption der BOHÈME heute tiefgründiger, vielbezüglicher, doppelbödiger, letztendlich auch philosophischer zu machen? – Es geht also nicht lediglich darum, eine Rezeption zu verhindern, die sich im sentimentalen Verständnis erschöpft. Es geht auch um mehr als Psychologie, psychologische Genauigkeit kann nur eine der Vorbedingungen sein. Es geht um die Behauptung der großen Dimension im Stück, die durch die Inszenierungstradition unkenntlich geworden ist. Es geht um die Verzahntheit von Eros und Tod im Sinne von Georges Bataille. Also um erregende gesellschaftliche Einsichten.

Hauptaugenmerk der Inszenierung muß sein, a) die Süße und b) die Albernheit zu vermeiden, die den Vorgängen anzuhaften scheinen. [...]

Aber es gibt noch ein anderes, entscheidenderes Moment, das die Verlogenheit hervorruft, die so vielen BOHÈME-Aufführungen anhaftet: daß die Figuren nicht wissen, wovon sie reden. Anders gesagt: Wenn sie jung sind, hat das, was sie sagen und tun, eine völlig andere Bedeutung, als wenn sie älter sind. Dann bekommen ihre Bemerkungen Bissigkeit, ja werden überhaupt erst als sarkastische und nicht als läppische, nachgeplapperte, komisch-tümelnde Witze erkennbar, werden schwerwiegende, durch harte Erfahrung überprüfbare Anspielungen auf menschliche Schwächen und Begrenztheit, werden großartige selbstironische, die Figuren mit echter Größe ausfüllende Zeugnisse menschlicher Existenz. [...]

Entscheidend bei allem, was gesagt wird und was passiert, ist das Alter der Figuren. Die Konzeption verlangt ältere Sänger. Nur reife Darsteller – in Richtung der späten Masina, Mastroianni – können all diese Bezüglichkeiten, Doppelbödigkeiten, sublimen Pointen herstellen, einfach aufgrund ihres Seins, ihres Alters, ihrer Erfahrung.

Sie sind sich dessen bewußter, was mit ihnen geschieht, was sie tun, bewußter der Strukturen ihrer Kommunikation. Sie machen sich keine Illusionen mehr und wenn, sind sie sich im klaren darüber, gehen damit um im Sinne eines Spiels (siehe Umberto Eco zur Theorie der Postmoderne in der Nachschrift zu »Der Name der Rose«).

Andererseits sind sie Geworfene, in eine erbärmliche, sozial diffamierende und letztlich unverkraftbare Existenz Geworfene, ständig am Rande des Untergangs, des Todes, des Sinnverlustes, der Verzweiflung. Ihre Talente, ihre Sensitivität machen sie unfähig zur Anpassung an die etablierte Kunst und Gesellschaft. Dieses Außenseitertum ist die Basis dessen, daß die Figuren trotz aller Bewußtheit sich schwertun mit der Organisierung und Befriedigung ihrer Bedürfnisse, Erwartungen, Hoffnungen, ihren starken Empfindungen, ist die Basis der enormen Zugespitztheit aller Situationen in BOHÈME, der unerhörten Intensität der Beziehungen, es ist letztlich auch die Ursache für Erschütterung, die seelische Erschöpfung, für die Katharsiswirkung beim Zuschauer.

Dieser Widerspruch von geworfener und bewußt angenommener Existenz macht den Reichtum, den Charme, die Unzulänglichkeit und die Menschlichkeit der Figuren aus. Er kann nur von älteren Darstellern zum Ausdruck gebracht werden. In einer besonderen Weise fragwürdig erscheint uns Mimís Tod bei einer jugendlichen Darstellerin: er bekommt Süße. Man kann ihn allzu genüßlich betrauern mittels der abgenutzten These »Und dabei ist sie noch so jung!«

Ganz und gar anders ist der Tod einer älteren Frau – und dazu diese Musik, die sich dann völlig anders zu dem Vorgang verhält, ein Mitempfinden ganz anderer Dimension provoziert, indem sie nicht illustriert und lediglich verstärkt, sondern zugleich emotionalisiert und verfremdet. Ganz und gar anders auch die Struktur der Liebesbeziehung zwischen Rodolfo und Mimí, aber auch zwischen Marcello und Musetta.

Der Grad der Bewußtheit ist ein völlig anderer, daß das Ganze ein Spiel ist, ein Spiel, das umso ernster ist, als hernach nichts mehr erwartet werden kann. Der Zuschauer kann nicht ausweichen auf den schönen Gedanken, daß der Musiker, Maler, Dichter oder der Philosoph es irgendwann »schon noch schaffen« werden. Entscheidend für die Konzeption ist, wie nah die gesamte Geschichte überhaupt am Tod ist, wie stark der Tod, das Sterben in allen Vorgängen verborgen ist.

Daher die Heftigkeit und Aufwendung, Intensität, ja Innigkeit der Verdrängung. Man kann sagen, daß das im eigentlichen Wortsinn Erschütternde des Stückes in der Verknüpfung von Eros und Tod besteht. Auch die große Chorszene des zweiten Bildes zieht ihr Leben aus der beschwörenden Verdrängung des Todes, wie auch das Verhältnis von Marcello zu Musetta keineswegs sich in einer scheinbaren Oberflächlichkeit und Belanglosigkeit erschöpft, sondern im wahrsten Sinne ein Kampf um Leben und Tod darstellt, was eine Probe des original übersetzten Textes rasch belegt. Und die Musik steht diesem nicht nach, es muß ihr nur Raum gegeben werden zu vorurteilsfreier Rezeption.

Musikalisch ist auf der Härte, auf den Brüchen, auf der Unvermitteltheit von Tempowechseln, auf den extremen Tempi, auf unerwarteten, ja befremdlich harten und scharfen Spielanweisungen, auf dem jähen Umschlagen von hektischem Aktionismus und ironischer Bitternis in sehnsuchtswunde Liebesbedürftigkeit zu bestehen. Diesen beiden kommunikativen Ebenen im Werk entsprechen die zwei unterschiedlichen sängerischen Ebenen: der meist flüchtige Sprechgesang und das extrem ausdrucksstarke Singen. Toscanini beweist mit seiner Einspielung aus dem Jahr 1946, daß diese Musik – und mit ihr die Geschichte – nicht dazu verdammt ist, als Gefühlsbrei ihr Dasein zu fristen.

Eine ältere Besetzung spitzt einen weiteren Punkt wesentlich zu: wie unverzichtbar die Erfüllung von Erotik und Sexualität für Lebendiges ist. Und das ist eben nicht nur auf die ersten 20 oder 30 Jahre im Leben limitiert, sondern erstreckt sich bis zur letzten Sekunde, auch wenn unsere Kultur es wegzulügen bemüht ist. Wohl gemerkt: Es geht nicht schlechthin darum, ein tabuisiertes Thema öffentlich zu machen, sondern die wahrhafte menschliche Botschaft des Stückes (wieder) faßbar werden zu lassen, seine bizarre Poesie zu behaupten und es einer verfälschenden, verharmlosenden, tränenseligen Lesart zu entreißen.

(leicht gekürzt)

Privatarchiv Konwitschny
unveröffentlicht

Giacomo Puccini LA BOHÈME, Oper Leizig, Opernhaus 1991
Rodolfo (Keith Olsen) und Mimí (Kathleen Cassello)
Foto Andreas Birkigt

Moritz Jähnig

Und Mimí heut'?

Kein alberner Rührfetzen
»La Bohème« in Leipzig

Peter Konwitschnys Spur der Steine in ostdeutschen Theaterlanden war vornehmlich eine der Steine des Anstoßes. Seit Mitte der 80er Jahre gönnte der an Brecht geschulte Regisseur dem Operngewohnheitskonsumenten nicht das Zipfelchen von Altvertrautem, sondern verunsicherte, in dem er ihm nur zu Vertrautes vor Augen führte. Das löste dann regelmäßig neben gläubigem Jubel Wutgeheul über den vermeintlichen Schänder der Werktreue aus. So auch 1986 beim Waffenschmied in Leipzig. Am Sonntag versöhnte sich dort das Opernpublikum mit nicht enden wollendem Beifall mit dem damals unisono Abgelehnten. Hat man es mit einem neuen, gewendeten Konwitschny zu tun?
Man konnte solches anfangs annehmen. In Johannes Leiackers grandios einfachem und einfach grandiosem Bühnenbild kommt es nicht zu den bekannten zeichenhaften Überziehungen. Rüttelten Einfälle, die Musik und Text eines Werkes beim Wort nehmen und zu Bild werden ließen, früher an den Schlummer der eingefahrenen DDR-Bürgerwelt, geht er mit dem wachtraumgeschüttelten Neubundesbürger sanfter, jedoch nicht minder deutlich um. Der oft süß verkorkste Rührfetzen La Bohème wird in Leipzig in Originalsprache zum jedermann angehenden Zeitstück, das am Schluß keine verstohlene Träne zuläßt. Betroffenheit. Das Blut stockt, die Hand rührte sich erst zum Applaus, als sich die Diva endlich schüchtern von ihrem Totenlager im Schnee erhebt. Das war keine Pariser Mansarden-Tragik, das ist mein Konflikt, spezieller Puccini-Verismo umbuchstabiert für den Leipziger Westen wie für Connewitz. Wenn Handlung und Musik zupacken, erhellt sich der Zuschauerraum, der erst so schummrig war, daß man seine Platznummer ertasten mußte. Man sitzt unmittelbar mittendrin, wo Menschen an den Verhältnissen zerbrechen beziehungsweise aus Egoismus schuldig werden. Ein Scheißspiel läuft im großen ab, dem die kleine Solidarität der Schwachen als Alternative gegenüberstehen könnte. Sie kommt zu spät. Wer ließ noch keine an der Zeit todkranke Mimí fallen, weil ihre Liebe mit Liebe zu beantworten Abstriche am eigenen Lebenskonzept bedeuten würde. – Ein neuer Konwitschny? Never! Er reicht noch immer die Schaufel zum Ausgraben der Leichen im Keller.
Jetzt müßte ein Wort über das falsche Süßlichkeiten vermeidende Spiel des Gewandhausorchesters unter Leitung von Stefan Soltesz folgen, die Würdigung eines exzellent singenden Solistenensembles usw. Handkuß für Kathleen Cassello (Mimí), Händedruck, Schulterschlag und Umarmung für Keith Olsen, den jugendlich-heldischen Rodolfo, Robert Heimann, den Macho-Marcello, und Hendrikje Wangemann. Ihre Musetta ist ein Gegenentwurf weiblicher Überlebensstrategie. Unumgänglich eigentlich auch eine Beschreibung des theatralisch spannenden zweiten Bildes: ein irrwitziger Drahtseilakt.

in: Junge Welt,
Berlin 17. 12. 1991

Frank Kämpfer

Neue Sicht

Nach Premieren in Nürnberg, Basel und Graz ist Peter Konwitschny seit anderthalb Jahren mit BOHÈME erstmals wieder in der ostdeutschen Theaterszene präsent. Der einst vertraute Theaterbetrieb bot sich zugleich auf altbekannte, zugleich auf gänzlich neue Art.

Da gab es Eingriffe in das Konzept der Regie, Dispute um Lesarten des Stücks – da gab es sehr wenig Zeit, den zentralen Protagonisten, drei amerikanischen Stars, die Inszenierung vertieft zu vermitteln. Leipzigs Opernhaus trug die Aufgabe jedoch langfristig an; vermutlich auf der Suche nach einer Arbeit von grundsätzlicher Brisanz, wohl aber mit der Intention, ein Standardwerk der Gattung in entstaubter Gestalt mit einem inzwischen international renommierten Regisseur neu zu präsentieren.

Das Resultat ist ein Kompromiß: Die Arbeit steht Haus wie Regisseur zu Buche als Gewinn (beredt war gut 20minütiger Applaus) und nimmt sich dennoch fremd aus im Betrieb. Zu viel wird hier manifest gegen Inszenierungstradition, zu schroff erscheint der Figurenkonflikt, zu brüchig klingt die Musik, als daß die Leipziger Aufführung zum Fest der Stimmen, zum kulinarischen Schmaus gerät.

Nicht als albernbanales Spiel, nicht als vergnügliche Tändelei gibt sich denn das Werk, sondern vielmehr als abgründige, dunkle, emotionsgelandene Szenerie, die jederzeit aufbrechen kann. Nicht als Schöpfer klischeehafter Idylle offenbart sich denn der Komponist; abrupte Brüche, unvermutete Härten, scharfe Spielanweisungen finden sich in seiner Partitur. Extreme Wechsel von Aktionismus, Depression, Groteske und abgründiger Emotion.

Zutage tritt eine Welt, die am Abgrund steht, voll Bewußtsein und doch ohne Rat. Vier Künstler stehen im Zentrum – Musiker Maler Autor und Philosoph –, die die Gesellschaft nicht braucht.

Bewußtlos in Rollen gerückt, sind sie ausgeschlossen von sozialem Tun, arbeiten sich ab im Kampf um die tägliche Existenz. Ihre Träume von Glück, an zwei Paaren erprobt, sind Klischees, füllen Leerräume nicht gelebter Realität. Daß man sich paart, gilt als obligat.

Doch nichts als Bildwerk wird zunächst bedient, Basis zu überleben ist stets der Selbstbetrug. Marcello und Rodolfo opfern ihrer Liebe ihre Kunst; die zwei Frauen des Stückes, Musetta und Mimí, zwingt der Liebesversuch in Exzentrik und Tod. Metaphorik des Sterbens, der Kälte, der Nacht obliegt der gesamten Szenerie. Johannes Leiacker – ein guter Partner für den Regisseur – baut Bühnenräume vielschichtiger Assoziation. Sozietät erscheint – ohne aufdringlich zu sein – dabei schlechthin in existentieller Gefahr.

Was Finale an Befinden offerieren, zeigt Düsternis, Heimatlosigkeit, Armut. Hinter Zollschranken, Highway und Lichtermeer erscheint die Stadt nicht als Ort des Lebens, sondern als kalte Maschinerie. Ins Groteske weist eine Weihnachtsmarktszene mit gespenstischen Nußknackern, militantem Spielmannszug und uniform grauem Massenauflauf.

Menschliches ist von Beginn an darin ertötet, Kommunikation hat keinen Ort.

Mimí und Rodolfo, Marcello und Musetta laufen dagegen an – partiturgetreu in oft wahnsinnsnaher Eruption. Aktion und Gestik sind dazu weitestgehend von der Bühne verbannt. Konwitschny inszeniert sparsam, überläßt passagenweise Mitteilung allein der Musik. Stille Szenen voller Ambivalenz entstehen so: Musik thematisiert Sehnsucht und Emotion, erscheint partiell zugleich wie Kitsch. Klug zeigt Konwitschny auf – im zweiten Bild etwa –, wie süß schmachtender Klang unvermittelt umbricht in Montagen voll Dramatik und Härte. Musetta – von zwei Herren begehrt – hat sich dabei auf einem Laufsteg zu präsentieren, verliert nach und nach Maskerade, artikuliert unbewältigte Emotion. Partnerkonstellationen in Vielfalt scheinen auf, das Wort geredet ist dem Liebesideal.

In größerer Dimension wiederholt sich derlei am Schluß. Der Tod der Mimí erinnert Realitäten, holt Protagonisten aus Traumgeschäften zurück in spröde Realität. Doch zugleich treten Gegenkräfte auf den Plan. Nicht ausgegrenzt wird die Scheidende, man rückt zusammen, beginnt Kommunikation per Blick, Sprache und Körper.

Am Ende steht ein Bild von enormer Suggestion. Konwitschny greift zu einer bewährten Technologie, wie in Zeitlupe reagieren die Protagonisten, gehen ratlos auseinander, Unsichtbares leistet Widerstand, graue Wand verstellt einen zukunftslosen Raum. [...]
(gekürzt)

in: Theater der Zeit 2/1992

Giacomo Puccini

Madame Butterfly

Bühnen Graz
Premiere 3.5.1992

Musikalische Leitung	Wolfgang Bozic
Inszenierung	Peter Konwitschny
Bühnenbild	Jörg Koßdorff
Kostüme	Hanna Wartenegg
Dramaturgie	Bettina Bartz/ Bernd Krispin
Madame Butterfly	Maureen Browne
Suzuki	Julia Bernheimer
Kate Pinkerton	Fran Lubahn
B.F.Pinkerton	Hans Aschenbach
Sharpless	Ludovic Kónya
Goro, Nakodo	Michael Roider
Bonze	Konstantin Sfiris
Fürst Yamadori	David McShane
Kommissar	Zoltán Czászár
Standesbeamter	Zoltán Galamb
Yaknsidé	James Jolly
Mutter	Roswitha Leski-Posch
Kusine	Marta Deak
Tante	Erika Roth
Kind	Irene Kleinböck

Grazer Philharmonisches Orchester
Chor, Extrachor und Statisterie
der Grazer Oper

2. Akt »Der Konsul geht«
Foto Peter Manninger

Peter Konwitschny/Bettina Bartz

Psychogramm

Die Menschen in Puccinis MADAME BUTTERFLY durchleben äußerste Höhen und Tiefen des Gefühlslebens, die nicht als ein privates Mißgeschick gedeutet werden können, sondern als ein Leiden an der inhumanen Einrichtung der Welt schlechthin, eben an den Gesetzen unserer, der westlichen Zivilisation, denn die japanische ist natürlich durch die Brille des Europäers Puccini gesehen mit ebenso strengen Dogmen behaftet wie die amerikanische, was zwar nicht dem Wunschbild des Touristen entspricht, aber vielleicht der Wahrheit näher kommt als idyllische Operettenexotik.

Da, wo Idylle vorkommt, wie etwa beim Auftritt der Butterfly mit ihren Freundinnen im ersten Akt, steht sie für eine außereuropäische, unbürgerliche menschliche Identität. Diese Qualität Butterflys kann sich in der ersten Begegnung mit Pinkerton erstmals ausdrücken und in dem Mann eine parallele Dimension erzeugen (Duett, Ende des ersten Aktes). Es ist die Unvermeidbarkeit dieser menschlichen Dimension mit den bürgerlichen Anforderungen des »wirklichen« Lebens, an der beide zerbrechen, denn man kann nach der Arie des Pinkerton im letzten Akt davon ausgehen, daß auch er nie wieder glücklich werden wird.

Es geht nicht darum, einer der handelnden Personen die Schuld am tragischen Ausgang zuzuweisen, es geht darum zu zeigen, mit welcher Folgerichtigkeit die Entwicklung der Katastrophe zutreibt. Pinkerton ist kein Verführer und Bösewicht, sondern ein vielleicht etwas übersensibler junger Mann, dem die Erfahrungen mit Frauen fehlen und der deshalb versucht, sich den herrschenden Konventionen anzupassen und es so zu machen wie alle. Wahrscheinlich hat ihn seine Familie nach Japan geschickt, »sich die Hörner abzustoßen« – er ist aber nicht oberflächlich genug, um aus der Begegnung mit Butterfly unbeschadet hervorzugehen, er findet nicht wieder ins normale amerikanische Wertesystem zurück. Das ist natürlich auch für die nur am Rande auftauchende Kate tragisch, die mit dem gestörten Mann nun leben muß.

Interessant ist die Figur des Sharpless, der schon von Beginn an als Alkoholiker und ungehörter Warner eingeführt wird. Man kann annehmen, daß er eine ähnliche Geschichte wie die im Stück erzählte bereits hinter sich hat, zumindest aber oft Zeuge solcher Katastrophen war. Er kann sich aber zu keiner wirklichen Tat aufraffen, zu feige, um einzugreifen, zu kaputt, um seine Skrupel deutlich zu machen, bleibt er ohnmächtiger Zeuge. Die Figur der Butterfly geht in ihrer genauen psychopathologischen Zeichnung über das hinaus, was gemeinhin einem Opernpublikum zugemutet wird. Die Musik veräußerlicht die inneren Vorgänge extrem, man kann sich ihnen als Zuhörer nicht entziehen, quasi kathartisch muß er mit durchmachen, was einen Menschen an den Rand des Wahnsinns und darüber hinaus treibt. Wird im ersten Akt Butterfly eingeführt als eine vitale, liebesfähige Frau, so ist sie im zweiten Akt, vom jahrelangen Warten gekennzeichnet, zur Alkoholikerin geworden, abgestumpft den Mitmenschen gegenüber. In ihre Träume eingesponnen, läßt sie nicht zu, daß jemand die Illusion, an die sie sich klammert, zerstört. Sie klammert sich umso stärker daran, je deutlicher die Anzeichen für das Ende der Illusion werden. Mit letzter Energie und beinahe tödlicher Aggression (Goro wird fast ihr Opfer) verteidigt sie ihren Traum, das heißt ihr Leben. All das ist deutlich gezeigt als innerer Vorgang, sowohl der Aufbau der Illusion als auch der Abschied von ihr werden nicht von äußerlichen Ereignissen bestimmt. Im letzten Akt »errät« Butterfly die Wahrheit, ohne daß jemand sie ihr sagen muß, das heißt, die Aktivität geht von ihr aus, nicht von den zum Zusehen verurteilten Mitmenschen.

Die schmerzhafte Zerrüttung durch das jahrelange Warten auf den nicht zurückkehrenden Mann wird besonders deutlich gemacht am Verhältnis zu Suzuki, die nicht als Dienerin, sondern als Freundin-Schwester die Funktion eines Spiegels hat.

Die beiden Frauen sind durch ihr Schicksal so verkettet, daß sie alles voneinander wissen, aber nichts füreinander tun können. Aggressionen, die sich sonst gegen die eigene Person richten würden, richten sich gegen die Freundin. Im völligen Kontrast zu dieser krankhaften Verkettung steht das Kind, das als einziges im zweiten Akt noch völlig gesund und lebendig ist. Es ist hellwach, seine Spiele schaffen den Kontrast zu den immer mehr den Boden verlierenden Handlungen Butterflys.

in: Programmheft MADAME BUTTERFLY,
Graz 1992

Ja, wir waren in LIEBE. Wir gehörten zueinander, als wir den Vorhang schlossen vor den Augen der Zuschauer.
Aber du bist fortgegangen. Warum?
Du mußtest fortgehen, ich weiß. Uns gibt es in deiner Welt, auf DEINEM WEG nur als Episode, nötig, um aus euch Männer zu machen, mit abgestoßenen Hörnern.

Drei Jahre WARTEN. Zwei Frauen, allein mit sich. Der Mann abwesend. Drei lange Jahre. Eintausendfünfundneunzig Tage. Und Nächte. In ERWARTUNG.
Die andere verlor zuerst die Nerven.
Dann die tödliche Nachricht. Countdown des Endes, des Irrsins. Die Hoffnung immer noch im Herzen. Unausrottbar. Die OPERNWELT läßt es sich viel kosten und befindet: KITSCH.

Noch einmal kommt er, der Schwerverwundete. ICH KANN ES DIR NICHT SAGEN. Er war nicht begabt genug für die Coolness, für die Hohe Schule des Sich-etwas-aus-dem-Herzen-Reißens. Später soll er gesehen worden sein mit einem schnellen Auto auf seinem Weg ins NICHTS. Wie viele sind es noch, die letzten Tage der Menschheit? Dann das Ende mit Schrecken. Machen wirs kurz, das OPFER – Carmen, Leonora, Mimi, Brünnhilde, Gilda … Die Ohnmacht der Außenstehenden. Der Kitzel der Voyeure.

Und unsere Kinder?

Peter Konwitschny
(Einleger zum Programmheft)

Ernst Naredi-Rainer

Eine unsensible Phonorgie

Konwitschny hat keine Probleme damit, daß seine Protagonisten in ihrem Äußeren nicht den gängigen Vorstellungen entsprechen. Er bringt weder ein exotisches Rührstück noch eine realistische Kolportage auf die von Jörg Koßdorff mit einem ebenso symbolträchtigen wie atmosphärischen Riesen-Mobile versehene Bühne.

Konfrontation.
Ob die Handlung nun in Nagasaki spielt, bleibt ebenso nebensächlich wie deren zeitliche Fixierung. Konwitschny interessiert vielmehr die Konfrontation zweier völlig unterschiedlicher Kulturen und deren fürchterliche Folgen. Ohne Nippes-Imitationen und Trippelschritte erzählt er die tragische Geschicht einer bedingungslos und unerschütterlich Liebenden. Berührend zeigt er, wie das Paar trotz verbundener Augen zueinanderfindet; keineswegs als Gag läßt sich abtun, daß sich die verlassene Butterfly dem Suff ergibt; Erschütterung erzielt er im

Schlußakt schon in dem Moment, in dem sich die Titelheldin zum Harakiri entschließt. Konwitschny, der am Sonntag vehement ausgebuht wurde, betreibt keine Schwarzweißmalerei: Er hegt viel Sympathie für die naive, aber charakterfeste Titelheldin. Er zeigt den amerikanischen Marineleutnant zwar zunächst als unbekümmerten, leichtsinnigen Abenteurer, glaubt ihm aber auch die Verzweiflung, als er sieht, was er angerichtet hat. Er deutet an, daß der Konsul Sharpless ungleich mehr Sensibilität besitzt als der junge Soldat, nicht mehr aber die Kraft, sich der Katastrophe entgegenzustemmen. Und wer glaubt, mit dem krawattentragenden Kuppler Goro verurteile er Assimilanten, irrt, denn auch der ehrenwerte Yamadori präsentiert sich westlich gewandet.
Effekthaschend wirkt nur der Auftritt des Bonzen aus dem Schnürboden, verzichtbar erscheint die filmische Illustration des Vorspiels zum dritten Akt. Wesentlich größeres Unbehagen bereitet die musikalische Realisierung: Dirigent Wolfgang Bozic ließ nicht nur den Orchestergraben hochfahren, sondern hob auch den dynamischen Pegel gewaltig an, versuchte, In-

tensität durch Lautstärke zu erzielen. Er peitschte die Grazer Philharmoniker zu überschwappenden Klangwogen, in denen kleinere Stimmen wie etwa jene von David McShane als Yamadori hoffnungslos untergingen, und zwang die Protagonisten immer wieder zum Forcieren.

Kraftakte.
Ludovic Kónya hält mit seinem dunkel getönten, kraftvollen Bariton als Sharpless den Orchesterattacken am leichtesten stand. Als Pinkerton kann Hans Aschenbach mit seinem sehr männlich gefärbten, in der Höhe aber bedenklich verengten Tenor seinem Hang zum Einheitsfortissimo huldigen; wo er zarte Lyrik verströmen soll, klingt seine Stimme substanzarm. Als Butterfly stellt sich Maureen Browne mit einem kleinen, aber gut geführten und ausdrucksstarken Sopran vor.
Untadelig schlägt sich Julia Bernheimer als Suzuki, herrlich schmierig gestaltet Michael Roider die Figur des Goro, mit Wonne und donnerndem Baß stürzt sich Konstantin Sfiris als Bonze in den Kampf um die Lautstärke.

in: Kleine Zeitung Graz 5. 5.1992

Frank Kämpfer

»Butterfly« als Utopie-Angebot

Das Theater von Peter Konwitschny lebt von der Unabgegoltenheit seiner Konflikte, vom Aufbruch aus allzu problemloser Inszenierungstradition. Seine Figuren sind stets auf der Suche nach menschlicher Begegnung, nach Nähe und Kommunikation. Ihre Deformierungen aufzuzeigen im Gesellschaftskontext – das versteht der Regisseur als seine Form politisierten Theaters; gleichwohl legt er Werkschichten frei, die Visionen von Hoffnung anbieten, Konfliktlösung, vermittelte Alternative. Auch die neueste Arbeit – Puccinis MADAME BUTTERFLY am Opernhaus Graz – fügt sich in solcherlei Intention. Für Konwitschny thematisiert das 1904 geschriebene Stück die Unvereinbarkeit europäischer Realität mit dem Traum glücklich lebbarer Existenz – verlängert bis in heutige Gegenwart. Sehr differenziert arbeitet er daher gegen Rührseligkeiten an, gegen süßliche Oberflächlichkeit üblichen Puccini-Verschnitts.

Verhandelt wird eine Tragödie zwischen Individuen; diese entstammen verschiedenerlei Kultur. Nicht geographischer Art sind die Abgründe zwischen ihnen, so wie das Sujet suggeriert – sondern bestimmt durch ihr Geschlecht: zwei Arten zu leben sind ungleich miteinander konfrontiert, zwei Arten von Existenz. Ein Mann bindet an sich eine Frau, bald ist sie verlassen, verraten, verdrängt. Doch die Frau liebt, sie ist schwanger, lebt mit einer Frau, und tötet sich schließlich für ihr Ideal von Partnerschaft.

Diese Botschaft kristallisiert sich im szenischen Verlauf, der Beginn wirkt lapidar. Die Figuren erscheinen zunächst reichlich eindimensional, in sich verschlossen. Erst nach und nach brechen sie auf, legen Ängste frei, Bedrängnisse, Gefühle, auch Aggression. Als therapierte er sie, so nimmt sich der Regisseur ihrer an – keine wird moralisch deklassiert, keine bleibt in sich widerspruchsfrei.

Utopisches allerdings ist klar von weiblicher Art. Das assoziiert in erster Instanz Bühnenbildner Jörg Koßdorff mit seiner Raumdramaturgie: Nicht Personen, sondern Bilder-, Dia- und Video-Projektion bestimmen das rein männlich besetzte Entree. Darauf Asien als käufliche Welt: Frauen, Grundstücke, Städte – eine gespenstische Verkehrsmaschinerie. Butterflys Welt dagegen lädt ein in eine andere Dimension, Konwitschnys Asien ist ein Teil von uns selbst, der verschüttete Ort von Kindheit und Traum: »Da ist Farbe, sind die zarten Formen, das ist wie Phantasie, und das erfüllt die gesamte Bühne. Und es gibt eigentlich nur mehr Spiel, Kontakte, Erotik im Sinne von Offen-Sein.« Nur ein einziges Mal – in der Hochzeitsnacht Pinkertons und der Butterfly – eröffnen sich Menschen einander im Glück. Fortan werden alle Angebote vergeben, zerblättert die Idylle, altert der (reichlich geometrische) Raum mit seinen Figuren: am Warten, an der Isolation, im Tagesbetrieb. Alltag und Utopie stehen zueinander unvermittelt hart – so wie bei Puccini die dramatisch-abgründigen den schlagerhaft-unterhaltenden Passagen folgen.

Das Solistenensemble – durch Ausgewogenheit überzeugend – trennt diese Sphären prägnant und manifestiert permanent Ambivalenz. Maureen Browne in der Titelpartie beispielsweise spielt die zu junge japanische Gattin und zugleich die erfahrene, die selbstbewußte und auch die alternde Frau. Hans Aschenbach als US-Leutnant Pinkerton agiert mit substanzvoller Jugendlichkeit und bricht zunehmend auf in Verzweiflung und Schmerz. Julia Bernheimer als Suzuki und Ludovic Kónya als Konsul Sharpless stehen ihnen als Widerspruchträger kaum nach. – Das Orchester mit Wolfgang Bozic am Pult dagegen eröffnet eine Partitur, in der Zwischentöne dominieren. Neben leidenschaftlichen Eruptionen faszinieren stille Traumszenerien – in merkwürdig schwebender Harmonik gesetzt, in kaum greifbarem Pianissimo musiziert. Hier haben die Protagonisten zu schweigen – hier wird erzählt, was noch immer möglich ist.

in: Süddeutsche Zeitung, München, 15. 5.1992

Jacques Offenbach

Hoffmanns Erzählungen

Phantastische Oper in fünf Akten
von Jules Barbier und Michel Carré von Jules Barbier

Dialogfassung der Staatsoper Dresden
unter Verwendung der quellenkritischen Neuausgabe
von Fritz Oeser in der deutschen Übertragung
von Gerhard Schwalbe
und des gleichnamigen Schauspiels in der Übersetzung
von Angela Fremont-Borst und Regine Friedrich
Teilweise Neuübersetzung der Gesangstexte
von Bettina Bartz

Sächsische Staatsoper Dresden, Semperoper
Premiere 21. 3. 1992

Musikalische Leitung	Caspar Richter
Inszenierung	Peter Konwitschny
Bühnenbild und Kostüme	Bert Neumann
Dramaturgie	Hella Bartnig
Hoffmann	Tom Martinsen
Muse/Niklas/	
Stimme der Mutter	Annette Jahns
Lindorf/Coppelius/	
Mirakel/Dapertutto	Karl-Heinz Stryczek
Andreas/Cochenille/	
Franz/Pitichinaccio	Helmut Henschel
Olympia	Christiane Hossfeld /
	Roxana Incontrera
Antonia	Sabine Brohm /
	Birgit Fandrey
Giulietta	Waltraud Vogel
Stella	Katrin Dönitz
Spalanzani	Karl-Friedrich Hölzke /
	Karl-Heinz Koch
Crespel	Rolf Wollrad
Schlemihl	Thomas Förster
Nathanael	Peter Keßler
Hermann	Frank Schiller
Wilhelm	Matthias Henneberg
Luther	Gunter Dreßler
Alter Kellner	Hans Hamann
Mädchen mit dem Cello	Romy Richter
Der eigentliche Niklas	Ingolf Braenniger
Junger Mann	Stephan Gräber
Kleiner Junge	Frank Döring
Olympia-Doubles	Adina Eigenbrod /
	Annegret Thiemann
Hoffmann-Double	Horst Singer

Sächsische Staatskapelle Dresden
Chor der Sächsischen Staatsoper Dresden

Irene Tüngler

Hoffmanns Entstellungen

Verdacht gegen die Ganzheitlichkeit »der Frau«

Die Firma Lutter und Wegener betreibt die Theaterkantine im Keller. Oben gibt man DON GIOVANNI. Während Donna Anna singt, verwandelt sich der mit Natursandstein nobel ausgekleidete Bunker in ein wunderbares mechanisches Laboratorium. Ein Fließband holt Gäste und Flaschen ins Lokal, die Muse schwebt im Flügel ein, er leuchtet und spielt von allein. Das große eiserne Treibrad der Untermaschine, welches den ganzen Theaterbetrieb am Laufen hält, fördert auch Sehnsüchte aus noch tieferen Kellern herauf: Olympia, Antonia, Giulietta. In der Oper ist Pause, das studentische Publikum füllt das Lokal, Hoffmanns Erzählungen können beginnen.

Am Ende war es die beste Aufführung, die Dresden seit langem, langem erlebte. Jacques Offenbachs musikalisches Vermächtnis der Oper, Schauspiel, Zaubertheater, Revue, und es geriet dem Regisseur zugleich zum philosophischen Weltspiegel.

Das fragmentarisch hinterlassene Meisterwerk reflektiert die altersweise Einsicht, daß glückselige Ganzheitlichkeit dem Leben nicht eignet. Einer verliert seinen Schatten, ein anderer das Spiegelbild, eine Frau wird in drei paralysiert, mechanische Maschinen gehen entzwei, Geigen wie Menschenseelen werden zerlegt. Jacques Offenbach starb über der Komposition, aber nicht allein deshalb blieb sie ein Fragment: vielfach verändert, gerann das Fragmentarische vorher schon zu ihrer Form. Die Komposition so lange in seinem Leben hinausgeschoben und dann doch in Angriff genommen zu haben, bezeichnet seinen Abstand zum Stoff und dessen Verlockung. Er findet zu komplexeren, komplizierteren musikalischen Formen, zu reflektierenden, nicht allein ironisch kommentierenden Elementen und behält dennoch viel ätzende Schärfe.

Und die Musik wurde von Caspar Richter in Dresden auch so interpretiert: hart auffahrend, spitz und scharf. Trotzdem blieb sie heimlich grundiert vom samtenen sächsischen Kapellklang; die Synthese war fast ideal. Im selben Geiste musizierte der Opernchor. Rundadinella: Beifall auf offener Szene.

Analyse, Synthese, Seelenmechanik: E.T.A. Hoffmann hatte schon am Beginn des 19. Jahrhunderts die schizophrenen Entfremdungen gespürt, die Sigmund Freud an seinem Ende als Krankheiten definieren sollte. Hoffmann hatte sie schreibend zu gespenstischen Figuren und Geschichten aufgefahren. Offenbach fand sich in dieser Gedankenwelt wieder, als er das Theaterstück LES CONTES D' HOFFMANN, eine Kompilation aus verschiedenen Hoffmann-Texten von Jules Barbier und Michel Carré, kennenlernte. Auch der Regisseur Peter Konwitschny weiß, aus anderen Quellen und Zeiten, vom *Nein, obgleich* und *Ja, aber ...*

Olympia, die mechanische Puppe, Antonia, die ihrer Leidenschaft und Sängerinnenkarriere

auf Leben und Tod anhängt, und schließlich Giulietta, die Männer verschlingende Kurtisane, sind nichts anderes als die Produkte einer geistigen Zerlegungsoperation am Weib, von dem Barbier/Offenbach/Hoffmann argwöhnen, es könnte etwas beneidenswert Ganzheitliches sein. Die unerreichbare Geliebte Stella, die Synthese, ist dafür das Zeichen.

Hier setzt Konwitschnys Interpretation an: Hoffmanns Entstellungen. Vorgeblich nach der vollkommenen Geliebten suchend und sie immer wieder – in Teilen – findend, entledigt sich der Dichter ihrer, sobald ihn Bindungsängste anfallen. Den Schmerz des Verlustes beklagend, öffnet er selbst in jedem Fall die Tür für den Tod, der bei Olympia der Mechaniker Coppelius ist, Doktor Mirakel bei Antonia und Kapitän Dapertutto bei Giulietta. Dennoch ist die Klage echt. Hoffmann braucht das Selbstmitleid, die Zerrissenheit als Lebens- und Schaffenselixier.

Für die düstere Körper-, Seelen- und Kunstmechanik fanden Konwitschny und sein Ausstatter Bert Neumann sinnfällige Theaterbilder die Menge. Olympia, schwarz-weiß im Aerobic-Look lackiert, singt, an das Schwungrad geschnallt, und wird unten wieder aufgezogen, später wirbelt sie mit unheimlicher Kraft, den schweren Hoffmann tanzend, durch den Saal. Die winzige Person Christiane Hossfeld

entledigt sich ihrer Koloraturen, während die Muse das letzte Exemplar von »Theater der Zeit« liest. Sabine Brohm, lyrischer Sopran, verleiht der karrierebesessenen Antonia eine beängstigende Energie, bevor sie im Flügel ihren Sarg findet. Endlich kommt Hoffmann in der Kneipe zum Schluß seiner – an der Semperoper sehr sächsisch-dialogreichen – Geschichte. (Inzwischen hat ihn auch sein besseres Alter ego Niklas verlassen. Annette Jahns hat diese undankbare Rolle des Vernünftigen sängerisch und darstellerisch mächtig aufgewertet.)

Was bleibt? Wer bleibt am Ende? Der von Hoffmann erwürgte Schlemihl wird wiedererweckt, und eine fröhliche Männerwirtschaft der Unverbindlichkeiten hebt an, nach allen Verlusten, nach dem Ende von Freud und Leid. Der Moralist Konwitschny, der in allen seinen Inszenierungen die Menschen nach Wärme flehen, suchen und um sie kämpfen läßt, reflektiert den horror vacui. Nicht nur im hoffmannesk-mechanischen Sinne erzeugt Reibung Wärme, auch im menschlichen, sogar im gesellschaftlichen. Es gibt keinen Grund für einen Künstler, für niemanden, das zu verdrängen oder zu verbergen.

in: Die Tageszeitung (taz), Berlin 30. 3. 1992

Hella Bartnig/Bettina Bartz

»Hoffmanns Erzählungen« – ein »work in progress«

Anmerkung zur Fassung der Dresdner Aufführung

HOFFMANNS ERZÄHLUNGEN ist ein Fragment. Als Offenbach am 5. Oktober 1880 starb, hatte er die Orchesterhandschrift erst bis zum Duett Hoffmann/Giulietta im IV. Akt vollendet. Für das Finale existierte lediglich eine »Gerüstpartitur« und mehrere Librettoversionen, die zwar wichtige Hinweise auf den Ausgang der Oper enthielten, einen definitiven Stückschluß jedoch nicht vorgaben.

Das von Offenbach hinterlassene Fragment wurde schon zur Uraufführung gründlich verstümmelt. Die über hundertjährige Werkgeschichte ist eine Kette von Fälschungen. Immer wieder haben sich Leute gefunden, die behaupteten, »nach Quellen« erkundet zu haben, was Offenbach gemeint, gewollt oder beabsichtigt hätte. Berühmte Regisseure, eifrige Editoren bedienten sich dieses Reklametricks, Theaterleute und Dramaturgen versuchten, ihre jeweilige Bearbeitung damit zu rechtfertigen. Auch die verdienstvollen Bemühungen Fritz Oesers, das Werk nach Quellenfunden von Antonio de Almeida zu rekonstruieren und in einer spielbaren Einrichtung vorzulegen, stießen an Grenzen, an denen bislang meist unkritisch hingenommene eigene Interpretation einsetzte. Erst 1980 erschien sein Vorlagenbericht, der wichtige Aussagen über den Quellenfund und die von Oeser vorgenommenen Veränderungen enthält, aufgrund seines Umfangs oft jedoch nicht genau zur Kenntnis genommen wird.

In letzter Zeit hat sich die Forschungslage zumindest gebessert. 1984 entdeckte Michael Kaye wichtiges neues handschriftliches Material, das Oesers Angaben teilweise bestätigte, andere aber auch korrigierte bzw. ergänzte. Die inzwischen von Michael Kaye vorgelegte Fassung dokumentiert den bislang umfangreichsten Stand der Quellenforschung in Sachen HOFFMANNS ERZÄHLUNGEN, war aber zur Zeit der Dresdner Produktion noch nicht durch einen kritischen Bericht ausgewiesen und stand als aufführungspraktisch nutzbares Material noch nicht zur Verfügung. Die

diesbezüglich mit Michael Kaye und dem Musikverlag Schott in Mainz aufgenommenen Verhandlungen scheiterten an urheberrechtlichen Fragen.

Peter Konwitschny und Hella Bartnig sahen sich somit der enormen Aufgabe gegenüber, aus den vielen Fragmenten und Splittern ein nicht nur möglichst originales, sondern auch spielbares Stück zu machen. Sie entschieden sich für eine Fassung, die den Fragmentcharakter der überlieferten Komposition nicht verschleiert, sondern inhaltlich benutzt. Grundlage dafür bildeten:

1. HOFFMANNS ERZÄHLUNGEN, Phantastische Oper in fünf Akten
von Jacques Offenbach, quellenkritische Neuausgabe von Fritz Oeser (einschließlich Kritischer Kommentar)
2. HOFFMANNS ERZÄHLUNGEN, Phantastisches Schauspiel in fünf Akten von Jules Barbier und Michel Carré, übersetzt von Angela Fremont–Borst und Regine Friedrich
3. Prosa-Dialoge aus dem Textbuch von Calman Levy 1881 (=Beilage zum Vorlagenbericht von Fritz Oeser)
4. IV. und V. Akt des Zensurlibrettos, veröffentlicht in dem Sammelband von Gabriele Brandstetter (s.o.)
5. Auszüge aus verschiedenen Libretto-Manuskripten, abgedruckt im Vorlagenbericht von Fritz Oeser
6. Rohübersetzung der von Offenbach vertonten Texte
7. Klavierauszug von Michael Kaye

Aus der Verarbeitung dieser Materialien ergab sich eine Fassung, die den Fragmentcharakter betonte. Das disparate Material, die Diskontinuität von Musik und gesprochenem Wort, die Formenvielfalt von geschlossenen Gesangsnummern, Dialogen, musikalischen Einblendungen und melodramatischen Passagen bildeten geradezu das Argument dafür, die Oper nicht zu romantisieren und damit zu verfälschen, sondern das Bruchstückhafte, Zerrissene, sich von einem übergreifenden Zusammenhang Ablösende als Thema der Oper zu begreifen.

So stehen zwischen den Gesangsnummern gesprochene Dialoge, die knapp, aber pointiert Personen und Situationen charakterisieren. Musik und Dialog sind dabei nicht streng voneinander getrennt, sondern durchdringen sich an verschiedenen Stellen. So kann zum Beispiel zwischen 1. und 2. Strophe einer Nummer eine gesprochene Replik stehen (Walzerlied des Hoffmann im 2. Akt oder Romanze der Antonia im 3. Akt) oder das Orchester streut ein musikalisches Zitat in den Dialog ein. Das sind bewußt verwendete Stilmittel.

Es kam darauf an, die Konturen und Pointen der Vorlage zu schärfen und sie vom Kitsch gängiger Aufführungspraktiken zu befreien. Nach Lage der Dinge konnte es Peter Konwitschny also nicht darum gehen, die erste und einzige Originalfassung zu inszenieren. Wie sinnlos ein solches Unterfangen ist, wird an der Quellenlage des IV. und V. Aktes deutlich, die die größten Lücken aufweisen. Weder das Ende des Giulietta-Akts ist verbürgt, noch gibt es ein vollständiges Material für den V. Akt. Man mußte also selbst entscheiden, ob Giulietta durch Gift, durch einen Dolch oder überhaupt nicht sterben soll und wie die überlieferten Teile des Schlusses zu ordnen sind. Für einen Regisseur kann das Maß einer solchen Entscheidung nur die szenische Realisierung sein und die Frage nach dem Bezug zum Grundkonzept der gesamten Aufführung.

Peter Konwitschny verzichtete bewußt auf die von Oeser mit Musik aus anderen Offenbach-Werken kompensierte und in ihrem dramaturgischen Ablauf veränderte Version des IV. Akts und benutzte stattdessen das von Oeser detailliert beschriebene Vervollständigungsverfahren in umgekehrter Vorgehensweise, um das Fremdmaterial wieder zu eliminieren und die Handlung aus den vorhandenen originalen Bruchstücken zu rekonstruieren. So wurde aus dem Oeserschen Quartett mit Chor wieder das Lied der Giulietta, das mit Hoffmanns erstem Liebesgeständnis endet. Die von Barbier hinzuerfundene Lichter- und Fackelszene entfiel ebenso wie die zusätzlich hinzugefügte Giulietta-Arie. Auch die erst später gebräuchliche Spiegel-Arie wich dem originalen Dapertutto-Couplet.

Für den gesamten Handlungsablauf gab das Zensurlibretto die Orientierung. Die Ermordung Schlemihls geht darin dem großen Liebesduett Hoffmanns und Giuliettas voraus (nicht umgekehrt wie bei Oeser), wodurch das Geschehen erst schlüssig wird: Nachdem Hoffmann einen Toten auf dem Gewissen hat, ist es ein Leichtes, ihn seines Spiegelbildes, d.h. seiner Identität zu

berauben. Der Liebesrausch wird zum Todesrausch. Dieser Grenzsituation kann kein Septett folgen, wie es Oeser nach Material aus den »Rheinnixen« von Offenbach frei erfunden hat. Ihre Konsequenz ist Identitätsverlust und Verlust des Lebens.

Denn auch Giulietta hat die Grenzen ihrer Rolle als Lockvogel Dapertuttos überschritten und muß liquidiert werden. Sie erfährt das gleiche Schicksal wie Olympia und Antonia, die für die Männerwelt zur Gefahr werden, wenn sie ihren Selbstverwirklichungsanspruch behaupten. Sie müssen deshalb sterben wie Giulietta, deren Gifttod im Schauspiel vorgegeben ist. Die Not, daß für diesen Aktschluß keine Musik von Offenbach existiert, erklärt Konwitschny zur Tugend. Der absolute Tiefpunkt des Geschehens ereignet sich stumm als alptraumhafte Pantomime.

Die Bestätigung für die Grundidee der Regiekonzeption fand sich überraschend unter den Materialien zum V. Akt.

Im Zensurlibretto sagt Niklas:

»Ja, meine Herren, Olympia, Antonia, Giulietta sind nicht ein und dieselbe Frau, sondern, besser gesagt, ein zusammengesetzter Körper, von dem unser Freund, ein ausgezeichneter Chemiker, Ihnen drei Elemente vorgeführt hat: junges Mädchen, Künstlerin und Kurtisane.«

Noch konkreter beschreibt ein Dialog aus dem Libretto, das Léon Carvalho vor der Uraufführung der Pariser Zensurbehörde vorgelegt hat (enthalten im Kaye-Klavierauszug) das »analytische« Verfahren von Hoffmanns Erzählungen:

»Eine simple chemische Reaktion, meine Herren. Ein zusammengesetzter Körper. Analyse: drei Elemente – Olympia, Antonia, Giulietta. Synthese ...«

Dadurch wurde noch einmal deutlich, daß Hoffmanns Erzählungen keine romantische Kolportage ist, sondern ein Stück über Entfremdung, über die wissenschaftliche Methode, die Welt und ihre Erscheinungen aufzuspalten, um sie beherrschbar zu machen, und über die Unfähigkeit, daraus wieder ein harmonisches Ganzes zu schaffen. In diesem Sinn ist Hoffmanns Erzählungen ein ungeheuerlich modernes Werk.

in: Dokumentation zur Inszenierung
Hoffmanns Erzählungen, Dresden 1992
Zentrum für Theaterdokumentation
und -information

Peter Konwitschny

Gedanken zur Regiekonzeption
aufgeschrieben von Hella Bartnig

Die Oper handelt von Verlust:
Liebesverlust, Potenzverlust, Verlust der natürlichen Bindungsfähigkeit, Verlust der Fähigkeit, sich auf andere Menschen unvoreingenommen einzulassen, sich zu öffnen und den Reichtum der eigenen Individualität zu entdecken. Verlust des Lebens.

Ein Mann erzählt von drei Frauen:Er schafft Abbilder. Er spaltet die Frau auf, um Macht über sie zu gewinnen, um sie beherrschen zu können.
Olympia – die Sexpuppe, die Maschine, die serienmäßige Ausgabe von Frau
Antonia – die sich auf Kosten anderer verwirklichende Intellektuelle bzw. Künstlerin
Giulietta – die dem Verbrechen sich verbündende Hure.
Alle drei Frauen müssen in dem Moment liquidiert werden, in dem sie eigene Ansprüche behaupten: die Maschine Olympia gerät außer Kontrolle, Antonia widersetzt sich dem väterlichen Verbot zu singen, Giulietta entwickelt echtes Gefühl und einen eigenen Liebesanspruch.

Hoffmann leidet unter Zwangsvorstellungen von väterlicher Allmacht (Lindorf, Coppelius, Mirakel, Dapertutto). Sie befördern seine Ängste vor der Frau. Sein analysierendes, d. h. aufspaltendes Verfahren befreit ihn nicht davon. Er wird zur verbrecherischen Komplizenschaft mit Mächten (Niklas) getrieben, die stärker sind als er.

Hoffmann und Niklas ähneln Faust und Mephisto. Niklas ist kein treuer Begleiter Hoffmanns. Er treibt den Künstler in die Katastrophe, um ihm sein subversives Potential zu nehmen, um ihn zu domestizieren. Diese Manipulation endet mit Identitätsverlust und Isolation. Schlemihl ist Hoffmanns Vorgänger.

Hoffmanns Erzählungen sind keine Kolportagen. Sie sind surreal, alptraumhaft, existieren nur in der Einbildung. Aber sie zeigen das Gespenstische an der Realität, wie es E.T.A. Hoffmann erfaßte: das Maschinelle, das seriell Vorproduzierte, Gleichgeschaltete, das Entfremdete als Ausdruck einer bestimmten Produktionsweise der Gesellschaft.
Das Maschinenrad, der »elektronische« Flügel, das Laufband (Fließband), die Drehtür sind Insignien in unserer Inszenierung. Die voyeuristische Plattform, der Hörsaal, das wissenschaftliche Experimentierfeld ihr gleichbleibender Spielraum.

Eine Alternative dazu könnte sich in dem Beziehungsfeld zwischen Mann und Frau auftun. Es verdichtet sich musterhaft zum eigentlichen Raum menschlicher Selbstfindung – eine Chance, die Hoffmann vergibt.

Das Beziehungsproblem ist ein politisches, soziologisches und psychologisches Massenproblem, dem man nur schwer entkommt. Aber Hoffmann ist einer, der noch wund sein kann. Hoffmann ist ein anderer Blaubart.

Auch dieses Stück deutet als Dokument unserer Zivilisation darauf hin, daß »das Ganze verändert werden muß«. (Bertold Brecht: Das Badener Lehrstück vom Einverständnis)

in: Dokumentation zur Inszenierung
HOFFMANNS ERZÄHLUNGEN, Dresden 1992
Zentrum für Theaterdokumentation
und -information

Probennotat

3. Akt, Dialog und Arie der Antonia
Antonia/Birgit Fandrey
Hoffmann markiert

KONWITSCHNY: Was ist eigentlich an Großstädten die Entfremdung? Die Beziehungen sind kalt, das ist es.

Wichtig für uns sind Elemente Maschine, mystische Wand, die zur Tür wird, ein Laufband, auf dem so wie Bierkästen Menschen transportiert werden. Serienproduktion, die Menschen werden nach Nummern produziert, sie sind nicht mehr unverwechselbar. Ich glaube, E.T.A. Hoffmann hat das so gesehen und auch Offenbach. Und das finde ich so genial erfaßt in diesem Stück.

Der Zusammenhang zwischen Maschinen- und Konstruktionswelt – die ein Männerkopf gebiert und aus seinem patriarchalischen Sein heraus auch entwickelt – und Liebesverlust mit Angst vor Nähe, Angst vor der Frau und als Ersatz dafür Maschinen wäre nie entstanden, hätte nie entstehen müssen, wenn dieser Verlust der Beziehung zur Frau nicht schon vorher notwendigerweise dagewesen wäre.

Wenn es vorher der ganze Raum war, der bespielt worden ist, so müssen wir jetzt die Enge in diesem unteren Raum, der wie ein Kessel ist, zeigen. Das erreichen wir auch durch Licht.

Sie steigen unten in das Rad ein, setzen sich bequem in so eine Speiche und werden dann so hochgedreht, präsentiert, fast wie in einem Präsentkorb, weil Sie auch ein Objekt sind. Und während dessen sitzt Hoffmann noch oben seit dem Ende des Olympiaaktes. Er ist, nachdem die Puppe verbrannt ist, dort hoch gerannt und umfaßt dieses Drahtgestell. Und dann durchgeistert ein Mädchen die Bühne, spielt auch noch live Cello, und geht immer auf Hoffmann zu. Von der anderen Seite kommt die Muse, gibt dem Hoffmann Papier und Stift und setzt den dort oben auf die Treppe, und er fängt an zu schreiben. Der macht jetzt Literatur aus seinem Erlebnis mit Olympia.

Wenn Sie herausfahren, schreibt der immer noch, und wenn Sie anfangen zu singen, schaut er auf, sieht Sie, und Sie spüren ihn. Hoffmann kommt auch immer näher, ohne daß Sie es se-
hen. Wir sehen es aber, Sie spüren es nur deutlich. Und dann – geht der aber leider weg von der Frau, in Ihrem Rücken durch diese Tür. Es gibt also keine Begegnung. Und wenn er weg ist, ändert sich Ihr Gefühl. Das ist in der Musik ganz deutlich der Übergang vom Lyrischen in das wirklich Dramatische. Dann fällt es musikalisch wieder in sich zusammen. Und das wollen wir eben koppeln mit dem Weggehen von Hoffmann.

Wenn die Tür dann zuknallt, nehmen sie das wirklich wahr, und müssen auch dahinrennen. Und es wäre so schön, müßten wir denken, wenn sie die Tür jetzt aufmachte und diese Manipulation durchschaute, diesen psychischen Terror. Sie hat das aber leider nicht drauf, sondern sie geht wieder in sich, wie es auch in der Musik ist, und bescheidet sich noch einmal, sich zu erinnern, dem nicht nachzugehen.

In der zweiten Strophe machen wir etwas sehr ähnliches: Da drehen wir diese Tür weg, und das sieht sie, so wie man manches Unglaubliche sieht, man sieht aber trotzdem hin, man kann die Augen nicht davon wegnehmen. Und da geht sie noch einmal ran, aber es ist plötzlich eine Wand da. Und wir wissen aber, daß sie recht hat mit ihrer Empfindung.

In der Struktur haben wir diesen Bruch zwischen der Musik und dem gesprochenen Wort. Das liegt auch an der Gesamtstruktur des Zersplitterten, Disparaten, Zerrissenen, das wir immer wieder bedienen. Für Antonia heißt das, daß sie immer mit der Musik wieder zu sich kommt, und auch Kraft bekommt. Es wäre schön, wenn wir das Lügen strafen, daß sie stirbt, wenn sie singt. Im Gegenteil! Das Verbot des Singens nimmt ihr das Leben, das Verbot von Emotionen haben, Frau sein – eben nicht Leistungsdenken. Das subsumiere ich darunter.

Noch etwas zu dem Rad. Das sieht dann so wie in einer alten Fabrik aus, aus Messing oder Eisen. Da gibt es einen furchtbaren polnischen Film, der in Krakau um die Jahrhundertwende spielt, in der Zeit, als diese Fabriken entstanden sind. Da waren Menschen, die an solchen Maschinen arbeiteten und solche Riemen, die mit einer sehr hohen Geschwindigkeit liefen. Und da sah man doch, wie plötzlich Hände und Arme weggerissen wurden – eigentlich gruselig. Oder wer kennt den »Fall Franza«. »Der Fall Franza« ist ein Fragment von Ingeborg Bachmann, in dem sie be-

Jacques Offenbach HOFFMANNS ERZÄHLUNGEN, Sächsische Staatsoper Dresden/Semperoper 1992
Hoffmann (Tom Martinsen), Olympia (Christiane Hossfeld)
Fotos Erwin Döring

Vorführung der Puppe Olympia

schreibt, wie ein Mann, ein Psychologe oder Psychiater, mit einer Frau Versuche macht. Er macht sich Notizen, wie diese Frau verrückt wird. Und so ist das hier auch mit Antonia.

Wir beginnen gleich mit dem Rausfahren.

(Aktbeginn bis Dialog »Sehe ich ihn!«)

Nicht an den Text denken, sondern schon das erste Mal gespürt haben, was ist da?, denn wir haben gerade gesehen, daß Hoffmann aufhört zu schreiben, wenn er Ihre Stimme hört und Sie sieht. Sie bemerkt, daß er da ist, kommt auch plötzlich hoch. Mit der Musik zieht es Sie zum Flügel. *(Wiederholung bis zum Musikeinsatz.)*

FANDREY: Das erste »Ach süße Erinnerung« ist noch ruhig. Aber dann kommt doch schon der erste Zweifel?

KONWITSCHNY: Nein, ich würde mal versuchen, daß das kein Zweifel ist, im Gegenteil, es gibt ihr Kraft. *(Wiederholung bis zum Musikeinsatz)* Das »Sehe ich ihn!« ist eine Steigerung. Also bleiben Sie mit der Stimme oben. Und ich will das so haben, daß das grausame Bild nicht negativ wird. – Es ist eben grausam, aber es ist meins. Es ist das beste Bild meines Lebens, und auch das einzige. *(Frau Fandrey probiert das.)* Ja, jetzt sehe ich es Ihnen an, jetzt erkenne ich, daß die Frau lebt.

(Wiederholung, erste Strophe bis zur Reprise.)

FANDREY: Jetzt habe ich aber Hoffmann gesehen, wie er zur Tür geht und da durch. Das darf doch nicht passieren.

KONWITSCHNY: Nein, das ist nicht so wichtig. Wichtig ist, daß die Arie an der Stelle dramatisch wird. Es ist also auch eine Bedrohung da drin, die uns als Zuschauer erregt. Plötzlich fällt das aber zusammen, und ich lasse deshalb den Hoffmann da abgehen, damit die Leute sehen, daß sie nicht verrückt ist, sondern daß man sie verrückt macht. Wenn der nämlich nicht mehr da ist, die Musik fällt zusammen und die Leute sehen das so, dann ist eines klar: das liegt an Hoffmann. Fangen Sie alleine wieder an zu singen?

FANDREY: Ja, im piano.

KONWITSCHNY: Ohne Orchester. Schade, daß Herr Richter nicht da ist. So, wie ich ihn kennengelernt habe, können Sie sich da soviel Zeit nehmen, wie Sie wollen und wir auf der Szene brauchen.

Also, Sie können zur Tür rennen und wieder zurückweichen, dann erst zusammenfallen. Sie

bescheidet sich wieder in der Rolle der psychisch Kranken. *(Wiederholung der ersten Strophe bis zur Reprise.)*

KONWITSCHNY: Der Einsatz war immer noch zu früh, aber alles viel besser.

Frau Fandrey, Sie ziehen die Flügeldecke richtig weg. Der Vater schlägt sie dann wieder zu, wenn er sagt: »Unfolgsames Kind«.

(Wiederholung der ersten Strophe.)

FANDREY: Soll ich hier an der Ecke einfach stehenbleiben? Oder gehe ich gleich rückwärts zum Flügel?

KONWITSCHNY: Ja, das ist überhaupt ...

FANDREY: ... es ginge auch, daß sie erst an der Ecke ist »Du entflohst« und dann in der zweiten Strophe erst zurückgeht.

KONWITSCHNY: Das ist gut, weil es darauf ankommt zu zeigen, wie jemand fertiggemacht wird.

Man müßte sagen: Mensch trau dich doch, die Tür aufzumachen, dann siehst du es nämlich!

FANDREY: Ja, dann stürze ich dahin, und nach dem Abbrechen kommt schon wieder die Resignation.

KONWITSCHNY: Sagen wir lieber Angst, Unterdrückung.

FANDREY: Angst vor der Wahrheit.

(Wiederholung)

Es war doch eben so, daß er hinter mir stehenblieb oder habe ich das nur so empfunden?

KONWITSCHNY: Ja, wunderbar, das wird spannend sein. *(Wiederholung)*

Sie wird wieder ängstlich und eng, schön.

Und wenn Sie gar nicht mehr bis zum Flügel kommen in der zweiten Strophe?

Sie bleiben mit dem Rücken an der Wand, rutschen da runter und bleiben so mit Blick auf die Tür, also Sie werden auf sich zurückgestoßen, immert wieder passiert das. Zudem quält Hoffmann Sie auch noch, indem er sich drückt, weil er sich nicht verwirklichen kann, denn er haßt sich selbst zuletzt. Das ist auch der Ausdruck für: Ich soll das ja nicht wissen, und das ist auch gut so, denn ich bin ja noch so klein. [...]

aufgeschrieben von Petra Müller

in: Dokumentation zur Inszenierung HOFFMANNS ERZÄHLUNGEN, Dresden 1992 Zentrum für Theaterdokumentation und -information

Lotte Thaler

Auf dem Folterrad

Ein neues Requisit geht um auf Europas Opernbühnen: der Konzertflügel. Ob Herbert Wernickes RING in Brüssel, Nikolaus Lehnhoffs LOHENGRIN in Frankfurt oder jüngst Peter Konwitschnys Dresdner Inszenierung von HOFFMANNS ERZÄHLUNGEN – vor, auf oder im Flügel spielt sich Oper heute offenbar besonders gut. Neu ist Konwitschnys Idee also kaum, Offenbachs einzige Oper als Geburt aus dem Geiste des Klaviers darzustellen. Neu ist allenfalls die Konsequenz, mit der dieser Klang-Körper genutzt wird, sowie die Gewichtung der Akte. Das musikalische Requisit nämlich lenkt schon von Anfang an die Aufmerksamkeit auf den Antonia-Akt, bei Konwitschny im Zentrum.

Von Seilen gehalten, senkt sich der Flügel zu Beginn aus dem Bühnenhimmel herab und entpuppt sich als unbekanntes Flugobjekt der Muse (Annette Jahns). Sobald sie gelandet ist, legt sie ihren Ballerinen-Dreß ab und behält die gestreifte Trikothose des Knaben Niklas an. Ganz symmetrisch dazu legt sie am Schluß der Oper ihren Rock wieder an, kriecht in den Flügel hinein und entschwebt nach oben: »Der Mann ist tot, es lebe der Dichter.« Unterdessen aber dient der Flügel als Liegefläche für Olympia (Christiane Hossfeld), wenn Hoffmann (Tom Martinsen) ihr seine Liebesarie singt, als Podest für das »glückliche Paar« Hoffmann und Antonia (Sabine Brohm) oder Hoffmann allein im Giulietta-Akt. Die »karrierebesessene« Antonia findet im Flügel jedoch mehr als ein Requisit. Wenn sie ihn mit riesigen Nägeln wie verrückt zuhämmert, weil sie das Singen aufgeben soll, dann zeigt Konwitschny, mit welcher Gewalt hier ein (zwanghaftes) Bedürfnis unterdrückt werden soll. Schon vorher diente Antonia der Flügel als Versteck vor ihrem Vater sowie als eine Art tödliches Brautgemach, aus dem sie Doktor Mirakel (Karl-Heinz Stryczek) wieder zum »Leben« erweckt. Aber nur, um ihn am Ende des Aktes endgültig als Sarg zu erhalten. Das Paganini-Ebenbild hatte sie mit seiner Teufelsgeige zum Singen angeheizt, und zusammen mit ihrer grotesken Mutter tanzt sie dazu einen unpassenden Cancan im Stechschritt.

Die Annahme, hier handele es sich um eine eminent musikalische Produktion, trägt jedoch. Zum einen, weil die Sächsische Staatsoper eine eigene Dialogfassung erstellt hat, die besonders das Vorspiel in Lutters Weinkeller dermaßen ausdehnt, daß man sich statt in der Oper in einer schwachen Komödie fühlt. Umständliche Erklärung ist jedoch ein denkbar ungeeignetes Mittel für Offenbachs geniale Musik, weil sie zugleich den phantastischen Charakter des Stücks unterläuft. [...]

Wie wenig »musikalisch« diese Produktion ist, zeigt gerade der Olympia-Akt. Denn hier kommt noch ein anderes Instrument zum Einsatz: das Folterrad, zur Hälfte über, zur anderen Hälfte unter die Bühne. Wenn Crespel (Rolf Wollrad) das Rad dreht, erscheint Olympia als Speiche im schwarzweißen Lacktrikot, eine gefesselte Domina, die später vom Rad steigt und ihren Hoffmann erledigt wie einen Stier im Kampf. Das Spiel mit dem Nervenkitzel, das sich Konwitschny wohl durch das dampfende, durchdrehende Rad mitsamt der gedoubelten Sängerin versprach, verkehrt sich jedoch in einen musikalischen Horrortrip für die Sängerin der Olympia in ihrer Koloraturarie, denn da war von Intonation keine Rede mehr. Und die Flöten begleiteten diesen leichtfüßigen Sechsachteltakt so schwerfällig und dumpf, daß man den Automaten tatsächlich vorgezogen hätte. Sobald Hoffmann dann wirklich schreit: »Ein Automat!«, zündet Coppelius eine Puppe an, und die ganze Gesellschaft fährt auf dem Rollband ab. Bierernst und ein Schuß ordinärer Bahnhofserotik sollten zwar Olympia als Maschinenfrau darstellen, verwechselten aber das Phantastische, das Hoffmann durch die »Kunstbrille« sieht, mit dem Realen aus der Sicht frühkapitalistischen Schaustellertums. Die Neigung, aus der Oper richtiges Theater zu machen, konzentrierte sich im letzten Akt der Giulietta (Waltraud Vogel), einer etwas abgehalfterten Kurtisane mit kräftiger Stimme.

Für den Schlemihl hatte man den Schauspieler Thomas Förster engagiert, dessen Auftritt aus dem übrigen Ensemble deutlich heraustach. Anstatt jedoch ein Duell mit dem Degen auszufechten, wollen sich Hoffmann und Schlemihl hier mit den bloßen Händen umbringen: während der Barcarole erwürgt Hoffmann Schlemihl, der dann wie eine Puppe zwischen Hoffmann und Giulietta hin- und hergeworfen wird.

Dramaturgisch schien dieser Akt am wenigsten stringent.

Er zerfiel in lauter kleine Einzelszenen, die sich gelegentlich verselbständigten, und führte auch musikalisch von Offenbach weg, indem über Band etwas »Neue Musik« als Übergang in das Nachspiel eingeblendet wurde. Auch Stella (Katrin Dönitz) kommt natürlich im Regenmantel durch das Bullauge des hinteren Bühnenabschlusses. An Klischees hat also auch Peter Konwitschny nicht gespart, ja, er hat sie sogar auf die Spitze getrieben: zu Beginn des Antonia-Aktes hängt der Himmel wirklich voller Geigen. Ein Farbprospekt anstelle des Phantastischen? (gekürzt)

in: Frankfurter Allgemeine Zeitung 3. 4. 1992

235

Dieter Stoll

Gefechtsstand der Liebe

Aus höchsten Höhen des Bühnenhimmels schwebt zu den fahlen Vorspiel-Takten ein kompletter Flügel steil in die Szene und spuckt nach der Landung die »Muse« aus. Diese Dame, in der Offenbach-Oper HOFFMANNS ERZÄHLUNGEN bekanntlich lustwandelndes Künstler-Gewissen zur Egotrip-Inspiration des affärenanfälligen Dichters, verschwindet am Ende der Dresdener Neuinszenierung auf gleichem Weg als fliegende Klavierfüllung – eingesargt in die Illusion von der hehren Kunst, an deren Reinheit nun keiner mehr glauben mag. Sie ist die eigentliche Hauptfigur von Peter Konwitschnys Semperopern-Neufassung, die das Fragment mit frischer poetischer Energie auflädt, wie das seit Felsenstein allenfalls Herbert Wernicke in Frankfurt schaffte. Der Regisseur ist damit aus der Geheimtip-Reserve in die oberste Spitzengruppe aufgerückt.
Schatten und Nebel bestimmen das Bild dieser Aufführung, die in ihrer schreckgebeutelten Ironie auch sonst die Nähe von Woody Allens aktuellem Tonfall zu suchen scheint. Das mit fröhlich klimpernden Weinflaschen quer über die Bühne laufende Fließband transportiert alsbald massenhaft schwarze Figuren

von bedrohlicher Heiterkeit. Bleiche Krawattenmännchen schunkeln in Auerbachs Keller, der hier wie ein außerirdischer Gefechtsstand für Unterbewußtsein wirkt, stimmungsgeladen ins Grenzgebiet von Gaudi und Pogrom. Was sonst nach Stimme und Charakter übersichtlich etikettiert ist, verliert diese Einstufung in lapidarer Verbrüderung, die in der giftspritzend eifersüchtigen Muse gerade so viel Herz vermuten läßt wie im Episoden-Bösewicht, dem der Dichter als Moderator der eigenen Vergangenheitsbewältigung sogar die Tür öffnet. Umnebelt von Dampfschwaden wie von einer Zitatenwolke bringt der die Affären dann zum gewünschten Ende.
Peter Konwitschny mißtraut nicht der Romantik, wohl aber ihrer geglätteten Imitation. Er findet, gestützt durch eine fast nahtlos vom Wort zur Musik und zurück pendelnde Dialogfassung, feinste Verästelungen im Handlungsstrang und setzt die wohlbekannten Einzelteile auf neue Bilder. Tonleiter-Artistin Olympia wird zum radikal leidenschaftslosen Pin-up-Roboter, Schwindsucht-Seelchen Antonia (bei ihr hängt der Himmel buchstäblich voller Geigen) nagelt in wilder Verzweiflung den Flügel zu, und Barkarolen-Kurtisane Giulietta hebt mit ihrem Rausch aus Tod und Sex in andere Dimensionen ab – der Sound der »Liebesnacht« grundiert ein Hörspiel vor erstarrten Figuren. Ausstatter Bert Neumann wirft

Nosferatu-Schatten über die Handlung, zaubert mit Feuer und Versenkung und öffnet über aller süffig stilisierten Zirkus-Turbulenz die Sehnsuchtsluke ins Mozart-Himmelreich einer GIOVANNI-Aufführung.
Caspar Richter, Offenbach-Spezialist eher für die Spötterabteilung, folgt der Regie-Spur genau. Mit der Staatskapelle Dresden baut er ein monumental düsteres, noch im vitalen Galopp bedrohliches Klangbild, das die Technik der Travestie nicht leugnet. Die Solisten sind singende Schauspieler, komödiantisch bis in die Fingerspitzen. Der bei leicht flackernder Mittellage eindrucksvolle Tenor Tom Martinsen, Leihgabe der Gelsenkirchener »Revier«-Oper, und die als Treibsatz im Zentrum inszenierte Muse von Annette Jahns an der Spitze eines Ensembles, das trotz vokaler Einschränkungen die Aufführung trägt – und wohl auch durch sie getragen wird.
Die Semperoper, mit Intendant Christoph Albrecht auf der offenbar schwierigen Suche nach dem Szenen-Gegengewicht zum architektonischen Über-Bau, kann einen Triumph buchen. Die Proteste gegen den vergnügt fäusteschwingenden Regisseur beim langen Schlußbeifall bestätigen den Schritt ins volle Theater-Leben.

*in: Münchener Abendzeitung
26. 3.1992*

8

Frank Kämpfer

Schnittstellen und Kontinuität

Notizen zu
Peter Konwitschnys Entwicklung

I. Peter Konwitschny ist eine musikalische Laufbahn sprichwörtlich in die Wiege gelegt. Seine Mutter, Annie Eisner, in Freiburg im Breisgau geboren, war in ihrer Jugendzeit Sängerin. Sein Vater, der aus Mähren stammende berühmte deutsche Dirigent, hatte sie dort während seiner Zeit als Generalmusikdirektor kennengelernt, geheiratet und 1938 mit nach Frankfurt am Main genommen. Während der ersten Kriegsjahre war er zunächst noch intensiv künstlerisch tätig, seine Frau brach ihre vielleicht vielversprechende Sängerkarriere auf seinen Wunsch hin dagegen ab. Sie war zuständig für das Überleben der Familie, später für das im Januar '45 geborene Kind. In den letzten Kriegsmonaten erlebt Frankfurt eine Vielzahl dramatischer Bombardements, ein Umzug ist unmöglich. Erst nach Kriegsende führt ein Engagement des Vaters die Familie aus der Trümmerstadt nach Hannover, wo das Opernhaus noch steht. Und nach der Berufung Franz Konwitschnys ans Leipziger Gewandhaus 1948 siedelt man schließlich über ins Sächsische, in den russisch besetzten Teil. In Leipzig-Schleußig bezieht man ein größeres Grundstück mit einem waldartigen Garten, wo Peter aufwächst, spielt und wo seine Hingezogenheit zur Natur ihre Ursprünge hat.

Die Zeit in Leipzig ist wichtig für die Begegnung mit der Musik. Peter Konwitschny geht mit der Mutter in zahllose Opern- und Operettenaufführungen, erlebt Konzerte seines Vaters und Hausmusikabende daheim. Das gibt die Möglichkeit, eine Vielzahl von Instrumenten zu sehen, ihren Klang und ihre Funktion kennenzulernen und sie spielerisch für sich zu erobern.

Der musikantische Zugang, der auch für Franz Konwitschny charakteristisch war, entwickelt sich – vermutlich aus dem unzensiert freien Umgang – auch bei Peter. Beim Klavierunterricht, den es bald obligat für ihn gibt, ist er, wie es Fotos belegen, vertieft und entwickelt früh musikalisches Interesse und Gespür. Prägend ist dafür zweifellos, den Alltag des Dirigenten aus nächster Nähe mitzuerleben. Peter Konwitschny sitzt oft in Proben, später nimmt ihn der Vater auch zu Konzerttourneen mit.

Die Schulzeit durchläuft Peter Konwitschny im sich noch formierenden Schulbetrieb der gerade gegründeten DDR. Der Umstand, durch die Konzertreisen länger zu fehlen, führt zu Konflikten. Er gerät in eine Sonderposition, die den Vorstellungen einiger regimeergebener Lehrer wenig entspricht und ihn in der Klasse isoliert. Eskalationen allerdings bleiben – wie später auch – immer aus. Franz Konwitschny wird als einer der wenigen namhaften Künstler bürgerlicher Tradition, die die DDR nicht verlassen, lange hofiert. Man läßt ihm Freiräume, akzeptiert seine relativ ausschweifende Art zu leben. Staatspolitik spielt in der Familie seit je eine untergeordnete Rolle, man versteht sich als unpolitisch und orientiert sich allein an der Kunst, allenfalls an den Umständen ihrer Produktion. Die katastrophale Entwicklung der innerdeutschen Politik muß die Eltern jedoch zumindest untergründig sehr gequält haben, der Bau der Mauer 1961 ist für Franz Konwitschny – so vermutet heute der Sohn – eine Ursache für den frühen Tod. Die Eltern lassen sich scheiden, die privaten Verstrickungen nehmen zu, nach dem Bau der Mauer wird der Dirigent in der DDR-Presse politisch mißbraucht. Im Sommer 1962 stirbt er auf einer Jugoslawien-Tournee.

Für Peter, damals knapp siebzehn, bleibt der Vater weiterhin Vorgabe und Protektion, zugleich aber auch Konfliktpotential. Als Berufswunsch steht für ihn fest, auch Dirigent zu werden. Bei der Eignungsprüfung in Leipzig reicht jedoch sein Klavierspiel nicht aus, – zum Verdruß vor allem der Mutter steht eine Ablehnung ins Haus. Auch der Wunsch, Rennfahrer zu werden, bleibt Idee. Peter bewirbt sich daraufhin in Berlin für Mathematik und studiert schließlich 1963/64 an der Humboldt-Universität zwei Semester Physik. In deren Verlauf wächst der Wunsch, die Fehlentscheidung zu korrigieren. Er bewirbt sich an der Berliner Musikhochschule »Hanns Eisler« noch einmal für das Fach Dirigieren und stellt sich nach erneuter Ablehnung an der Staatsoper Unter den Linden vor. Hans Pischner, seinerzeit in Berlin Intendant, begreift es als Politikum, dem Sohn Franz Konwitschnys zu helfen – ein Kollegengremium orientiert daher auf ein Studium im Fach Opernregie.

Davor gibt es die Möglichkeit, für ein Jahr an der Staatsoper Unter den Linden zu hospitieren. Das Musiktheater in Ostberlin ist zu jener Zeit am sogenannten »realistischen Musiktheater« Walter Felsensteins orientiert, den Konwitschny an der Komischen Oper selbst erlebt. Die Produktionen von Erhard Fischer und Heinz Rückert in der

Staatsoper und von Joachim Herz, Götz Friedrich und Walter Felsenstein an der benachbarten Komischen Oper fügen sich – bei aller Verschiedenheit der jeweiligen Handschriften – zu einem zunächst relativ einheitlichen Bild vom Operntheater. Auch im Studium setzt sich diese Orientierung fort. Die Qualität der Seminare ist sehr verschieden, manche besucht Peter Konwitschny gelangweilt, in andere vertieft er sich sehr. Wichtig sind zwei Berufspraktika, eine MAHAGONNY-Arbeit von Joachim Herz in Leipzig und eine AIDA-Inszenierung von Götz Friedrich an der Komischen Oper. In letzterer eröffnet sich dem Studenten Konwitschny vor allem die technisch-organisatorischen Aspekte der Regietätigkeit. Er erlebt den in einem Opernhaus engen Spielraum für die rein künstlerische Arbeit und überlegt deshalb, die Ausbildung zu beenden. Er setzt sie schließlich fort und beendet sie 1970 mit einer als »klug und ästhetisch anregend« gewerteten Diplom-Inszenierung DER MANN IM MOND (Musik Cesar Bresgen) am Theater in Brandenburg. Dort wird er sofort engagiert. Eine Übertragung der Arbeit nach Schwerin erweist sich zuvor dann als sehr kompliziert. Konwitschny fühlt sich überfordert und sieht auch die geplante Einstiegs-Inszenierung von Verdis MACHT DES SCHICKSALS für sich als unangemessen an, als offenkundige Überschätzung. Er selbst schlägt eine Offenbach-Operette vor; die im Haus inzwischen gewechselte Leitung geht darauf jedoch nicht ein.

Der junge Absolvent sieht voraus, in ein Debakel hineinzumanövrieren und aus der Problemlösung von vornherein ausgeschlossen zu sein. Helmut Hohlfeld, damals Abteilungsleiter Regie an der Hochschule in Berlin, hilft, den Vertrag mit Brandenburg wieder zu lösen. Anstelle dessen gibt es ein Zusatzstudienjahr. Im Zentrum steht dabei die Beschäftigung mit Bertolt Brecht, dessen Theater im Studium nur als Randerscheinung behandelt worden war. Konwitschny bekommt den Auftrag, am Berliner Ensemble eine Inszenierung der damaligen Intendantin Ruth Berghaus zu begleiten und in einer theoretischen Arbeit die Relevanz von Brechts Theater und Theorie für die Oper zu ermitteln.

Unter der Intendanz von Ruth Berghaus ist das Berliner Ensemble zu dieser Zeit ein Theater im Aufbruch. Ihre wichtigsten Jahre am Haus fallen in die erste Hälfte der 70er Jahre, die kulturpolitisch gesehen Spielräume für Öffnung und Toleranz ermöglichen. Ruth Berghaus spielt Werke zeitgenössischer Autoren, bindet verschiedene, wie beispielsweise Heiner Müller und Karl Mickel, fest in die Arbeit ein. Zum Unmut seiner Erben – besonders von Barbara Berg und Ekkehard Schall – wird vor allem Brecht aus dem Geist des Jahrzehnts radikal neu befragt. Konwitschny erlebt den Beginn jener Zeit, den Enthusiasmus der Beteiligten. Die Begegnungen mit Mitarbeitern wie Paul Dessau, Heiner Müller, Karl Mickel, Friedrich Dieckmann oder Hans-Jochen Irmer geben ihm Impulse, die Assistenztätigkeit im Umfeld der Berghaus hat einen größeren Stellenwert als der Wunsch, selbst zu inszenieren. Vor allem Brecht zu begreifen – in dessen einstigem Milieu und in seinen vielfältigen menschlichen Konstellationen –, das ist für Peter Konwitschny ein großer Gewinn.

In Anekdoten, im alltäglichen Umgang mit Schülern, Zeitzeugen und Kollegen erscheint ihm Brecht als vielschichtige, aufregend widerspruchsvolle Theaterpraxis und Person. In der schriftlichen Arbeit, die die Hochschule abverlangt, läßt sich all dies nur bedingt theoretisch verallgemeinern. Der Brecht-Teil ist für Konwitschny persönlich Gewinn, die Studie über Ruth Berghaus blieb Fragment. Eine dramaturgische Analyse von Verdis RIGOLETTO ist vom Brechtschen Blickwinkel geprägt und hebt – was sich später in einer Inszenierung umsetzen läßt – vor allem das Vater-Tochter-Gefüge als Besitzverhältnis hervor. Die Hochschule bewertet mit »ungenügend«. Paul Dessau findet dagegen Auszüge lesenswert und ermutigend. Ruth Berghaus bewertet nichts, stellt den jungen Absolventen dafür fest ein.

II. Peter Konwitschnys Assistenzzeit wird unerwartet lang. Acht Jahre, von 1970 bis 1978, bleibt er am Berliner Ensemble. Er arbeitet an vier Berghaus-Inszenierungen mit: DIE GEWEHRE DER FRAU CARRAR (1971), OMPHALE von Peter Hacks (1972), ZEMENT von Heiner Müller (1973) und DIE MUTTER (1974) sowie bei Kupke/Pintzkas TURANDOT-Inszenierung 1973 und Wekwerth/Tenscherts GALILEI 1978. Kleine eigene Projekte kommen hinzu. Konwitschny komponiert eine Schauspielmusik zu Shakespeares MASS FÜR MASS für das Landestheater Halle, stellt mehrere Brecht-Liederprogramme zusammen, studiert Szenen nach, produziert eine Fernseh-Montage WIE MOZART VERHEIRATET WURDE mit Schauspielszenen und musikalischen Intermezzi.

Es ist für ihn eine Zeit kleiner Experimente, eine Zeit der Beobachtung und des praktischen Lernens, ein Abschnitt zunächst eigener innerer Reife und Beruhigung.

Die erste eigene Regie-Arbeit ist 1975 Heiner Müllers ZEMENT. Konwitschny hatte bereits bei der Uraufführung des Stücks 1973 im Berliner Ensemble unter Ruth Berghaus mitgewirkt und gilt bei der Übertragung am Nationaltheater Budapest für die wegen der Machtkämpfe mit den Brecht-Erben mehr und mehr an Berlin gebundene Regisseurin zunächst nur als ein Ersatz. Die Aufführung jedoch ist für die »Tage des DDR-Theaters« in Ungarn fest geplant und damit unbedingt zu realisieren. Geschickt vermag sich Konwitschny vom Plan der Nachinszenierung zu lösen und entwickelt gemeinsam mit dem Bühnenbildner Lothar Scharsich ein eigenständiges Konzept. Erzebet Berecki, dramaturgische Mitarbeiterin, beschreibt in einem Interview, wie Konwitschny sich für das ihm fremde kulturelle Umfeld interessiert. Insbesondere für semantische Besonderheiten der Sprache, die auf andere Formen in Denken und Sein verweisen, auf einen im Vergleich zu Deutschland »geringeren Grad gesellschaftlicher Entfremdung«. Solches Wissen geht partiell in die Inszenierung ein. Das Stück – das u.a. zwischenmenschliche Beziehungen unter dem Eindruck von Bürgerkrieg und russischer Revolution 1917 problematisiert – erscheint während der Proben in Ungarn in verändertem »Kolorit«. Konwitschny legt Schichten frei, die für ein Publikum in Ostberlin bedeutungslos sind. Dort ist es schwer, den reglementierten Stückautor überhaupt aufzuführen, da er kaum als relevanter »Vertreter sozialistischer Kunst« zu legitimieren ist. In Budapest ist Ideologisches von anderer Art. Nicht der in Ostdeutschland immer systempolitische Aspekt spielt hier eine Rolle,– die Szenen und Bilder, die die Regie entwirft, bieten dem traditionell eher konservativen Budapester Theaterpublikum Material, über die eigene nationale Befindlichkeit nachzudenken. Eine derartige Resonanz ist selbstverständlich nicht überliefert, Kritiken beschreiben zumindest die Begeisterung der Akteure für Inszenierung

und Text, Peter Konwitschny erlebt einen großen Erfolg. Seine Inszenierung wird geschätzt, weil sie nicht vordergründig politisiert, sondern existenzielle Konflikte und Fragen aufzeigt.

Solchen Freiraum, solche Resonanz gibt es bei der nächsten Arbeit, Konwitschnys erster Opern-Regie, nicht. Nach der Ausbürgerung von Wolf Biermann im November 1976 hat sich die kulturpolitische Lage in Ostberlin sehr schnell verschärft, und selbst unter avancierten Künstlern brechen Konflikte auf, die bislang unterdrückt geblieben sind. Die Uraufführung von Friedrich Goldmanns und Thomas Körners Kammeroper R.HOT nach Lenz in der Staatsoper Unter den Linden ist mehrfach gefährdet. Die Opernfantasie erzählt von jungen Leuten, die gegen ihre Väter rebellieren, die die Dogmen ihrer Erziehung durchbrechen und den ihnen zugewiesenen Lebensraum mutig verlassen. Anfang 1977 ist das Sujet hochaktuell. Für mutige Vertreter von Musikwissenschaft und Kritik ist es – liest man ihre Texte von einst heute genau – erstes Anliegen, das Stück zu verteidigen. Peter Konwitschny, der auch hier für Ruth Berghaus nur einspringt, kommt erst sehr spät zur Erarbeitung dazu und bleibt ein Außenseiter im Einstudierungsprozeß. Gewiß auch deshalb verlegt sich die Kritik auf ihn. Sein Versuch, Handlungsvorgänge nicht nur zu illustrieren, das neue Stück andererseits auch nicht mit Interpretation zu überladen, wird als unreif, als nicht durchdacht und dem Werk unangemessen abqualifiziert. Es gibt gegen ihn deftige Polemik, aber auch völlige Ignoranz. Bei der Lektüre entsteht zuweilen der Eindruck einer beinahe kampagneartigen Diskussion. Im Detail ist der Vorgang heute kaum mehr zu rekonstruieren. Er scheint charakteristisch für Verhältnisse, in denen Kunst eine große ideologische Bedeutung zugemessen wird, in denen jedes Detail zugleich jedoch persönlich genommen und überbewertet werden kann.

Autoren, Ausführende und Regie bleiben sich in der konkreten Produktion allerdings in einem Maße fremd, daß sich offensichtlich szenische und musikalische Intentionen schwer zu einem überzeugenden Ganzen verbinden lassen. Ein in der Theaterpraxis alltäglicher Fall, für den Regisseur hat er jedoch erhebliche Folgen. Im hauptstädtischen Musiktheater verschließen sich für ihn bis auf weiteres alle Türen; er wird zudem die zeitgenössische Oper meiden und sich für eine Reihe von Jahren an Kleinstadttheater begeben.

Zunächst gibt es für ihn in Berlin jedoch noch ein wichtiges Projekt. Er kann 1979 Kazimierz Moczarskis GESPRÄCHE MIT DEM HENKER, Texte nach einem authentischen Fall, in der Ostberliner Volksbühne realisieren. Moczarski, ein aktiver antifaschistischer polnischer Offizier, schildert darin seine Zeit mit einem deutschen Hauptkriegsverbrecher, mit dem er als Gefangener Stalins die Zelle teilen muß. Die dramatische Konstellation ist nicht unproblematisch, denn in das Geschichtsbild der DDR von 1979 passen sowjetische Verbrechen im Kontext Weltkrieg nicht. Die Aussage wird jedoch relativiert, was im Zuschauergespräch deutlich wird: der Massenmörder ist als Unmensch angelegt, die Dialoge mobilisieren zuerst antifaschistisches Empfinden, dann erst folgt die Frage nach der Aktualität des Geschehens. Peter Konwitschny sucht zu dem eigentlich einschichtigen Text einen kontrastierenden Ort: Szene und Publikum werden unter der Bühne plaziert, im Betonkeller, in der gewaltigen Maschinerie der Räder, Kurbeln und Stangen, die ihrerseits aktuelle Bedrohtheitsgefühle provoziert.

Es sind Zufälle, aus denen diese ersten Arbeiten resultieren. Doch es eint sie ein ästhetisches Moment: Konwitschny nähert sich den offenkundig politischen Stoffen und Sujets nicht, indem er sie abzubilden, zu illustrieren versucht, sondern indem er Konträres zu ihnen erfindet. Korrelate zum Material, die fremde, überraschende Zusammenhänge schaffen. Dies bleibt Ansatz, erster Versuch. Auch, die Balance zu halten zwischen Nähe und Abgrenzung zu den Vorbildern und Lehrern. Sein Verständnis von Theater ist politischer Art, geprägt von Erfahrungen im Umgang mit Brecht, Dessau, Müller und Berghaus. Nicht politische Schlagzeilen sind dabei favorisiert, sondern Menschen werden in extremen Konflikten gezeigt, die aus unlebbaren Verhältnissen resultieren.

III. 1978/79 sind Jahre der Krise. Zunehmend begreift Peter Konwitschny die Verhältnisse am Berliner Ensemble für sich als beengend und unproduktiv. Seit Ruth Berghaus' Sturz im April 1977 führt Brecht-Schüler Manfred Wekwerth das Haus, – die Freiräume für das Experiment, für avanciertes Theater sind bereits reduziert. Zugleich nimmt der unmittelbare Einfluß von Brechts Tochter Barbara und deren Mann Ekkehard Schall auf den Hausbetrieb zu. Ein Lieder-Projekt, das sogenannte MILANO-Programm, ist Konwitschnys letzte Station. Einen Eingriff Frau Schalls in Fragen der Kostümgestaltung begreift er als nur ein Beispiel in einer Kette von Bevormundungen. Er sieht sich gedemütigt, weiß keine offensive Entgegnung, meldet sich krank und hat ein Vierteljahr später den gewünschten Aufhebungsvertrag.

Zu den beruflichen Konflikten kommt noch ein privater hinzu. Die Ehe – 1974 geschlossen – wird im August 1979 geschieden. Vor allem von seiner Tochter trennt Peter Konwitschny sich nur schwer, für beide Partner ist die Scheidung jedoch ein richtiger Entschluß.

Biographisch steht überhaupt ein lange nötiger Wechsel an. Konwitschny, Mitte Dreißig, muß sich aus enggewordenen Lebens- und Arbeitsformen befreien, oder befreien lassen. Doch Trennungen, so zeigt sich auch später, sind nicht sein Metier. Manfred Wekwerth, um Konwitschny besorgt, hat Anfang 1980 eine Lösung. Die Schauspielschule Rostock sucht einen Regisseur, der mit Studenten Brechts ANTIGONE einstudiert. Konwitschny nimmt voller Selbstzweifel an, – und entwickelt seine bislang reifste Inszenierung.

Entgegen dem Auftrag und der Erwartung der Studenten erarbeitet er statt der Brechtschen die ANTIGONE-Fassung Hölderlins, die wegen ihrer sprachlichen Dichte als schwer spielbar gilt. In Gesprächen mit Karl Mickel werden die Szenen, die Strukturen der Sprache analysiert. Aus dem Textmaterial entwickelt der Regisseur dann eine spezielle Erarbeitungs- und später Spielweise. Zunächst werden keine Rollen verteilt, die irritierten Studenten haben sich in »Ausprobier«-Proben mit Sprachgestus, Textgestalt und im kleinen Team vor allem mit sich selbst auseinanderzusetzen. Der Zufall fügt es, daß Konwitschny seinerzeit über die Ostberliner Aussteiger-Szene amerikanischen Theaterpädagogen begegnet und von kommunikationsfördernden Gruppenübungen, von kombinierten Körper-, Text- und Raum-Spielen erfährt. Er bezieht derlei sofort ein, der Probenprozeß wird davon stark geprägt. Seine Hauptintention in den Proben ist, ohne Dekoration, ohne Requisiten zu spielen und in Bezugnahme auf die Archaik des Stoffs alles mit dem eigenen Körper zu formulieren. Nur bedingt sind den Akteuren feste Rollen zugeteilt, nach ihrem jeweiligen Part gehören alle stets zum namenlosen Chor.

Die Aufführung erreicht eine Dimension, die sehr Grundsätzliches meint. DDR-Wirklichkeit ist dabei relativ nebensächlich, der Regisseur sieht im Stoff einen entscheidenden Umbruch der Menschheitsgeschichte diskutiert. In Fachkreisen löst die Arbeit Diskussionen und Begeisterung aus. Mehrfach kann das Ensemble gastieren, sogar in der Akademie der Künste in Berlin. Für Konwitschny ist die Resonanz eine sehr entscheidende Ermutigung. – sehr wichtig für den Entschluß, überhaupt weiterzuarbeiten. Zugleich hat er wichtige Erfahrungen in der konkreten szenischen Arbeit gemacht und sich weiterentwickelt. Eine Methodik ist hier erstmals erprobt, die später immer in seinem Sinn erfolgsträchtig ist: die Einbeziehung der Akteure in die Arbeit mit ihren Erfahrungen, Fähigkeiten, Wünschen und Ängsten, mit ihrer ganzen Person.

So ist der »Ausweich« auf die Studenten, wie sich auch in der Folge zeigt, alles andere als ein Ersatz. Für den jungen Regisseur mit seinen Idealen bieten sie das unverstellt-experimentbereite Kollektiv, das er zu szenischen Lösungen jenseits aller Ausbildungs- und Aufführungs-Routine motivieren kann. Daraus entwickelt sich Kontinuität. Zunächst in Rostock, später auch in Berlin. Mit Studenten verschiedenster theaterbezogener Studiengänge studiert er Szenen, trainiert er Grundlagen, entwickelt er Lesarten bereits absolvierter oder noch zu erarbeitender Inszenierungsprojekte.

Auch privat ergibt sich neue Kontinuität. Mit Eva Qualmann, Germanistin und Sprech-Pädagogin an der Rostocker Schauspielschule, lebt er jetzt in einem Bauernhaus in Mecklenburg, abgelegen, in der Natur, auf dem Acker zwischen Rostock und Güstrow. Die Begegnung mit dem Land erinnert Kindheitseindrücke, weckt neue

Kräfte und Intentionen. Im »Teamwork« mit Eva Qualmann werden hier kommende Inszenierungsprojekte angedacht und entwickelt. Zuerst für die Schauspielschule, wo Konwitschny Szenen aus Hacks' OMPHALE, Brechts IM DICKICHT DER STÄDTE, zwei Karl-Valentin-Sketche und eine zweite Studioinszenierung, Brechts DIE GEWEHRE DER FRAU CARRAR erarbeitet. In seiner Tätigkeit kreuzen sich so letzte Berliner Verpflichtungen und neue Angebote, die aus dem ANTIGONE-Erfolg resultieren. Infolge Intendanzwechsel an der Komischen Oper scheitert zunächst ein an Joachim Herz gebundenes Milhaud-Projekt, im »Theater im Palast« wirkt Konwitschny an der Schlußszene von Berghaus' STELLA-Inszenierung mit und bringt einen eigenen Rilke-Abend heraus.

In eigener Regie kommt zuvor in Anklam, an einem sehr kleinen Theater, gleichfalls ein Goethe-Stück zur Premiere: SATYROS ODER DER VERGÖTTERTE WALDTEUFEL. Karl Mickel, als Goethe-Spezialist auch mit dessen frühen Hanswurstiaden vertraut, hat das Werk empfohlen. Im Zusammenhang mit Konwitschnys vorangegangenen Inszenierungen politischer Stücke und auch politischen Erfahrungen nimmt es sich wie eine abschließende Farce nach den Tragödien aus. Der kurze Text zeigt zwei Antipoden, den asketischen Einsiedler und den sinnlichen Satyr. Sie verkörpern zwei klassische Daseinsprinzipe, das Debakel liegt in ihrem Streit. Beide suchen die Gefolgschaft der Menge, beide manipulieren erfolgreich und bringen den Anderen, das Andere in existenzielle Gefahr. Von beiden getäuscht, ist »das Volk« gelähmt, entpolitisiert.

1980 gibt es für diesen Stoff scheinbar keinen aktuellen Bezug. Doch Konwitschny bezieht das Publikum ein, verzichtet auf die Distanz einer Bühne und situiert das Ganze in einem gaststättenartigen Raum. Zunächst studiert ein Moderator mit dem Publikum Chorrufe ein: die Texte des »Volkes« im Stück. Dann läßt er sie auf Tonband aufnehmen, an bestimmten Stellen im Stück werden sie später einfunktioniert. Der Videomitschnitt zeigt eine groteske Szenerie: im Clubhausflair der 60er Jahre sitzt Kleinstadtpublikum, gemischt mit Soldaten der Nationalen Volksarmee, bei Cola und Bier. Das Spektakel beginnt spaßig, bei den Tonbandchören spitzt sich die Stimmung allmählich zu. Die Gäste und Zuschauer hören ihre eigenen Rufe, nun allerdings durch den szenischen Kontext »verfremdet« und können sich als eine manipulierbare Menge erkennen, die zur Lynchjustiz wächst. Dies ist ein extremer Versuch, Publikum in das Theatergeschehen einzubeziehen. Es wird weitere geben, wo es Werk- und Bühnengegebenheiten bieten, denn der Regisseur wünscht bzw. fordert ein Publikum in geistiger Aktivität. Dies ist von Brecht angeregt, der in seinen Schriften den Zuschauer nicht als konsumierend, sondern mitdenkend und mitproduzierend entwirft. Der Regisseur weiß um diesbezügliche »Experimente« in der Bildenden Kunst, auch bei Beuys und Arno Schmidt, er erlebt Ruth Berghaus' Versuche, sich ein aufgeschlossenes Publikum zu erziehen, und sucht nun selbst mit Regiemitteln Wege dorthin.

IV.
Der Arbeit in Anklam folgt ein Angebot aus Greifswald, Kálmáns Gräfin Mariza steht auf dem Plan. Peter Konwitschny besitzt zur Gattung Operette einen Zugang aus der Kindheit, er hat in Leipzig in den 50er Jahren mit seiner Mutter eine Vielzahl von Operettenvorstellungen erlebt. Auch vom Vater her gab es immer wieder Fürspruch für deren musikalischen Wert. Er ist sich zugleich bewußt, daß er die gängige Praxis, Operette zu inszenieren, nicht reproduzieren kann. Er will die Gattung nach ihrem Kern, ihrer theatralischen Substanz, ihrer »sozialen« Funktion hinterfragen. Wie es zwei Manuskripte »Thesen zu Mariza« belegen, interessieren ihn und den Dramaturgen Jörg-Michael Koerbl vor allem utopische Elemente, Strukturen von Wunschdenken, Sehnsucht und Traum, die emotionale Leerstellen im Publikum bedienen. Das szenische Resultat nimmt Gattung, Werk und Figuren daher ernst, das heißt als wertvoll und Dokument ihrer Zeit. Die Dialoge werden daher fast ungekürzt präsentiert: eine Liebesgeschichte mit ernsthaftem Happy-End wird erzählt und in Traum-Szenen ironisch-utopisch kommentiert.

Die Premiere Ende Januar '81 löst Kontroversen aus. Die Aufführungsdauer provoziert zunächst mehr als die Aufführung selbst. Normalkonsumenten geben sich davon irritiert. Der SED-Sekretär von Greifswald, der die Premiere besucht, verliert sogar die Beherrschung und ignoriert das auch von ihm abhängige Theater mehr als ein halbes Jahr. Auch die Fachpresse rekapituliert

»vier lange Stunden«: Wolfgang Lange, Redakteur der einzigen DDR-Theaterzeitschrift »Theater der Zeit«, beginnt in seinem Blatt eine Diskussion, die sich zunächst an der Substanz der Gattung reibt und nach ihrer Berechtigung in einem »sozialistischen« Theater fragt. Es gehört zum Klein-Geist der Zeit, alles am Maßstab der DDR zu messen. Doch die als subjektiv markierte Äußerung hat einen Unterton, den man heute gewiß leicht überliest. Nicht Peter Konwitschny, nicht Gräfin Mariza stehen zur Diskussion, sondern im Inszenierungsvergleich zwei Schauspielregisseure, die sich in die Musiktheaterbranche wagen, und dazu zwei Vertreter der Ästhetik von Bertolt Brecht. Dessen Methode gilt – nicht allein etwa in der DDR – als nicht auf das Musiktheater übertragbar. Pauschal steht Brecht im deutschsprachigen Theaterraum als Gespenst unabwendbarer Modernisierung theatralischer Konzeption und wird entsprechend – auch durch Ignoranz – abgewehrt. Unter einem Slogan wie »Brecht bleibe Brecht, Oper bleibt Oper« erscheint das Experiment der zwei jungen Regisseure als ein schwerwiegender Regelverstoß, der offiziell nicht gutzuheißen ist. Mögliche Nachahmer zu bremsen, ähnlichen Grenzüberschreitungen entgegenzutreten – dies ist im weitesten Sinne die kulturpolitische Intention der Theaterkritik, und dazu bemüht auch der Rezensent einen sehr traditionellen Publikumsbedarf.

Hans-Jochen Irmer, ehemals Dramaturg am Berliner Ensemble und später Dozent an der Berliner Musikhochschule »Hanns Eisler«, beantwortet die Kritik mit einem Brief an die Redaktion, den man allerdings nicht veröffentlicht. Er verteidigt Konwitschnys Zugang zum Stück und beargwöhnt die einseitige Sicht der Kritik. Ein ernster, auch persönlicher Streit scheint entfacht,– nicht sehr günstig für den jungen Regisseur. Denn »Theater der Zeit« ist das einzige Fachblatt im Land und hat in Bezug auf Theaterkritik eine Art Monopol. Hier vorgenommene Akzentsetzungen werden schwerlich anderswo relativiert, und Kulturpolitik ist auch in der DDR in erster Linie Personalpolitik. Das Theater in Greifswald kündigt immerhin die Wiederaufnahme der Gräfin Mariza an, im Haus gilt die Inszenierung als erfolgreiches Experiment.

Für den Regisseur ergeben sich daraus für die '82er Saison neue Aufgaben in Greifswald: Robert Hanells Oper DIE SPIELDOSE und Gerhart Hauptmanns soziale Komödie SCHLUCK UND JAU. In Freiräumen dazwischen arbeitet er mit den Schauspielstudenten, begleitet als Mentor den Berghaus-Eleven Martin Schüler bei dessen erster Produktion.

Seit dem Fortgang aus Berlin ist Peter Konwitschny nun sehr eindeutig auf den Regisseursberuf fixiert. Und es scheint erstaunlich, wie er – fern den großen Häusern und großen Namen – dennoch in einer generell experimentfeindlichen Szene Ensembles für seine Konzeption von Theater gewinnt und zu unüblichen, aufwendigen Produktionen motiviert.

Dreh- und Angelpunkt seines Erfolgs sind sowohl seine Wertschätzung des Ensembles als auch die bei aller Ungewöhnlichkeit überzeugende, ja frappierende Gestalt einer jeweiligen Regiekonzeption. Eigenes musikalisches Vermögen zahlt sich für beide aus. Konwitschny spielt Partituren am Instrument selbst durch, aus genauer Musikkenntnis entwickelt er szenische Varianten aus dem jeweiligen Gestus und Geist der Komposition. Die theatralischen Resultate reiben sich an routinierten Lesarten, die lediglich die Libretti illustrieren. Konwitschnys Forderung aber heißt, eben diese in Frage zu stellen, nach verschütteten Werkschichten zu suchen und deren Konfliktstrukturen in ihrer Vielschichtigkeit zu zeigen. Dabei befähigt er Darsteller und Sänger zu Leistungen, die sie sonst nicht erreichen. Zu seiner Theaterästhetik gehören die Anstrengung, der Mut zu Neuem, die Forderung, sich als Protagonist einzulassen auf einen Stoff und Eigenes darin einzubringen.

Radikaler als bisher wird Inszenierungstradition mit Webers FREISCHÜTZ 1983 am Theater Altenburg befragt. Konwitschny liest die romantische Oper reichlich unsentimental. In der Wolfsschlucht-Szenerie manifestiert sich für ihn alptraumhaft deutsche Geschichte, aber auch das Entfremdungs-Syndrom des Prinzips von Markt und Kapital. Figuren sind darin eingespannt in einem gnadenlosen, für sie selbst undurchschaubaren System. Ruth Berghaus hatte bereits 1970 in der Berliner Staatsoper Unter den Linden begonnen, die übliche Eindimensionaliät von FREISCHÜTZ-Aufführungen zu attackieren. Peter Konwitschny trennt sich von Konventionen dagegen radikal. Seiner »Wolfsschlucht« fehlt jegli-

cher Spuk, ihr Ort ist die bürgerliche Wohnung, und in dieser gießt Kaspar die Kugeln und erscheint als Homunkulus auf dem Fernsehbildschirm. Die Perspektiven des Alltags sind verzerrt und symbolisch überhöht; der einzelne ist gefangen, Objekt einer totalen Maschinerie.

Ein wenig verspätet, ist dies vielleicht einer der extremsten Beiträge zur Diskussion um die Romantik, mit der die Kulturszene der DDR nach der Biermann-Affäre ihre Identitätskrise zu bewältigen sucht. Seit 1976 nämlich fühlen sich namhafte Künstler – unter ihnen auch Ruth Berghaus und Paul Dessau – von der Gesellschaft ignoriert und nicht mehr gebraucht. Christa Wolfs KEIN ORT. NIRGENDS bringt die Ignoranz des Staates gegenüber der engagierten Kunst gleichnishaft auf den Punkt. Auch hier ist von Mechanismen der Entfremdung die Rede. Die Trennung von Körper und Geist, Denken und Psyche, letztendlich von männlicher und weiblicher Existenz werden als zivilisatorische Grundfehler benannt. Peter Konwitschny begegnete der Autorin bereits während seiner Zeit am Berliner Ensemble, auch für ihn wird die deutsche Frühromantik von 1800 zum schmerzvollen Schlüsselerlebnis. Für ihn steht allerdings fest, daß politische Systeme und Staaten dem Einzelnen wirklichen Lebenssinn ohnehin nicht vermitteln. Er nimmt Webers plakativ-optimistischen Schlußchor als »lieto fine« und läßt die Akteure aus ihren Theaterrollen aussteigen. Wichtiger als der mögliche DDR-Bezug ist für den Regisseur die Erkenntnis, es bei den Frühromantikern einschließlich Weber mit einer Reihe vor allem politischer Künstler zu tun zu haben, mit politisch intendiertem Schreiben bzw. Theater. Dieses Denken vermittelt der Berliner Musiktheaterwissenschaftler Gerd Rienäcker, damals Oberassistent an der Humboldt-Universität, und er bestärkt Konwitschny in seinem Selbstverständnis.

Die Premiere in Altenburg macht den Regisseur in der DDR erstmals über den Kreis von Eingeweihten als wichtigen jungen Regisseur bekannt. »Theater der Zeit« kommt nicht umhin, ihn zu loben, der Westberliner Journalist Georg-Friedrich Kühn macht ihn in Kultursendungen der ARD bekannt und beschreibt fortan Konwitschnys Regiearbeiten in der »Frankfurter Rundschau«. Verschiedene Arbeits-Partnerschaften beginnen in Altenburg, zum Beispiel mit Werner Hintze und

Bettina Bartz. Auch neue Angebote folgen: das Landestheater in Halle lädt zu einer Händel-Inszenierung ein, Peter Konwitschny wird ausgewählt für Hans Werner Henzes Theaterwerkstatt in Montepulciano, Amsterdam ruft zu einem internationalen Projekt. Etwas später holt ihn sogar Harry Kupfer zur Gastregie an die Komische Oper in Berlin.

Doch Verschiedenes scheitert, in der Spielzeit 1984/85 werden für Peter Konwitschny abermals Weichen gestellt. Die Arbeit in Rostock und Greifswald ist als Durchgangsstation für ihn beendet, es folgen Projekte im mitteldeutschen Raum. Zunächst ist er interessiert, Angebote aus Berlin zu realisieren, wo seine Tochter lebt und er selbst eine Wohnung hat. Zuerst kann er auf der Probebühne des Berliner Ensembles als Gast ein zeitgenössisches Solo-Stück inszenieren, Manfred Karges JACKE WIE HOSE, 1987 dort gleichfalls als DDR-Erstaufführung sogar ein Heiner Müllers Text VERKOMMENES UFER. 1986 erarbeitet er in der Spielstätte »Das Ei« im Ostberliner Friedrichstadtpalast zwei bitter-komische Einakter von Jacques Offenbach.

Das Hauptprojekt – Smetanas VERKAUFTE BRAUT an der Komischen Oper – scheitert. Das Ensemble, eingeschworen auf Chefregisseur Harry Kupfer, bemüht sich, Konwitschnys Intentionen zu folgen, mehr als die Hälfte des Stücks ist bereits einstudiert. Doch der Regisseur fühlt sich durch die Leitung des Hauses nicht wirklich verstanden und unterstützt. Namentlich die komödiantische »Pissoir-Szene«, wo Konwitschny den Braut-Handel zwischen Heiratsvermittler und Gatten in seiner Schäbigkeit durchleuchtet, wird von Intendant Rackwitz als »der Bühne der Komischen Oper nicht würdig« untersagt. Der Probenprozeß stagniert, und der Regisseur gibt – etwas unüberlegt, wie er heute sagt – auf. Und Harry Kupfer bringt das Stück schließlich verspätet selbst heraus.

Konwitschnys Lage hat sich damit unerwartet verkompliziert. Er zweifelt erneut an seiner Eignung zum Beruf, will jedoch auch nicht mehr zurück in die Provinz, sieht nach dem Debakel die großen Häuser des Landes fürs erste versperrt. Nur Ulf Keyn, der Hallenser Intendant, bietet ihm nach dem erfolgreichen Händel-Debüt von 1984 neue Aufgaben und sogar die Festanstellung an.

V. Das Landestheater Halle ist zwischen 1984 und 1990 für Peter Konwitschny ein neues Zentrum. Hier bieten sich günstige Arbeitskonditionen, hier gibt es Kontinuität, hier eröffnet sich ein bislang ungekanntes Repertoire. Intendant Ulf Keyn ist vor die Aufgabe gestellt, die in Halle beheimatete Tradition der Aufführung von Opern Georg Friedrich Händels – insbesondere bei den Händel-Festspielen – wieder auf ein internationales Niveau zu führen. Und er kann – gemäß der Vorgabe der seit Beginn der 80er Jahre auf Nachwuchs ausgerichteten parteipolitischen »Richtlinie« der SED – dazu nicht nur »bewährte«, sondern auch junge, vielversprechende neue Kräfte engagieren. Konwitschnys Anstellung in Halle hat eine doppelte Funktion: sie soll dem Regisseur Halt und zugleich Freiräume geben und durch außerordentliche Produktionen dem Intendanten in einer für das Haus nötigen Öffnung und Erneuerung den Rücken stärken. Konwitschny, der Einbindungen scheut, willigt ein.

Die Begegnung mit Händel beginnt in Berlin, im Winter 1983/84 im Ostberliner Musikwissenschaftlichen Institut, mit Gerd Rienäcker am Klavier und einer Schar diskussionsfreudiger Studentinnen im lockeren Rund. Gemeinsam diskutiert man – zunächst ohne das Libretto zur Kenntnis zu nehmen – Arie für Arie die Substanz musikalischer Gesten und hört sich in Händels minutiöse Dramaturgie allmählich hinein. Für die Mehrzahl unerwartet, treten dann Divergenzen zwischen Text, Szene und dem Charakter der jeweiligen Musik zutage. Bewußt gesetzte Kontraste erweisen sich als dramaturgisches Prinzip eines Komponisten, der – überliefert durch die Praxis von 200 Jahren – bislang als Vertreter barock-verspielter, festlich-repräsentierender Kunst gegolten hat. Mitnichten – so ergaben Vorspiel und Diskussion – erzählt die vorliegende Oper FLORIDANTE eine lineare Geschichte, mitnichten verliert sich Inhaltliches in artifiziell überdrehter Ornamentik und Architektur. Arien offenbaren sich stattdessen als vielschichtige Gebilde sozialer Metaphorik, in ihrer Zusammenschau über die Akte des Stücks erweisen sich Figuren und Vorgänge seltsam gebrochen und voller Diskontinuität.

Für Konwitschny ergeben sich hieraus eine Reihe von Assoziationen und Parallelen zu Strukturen von Theater und Wirklichkeit im 20. Jahrhundert. Intentionen Brechts, aber auch andere Modelle eines nichtillusionistischen Theaters bieten einen sinnvollen Vergleichs- bzw. Ansatzpunkt. Denn Techniken wie Spiel, Montage und Verfremdung erweisen sich nach genauerer Analyse auch dem Oeuvre Händels, barocker Oper an sich, als immanent.

Die Regiekonzeption, die aus solchem Verständnis erwächst, führt zum Bruch mit der traditionellen, auch staatsideologisch einfunktionierten Händel-»Pflege« seit den frühen Jahren der Hallenser Händel-Festspiele. In den 50er/60er Jahren galt Händel hier als Wegbereiter Mozarts und Haydns, sein Werk erschien als Offenbarung eines aufklärerisch-geläuterten »Menschentums«. Falsch verstanden wurde seinen Opern und Oratorien eine »Durch-Nacht-zum-Licht«-Dramaturgie aufgepfropft. In pathetischen Finali erwiesen sich Tyrannen als gestürzt, befreite »Völkerscharen« – so das Selbstbild der ostdeutschen Nachkriegsgesellschaft – als glücklich wiedererstanden.

Konwitschnys Händel von 1984 ist kein Klassiker mehr, kein Zeuge der »Befreiung des Menschengeschlechts«, sondern vielmehr ein hochpolitischer Komponist, dessen Figuren mit ihren Identitätskonflikten und Glücksvorstellungen in den Gefügen staatlicher Macht und in ihren Geschlechterrollen kollidieren. Zwei Alternativen liest die Regie aus dem Werk: zum einen, mittels Macht zu agieren, Umwelt, Mensch und schließlich die eigene Natur zu unterwerfen, – oder, sich im weitesten Sinn als Bestandteil des Lebendigen zu begreifen, gewaltlos und frei von Herrschaftsansprüchen zu sich selbst vorzuwagen.

Was Konwitschny aus der Hallenser Tradition übernimmt, sind die Intention, die Stücke politisch zu lesen, und die Begeisterung, mit der die Akteure sich engagieren. In einem für die jungen Sänger ebenso ungewöhnlichen wie anregenden Probenprozeß entsteht ein Spielangebot, das dem werkspezifischen Detail ebenso Rechnung trägt wie der Individualität und dem sängerisch-darstellerischen Vermögen jedes einzelnen Akteurs. Dazu ist ein idealer Spielort gewählt, das alte Goethe-Theater im nahen Bad Lauchstädt mit seinen original erhaltenen Versenkungen und Maschinen, die Konwitschny vielgestaltig und phantasiereich einzubeziehen versteht.

FLORIDANTE nun, die Eröffnungspremiere der inzwischen 32. Hallenser Händel-Festspiele, hat unverkennbar eine politische Dimension. Vorgeführt wird der Zusammenbruch der Mächtigen; menschlich isoliert, sind die Vertreter des Apparats ihre eigenen Opfer. Die Liebenden ihrerseits haben Zerstörungsprozesse durchzustehen, in deren Verlauf sie ihre Liebesfähigkeit fast völlig einbüßen. In erschütternden Arien, voller Verzweiflung und dem Wahn-Sinn oft nah, werden Protagonisten und Publikum schizoider Befindlichkeit in schizoiden Verhältnissen gewahr. Eine italienisch-deutsche Mischfassung des Librettos (Peter Konwitschny und Werner Hintze) zeigt dies kongenial. Wenn die Figuren von einer Identität in eine andere treten, wechseln sie auch die Sprache. Diese Art der Aneignung des Materials verweist zugleich auf mehr: der Regisseur ist sich der Wirkung von Texten bewußt und wird sie fortan – in Gestalt neuer deutscher Übertragungen durch seine Mitarbeiter – als wichtiges Theaterelement vor allem in seine Hallenser Arbeit einbeziehen.

Auch die Technik des »lieto fine« wird für ihn noch später interessant. Hier bei FLORIDANTE fungiert es nicht als Folge bisherigen Geschehens, es meint vielmehr exemplarisch den salto mortale in eine andere, zumindest auch denkbare menschlichere Version. In einer Theater-auf-dem-Theater-Szenerie erscheint Versöhnung als Utopie-Angebot. Die Darsteller bringen die Marionetten ihrer selbst mit ins Spiel, – und während die einen noch singen, vollführen die anderen ungelenk und stumm den politischen Dialog über System- und Denkgrenzen hinweg.

Die Metapher ist leicht zu verstehen, das Publikum ist enthusiasmiert. Für das Theater ist FLORIDANTE ein Erfolg. Sogar die lokale Kritik entscheidet sich, oder wird beauftragt, zu loben. Die politische Brisanz bleibt dabei unerwähnt. Man verlegt sich auf das ästhetische Terrain, um über die Schlußlösung zu debattieren. Das ist ein Kompromiß. Denn der ästhetisch streng konservative Vorstand der Hallenser Händel-Gesellschaft mit Walter Siegmund-Schultze und ZK-Mitglied Ernst-Hermann Meyer hatte bislang das Recht und die Macht, die Händel-Produktionen des Theaters vor dem jeweiligen Festspielbeginn zu kontrollieren und ideologisch unliebsame Abweichungen von der selbstaufgestellten Norm zu korrigieren. Im Fall FLORIDANTE hatte Intendant Ulf Keyn die Funktionäre durch knappste Terminplanung und späten Probenbeginn geschickt ausmanövriert, der Einfluß der Händel-Gesellschaft und anderer kulturpolitischer Gremien vor Ort auf die Opernproduktion des Theaters ist fortan reduziert. Mit der Kraftprobe um FLORIDANTE sind Freiräume für weitere Konwitschny-Projekte erkämpft. Annette Markert, die Hauptdarstellerin und neue Hallenser Entdeckung, Werner Hintze, der neue Dramaturg, und der Hallenser Grafiker Helmut Brade als künftiger Bühnenbildner am Haus formieren um den Regisseur ein kleines, sehr produktives Team, welches Intendant Ulf Keyn und Operndirektor Andreas Baumann weitreichend fördern und unterstützen.

Auch alle folgenden Händel-Arbeiten Konwitschnys haben brisante Bezüge zur aktuellen Gegenwart: RINALDO 1987, die Serenata ACI, GALATEA E POLIFEMO 1988 und schließlich TAMERLAN 1990.

RINALDO stellt die Möglichkeit zur Diskussion, einen Vernichtungskrieg durch Liebesbeziehungen zwischen Vertretern der gegnerischen Parteien zu unterbinden. Zur Zeit wechselseitiger Stationierung neuer Raketen in Europa und in beiden Teilen Deutschlands ist dies in der DDR ein sehr brisantes Sujet. Verschiedene Schriftsteller, die sich zu unüblichen Abrüstungsvarianten artikulieren, geraten – das belegt der kontroverse Umgang mit Christa Wolfs KASSANDRA 1984 – politisch erheblich unter Beschuß. Denn Überlegungen zur einseitigen Entmilitarisierung sind im ganzen Ostblock noch tabuisiert, sie widersprechen der offiziellen militärischen Doktrin vom immer eigenen Sieg.

In der Oper, zumal in einem unbekannten Werk, ist eher Freiraum dafür. Allgemein gilt sie als wenig politikfähige Gattung, textliche Anspielungen scheinen unter Händels betörenden Melodien als kaum relevant. Doch bei RINALDO sind Dialoge und Arien sehr gut zu verstehen, die deutsche Textfassung (Frank Kämpfer und Werner Hintze) klingt geschärft und ironisch, bringt die Fragen auf den Punkt. Das Publikum reagiert. Man erkennt, lacht, decodiert. Doch Konwitschnys Szenen und Bilder gehen über das Problem DDR, über den Horizont Deutschland weit hinaus. Stück wie Inszenierung problematisieren die Natur- und damit Lebensfeindlichkeit hochzivilisierter Kulturen. Ihr Wertesystem führt im Stück-

verlauf zur Zerstörung einer (ihr) fremden Kultur. Es ist auch ein Dokument der Verdrängung matriarchalischer durch patriarchalische Strukturen. Ein »lieto fine« bietet sich nicht. Auf Kampfmaschinen beiderlei Geschlechts reduziert, stehen am Ende Monstren einander gegenüber, die nur im Gewaltrausch Sinnerfüllung finden.

Konwitschnys Gegenentwürfe zu Todessehnsucht und Untergangslust sind Phantasie und die Lust am Spiel. Die »letzte Schlacht«, der Totalkrieg geraten bei ihm zur kindischen Szenerie. Mit Indianergeheul treiben sich die Protagonisten zwischen Konfettikanonen und bengalischem Zündwerk im Kreis, um sich schließlich ihre Waffen, Kleider und Perücken vom Leibe zu reißen. Auch poetische Szenen stehen zu Gebot: ein tänzerischer Sieg farbenfroher Nymphen über die Soldaten oder die Verwandlung des Schwerts in einen Geigenbogen, der Übertritt der Titelfigur aus der tragischen Sphäre des Stücks in die beschwingt-heitere eines Konzerts. Als »Spaß, Tiefsinn und Spiellust« (Annette Siegmund-Schultze, Theater der Zeit) und »Klassische Oper – phantasievoll und lebendig bis in unsere Tage« (Guido Bimberg, Neues Deutschland), so deutet die Presse. Man lobt den Maschinenreichtum der Inszenierung, die pyrotechnischen Effekte, das Stimmvermögen der jungen Akteure. Das Verhältnis von Stoff und ästhetischer Gestalt, die Bewältigung von Kriegsgefahr und Bedrohungsangst in einem tragikomischen Szenen-Kaleidoskop bleibt weitgehend unerwähnt. Ausnahmslos keine der vielen positiven Kritiken erfaßt die Substanz des Werks in seiner vollen Dimension. Ein merkwürdiges Phänomen liegt hier vor, auf strenge Zensur, auf das Wirken von Dogmen ist es nicht pauschal zu reduzieren. Wie ästhetische Bildung und Position einerseits und die innere Freiheit zur Beschreibung des Erlebten bei jedem Rezensenten zusammengehen, ist eher ein wahrnehmungspsychologisches Phänomen. Erfahrung und verinnerlichte Raster, Schubladengeist, vermeintlich kulturpolitisches Kalkül und fehlender Mut sind bei jedem einzelnen unterschiedlich dimensioniert. Oberflächlich gesehen positionieren sich Traditionalisten und Experimentatoren. Jeder von ihnen nutzt sein »gutes« Recht auf subjektive Kritik. Doch in einem abgeschlossenen System wie der ehemaligen DDR ist der Kunst auferlegt, was in Deutschland heute die Medien ausfechten: der öffentliche Diskurs über innenpolitisches Befinden, über Trends und Tendenzen im allgemeinen Denken und Sein.

Der Streit um Konwitschnys Inszenierungen hat mit dem Regisseur als Person also wenig direkt zu tun. In Wahrheit ist die Debatte politischer Art, geführt bzw. begleitet von Vertretern sehr unterschiedlicher Interessen. Mit ihren Texten, Äußerungen und Reaktionen beeinflussen sie auf einer bestimmten Ebene wiederum Kulturpolitik: die Vergabe von Mitteln, die Erteilung von Rechten, die Lobby für ein Talent. Fern der »Zentrale« Berlin, in der sogenannten Provinz, wiegt jeder Zungenschlag doppelt schwer. Ulf Keyn gebührt daher das große Verdienst, die Umstände für sein Haus ausgenutzt zu haben. Konwitschny ist in Halle immer ein Erfolg, und er ist als einzelner zugleich spektakulär. Extrem reagiert man auf ihn nicht, wo er politisiert, sondern wo er Tabuthemen verletzt.

Sein Hallenser Gluck-Projekt ORPHEUS UND EURYDIKE 1986 ist ein Beispiel dafür. Inszenierung und Werk thematisieren den Zusammenhang von Staatsakt, Tod, Kollektivangst und Todesverdrängung und zeigen das Individuum allmächtigen Herrschern existentiell ausgeliefert. Auch hier sind zunächst Momente im Spiel, die sich mit Notwendigkeit aus gesellschaftlichem Befinden, auch aus Unterbewußtem ergeben. Konwitschny inszeniert die Struktur, zeigt die Staatsakte von Beisetzung und Happy-End in fader Einschichtigkeit, die Szene im Elysium mit bedrängender Tiefe und Emotionalität. Doch dies wird nicht offen diskutiert. Vielmehr stört sich die Kritik an der Bebilderung des Elysiums als Operationssaal, an der Entindividualisierung der Toten durch Bandagierung, an Ausgegrenzten an der Pforte zum Hades. Und nicht zuletzt an der Darstellung der vermeintlich göttergegebenen finalen Idylle als einer geplanten Veranstaltung des Staates.

»Fabel gefunden – Komponist gesucht«, mit dieser Schlagzeile unterminiert Matthias Frede: Der Regisseur hätte sehr spannend inszeniert, jedoch nicht das Stück. Wieder steht Tradition zur Diskussion. Unter dem Motto »Erben, aber wie?« stellt Wolfgang Lange in »Theater der Zeit« an den Regisseur öffentliche Fragen nach dessen Maximen innovativen Theaters.

Die Frage nach dem lange heiliggesprochenen kulturellen Erbe hat in der DDR einen besonderen, auch historischen Kontext. In den 50er/60er Jahren gab es staatspolitisch sehr konkrete und genormte Intentionen, mit dem »Erbe« von Klassik und Romantik beispielsweise ideologieträchtig zu verfahren.

Fälle wie Brecht, Dessau, Eisler oder auch Berghaus belegen, wie heftig kulturpolitische Gremien des Staates und der Partei auf Ausbrüche aus der immer noch bürgerlichen Kulturtradition reagieren. Langes Fragen nach Werktreue, Historismus und der Verantwortung gegenüber einem Werk sind dagegen politisch kaum von Bedeutung. Hier artikuliert sich vielmehr der Wunsch, im Gewohnten zu verharren, Relationen nicht zu verändern, die Mitte zu wahren. Konwitschnys Antwortbrief – eine glänzende Analyse der Frage-Motivation und eine recht genaue, anschauliche Beschreibung eigenen Anliegens – wird erstaunlicherweise vollständig abgedruckt. Die Zeitschrift bemüht sich sogar um Fortsetzung der ORPHEUS-Diskussion und bittet Fachleute und Interessenten zu Wort, die sich zum Teil sehr differenziert mit der Inszenierung auseinandersetzen.

Die Kontroverse wird noch bedeutsamer, wenn man die Reaktionen in Halle 1986 mit denen von 1990 in Nürnberg vergleicht, wohin Konwitschny seinen ORPHEUS original überträgt. Im sehr anderen westdeutschen Gesellschaftsgefüge und in einer reichlich veränderten Zeit erntet er fast im gleichen Maß Zustimmung und empörten Protest.

Ähnliche Erfahrungen resultieren auch aus der WAFFENSCHMIED-Inszenierung, die 1986 in Leipzig und im Herbst 1989 in Kassel Premiere hat. Das ostdeutsche Premierenpublikum ist auch hier sehr verstimmt, denn der Regisseur nimmt dem Werk das vermeintlich Biedere und legt dessen untergründige Substanz bloß. Der Schock besteht im Zitat konkreter Geschichte, und hier hat Konwitschny erneut Grenzen ignoriert, die das Publikum respektiert und verteidigt.

In Kassel bietet sich ähnliches, ungeachtet tagespolitischer Realität stößt die Inszenierung im Dezember 1989 auch hier beim gespaltenen Publikum entweder auf begeisterte Zustimmung oder auf lauten Protest.

VI.

Die Konditionen in Halle bieten dem Regisseur Spielraum für verschiedene Projekte an anderen Theatern, und für Kontakte, die nach dem Ende der Hallenser Arbeit neue Inszenierungsmöglichkeiten ergeben. In Kassel kann Peter Konwitschny Bartóks BLAUBART inszenieren, in Dresden Brecht/Weills Songspiel DIE SIEBEN TODSÜNDEN, in Basel schließlich Beethovens FIDELIO. Auch am Landestheater in Halle ergeben sich Möglichkeiten, sich an traditionellem Repertoire zu erproben. Nach der Händel-Erfahrung verlangt der Regisseur – das ist ein Spezifikum in den Bedeutungsstrukturen des Theaters in der DDR – neue deutsche Fassungen der Libretti. Werner Hintze und Bettina Bartz tragen viel dazu bei, Glättungen und Sinnverfälschung in gemeinhin akzeptierten Textversionen durch eine Reihe von Neuübertragungen zu korrigieren. Wichtige Entdeckungen resultieren daraus, ermöglichen neue Sichtweisen auf wichtige Stücke des Opernrepertoires wie Verdis RIGOLETTO oder Bizets CARMEN.

Peter Konwitschnys Frageinteresse gilt hier nicht konträren Lesarten schlechthin, er ist in gesteigertem Maße an Beziehungsstrukturen der Stücke interessiert, und er erkennt Konflikte zwischen Figuren immer bewußter als Konstellationen zwischen Geschlechtern. Ansätze dazu finden sich sehr früh. Schon in der ZEMENT-Inszenierung 1975 gibt es Szenen, die darauf verweisen. Auch Texte wie Karges JACKE WIE HOSE und Müllers VERKOMMENES UFER führen ihn dahin, gängige Rollenzuweisungen an Mann und Frau als patriarchalische zu erkennen und sie in Inszenierungen prononciert zu befragen. Die Begegnung mit Händel spielt hier eine wichtige Rolle, denn dieser Komponist erweist sich für die Problematik als unerwartet stark sensibilisiert. Als Christian Kluttig 1984 in FLORIDANTE alle Solopartien in originaler Lage besetzt, bilden vier Sängerinnen zwei »traditionelle« Paare. Der Verfremdungseffekt ist groß: Zum einen erscheint männlich-kriegerisches Verhalten nicht mehr als Selbstverständlichkeit, sondern als ungeheuerlich und illegitim. Zum anderen bringen die Darstellerinnen un-männliche Elemente in die Figurengestaltung mit ein. Männer sind damit nicht mehr auf den Soldaten reduziert,– Floridante und Timante, später auch Rinaldo und Goffredo, Aci und Andronico dürfen un-kriegerisch sein, ungepanzert und

schwach, voller Liebesverlangen und Emotion. Die Konfliktstruktur in RINALDO bringt es auf den Punkt. Was Konwitschny in früheren Stücken eher intuitiv realisiert, ist hier das stücktragende Moment: der Gegensatz männlicher und weiblicher Formen zu leben, das Unvereinbare pflichtgebotenen Funktionierens mit der Sehnsucht nach Geborgenheit, Liebeserfüllung und Identität. Der feministische Ansatz nun ist bei Konwitschny kein modisches Beiwerk, solches Denken entspricht seinem Welt-Verständnis schlechthin. Distanz zu historisch männlich tradierten Idealen wie Leistung und Fortschritt und letztendlich eigene Erfahrungen verstärken sein Unbehagen an Funktionsweisen und Wertmaßstäben der modernen Kultur. In sozialwissenschaftlicher Lektüre, in ökologischen und psychoanalytischen Studien, in der Literatur, in der bildenden Kunst und schließlich auch in der Rockmusik sieht er seine Bedenken bestätigt. Angeregt von Künstlern wie Beuys, Arno Schmidt, Dali und Margritte, aber auch Udo Lindenberg und Pink Floyd sucht er – und das enthalten viele seiner szenischen Ideen – nach Alternativen, nach dem Korrelat. Utopieentwürfe zu patriarchalischen Modellen finden sich vor allem bei den männlichen Figuren: Sie entstehen bei Floridante (deutsch: der »Blumenhafte«) und reichen von Rinaldo über Don José bis hin zum Wenzel in Smetanas VERKAUFTER BRAUT.

Eine eigenständige Weiblichkeits-Utopie in den Werken zu finden, erweist sich als wesentlich komplizierter. Das Repertoire ist von Männern komponiert, Frauenfiguren sind Ideen darin, männliche Fantasiegebilde und als solche zum Scheitern oder zur Idealbildung bestimmt. Konwitschnys »Heldinnen« leisten immerhin Widerstand gegen ihre Reduktion aufs Objekt: von Antigone und Armida über Gilda, Carmen bis hin zu Judith, Ella Gericke und Medea artikulieren sie Ansprüche nach Eigentlichkeit, nach der ihnen möglichen Alternative, nach einer ganzheitlichen Existenz.

Dieser Problemhorizont und derartige Themenstellungen verhindern bei Peter Konwitschny jene Sinnkrise, die sich bei verschiedenen, stärker auf DDR-bezogene Fragen orientierten Künstlerkollegen im Laufe der letzten Jahre ergab. Stärker als Brüche erscheinen mögliche Kontinuitäten, bruchlose Fortsetzungen bereits in den späten 80er Jahren begonnener Arbeitskontakte und Intentionen.

Dennoch gibt es auch bei Peter Konwitschny im Jahre 1990 einen Einschnitt. Parallel zur Auflösung der zwar akzeptierten, aber nicht eben sonderlich geliebten DDR zerfällt das Hallenser Team. Im Frühjahr 1990, zur Zeit der an »Runden Tischen« geübten Basisdemokratie, entsteht auch am Landestheater eine Initiative, die zur Rebellion drängt und sich gegen die bisherige Theaterkonzeption des Hauses artikuliert. Kräfte treten hier auf den Plan, die die avancierten Hallenser Theaterexperimente seit langem bekämpfen, vom internen Streit und im gesellschaftlichen Umbruch wird das Ensemble auseinandergerissen. Peter Konwitschny hält sich aus den Konflikten weitgehend heraus und thematisiert sie wiederum im laufenden Inszenierungsprojekt.

Die TAMERLAN-Proben sind der einzige Ruhepunkt im ganzen Haus, sie haben Inselcharakter und ergeben ein Schluß-Dokument. Auf der Figurenebene offeriert das Händel-Stück eine Nachkriegssituation. Menschen ringen um eine verlorengegangene Identität. Helmut Brades Bühnenentwurf – wie die ganze Regiekonzeption bereits Mitte 1989 erstellt – verzichtet auf jede Kunsthaftigkeit, auf jede Illusion. Die Wände sind kahl, zeigen Theatermaschinerie. Metaphorisch werden so die Mechanismen einer Welt transparent, die in Auflösung ist.

Den Abschied vom Theater in Halle verkraftet Peter Konwitschny zunächst relativ schwer. Er ist kein Mensch, der sich ohne weiteres trennt. Immerhin zählt er zum Kreis jener Regisseure, die Theater aus der DDR mit Brisanz und Qualität zum Politikum und damit in ganz Deutschland und darüber hinaus bekannt gemacht haben. Doch hervorragende Arbeitskonditionen, wie sie zu DDR-Zeiten nur Halle anbot, und ein Funk-

tionsverständnis von Theater als einem Ort sozialer Erkenntnis findet er punktuell auch andernorts. Gerhard Brunner, der Intendant der Bühnen in Graz, und Frank Baumbauer, Intendant in Basel, stellen zunächst Kontinuitäten in Aussicht, die günstige Bedingungen beinhalten und gleichzeitig genug Freiräume lassen, auch andere Angebote zu realisieren. Beispielsweise unter Christoph Albrecht in Dresden oder bei Udo Zimmermann am Opernhaus Leipzig.

Neue Arbeitspartnerschaften entstehen, zum Beispiel mit dem Baseler Dramaturgen Albrecht Puhlmann oder dem Bühnenbildner Jörg Koßdorff in Graz. Alte Kontakte, beispielsweise zu Gerd Rienäcker oder Bettina Bartz, setzen sich fort. Auf nunmehr internationalem Parkett vereinfachen sich bislang problematische Fragen. Das wiederholte Spektakel um die Person des Regisseurs, das ausnahmehaft Sensationelle seiner Produktionen relativieren sich nun. Peter Konwitschny ist kein Skandal-Regisseur, sondern ein wichtiger Exponent in einer vielfältigen Theaterlandschaft, der sich heute auf dem internationalen Markt zu behaupten beginnt. Der Bonus des Vergangenen hat da wenig Bedeutung, was zählt ist allein das Produkt.

Und hier ist Konwitschnys Theater der Utopie der Mitteilung verpflichtet, der Hoffnung auf Kommunikation, und es erzählt von sozialen Konflikten in existentieller Dimension. Regisseure mit dieser Intention sind auf Deutschlands Theatermarkt selten, doch es gibt für sie vielfach Bedarf.

Für Peter Konwitschny gibt es heute Angebote bis weit in die zweite Hälfte der 90er Jahre hinein, und auch Basel, Graz, Dresden und Leipzig werden dabei für ihn nur Durchgangsstationen sein. Er gilt heute als einer der wichtigsten deutschen Regisseure – die Aufgabe steht, dieser Vorgabe zu entsprechen und den eigenen Intentionen dabei doch treu zu bleiben.

9
Anhang

Peter Konwitschny
Kurzbiographie

1945	im Januar in Frankfurt/Main geboren
1949	Umzug der Familie nach Leipzig
1951 - 63	Schulbildung bis zum Abitur
1963 - 64	Physikstudium in Berlin
1964 - 65	Praktikum Deutsche Staatsoper Berlin
1965 - 70	Regiestudium Hochschule für Musik »Hanns Eisler« Berlin
1971 - 79	Assistent am Berliner Ensemble
1980 - 85	Freie Regiearbeit in Berlin, Rostock, Greifswald, Anklam, Altenburg und Halle
seit 1981	Seminare und Szenenstudien für Studenten an der Schauspielschule Rostock, der Hochschule für Musik »Hanns Eisler« Berlin, der Hochschule für Musik und Darstellende Kunst Graz, der Kunsthochschule Berlin-Weißensee, der Hochschule für Musik »Felix Mendelssohn Bartholdy« Leipzig und der Humboldt-Universität zu Berlin
1986 - 90	Regisseur am Landestheater Halle
ab 1990	Freie Regiearbeit in Basel, Leipzig, Dresden, Nürnberg und Kassel
1985	Kollektiver Händel-Preis des Rates des Bezirkes Halle für die Inszenierung FLORIDANTE
1988	Kunstpreis der DDR
1992	Gründungsmitglied der Freien Akademie der Künste zu Leipzig
1992	Konrad-Wolf-Preis der Akademie der Künste zu Berlin

Theatrografie

Verzeichnis aller Inszenierungen, Projekte und pädagogischen Arbeiten

D = Dirigent
A = Ausstattung
K = Kostüme
B = Bühnenbild
Ch = Choreografie
R = Regie
UA = Uraufführung
EA = Erstaufführung

1969

15. Oktober
DER MANN IM MOND
Cesar Bresgen
Theater Brandenburg
D: Franz Krützsch
A: Günter Thielemann

1970

23. September
DER MANN IM MOND
Cesar Bresgen
Mecklenburgisches
Staatstheater Schwerin
D: Lothar Hennemann
A: Volker Walther

1971

Assistenz bei
DIE GEWEHRE
DER FRAU CARRAR
Bertolt Brecht
Berliner Ensemble
R: Ruth Berghaus

IHRE DURCHLAUCHT
Jacques Offenbach
Theater Brandenburg
(nicht realisiert)

1972

Assistenz bei
OMPHALE
Peter Hacks
Berliner Ensemble/UA
R: Ruth Berghaus

1973

Assistenz bei
ZEMENT
Heiner Müller
Berliner Ensemble/UA
R: Ruth Berghaus

DER KAMMERSÄNGER
Frank Wedekind
Berliner Ensemble
vorgeschlagen zusammen mit
Jürgen Kern
(nicht realisiert)

Assistenz bei
TURANDOT ODER DER
KONGRESS DER
WEISSWÄSCHER
Bertolt Brecht
Berliner Ensemble
R: Peter Kupke/
Wolfgang Pintzka

EINSTEIN
Paul Dessau
Theater Rostock
(nicht realisiert)

November
INTERNATIONALES
FOLKLORE-
LIEDERPROGRAMM
mit Barbara Kellerbauer
für die Künstleragentur Berlin

DER MIKADO
A.S. Sullivan
(nicht realisiert)

1974

Assistenz bei
DIE MUTTER
Bertolt Brecht
Berliner Ensemble
R: Ruth Berghaus

CHE GUEVARA
Volker Braun/
Paul Heinz Dittrich
Deutsche Staatsoper Berlin / UA
(nicht realisiert)

1975

März
MASS FÜR MASS
William Shakespeare
Schauspielmusik für Orchester

und Soloinstrumente
komponiert für das
Landestheater Halle
R: Jürgen Kern

April
ZWEI LIEDER
komponiert nach Texten von
Heinz Kahlau und
Jewgenij Jewtuschenko
Für die Konzert- und Gastspieldi-
rektion Berlin

KOMMEN UND GEHEN
Samuel Beckett
Berliner Ensemble
gemeinsam mit Einar Schleef
(abgebrochen)

31. Oktober
ZEMENT (Elérkezett az idö)
Heiner Müller
Nationaltheater Budapest
A: Lothar Scharsich

1976

Januar
IM KRAPFENWALDL
Johann Strauss
Musikalische Einrichtung und
Inszenierung
für das »Quintett comique« der
Staatskapelle Berlin
Für die Konzert- und Gastspieldi-
rektion Berlin

Mehrere selbst erarbeitete
BRECHT-PROGRAMME mit Ge-
dichten und Liedern
z.T. in privaten Aufführungen
mit Schauspielern und Laien

1977

27. Februar
R. HOT bzw. DIE HITZE
Friedrich Goldmann/Thomas
Körner
Deutsche Staatsoper Berlin
Apollo-Saal / UA
D: Friedrich Goldmann
A: Karl-Heinz Schäfer

1978

Assistenz bei
GALILEO GALILEI
Bertolt Brecht
Berliner Ensemble

R: Manfred Wekwerth/
Joachim Tenschert
PRINZ FRIEDRICH
VON HOMBURG
Heinrich von Kleist
Bühnen Gera
(nicht realisiert)

April
Einstudierung der Schlacht-
Szenen nach Ruth Berghaus´
Choreographie im BE für
CORIOLAN
Bertolt Brecht
Theater Ulm

LEONCE UND LENA
Georg Büchner
Theater Ulm
(nicht realisiert)

September
WIE MOZART
VERHEIRATET WURDE
Farbfilm für vier Schauspieler,
Sopran, Klavier und Orchester
Fernsehen der DDR

1979

17. April
GESPRÄCHE
MIT DEM HENKER
Kazimierz Moczarski
Volksbühne Berlin
DDR-EA
B: Ezio Toffolutti/
Manfred Fiedler
K: Ezio Toffolutti/
Lilo Sbrzesny

WARTEN AUF GODOT
Samuel Beckett
Volksbühne Berlin
(nicht realisiert)

Juni
LIEDERPROGRAMM
Berliner Ensemble
für Requisiten-Auktion

ZIRKUS VON HINTEN
Jörg-Michael Neumann
Staatsschauspiel Dresden / UA
(nicht realisiert)

September
MILANO-Programm
Berliner Ensemble
(nicht beendet)

MACBETH
William Shakespeare
Theater im Palast, Berlin
gemeinsam mit B.K. Tragelehn
(nicht realisiert)

1980

25. April
ANTIGONE
Sophokles/Hölderlin
Schauspielschule Rostock
A: Peter Konwitschny

HINKEMANN
Ernst Toller
Volksbühne Berlin
(nicht realisiert)

Drei Kurzopern
von Darius Milhaud
Komische Oper Berlin
(nicht realisiert)

BERLINGBAHL
Jochen Berg
NIOBE
Jochen Berg
Deutsches Theater Berlin
(nicht realisiert)

20. September
SATYROS ODER DER
VERGÖTTERTE WALDTEUFEL
Johann Wolfgang von Goethe
Theater Anklam
DDR-EA
A: Ulrich Schreiber

8. Oktober
RECITAL R.M. RILKE
Theater im Palast, Berlin
B: Wolf R. Eisentraut
K: Marie-Luise Strandt

14. Dezember
STELLA
Johann Wolfgang von Goethe
R: Ruth Berghaus
Peter Konwitschny (Epilog)
A: Marie-Luise Strandt/
Måns Hedström

1981

31. Januar
GRÄFIN MARIZA
Emmerich Kálmán
Theater Greifswald
D: Franz Kliem
B: Pieter Hein
K: Katrine Cremer

März
KORITKE
Georg Kaiser
Volksbühne Berlin
(nicht realisiert)

April
Szenen aus
OPMPHALE
Peter Hacks
Schauspielschule Rostock
(Szenenstudium)

Juli
Szenen aus
IM DICKICHT DER STÄDTE
Bertolt Brecht
Schauspielschule Rostock
(Szenenstudium)

Oktober
SCHUMACHER-PROGRAMM
Theater im Palast, Berlin
Zum 60. Geburtstag von Ernst
Schumacher

1982

22. Januar
DIE SPIELDOSE
Robert Hanell
Theater Greifswald
D: Wilfried Koball
A: Jochen Heite

6. Mai
DIE GEWEHRE
DER FRAU CARRAR
Bertolt Brecht
Schauspielschule Rostock
A: Peter Konwitschny
(Studioinszenierung)

IM WEISSEN RÖSSL
Ralph Benatzky
Mecklenburgisches
Staatstheater Schwerin
(nicht realisiert)

Juni
2 Texte von CARL VALENTIN
Schauspielschule Rostock
(Szenenstudium)

Juni
GRÄFIN MARIZA
Emmerich Kálmán
Hochschule für Musik »Hanns
Eisler« Berlin
Seminar für Regiestudenten

Juni
DIE ENTFÜHRUNG
AUS DEM SERAIL
Wolfgang Amadeus Mozart
Kunsthochschule Berlin-Weißen-
see
Seminar für Bühnenbild-
Studenten

1. Juli
ICH WILL EIN KIND HABEN
Sergej Tretjakow
Humboldt-Universität zu Berlin/
Studiobühne
Leitung einer kollektiven
Inszenierung und Aufführung
durch Studenten der
Theaterwissenschaft

Oktober
FRIEDENSPROGRAMM
für den Zentralrat der FDJ
Leipziger Oper
A: Bert Neumann
*(im September nach inhaltlichen
und ideologischen Differenzen
mit Funktionären abgebrochen)*

29. Oktober
SCHLUCK UND JAU
Gerhart Hauptmann
Theater Greifswald
A: Matthias Kupfernagel

1983

12. Juni
DER FREISCHÜTZ
Carl Maria von Weber
Theater Altenburg
D: Reinhard Kießling
A: Gabriele Koerbl

März - Juni
COSI FAN TUTTE
Wolfgang Amadeus Mozart
Kunsthochschule
Berlin-Weißensee
Seminar für Bühnenbild-
Studenten

1984

11. Februar
JACKE WIE HOSE
Manfred Karge
Berliner Ensemble/Probebühne
DDR-EA
A: Peter Konwitschny/
Walter Braunroth

13. Mai
FLORIDANTE
Georg Friedrich Händel
Landestheater Halle/Goethe-
Theater Bad Lauchstädt
DDR-EA
D: Christian Kluttig
A: Kathrin Mentzel

Mai
DON GIOVANNI
Wolfgang Amadeus Mozart
Kunsthochschule
Berlin-Weißensee
Seminar für Bühnenbild-
Studenten

Juni
COSI FAN TUTTE
Wolfgang Amadeus Mozart
Hochschule für Musik »Hanns
Eisler« Berlin
Seminar für Regiestudenten

EUROPERA
Internationales Theaterprojekt
Amsterdam
(nicht realisiert)

1985

Dezember 84 - Februar 85
DIE VERKAUFTE BRAUT
Bedrich Smetana
Komische Oper Berlin
(abgebrochen)

DIE FLEDERMAUS
Johann Strauß
Oper Frankfurt/Main
mit Michael Gielen
(nicht realisiert)

März - Juni
DIE ZAUBERFLÖTE
Wolfgang Amadeus Mozart
Kunsthochschule
Berlin-Weißensee
Seminar für Bühnenbild-
Studenten

28. Juli
L'OCCASIONE FA IL LADRO
Gioacchino Rossini
ARLECCHINO
Feruccio Busoni
Cantiere Internazionale d'Arte
Montepulciano
D: Antony Beaumont
A: Klaus Noack

DON GIOVANNI
Wolfgang Amadeus Mozart
Hochschule für Musik »Hanns
Eisler« Berlin
Seminar für Regie-Studenten
(abgebrochen)

DER ROSENKAVALIER
Richard Strauss
Theater Gelsenkirchen
(nicht realisiert)

1985 / 86

Weiterbildungsseminar für junge
Regisseure der Direktion für
Theater und Orchester, Berlin

    MARX SPIELTE GERN
    SCHACH
    Kurt Dietmar Richter
    (abgebrochen)

    OPHELIA-FRAGMENTE
    Luca Lombardi

    SZENEN
    Ralf Hoyer

    Johann Sebastian Bach
    ICH HABE GENUG
    (Kantate)

1986

22. März
ORPHEUS
UND EURYDIKE
Christoph Willibald Gluck
Landestheater Halle
D: Harald Knauff
B: Helmut Brade
K: Sabine von Oettingen

Juni
DIE VERKAUFTE BRAUT
Bedrich Smetana
Kunsthochschule
Berlin-Weißensee
Seminar für Bühnenbild-
Studenten

26. Oktober
DER WAFFENSCHMIED
Albert Lortzing
Leipziger Theater/
Opernhaus
D: Johannes Winkler
B: Axel Pfefferkorn
K: Jutta Harnisch

Dezember
JENUFA
Leos Janácek
Hochschule für Musik
»Hanns Eisler« Berlin
Seminar für Regie-
Studenten

25. Dezember
DIE ELEKTRO-MAGNETISCHE
GESANGSSTUNDE /
RITTER EISENFRASS
ODER DER LETZTE PALADIN
Jacques Offenbach
Friedrichstadtpalast Berlin /
»Das Ei«
D: Henry Krtschil
B: Pieter Hein
K: Ursula Wolf

KÖNIG LEAR
William Shakespeare
Landestheater Halle
(nicht realisiert)

RIGOLETTO
Giuseppe Verdi
Mecklenburgisches
Staatstheater Schwerin
(nach Bauprobe nicht realisiert)

1987

15. März
RINALDO
Georg Friedrich Händel
Landestheater Halle/DDR-EA
D: Christian Kluttig
B: Helmut Brade
K: Katrin Scholz

Juni
RIGOLETTO
Giuseppe Verdi
Kunsthochschule
Berlin-Weißensee
Seminar für
Bühnenbild-Studenten

26. September
HERZOG BLAUBARTS BURG
Béla Bartók
Staatstheater Kassel
D: Adam Fischer
A: Helmut Brade

JENUFA
Leos Janácek
Königliche Oper Brüssel
(nicht realisiert)

29. November
VERKOMMENES UFER
MEDEAMATERIAL LAND-
SCHAFT MIT ARGONAUTEN
Heiner Müller
Berliner Ensemble,
Probebühne/Gastspiel
DDR-EA
B: Peter Konwitschny/
    Horst Obst/
K: Peter Konwitschny/
    Christine Stromberg

16. Dezember
THE UNANSWERED
QUESTION
Charles Ives
DIE SIEBEN
TODSÜNDEN
Bertolt Brecht/Kurt Weill
Staatsschauspiel Dresden
D: Udo Zimmermann/
    Eckehard Mayer
Ch: Arila Siegert
A: Jens Büttner

1988

28. Februar
RIGOLETTO
Giuseppe Verdi
Landestheater Halle
D: Christian Kluttig
B: Martin Fischer
K: Monika Ringat

RINALDO
Georg Friedrich Händel
Deutsche Oper am Rhein und
Gärtnerplatztheater München
(nicht realisiert)

März
Hochschule für Musik
»Felix Mendelssohn Bartholdy«
Leipzig
Sängerseminar

März - Juni
HERZOG
BLAUBARTS BURG
Béla Bartók
Kunsthochschule
Berlin-Weißensee
Seminar für
Bühnenbild-Studenten

1. Mai
ACI, GALATEA E POLIFEMO
(Serenata)

Georg Friedrich Händel
Landestheater Halle/
Goethe-Theater
Bad Lauchstädt
D: Ludwig Güttler
B: Helmut Brade
K: Friederike Grumbach

25. Dezember
CARMEN
Georges Bizet
Landestheater Halle
D: Christian Kluttig
B: Helmut Brade
K: Katrin Scholz

1989

Februar
Theater Meiningen
Sängerseminar

Mai
DIE VERKAUFTE BRAUT
Bedrich Smetana
Hochschule für Musik
»Hanns Eisler« Berlin
Seminar für Regiestudenten

Juni
CARMEN
Georges Bizet
Kunsthochschule
Berlin-Weißensee
Seminar für
Bühnenbild-Studenten

REGINA
Albert Lortzing
Theater Essen
(nicht realisiert)

15. September
FIDELIO
Ludwig van Beethoven
Theater Basel
D: Michael Boder
B: Helmut Brade
K: Katrin Scholz

9. Dezember
DER WAFFENSCHMIED
Albert Lortzing
Staatstheater Kassel
(Modell Leipzig)
D: Andreas Kowalewitz
B: Axel Pfefferkorn
K: Jutta Harnisch

FALLEN, FALLEN
nach Paul Celan
Musik Gerhard Stäbler
(nicht realisiert)

1990

28. April
TAMERLAN
Georg Friedrich Händel
Landestheater Halle
D: Christian Kluttig
B: Helmut Brade
K: Andrea Eisensee/
Anne Grimm

WEIBERKOMÖDIE
Heiner Müller/Gerd Domhardt
Landestheater Halle/UA
(nicht realisiert)

März - Juni
FIDELIO
Ludwig van Beethoven
Kunsthochschule
Berlin-Weißensee
Seminar für
Bühnenbild-Studenten

Juni
AUFSTIEG UND FALL DER
STADT MAHAGONNY
Bertolt Brecht/Kurt Weill
Hochschule für Musik
»Hanns Eisler« Berlin
Seminar für Regiestudenten

ABRAUM
Opernprojekt von Jörg Herchet
Landestheater Halle/UA
(nicht realisiert)

9. Juni
ORPHEUS UND EURYDIKE
Christoph Willibald Gluck
Theater Nürnberg (Modell Halle)
D: Christian Reuter
B: Helmut Brade
K: Sabine von Oettingen

ICH HABE GENUG
Johann Sebastian Bach, Kantate
Landestheater Halle
(nicht realisiert)

November
FIDELIO
Ludwig van Beethoven
Hochschule für Musik
»Hanns Eisler« Berlin
Seminar für Regiestudenten

AUFSTIEG UND FALL DER
STADT MAHAGONNY
Bertolt Brecht/Kurt Weill
Landestheater Halle
(nicht realisiert)

1991

BENVENUTO CELLINI
Hector Berlioz
Theater Essen
(nicht realisiert)

24. Februar
DIE VERKAUFTE BRAUT
Bedrich Smetana
Bühnen Graz
D: Wolfgang Bozic
B: Jörg Koßdorff
K: Michaela Mayer
Ch: Enno Markwart

Februar
DIE VERKAUFTE BRAUT
Bedrich Smetana
Gastprofessur
für Regiestudenten
Hochschule für Musik und
Darstellende Kunst Graz

März/April
LA BOHEME
Giacomo Puccini
Kunsthochschule
Berlin-Weißensee
Seminar für
Bühnenbild-Studenten

9. Juni
HERZOG BLAUBARTS BURG
Béla Bartók
ERWARTUNG
Arnold Schönberg
Theater Basel
D: Ingo Metzmacher
A: Helmut Brade

15. Dezember
LA BOHEME
Giacomo Puccini
Oper Leipzig
D: Stefan Soltesz
A: Johannes Leiacker

1992

21. März
HOFFMANNS ERZÄHLUNGEN
Jacques Offenbach
Sächsische Staatsoper Dresden/
Semperoper
D: Caspar Richter
A: Bert Neumann

3. Mai
MADAME BUTTERFLY
Giacomo Puccini
Bühnen Graz
D: Wolfgang Bozic
B: Jörg Koßdorff
K. Hanna Wartenegg

Mai
MADAME BUTTERFLY
Giacomo Puccini
Gastprofessur für
Regiestudenten
Hochschule für Musik und
Darstellende Kunst Graz

Juni
DER TÜRKE IN ITALIEN
Gioacchino Rossini
Musikhochschule
»Hanns Eisler« Berlin
Seminar mit Regiestudenten

5. September
HERZOG BLAUBARTS BURG
Béla Bartók
ERWARTUNG
Arnold Schönberg
Oper Leipzig (Modell Basel)
D: Udo Zimmermann
A: Helmut Brade

15. November
DER TÜRKE IN ITALIEN
Gioacchino Rossini
Theater Basel
D: Markus Stenz
A: Klaus Noack

17. November
TRITTE
Samuel Beckett
Theater Basel
A: Peter Konwitschny

Ausgewählte Bibliografie

Klaus Arauner
Peter Konwitschny inszeniert »Floridante«
von Georg Friedrich Händel
Theaterarbeit in der DDR Nr. 16
Hrsg. Verband der Theaterschaffenden der DDR,
Berlin 1988

Uta Eisenhardt
Die Inszenierungen von Peter Konwitschny
am Landestheater Halle
Diplomarbeit Fachrichtung Regie. Hochschule für
Musik »Hanns Eisler« Berlin 1990

Dieter Görne
Alte Stücke neu gelesen
Rundtischgespräch mit den Regisseuren Frank
Castorf, Karl Georg Kayser, Peter Konwitschny
und Axel Richter
in: Theater der Zeit, Berlin 1/1989

Frank Kämpfer
»Zeitgenosse Händel?«
Musikclub-Diskussion zur Händel-Praxis
am Landestheater Halle mit Helmut Brade,
Werner Hintze, Christian Kluttig,
Peter Konwitschny und Christine Lemke
DS Kultur 6.7.1990

Frank Kämpfer
Theater - Spiel-Raum für soziale Utopie.
Zugänge zur Regiearbeit von Peter Konwitschny
in: Neue Zeitschrift für Musik,
Mainz 1/1992

Peter Konwitschny
Theaterpraktische und konzeptionelle Aspekte
der Studioinszenierung »Antigone« von Sophokles/
Hölderlin, Staatliche Schauspielschule Rostock
in: Wissenschaftliche Zeitschrift der Wilhelm-
Pieck-Universität Rostock, Gesellschafts- und
sprachwissenschaftliche Reihe 1-2/1982

Peter Konwitschny
Erfahrungen mit Händel- und
Gluck-Inszenierungen als Regisseur
in: Das mitteldeutsche Musikleben vor Händel/
C.W. Gluck, Martin-Luther-Universität Halle,
Wissenschaftliche Beiträge 26/1988

Georg-Friedrich Kühn
»... Für mich mußte schon was anderes sein«
Interview mit Peter Konwitschny
Berlin 22.6.1990
(unveröttentlicht)

Christine Lemke
Peter Konwitschny, ein Regisseur der Zukunft
Interview mit Peter Konwitschny,
Bad Lauchstädt 29.4.1990
teilveröffentlicht in: Musik & Theater,
Zürich 6/1990

Wolfgang Lange/Peter Konwitschny
Erben - aber wie?
Fragen an P.K. / Brief von Peter Konwitschny
an Wolfgang Lange
in: Theater der Zeit, Berlin 10/1986

Daniela Reinhold
Orpheus-Erfahrungen
Ein Gespräch zwischen Peter Konwitschny,
Werner Hintze und Daniela Reinhold
in: Musik und Gesellschaft,
Berlin 11/1987

Daniela Reinhold
Peter Konwitschny, DDR. Ein Porträt
in: Die Deutsche Bühne,
Köln 2/1990

Gerd Rienäcker
Bemerkungen zur Freischütz-Inszenierung
von Peter Konwitschny in Altenburg.
Meiningen 1983
(unveröffentlicht)

Gerd Rienäcker
Nachdenken über Peter Konwitschny.
Juni 1988
(unveröffentlicht)

Roswitha Schmidt
Ständig gegen den Strom schwimmen
ist schwer.
Interview mit Peter Konwitschny
und Ulrich Burkhardt.
in: Kassel kulturell 12/1989

Hannes Schröter
Musiktheaterarbeit –
»Der Regisseur Peter Konwitschny«
Porträtfeature
DS Kultur 9.9.1992

*Weitere Quellen befinden sich
im Peter-Konwitschny-Archiv der Akademie
der Künste zu Berlin,
Abteilung Darstellende Kunst und im Zentrum für
Theaterdokumentation und -information Berlin*

TheaterArbeit erscheint in Fortsetzung der Reihe Theaterarbeit in der DDR

Wolfgang Engel inszeniert
Goethes FAUST
am Staatsschauspiel Dresden 1990
dokumentiert von Dieter Görne
(mit vollständiger Textfassung)

Renate Ullrich
MEIN KAPITAL BIN ICH SELBER
Gespräche mit Theaterfrauen
in Berlin-O 1990/91

Siegfried Wilzopolski
Theater des Augenblicks
Die Theaterarbeit Frank Castorfs
Eine Dokumentation

In der Reihe Theaterarbeit in der DDR
sind erschienen:

Deutsches Theater Berlin 1966
NATHAN DER WEISE
von Gotthold Ephraim Lessing
Inszenierung Friedo Solter

Städtische Theater Karl-Marx-Stadt 1978
DER KAUKASISCHE KREIDEKREIS
von Bertolt Brecht
Regie Hartwig Albiro

Walter Felsenstein inszeniert
DIE HOCHZEIT DES FIGARO
von Wolfgang Amadeus Mozart

Berliner Ensemble 1980
DIE AUSNAHME UND DIE REGEL
von Bertolt Brecht
Regie Carlos Medina

Berliner Ensemble 1978
MUTTER COURAGE UND IHRE KINDER
von Bertolt Brecht
Regie Peter Kupke

Berliner Ensemble 1978
GALILEO GALILEI
von Bertolt Brecht
Regie Manfred Wekwerth/
Joachim Tenschert

Berliner Ensemble
GROSSER FRIEDEN
von Volker Braun
Regie Manfred Wekwerth/
Joachim Tenschert

Deutsches Theater Berlin 1981
DANTONS TOD
von Georg Büchner
Regie Alexander Lang

Berliner Ensemble
MANN IST MANN
von Bertolt Brecht
Regie Konrad Zschiedrich

Mecklenburgisches Staatstheater
Schwerin 1984
DEMETRIUS DMITRI
von Friedrich Schiller Volker Braun
Regie Christoph Schroth

Harry Kupfer inszeniert
an der Komischen Oper Berlin

Maxim Gorki Theater Berlin 1979
Thomas Langhoff inszeniert
DREI SCHWESTERN
von Anton Tschechow
Deutsches Theater Berlin 1983
DIE RUNDKÖPFE UND DIE SPITZKÖPFE
von Bertolt Brecht
Regie Alexander Lang

Deutsche Staatsoper Berlin 1983
Ruth Berghaus inszeniert
DIE VERURTEILUNG DES LUKULLUS
von Paul Dessau

Berliner Ensemble 1987
UNTERGANG DES EGOISTEN FATZER
von Bertolt Brecht/Heiner Müller
Regie Manfred Wekwerth/
Joachim Tenschert

Landestheater Halle 1984
Peter Konwitschny inszeniert
FLORIDANTE
von Georg Friedrich Händel
(mit vollständiger dt.-ital. Textfassung)

Volksbühne Berlin 1982
MACBETH
von Heiner Müller nach Shakespeare
Regie Heiner Müller/Ginka Tscholakowa
(mit vollständiger Textfassung)

Staatsschauspiel Dresden 1986
Wolfgang Engel inszeniert
PENTHESILEA
von Heinrich von Kleist
(mit vollständiger Textfassung)

WIR TRETEN AUS UNSEREN ROLLEN HERAUS
Dokumente des Aufbruchs Herbst ´89

Bezug über:
Zentrum für Theaterdokumentation
und -information
Clara-Zetkin-Str. 90
O-1080 Berlin